Adolf Hasenclever

Der altchristliche Gräberschmuck

Ein Beitrag zur christlichen Archäologie

Literaricon

Adolf Hasenclever

Der altchristliche Gräberschmuck

Ein Beitrag zur christlichen Archäologie

ISBN/EAN: 9783959133180

Auflage: 1

Erscheinungsjahr: 2017

Erscheinungsort: Treuchtlingen, Deutschland

Literaricon Verlag UG (haftungsgeschränkt), Uhlbergstr. 18, 91757 Treuchtlingen. Geschäftsführer: Günther Reiter-Werdin, www.literaricon.de. Dieser Titel ist ein Nachdruck eines historischen Buches. Es musste auf alte Vorlagen zurückgegriffen werden; hieraus zwangsläufig resultierende Qualitätsverluste bitten wir zu entschuldigen.

Printed in Germany

Cover: Sarkophag des Aurelius, Katakombe von Sankt Laurentius vor den Mauern (Rom), Abb. gemeinfrei

Der

altchristliche Gräberschmuck.

Ein Beitrag

zur

christlichen Archäologie

von

Dr. Adolf Hasenclever

Pastor in Braunschweig.

Braunschweig

C. A. Schwetschke und Sohn

(Wiegandt & Appelhans)

1886.

Der

Hochwürdigen Theologischen Facultät

in

HEIDELBERG

zum fünfhundertjährigen Jubiläum

der Universität

ehrerbietigst gewidmet.

Vorrede.

—

Nicht ohne ein gewisses Zagen übergebe ich die nachfolgenden Studien, den Ertrag der spärlichen Mussestunden eines umfangreichen Pfarramts, der Öffentlichkeit, da ich mir wohl bewusst bin, dass ich damit in die Kreise von Gelehrten ersten Ranges eingreife und das Wagniss unternehme, den Bann hergebrachter Anschauungen — in welchen ich, wie ich bekennen muss, früher selbst befangen war — zu durchbrechen. Indessen zweifle ich nicht, dass auch diejenigen, deren Ansichten ich bekämpfen muss, nach dem Grundsatz: maxima amica veritas, diese Schrift freundlich aufnehmen werden. Bei einem längeren Aufenthalt in der ewigen Stadt, wo ich angesichts der Monumente das Material zu dieser Arbeit sammeln konnte, ist mir durch Vergleichung der altchristlichen sepulcralen Denkmäler mit denjenigen des antiken Rom ein völlig neues Licht über die Bedeutung der ersteren, speciell ihrer Ornamentik, aufgegangen. Die Schwierigkeit, eine Arbeit dieser Art in einem Schwarzwalddorfe auszuführen und zu vollenden, ist, wie mir Jedermann zugeben wird, nicht gering, zumal auch die mir zunächst erreichbaren Bibliotheken in Basel und Freiburg i. B. mit der einschlägigen Literatur nur mangelhaft ausgestattet sind. Doch konnte ich durch eine mehrwöchentliche Arbeit an der Königl. Bibliothek in Berlin, im Herbst letzten Jahres, noch Manches ergänzen. Wesentliches hoffe ich daher nicht übersehen zu haben. Ich freue mich, diese Arbeit noch hier im Schatten der Schwarzwaldtannen, wo ich sie begonnen und ausgeführt, vollenden zu können, eben im Begriff, mein neues Amt als Pastor an der St. Andreaskirche in Braunschweig anzutreten.

Badenweiler, 20. Januar 1886.

Dr. Hasenclever.

Der Rahmen der vorliegenden Schrift ist durch ihr Thema bezeichnet. Sie hat nicht die Absicht, eine erschöpfende Darstellung der Katakomben-Forschung zu geben, die sich allgemach zu einem besondern Zweige der christlichen Urgeschichte zu gestalten begonnen hat. Wenn gleichwohl fast alle die Fragen, welche auf diesem Gebiet wissenschaftlicher Forschung in Betracht kommen, wenigstens berührt werden, so hat das seinen Grund in dem Wege, den ich zur Lösung der neuerdings vielumstrittenen Frage über die Bedeutung und den Inhalt des altchristlichen Gräberschmucks für den allein möglichen und richtigen halte. Ich glaube, dass diese Frage nur im Zusammenhang mit dem gesammten altchristlichen Sepulcralwesen gelöst werden kann, die Bedeutung des letzteren insgesammt aber nur zu erfassen ist durch eine streng historische Auffassung und Betrachtung der Sache, nämlich seinerseits wieder im Zusammenhang mit dem vorchristlichen, speciell dem antik-römischen Sepulcralwesen.

Es ist keine Frage, dass durch die Erforschung der römischen Katakomben die althergebrachte und heute noch nicht völlig verstummte Rede von dem „Kunsthass" der alten Christen, wie solcher einerseits von Feinden des Christentums, andererseits zu polemischen Zwecken vom Protestantismus betont wurde, völlig widerlegt ist. Die Christen der ersten Jahrhunderte haben thatsächlich die bildende Kunst nicht verabscheut, sondern sie da, wo es für sie der Natur der Verhältnisse nach möglich und angemessen war, in bedeutendem Umfange angewandt und verwertet. Für den römischen Bilderdienst ist damit freilich noch nicht das Geringste bewiesen, und er wird für die ersten vier Jahrhunderte gerade durch eine historische Betrachtung über die Entstehung und Bedeutung der altchristlichen Kunst am besten widerlegt. Aber auch diejenige Auffassung, welche die römischen Archäologen von den Bildwerken des altchristlichen Gräberschmucks hegen, kann vor einer Betrachtung, welche diese Bildwerke in den Zusammenhang der gesammten Kunstentwickelung und speciell in denjenigen mit dem antiken Sepulcralschmuck einzureihen sich bemüht, nicht bestehen.

Es sind zwei Hauptthesen, welche die neuere römische Katakomben-Forschung, de Rossi und seine Schule, aufgestellt hat, dass nämlich die Bildwerke der Katakomben unter klerikaler Leitung entstanden, und dass dieselben ein bestimmtes System kirchlicher (speciell katholischer) Lehren darstellten und daher ihren Hauptbestandteilen nach symbolisch zu erklären seien. Der Zweck, den man dabei im Auge hatte, sei wesentlich der gewesen, eine Belehrung für die Gläubigen bezüglich der Glaubenswahrheiten zu schaffen, letztere aber dem profanen Auge zu verhüllen. Man sieht nur in denjenigen Elementen der altchristlichen Sepulcralkunst, deren rein decorativer Charakter nicht zu verkennen ist, eine Einwirkung der antiken Kunst, ist aber auf die Frage, wie weit etwa die letztere auf die Schöpfung des bestimmten Bildercyklus der Katakomben eingewirkt habe, nicht weiter eingegangen. Dabei ist die ernste und so geniale wissenschaftliche Forschung eines de Rossi weit entfernt, jene Thesen zu überspannen. Er und ihm nachfolgend der englische und der deutsche Bearbeiter seiner Roma sotteranea [1]) drücken sich vielmehr meist sehr behutsam aus, haben auch nicht die ausgesprochene Tendenz, ihre Forschungen in einem einseitig apologetischen Interesse zu verwerten, ein Interesse, das bis zu de Rossi ja wesentlich das Motiv der Katakomben-Forschung gewesen war. Dieses Motiv, wie die Absicht, in dem Schmuck der Gräber eine systematische Darstellung christlicher Lehren zu sehen, tritt jedoch wieder entschieden in den Vordergrund bei Garrucci. [2]) Auch Martigny in seinem Dictionnaire des Antiquités Chrétiennes (2. Aufl. 1877) hat in seinen Ausführungen eine wesentlich apologetische Tendenz. Von der ziemlich zahlreichen populären Literatur, welche die Erforschung der Katakomben in diesem Sinne zu verwerten sucht, wollen wir hier ganz absehen.

Jene zwei Hauptthesen der römischen Archäologen sind aufs Innigste aufeinander angewiesen, eine fällt und steht mit der andern. Liesse sich erweisen, dass die Bildwerke unter klerikaler Leitung ausgeführt wurden, so wird man annehmen müssen, dass man dann auch einen bestimmten lehrhaften Zweck verfolgt habe. Wäre anderer-

---

[1]) Northcote Roma sotteranea. 2. Aufl. 1879. — Kraus F. X. Roma sotteranea. 2. Aufl. 1879.

[2]) Besonders in seinem Hauptwerk: storia dell' arte cristiana. Prato 1873 ff. 6 Bände. Von seinen sonstigen zahlreichen Schriften sind noch als für uns hier wichtig zu nennen: vetri ornati di figure in oro trovati nei cimiteri dei cristiani primitivi di Roma. 2. Aufl. 1864. — Cimitero degli antichi Ebrei in vigna Randanini. 1862.

seits der symbolische Charakter des altchristlichen Gräberschmucks zu
constatiren, so würde von selbst folgen, dass eine höhere Intelligenz
als diejenige der christlichen Handwerker, welche diese Bildwerke
geschaffen, deren Auswahl und Anordnung geleitet habe, denn diesen
Handwerkern wird man weder eine allegorische Interpretation der
Schrift zutrauen noch die Möglichkeit, gewisse kirchliche Lehren oder
gewisse religiöse und ethische Mahnungen durch bestimmte Figuren
darzustellen.

Aber die beiden Seiten der römischen These unterliegen den gewichtigsten Bedenken, und zwar solchen, die von vornherein sich uns
aufdrängen, deren völlige Gewissheit aber erst aus der von einem ganz
andern Punkte ausgehenden Untersuchung des Einzelnen sich ergeben
kann. Es ist zunächst zu betonen, was zuerst Victor Schultze (in
dem einleitenden Aufsatz zu seinen „Archäologischen Studien") mit
Recht hervorgehoben hat, dass ein lehrhaft-paränetischer Zweck der
christlichen Bilder sich erst nach Constantin nachweisen lässt, und da
nur bezüglich der Ausschmückung gottesdienstlicher Räume, wo die
Bilder schon von Paulinus von Nola als biblia pauperum betrachtet
werden. Was aber in dieser Zeit von den gottesdienstlichen Räumen
gilt, kann man überhaupt nicht ohne Weiteres auf die Grabgrüfte der
drei ersten Jahrhunderte übertragen. Für ihre Ausschmückung lässt
sich ein solcher Zweck der Bilder auch nicht durch eine Stelle aus den
Vätern nachweisen. Die angebliche Absicht, die heiligen Lehren für
den profanen Blick unter den Symbolen zu verhüllen, scheitert schon
an der allgemein zugegebenen Thatsache, dass die Anlage wie die Ausschmückung der Katakomben nur durch christliche Hände besorgt
wurden, dass nur Christen darin ihr Grab fanden, dass Nichtgläubige
dieselben überhaupt niemals betraten (denn die einzelnen Fälle, wo
Verfolgungen von Christen sich bis in die Grüfte ausdehnten, können hier
doch nicht in Betracht kommen). Eine symbolische Verhüllung der
heiligen Lehren hätte also gar keinen Sinn gehabt. Und wie verhält es
sich mit der angeblich klerikalen Leitung, welche den christlichen
Bildercyklus geschaffen haben soll? Eine solche Annahme beruht von
vornherein auf der unhistorischen falschen Uebertragung der hirarchi-
schen Institutionen der katholischen Kirche als einer fertigen Thatsache
auf die drei ersten Jahrhunderte. Ferner aber, wenn auch die vorcon-
stantinischen Christen der bildenden Kunst nicht principiell feindlich
gegenüber standen, so ist doch eine durch sie geübte systematische
Kunstpflege, wie jene römische Behauptung sie voraussetzt, nach der
ganzen damaligen Lage der Kirche schlechthin undenkbar. „Wer sein

Brod in Thränen isst, wird selten an Kunstpflege denken", sagt Kraus gelegentlich ganz treffend, aber trotzdem setzt er eine solche Kunstpflege derer, die ihr Brod in Thränen assen, voraus. Dazu kommt die Thatsache, dass in den Inschriften, wie in den Bildwerken der Katakomben viele heidnische Elemente sich vorfinden, so zwar, dass der christliche Ursprung derselben oft nur durch den Fundort oder ein zuweilen sehr geringfügiges christliches Kennzeichen zu constatiren ist. Wird man annehmen können, dass Kleriker solche heidnische Elemente hätten stehen lassen? Bei einigermassen näherer Reflexion über ihren Inhalt hätte man sie entfernen müssen; wenn sie aber stehen blieben, so beweist das nur, dass nicht die systematische Anordnung einer höheren Intelligenz, sondern eine mehr oder weniger gedankenlose Fortsetzung der bisherigen Uebung obgewaltet hat. Gerade diesen Zusammenhang mit der bisherigen Uebung ausser Acht gelassen zu haben, ist, wie wir gleich näher zu erwähnen haben werden, der Grundfehler in der Forschung der römischen Archäologen. Hält man diesen Zusammenhang aber fest, so wird sich ergeben, dass in der Ausschmückung der altchristlichen Grabstätten nicht anders verfahren wurde als in derjenigen der heidnischen, für letztere aber wird Niemand eine solche priesterliche Bevormundung annehmen wollen. Wäre eine solche für den altchristlichen Gräberschmuck vorhanden gewesen, so würden sich auch die vielfachen Abweichungen in den Darstellungen biblischer Scenen von der heiligen Schrift schwer erklären lassen. Wenn z. B. Eva abgebildet wird in der Haarfrisur einer vornehmen Frau mit Arm- und Halsband; [1] wenn das Grab des Lazarus statt der biblischen Felshöhle ein antikes Grabhaus darstellt, wenn Isaak in der Opferscene auf einem aus behauenen Steinen in architektonischer Gliederung aufgebauten Altar geopfert wird, [2] und was ähnliche Dinge mehr sind, so ist schwer anzunehmen, dass christliche Kleriker die Anfertigung dieser Bilder geleitet hätten. Es wäre überhaupt eine eigentümliche Belehrung des christlichen Volkes gewesen, wenn man demselben ganze Bildreihen von Räthseln vor die Augen gemalt oder gemeisselt hätte. Es ist auch für diese Annahme kaum ein positiver Beweis von Seiten der römischen Archäologen beigebracht worden. Das Wichtigste, was man vorbrachte, ist die angeblich systematische Anordnung gewisser Figuren und Scenen hauptsächlich in den sogenannten Sacraments-

---

[1] cf. Garrucci vetri tav. II 1. 2. Bottari sculture e pitture sacre estratte dai cimiteri di Roma tav. LX. XCVI.

[2] Bottari t. 17. 19. 33. 40. 84. 89. Le Blant: étude sur les sarcophages chrét. ant. de la ville d'Arles pl. VI. VIII und A.

kapellen und auf einigen Sarkophagen. Wir werden bei Erklärung der betreffenden Bildwerke sehen, dass diese Annahme ganz und gar unhaltbar ist.

Fällt somit die Behauptung von der klerikalen Leitung in der Ausführung der altchristlichen Bildwerke, so gerät damit auch die symbolische Auffassung derselben sofort ins Wanken. Es ist allgemein zugegeben, dass nur diejenigen Teile des altchristlichen Gräberschmucks wirklichen Kunstwert besitzen, die mit dem antiken sich aufs Innigste berühren und eigentlich identisch sind, also wesentlich die rein decorativen Elemente. Im Allgemeinen aber besitzen die Malereien und Sculpturen der Katakomben sehr wenig Kunstwert, sie sind nicht von Künstlern, sondern von Handwerkern geschaffen. Wer wird annehmen wollen, dass diese einfachen und zum grössten Teile jedenfalls ungebildeten Leute die Darstellung eines Systems christlicher Lehren in ihren Arbeiten verfolgt hätten, dass sie in der Lage gewesen wären, eine geheimnissvolle Bildersprache zu reden? Die römischen Archäologen haben ganz vergessen, einmal die Geschichte der Exegese des Kanons zu befragen und die Frage zu erörtern, ob es denn möglich sei, dass in der römischen Gemeinde der drei ersten Jahrhunderte eine allegorische Interpretation der heiligen Schrift überhaupt vorhanden sein konnte. Was das Abendland während dieser Zeit auf dem Gebiet der Hermeneutik leistete, kann doch den Arbeiten des Morgenlandes gegenüber weder extensiv noch an innerer Bedeutung in Betracht kommen. Der altchristliche Gräberschmuck war aber längst geschaffen, ehe eine specifische Hermeneutik der lateinischen Väter mit Hieronymus und Augustin beginnt, ja er ist geschaffen in einer Zeit, als der neutestamentliche Kanon noch gar nicht zum Abschluss gelangt war. Wie soll man da annehmen, dass schon das christliche Volk einer allegorischen Auffassung biblischer Scenen fähig gewesen sei? Höchstens für Scenen aus dem alten Testament liesse sich annehmen, dass der Gemeinde die typologische Beziehung mancher Erzählung bekannt gewesen sei, weil sie davon vielleicht in Predigt und Unterricht hörten. Aber damit ist die Frage, die man unseres Erachtens in den Vordergrund stellen muss, wie und warum nämlich die Gemeinde zur Wahl der einzelnen bestimmten Darstellungen gekommen sei, noch nicht beantwortet.

Es fehlt dazu der traditionellen Auffassung gänzlich an einem bestimmten Massstabe dafür, was denn eigentlich als symbolisch zu erklären sei. Garrucci hat die eigenthümliche Maxime aufgestellt, alles, was von dem wirklichen Vorgang abweicht, sei symbolisch aufzufassen. Daniel, meint er in Bezug auf jenes alte Fresko in Sanct Domitilla, hat

in seiner Löwengrube natürlich in Wirklichkeit nicht mit ausgebreiteten
Armen dagestanden, wenn ihn aber der Künstler trotzdem so abbildet,
so hat er damit nicht einen wirklichen Vorgang, sondern eine symbolische Beziehung ausdrücken wollen, nämlich einen Hinweis auf den
Crucifixus. Aber auf das künstlerische Gesetz der pyramidalen Anordnung, das jedem bei Betrachtung dieses Bildes des Daniel zwischen
seinen auf den Vorderpfoten aufrecht sitzenden Löwen auffallen wird
und das auch de Rossi hier anerkennt[1]), ist dabei nicht im Geringsten Rücksicht genommen. Garrucci beruft sich dabei auf ein Wort
Augustins: Quidquid in repraesentatione rerum gestarum neque in hi-
storiae neque in naturae veritatem proprie referri potest, figuratum esse
cognoscas. Aber weder ein Künstler, noch ein Handwerker kann sich
absolut genau an den wirklichen Vorgang halten, bei dem ersteren
waltet die Phantasie frei und bei dem letzteren kommt das schöpferische
Unvermögen in Betracht. Dazu verfällt Garrucci hier in den Fehler,
welchem die gesammte traditionelle Auslegung nicht entgangen ist,
dass man nämlich Stellen aus solchen Vätern herbeizieht, welche jünger
sind als die Gebilde des Gräberschmucks. Es ist doch die Frage aufzu-
werfen: woher weiss man denn eigentlich, ob diese oder jene Figur
symbolisch zu erklären sei? Die Begründung für ihre Behauptung holen
die römischen Archäologen wesentlich in den kirchlichen Schriftstellern.
Das wäre schon recht für den Fall, wenn der oder jener Schriftsteller
uns sagen würde, diese oder jene Figur des Gräberschmucks ist symbolisch so und so zu erklären. Aber eine solche directe Aussage der
Schriftsteller wird in keinem einzigen Fall angeführt, es ist eben nichts
derart vorhanden. Man muss also Schlüsse ziehen aus gewissen Stellen
der Literatur, aber dabei verfährt man doch sehr unkritisch. Nehmen
wir z. B. irgend eine Tierfigur aus dem altchristlichen Gräberschmuck,
wie Adler, oder Hirsch oder Lamm, so sucht man die patristische Literatur durch, wo irgend diese Tiere genannt sind und stempelt nun auch
die zufälligste und absichtsloseste Nennung dieser Tiere, die in irgend
einer bildlichen Redeweise einmal vorkommt, zu einem Symbol, das nun
auch von der Christen-Gemeinde in demselben Sinne zum Schmuck
ihrer Gräber angewandt worden sei. Man fragt dabei weder nach der
Zeit, in welcher die Bildwerke geschaffen sind, noch nach derjenigen,
in welcher die betreffenden Schriftsteller geschrieben haben; man benutzt die Literatur der orientalischen Kirche für die Erklärung volks-
tümlicher Bildwerke des Abendlands; man unterscheidet ebensowenig

---

[1]) bulletino di archeologia cristiana 1865 S. 43.

gelehrte Aussagen von dem Bericht über eine volkstümliche Auffassung, wie das, was etwa nur persönliche Anschauung ist von demjenigen, was im Geist der Gemeinde liegt. Was Wunder, dass dabei ein und derselben Darstellung oft vielerlei ganz verschiedener Sinn untergelegt wird und, um einen Ausdruck des Hieronymus (Epist. 64, 20) zu gebrauchen, eine wahre silva sensuum entsteht, dass ebenso auch die fernliegendsten Erklärungen herbeigezogen werden. Auf diese Weise lässt sich in der That jede beliebige lehrhafte Beziehung in diesen Bildwerken finden. Soumis à la torture, ces monuments disent tout ce qu'on veut leur faire dire, bemerkt über diesen Punkt Aubé mit Recht. [1]

Endlich darf nicht vergessen werden, dass man doch auch beachten muss, an welcher Stelle in den Gräbern sich die Bildwerke befinden. Es ist doch nicht gleichgiltig, ob eine Figur in ein Feld eines schön gegliederten Deckengemäldes eingefügt ist, oder auf einer Grabplatte neben dem Namen des Verstorbenen sich findet. Dies muss für die Beurteilung der Frage, ob man eine blosse Decoration oder eine Beziehung auf Namen oder Stand vor sich hat, doch sehr wichtig erscheinen.

Es ist zuzugeben, man muss die altchristliche Literatur ja wohl innerhalb der nötigen Grenzen und mit Berücksichtigung der eben erwähnten Punkte zur Erklärung der Bildwerke herbeiziehen, und wir werden es auch tun, aber es ist doch sehr zweifelhaft, ob man auf diesem Wege zur Beantwortung der Frage kommt, wie die alten Christen zur Wahl der bestimmten einzelnen Gegenstände ihres Gräberschmucks gekommen sind. Ich bin entschieden der Ansicht, dass man von dieser Frage ausgehen muss, um die Bedeutung und den Inhalt der einzelnen Bildwerke zu erfassen, um insbesondere auch über etwaige symbolische Beziehungen das Richtige zu treffen. Es gibt gewiss einzelne Symbole im altchristlichen Gräberschmuck, wenn wir auch deren Zahl sehr klein finden werden, aber etwas andres ist es doch, ob die Absicht, christliche Ideen symbolisch darzustellen, die Bildwerke geschaffen hat, etwas andres, ob sich an die gleichviel woher stammenden Bildwerke symbolische Beziehungen durch den Einfluss biblischer Gedanken und christlicher Lehren anknüpften. Wenn wir aber nach der Abstammung und dem Ursprung der Bildwerke fragen, so gibt es unseres Erachtens zur Beant-

---

[1] In seiner Besprechung von Rollers Katakomben in der Revue des deux mondes, Band 58 (1883) S. 376.

wortung dieser Frage nur einen Weg, nämlich den, den Zusammenhang mit der antiken Sepulcralkunst aufzusuchen. Es scheint uns der Grundfehler der traditionellen Auslegung, dass sie diesen Zusammenhang fast gänzlich ausser Acht gelassen hat. Auch das neueste grössere Werk über die Katakomben, von dem französischen evangelischen Geistlichen Theophil Roller (Les catacombes de Rome, 2 Bände, Paris 1882) wandelt in den herkömmlichen Bahnen; er sieht auch die Bildwerke als tesserae an, an welchen sich die Christen erkannten. Er hat nur dem römischen Dogmatismus einen protestantischen entgegengesetzt, hat also das verkehrte Princip beibehalten. Und wenn er meint, je älter die Malereien der Katakomben seien, desto eher seien sie allegorisch und symbolisch zu erklären, so schlägt das auf seinem Standpunkt, welcher die altchristliche Kunst spontan aus dem christlichen Geist entstehen lässt, aller historischen Logik ins Gesicht, denn die Anfänge einer neuen Kunstentwickelung sind niemals Allegorik und Symbolik. Stellt man aber, wie es nötig ist, den Zusammenhang mit der antiken Sepulcralkunst her, so ist diese Behauptung Rollers erst recht unhaltbar, denn da (wie wir noch näher zu erwähnen haben werden) letztere durchaus nicht symbolisch zu erklären ist, so sind es die ältesten christlichen Denkmäler, welche noch auf das Innigste mit ihr zusammenhängen, gewiss am allerwenigsten.

Auch Le Blant kann sich trotz der gewichtigsten Bedenken, die er vorbringt, nicht von der symbolischen Auffassung losmachen.[1]) Doch hat er wenigstens versucht die Entstehung und Auswahl der einzelnen Bildwerke zu erklären, nämlich durch die bei den Begräbnissfeierlichkeiten gebräuchlichen biblischen Lectionen, welche auf die Auswahl der Darstellungen des Gräberschmucks eingewirkt hätten. Dieser Erklärungsversuch ist an sich gewiss nicht zurückzuweisen. Man kann sich der Annahme kaum verschliessen, dass die Lectionen der Begräbnissliturgie auf die Auswahl einzelner Bildwerke ebenso eingewirkt haben mögen wie die Predigt, die in der Gemeinde erscholl. Aber erweisen lässt sich die Sache nicht, denn die Liturgien, welche Le Blant anführt, sind alle jünger als die Bildwerke des Gräberschmucks, und wenn zwischen ihnen eine auffallende Uebereinstimmung herrscht bezüglich der Nennung biblischer Wunder, auf welche die Hoffnung des Auferstehungswunders begründet wird, so liesse sich eher denken, dass die Bildwerke auf die Liturgien und Litaneien eingewirkt hätten als umgekehrt. Aber

---

[1]) cf. Die Vorrede zu seinem Werk: étude sur les sacrophages chrétiens antiques de la ville d'Arles. Paris 1878.

auch ein dritter Fall, dass die Anführung dieser Wundergeschichten
hier wie dort einer in der alten Kirche überhaupt üblichen Betrachtungsweise entsprungen sei, ist in Erwägung zu ziehen.

Raoul-Rochette hat schon vor einem halben Jahrhundert energisch auf den Zusammenhang der altchristlichen mit der antiken Kunst
hingewiesen. [1]) Aber er hat selbst seinen unbestreitbar richtigen viel
citirten Satz „un art ne s'improvise pas" nicht durchgeführt. Den
engen Anschluss an antike Gebräuche suchte er wesentlich nur für die
verschiedenen Funde in den Gräbern zu erweisen, in der Auffassung der
sepulcralen Bildwerke folgte er, wenn auch nicht in römisch apologetischer Absicht, der traditionellen Auslegung, und er musste dazu kommen, weil er eben noch in der symbolischen Auffassung auch des antik-
römischen Sepulcralschmucks befangen war. Es ist das wirkliche Verdienst des Greifswalder Professors Victor Schultze, dass er in
seinen verschiedenen Schriften [2]) die erste gewaltige Bresche in die
traditionelle römische Auslegung gebrochen hat. Aber es ist zu beklagen, dass er sein Princip, den Zusammenhang mit dem antiken
Sepulcralschmuck herzustellen, nicht entschieden durchführte. Er wird
sich selbst inconsequent, wenn er die Monumente aus sich selbst erklären will, aber dabei sich doch für einen Hauptteil der Bildwerke auf
die apostolischen Constitutionen stützt, ein Schriftstück, welches dazu in
der Kirche des Abendlandes wenig beachtet und gewiss in der römischen Volksgemeinde ganz unbekannt war. Jedenfalls darf man nicht
annehmen, dass solche Schriftstücke die Anregung zur Auswahl der
betreffenden Scenen gegeben hätten, sondern kann sie nur herbeiziehen
zum Erweis dessen, unter welchem Gesichtspunkt etwa in der Christenheit jener Zeit bestimmte Wundergeschichten betrachtet wurden. Und
abgesehen davon, dass Schultze trotz seiner Bekämpfung des lehrhaft-
paränetischen Charakters der Bildwerke es zuweilen doch nicht ver-
meidet, in denselben Erweise für gewisse Lehren zu finden (wir werden
einzelne Beispiele zu erörtern haben), so hat er in der Absicht, wesentlich nur sepulcrale Beziehungen in den Bildwerken zu suchen, denn
doch wieder Alles zu sehr diesem Grundsatz wie einer Schablone angepasst. Es ist ja keine Frage, dass solche sepulcrale Beziehungen in
einigen der häufigsten Scenen, wie der Auferweckung des Lazarus oder
der Jonasgeschichte, sehr nahe liegen, aber in anderen, welche ebenso

---

[1]) Trois mémoires sur les antiquités chrétiennes, in den mém. de l'aca-
démie des inscriptions T. XIII 1838.

[2]) Archäologische Studien über altchristliche Monumente 1880. Die Katakomben 1882.

häufig oder noch häufiger sind, wie in dem Quellenwunder des Moses
oder der Opferung Isaaks oder Daniel in der Löwengrube, sind sie nur
vermittelst künstlicher Deutung zu erweisen, und die vielen einzelnen
Figuren, wie die Tierbilder und anderes, werden dadurch vollends nicht
erklärt. Methodisch scheint uns S c h u l t z e auch darin gefehlt zu haben,
dass er das, was erst Resultat der Untersuchung sein kann, nämlich die
Zuteilung der Bildwerke in die symbolische, historische oder sonst eine
Klasse, vorausgenommen hat. Doch wird ihm niemand das Verdienst
der Anbahnung einer neuen und richtigeren Auffassung des altchristlichen Gräberschmucks bestreiten können.

Man muss mit der Einfügung der altchristlichen Kunst in den
Zusammenhang der gesammten Kunstentwickelung wirklich Ernst machen,
muss speciell die Bedeutung des altchristlichen Gräberschmucks zu erfassen suchen im engsten Zusammenhang mit demjenigen der antik-
römischen Welt. Wenn wir das tun, so folgen wir damit nur der historischen Betrachtungsweise über die Entstehung und Ausbildung des
Christentums, wie solche in unsern Tagen erwacht ist. Der historische
Sinn unserer Zeit hat ja auch die neuere Theologie vermocht, das
Christentum in die gesammte Geistesentwickelung des Menschengeschlechts einzureihen, ein Bestreben, welches von der römischen Kirche
bis zum heutigen Tage gründlich ignorirt wird, sie betrachtet die Entstehung des Christentums wie einen deus ex machina und ist darum
auch nicht im Stande, dem mit der antiken Kulturwelt bestehenden
Zusammenhang des altchristlichen Kulturlebens auf seinen einzelnen
Gebieten nachzugehen. Und doch hat jene historische Betrachtungsweise neue theologische Disciplinen geschaffen, wie das Leben Jesu und
die neutestamentliche Zeitgeschichte; sie hat uns gezeigt, wie die antike
Philosophie wesentliche Formen dargeliehen hat, in denen die Entwickelung der dogmatischen und ethischen Lehrsysteme der Kirche und einzelner Väter erwachsen ist. Wer wird leugnen können, dass für die
Christologie die letzten Wurzeln im Platonismus liegen? Lässt es sich
nicht genau nachweisen, wie von dort bis zum Logosbegriff bei Johannes
und damit zum Begriff der metaphysischen Sohnschaft Christi ein gene-
tischer Zusammenhang besteht? Daher hat Z e l l e r wohl sehr recht,
wenn er gelegentlich in seiner Geschichte der griechischen Philosophie
bemerkt, dass, wenn man früher wohl nach dem Christlichen in Plato
frug, eine streng historische Auffassung vielmehr nach dem Platonischen
im Christentum zu fragen habe. Nicht umsonst ist die Frage nach dem
Zusammenhang der ethischen Systeme der Kirchenväter mit denjenigen
der griechischen und römischen Philosophen in der neuesten Zeit so

vielfach bearbeitet worden. Und was die äussere Organisation und das Verfassungsleben der Kirche betrifft, so dürfte es nach Untersuchungen wie denjenigen von H e i n r i c i , H o l t z m a n n , W e i n g a r t e n , S c h ü r e r , H a t c h und Andern nicht mehr zweifelhaft sein, dass antike Gesellschaftformen, hier religiöse Associationen, dort Wohltbätigkeitsvereine oder das römische sociale Verhältniss des Patrons und der Klienten nicht minder stark, in einigen Teilen der Kirche noch stärker eingewirkt haben als die Anlehnung an die Synagoge. Mag in dieser Beziehung im Einzelnen noch Manches einer festeren Begründung bedürfen, der Weg, welchen man damit zur Erklärung von bestimmten Organisationsformen der Urkirche eingeschlagen hat, ist jedenfalls der richtige. Haben doch d e R o s s i und seine Nachfolger selbst die Gestaltung der Christengemeinde in Rom nach dem Muster der Collegia tenuiorum so entschieden verteidigt, warum wollen sie die Erklärung des altchristlichen Sepulcralschmucks auf Grund seines Zusammenhangs mit dem antiken zurückweisen? Sowenig die Weltgeschichte überhaupt Sprünge macht, da vielmehr auch ihre einschneidendsten Thatsachen und epochemachendsten Persönlichkeiten innerhalb der Gesammtentwickelung stehen, so wenig entsteht auch eine Kunstentwickelung abrupt von der andern, und das Urchristentum war am allerwenigsten geeignet, sofort eine neue hervorzurufen. Es war in seinem innersten Wesen eine rein religiöse Bewegung, darum konnte es den verschiedendsten äussern Verhältnissen sich anpassen. Darum giebt es auch keine christliche Archäologie in dem Sinne, wie man von einer jüdischen, einer griechischen und römischen Archäologie redet. Das ist die Altertumswissenschaft einer einzelnen in ihrer Besonderheit scharf ausgeprägten Nation, aber die Christen waren keine Nation, sondern eine religiöse Genossenschaft, die in der Anwerbung ihrer Mitglieder grundsätzlich die nationalen Schranken übersprang. Wie weit man daher von einer Archäologie des Christentums reden kann, kann sich doch wesentlich nur auf religiöse und kirchliche Altertümer beziehen, denn in dem, was sonst in der Archäologie aufgeführt zu werden pflegt, wie besonders die Staats- und Privataltertümer, darin waren eben die Christen ihren heidnischen Mitbürgern gleich, in deren Staats- und Volksgemeinschaft sie lebten. Sie haben nur das, was mit ihrer religiösen Ueberzeugung sie in Conflict brachte, vermieden oder entfernt, freilich Vieles auch ganz naiv beibehalten, und dies gerade in der bildenden Kunst.

Auch in ihr konnten ja die Christen nichts anderes leisten, als das Volk leistete, welchem sie angehörten; sie konnten höchstens die ihnen anstössigen mythologischen Figuren und Scenen vermeiden und an deren Stelle Darstellungen aus ihrer heiligen Geschichte setzen. Es lässt sich daher streng genommen von einer christlichen Kunst in den ersten Jahrhunderten überhaupt nicht reden, es giebt nur eine spätrömische Kunst im christlichen Gewand. Bezüglich der Basilika wird heut zu Tage schwerlich jemand die seiner Zeit von Zestermann und Hübsch vertretene Ansicht teilen, dass dieselbe ein selbstständiges Product des christlichen Geistes und Kultus sei. Vielmehr ist die Annahme ihres Zusammenhanges mit dem antiken Profanbau ein feststehendes Princip in all den verschiedenen Erklärungsversuchen ihrer Entstehung, ob man nun — um nur die neuesten Erklärungsversuche zu nennen — mit D e h i o und B e z o l d [1]), sowie mit V. S c h u l t z e [2]) auf das antike Wohnhaus oder mit K o n r a d L a n g e [3]) auf die schola zurückgeht. Dieses Princip muss jedenfalls auch für die Entstehung der Bildwerke der altchristlichen Sepulcralkunst festgehalten werden, wie denn auch im Einzelnen die Erklärungsversuche ausfallen mögen.

Man wird vielleicht einwenden, dass die römischen Archäologen einen Zusammenhang der altchristlichen Kunst mit der gleichzeitigen profanen ja nicht völlig leugnen. Gewiss, wir haben oben schon angeführt, dass sie eine directe Herübernahme der rein decorativen Elemente zugeben; sie geben nicht minder zu, dass formell und technisch die altchristliche Sepulcralkunst dieselbe sei, wie die gleichzeitige römische. Aber dann sollten sie auch die Frage der Entstehung der einzelnen Bildwerke aus dem antiken Gräberschmuck zu beantworten nicht unterlassen und denselben nicht lediglich aus der Bibel oder gar den Kirchenvätern zu erklären suchen. Ist aber der altchristliche Gräberschmuck nur in der Wahl der Gegenstände — und nicht einmal aller — von dem gleichzeitigen römischen verschieden, im Uebrigen aber eine directe ins Christliche übersetzte Fortführung derselben, so sind auch dieselben Grundsätze der Interpretation bei ihm anzuwenden wie bei den römischen. Und gerade das fehlt der traditionellen symbolischen Auslegung. Haben auch die Christen den gleichzeitigen heidnischen Gräberschmuck nach ihrem Glauben umgemodelt, ein neues Princip in der Auffassung und Auslegung desselben haben sie doch nicht geschaffen. Der eine ist

---

[1]) Die kirchliche Baukunst des Abendlandes. Erste Lieferung S. 62 ff.
[2]) Christl. Kunstblatt. August-Heft 1885.
[3]) Haus und Halle. Studien zur Geschichte des antiken Wohnhauses und der Basilika 1885.

daher nicht anders aufzufassen als der andere. Ist der römische Gräberschmuck symbolisch, dann ist es auch der christliche, ist jener wesentlich Ornamentik, dann auch dieser. Nun hat die neuere klassische Archäologie sich für den wesentlich rein ornamentalen Charakter des antik römischen Gräberschmuckes entschieden — daraus folgt der Schluss für die Bildwerke der ältesten christlichen Kunst in den Katakomben von selbst.

Doch dieser Schluss soll erst das Resultat unserer Arbeit sein. Der Leser soll selbst prüfen und entscheiden, und ihn dazu in den Stand zu setzen, ist die Anlage dieser Schrift erwachsen. Da wir der Ansicht sind, dass die Frage nach der Bedeutung des altchristlichen Gräberschmucks nur im engsten Zusammenhang mit dem gesammten antiken und altchristlichen Sepulcralwesen gelöst werden kann, so schien uns eine Vorausschickung des ersteren und eine genaue Darstellung des letzteren auch aus anderen als den monumentalen Quellen unerlässlich. Wir wollen versuchen das antike und das altchristliche Sepulcralwesen zunächst rein objectiv uns vorzuführen; wenn wir im letzteren dasjenige, was wir aus der Literatur schöpfen können, von dem trennen, was die Monumente uns zur Belehrung bieten, so geschieht es, da ja die römischen Archäologen die patristische Literatur für die Erklärung der Bildwerke so reichlich benutzen, zum Zweck der Erkenntniss, wie weit diese Literatur uns dafür etwas zu bieten im Stande ist. Haben wir somit das antike und das altchristliche Begräbnisswesen kennen gelernt, so können wir eine Vergleichung anstellen, und zwar sowohl für die Sepulcralriten, wie für den Sepulcralschmuck. Daraus müssen sich dann die Resultate von selbst ergeben.

I. Das vorchristliche Sepulcralwesen.

1. Die Juden.

Die Bücher der heiligen Schrift geben uns ein ziemlich vollständiges Bild über das jüdische Begräbnisswesen, über seine Riten sowohl wie über den Bau der Gräber. War ein Angehöriger verschieden, so drückte man ihm die Augen zu, eine schon in der ältesten Zeit bezeugte Sitte (Gen. 46, 4). Dass dann der Todte abgewaschen, gesalbt, in ein grosses Tuch gewickelt, an allen Gliedern mit Binden umbunden und am Gesicht mit einem Schweisstuch bedeckt wurde, und dies alles unter Verwendung reichlicher Spezereien, ist aus der Erzählung über das Begräbniss Jesu bekannt. Diese Art der Behandlung der Leichen weist deutlich auf ägyptische Vorbilder hin, wie denn auch Joseph die Leiche seines Vaters jedenfalls ganz in ägyptischer Weise zubereiten liess (Gen. 50, 1). Im Trauerhause wurden oft unter Begleitung von Flötenmusik und Assistenz von Klageweibern, Trauerlieder angestimmt (Jer. 9, 17. II. Chor. 35, 25. Math. 9, 23. Mark. 5, 38). Von den Hinterbliebenen nicht beweint zu werden, war eine dem Gottlosen angedrohte Schmach (Hiob 27, 15).

Da der Todte als unrein galt und die Berührung einer Leiche eine Sühnung verlangte (Num. 19, 12), so ist anzunehmen, dass die Beerdigung sehr bald erfolgte. Träger brachten alsdann die auf einer Bahre oder in einem offenen Sarge liegende Leiche, welcher ein aus Verwandten und Freunden bestehender, oft zahlreicher Zug folgte, zur Stadt hinaus zur Gruft.

Dies alles zu besorgen war eine heilige Pflicht für die Ueberlebenden. Unbeerdigt liegen zu bleiben, war dem Juden ein Gedanke des Greuels. Darum wird den Gottlosen gedroht, dass ihre Leiber liegen bleiben sollen den Vögeln zum Frass (Jer. 7, 33. Ps. 79, 2), oder wie Koth auf den Gassen und Mist auf dem Felde (Jer. 9, 22. 16, 4). Das Gericht Gottes soll den König Jojakim noch nach seinem

Tode treffen: „Er soll wie ein Esel begraben werden, zerschleift und hinausgeworfen werden vor die Thore Jerusalems" (Jer. 22, 19). Selbst die Feinde und hingerichteten Verbrecher würdigt man noch eines Begräbnisses vor Sonnenuntergang. Die Sitte eines Leichenschmauses nach dem Begräbniss scheint ziemlich allgemein gewesen zu sein (Deutr. 26, 14. Jer. 16, 7. Ez. 24, 17. Hos. 9, 14). Dass man zum Zeichen der Trauer, die gewöhnlich sieben, oft aber auch dreissig Tage dauerte, fastete, das Kleid zerriss und Trauergewänder trug, sowie das Haar schor und sich mit Staub und Asche bestreute, ist bekannt. Doch suchte die Gesetzgebung auch Ausschreitungen entgegenzutreten und hatte die Selbstverstümmelung, das Ritzen der Haut, das Einätzen von Buchstaben, das Kahlscheren der Augenbrauen, weil dies alles heidnische Sitte war, verboten (Levit. 19, 27. 28. Deut. 14, 1).

Bezüglich der Bestattungsweise ist zu constatiren, dass das Begraben, obwohl nicht direct durch eine gesetzliche Bestimmung geboten, doch so allgemein die herrschende Sitte bildete, dass sein Zusammenhang mit anderweitigen religiösen und sittlichen Anschauungen des Volkes keinem Zweifel unterliegt. Hatte auf die äussere Behandlung und die Zurichtung der Leichen der ägyptische Gebrauch augenscheinlich eingewirkt, so konnte doch der Hebräer die ägyptische Unsterblichkeitslehre von der Seelenwanderung sich nicht zu eigen machen, denn einmal war, da die älteste hebräische Psychologie die Seele im Blute erblickte, eine Sonderexistenz derselben unabhängig vom Körper undenkbar, sodann musste aber auch die hohe Auffassung des Menschen als eines schon in seiner körperlichen Beschaffenheit sich ausdrückenden Ebenbildes Gottes dem Glauben des Eingehens in einen Thierleib widerstreben. Beides musste aber auch ein gewaltsames Zerstören des Leibes durch Feuer als verwerflich erscheinen lassen, und dies erst recht bei der späteren Vorstellung vom Scheol, wo die Fortexistenz an das leibliche Dasein, sei dieses auch nur wie ein Schatten, gebunden ist. Die wenigen Fälle, in welchen ein Verbrennen der Leichen erwähnt wird, sind daher nur Ausnahmen und waren durch besondere Verhältnisse veranlasst. So im Krieg, wie bei der Verbrennung der Leiche Sauls (I. Sam. 31, 12 und 13), wobei aber eine Beisetzung der Gebeine noch ausdrücklich erwähnt wird. Wie verabscheuungswürdig aber im Uebrigen eine Verbrennung der Leichen den Hebräern gewesen, zeigt deutlich die Bestimmung, dass dasselbe eine Verschärfung der Todesstrafe für unnatürliche Verbrechen bilden sollte (Levit. 20, 14. 21, 9).

Bei der Auffassung der Leiche als etwas den Menschen Verunreinigendes ist es begreiflich, dass die Gräber möglichst entfernt von den Wohnungen der Lebenden angelegt werden mussten. Eine Ausnahme machte man nur, wie aus zahlreichen Stellen des alten Testaments erhellt, mit den Leichen der Könige, wohl auch denjenigen der Hohenpriester (I. Sam. 25, 1. 28, 3. II. Chron. 24, 16). Die königliche Gruft David's und vieler seiner Nachfolger war in einer Felshöhle des Berges Zion.

Die Gräber lagen, möglichst umgeben von schattigen Bäumen und Gartenanlagen, fast alle in einer bestimmten Gegend, aber gemeinsame Begräbnissplätze in unsrem Sinne waren es deswegen nicht, nur für das niedere Volk gab es vor der Stadt ein gemeinsames Todtenfeld (II. Reg. 23, 6. Jer. 26, 23), und auch die Jerusalempilger wurden auf einem Grundstück gemeinsam begraben (Math. 27, 7). Im Uebrigen jedoch erstreckte sich die Gemeinsamkeit des Grabes nicht über die Familie, aber für diese hielt man diese Gemeinsamkeit auch seit den ältesten Zeiten entschieden fest. „Zu seinen Vätern versammelt werden", ist daher gleichbedeutend mit sterben. Darum brachte man auch die Leichen derer, die ausserhalb des Heimatlandes starben, gerne in dasselbe zurück. Dieser Gebrauch hatte freilich auch einen tieferen religiösen Grund. Der Jude hatte als Glied des erwählten Gottesvolkes teil an allen Verheissungen, darum wollte er auch nach seinem Tode des heiligen Landes teilhaftig sein. Dieser Drang, in heimischer Erde begraben zu werden, musste freilich nach dem Exil und noch mehr nach der Zerstörung des alexandrinischen Reiches, als die Juden in grosser Masse in fremden Ländern wohnten, von selbst nachlassen. Doch hielten sie in der Diaspora entschieden daran fest, dass sie einen von den Heiden streng gesonderten gemeinsamen Begräbnissplatz besassen.

Auf die Anlage und Form der Gräber weisen schon die betreffenden hebräischen Ausdrücke hin, nämlich בּוֹר und קֶבֶר, Ausdrücke, welche beide die ursprüngliche Bedeutung einer Aushöhlung haben. Man benutzte sowohl natürliche Felsgrotten, wie auch künstliche Höhlen, die man entweder seitlich in die Felswand einbrach oder auch senkrecht in die Erde aushöhlte. Nach den vorhandenen Monumenten hat der eingehendste Forscher auf diesem Gebiete, Titus Tobler (Golgatha S. 201), eine dreifache Art der Form und Einrichtung des hebräischen Grabes unterschieden. Die Leichen wurden nämlich entweder auf Felsbänken, welche sich an den Wänden der Grotte hinzogen und oft von einer Wölbung überspannt sind, niedergelegt (was Tobler Bank- oder Aufleggrab nennt), oder in trogartige Oeffnungen, welche in die Wände eingelassen waren und eben zur Aufnahme eines Leichnams hinreichte, gebettet (Troggrab). Eine dritte Art nennt Tobler das Ofen- oder Schiebgrab, weil hier die Leichen in die in die Felswand eingehauene

Höhlung eingeschoben wurden. Wir haben also hier jedenfalls wesentlich dieselbe Anlage der Gräber wie im gesammten Altertum, nicht blos eine dem Umfang des Sarges angemessene Grube, sondern die Kammer, die den Eintritt zum Todten gestattet.

Bei dem Hemmniss, welche das jüdische Religionswesen der bildenden Kunst darbot, werden wir in Bezug auf den Schmuck der jüdischen Gräber keine grossen Erwartungen hegen können [1]) Aber gänzlich fehlt es an solchem doch nicht. Die Aufrichtung von Grabdenkmälern finden wir schon in den ältesten Zeiten. So errichtete Jakob ein solches seiner Gemahlin Rahel, das noch in später Zeit bekannt war (Gen. 35, 20). Es wird wohl in nichts Anderem bestanden haben, als in einem rohen Stein über einem möglichst erhöhten Erdhügel. Nach II. Sam. 18, 18 hat Absalom noch bei Lebzeiten sich ein Denkmal errichtet in Gestalt einer Säule, um damit, da er keinen Nachkommen hatte, seinen Namen auf die Nachwelt zu bringen. Freilich konnte sein Leib hier nicht ruhen, denn er wurde im Wald in eine Grube geworfen und mit einem Haufen Steine bedeckt, wie solches für Missetäter üblich war (Jos. 7, 26. 8, 29. Hiob 21, 32). Uebrigens kennt auch noch Josephus (Ant. VII. 7, 3) jenes Denkmal Absaloms im „Königsgrunde", welches nach seiner Angabe zwei Stadien von der Stadt entfernt war. Genauere Nachrichten haben wir über das Grabmal, welches Simon Makkabäus seinen Eltern und seinen Brüdern errichten liess (I. Makk. 13, 27). Es war ein freistehendes aus Quadern aufgeführtes Gebäude. Ueber demselben erhoben sich sieben Säulen als Denkmäler für die daselbst bestatteten sieben Personen (einschliesslich des Stifters). An die Wände lehnten sich schwere Pfeiler, an welche die Rüstung der Verstorbenen aufgehängt wurde, und daneben befanden sich kleine in Stein ausgehauene Schiffe. Für eine noch jüngere Zeit erfahren wir aus Math. 23, 29, dass man es zur pharisäischen Werkgerechtigkeit rechnete, die Gräber der grossen Männer der Vergangenheit neu aufzubauen und auszuschmücken. Ob die Eingänge an den Felsengräbern architektonisch verziert waren, erfahren wir nicht. Aus Math. 27, 27 geht nur hervor, dass man die Aussenwände mit bunten und glänzenden Farben bestrich, jedenfalls nur aus dem Grunde, um die Vorübergehenden zu warnen, da die Berührung eines Grabes verunreinigte (Num. 19, 16). Sowenig uns auch die literarischen Quellen über die Ausschmückung der Gräber mitteilen, so geht doch soviel aus

---

[1]) Cf. für die hier einschlägigen künstler. Fragen F. de Saulcy: voyage autour de la mer morte. Jul. Braun: Geschichte der Kunst I S. 396 ff. Lübke: Geschichte der Architektur S. 60 ff.

ihnen hervor, dass mit den späteren Jahrhunderten der Prunk in der
Herstellung von Grabdenkmälern zunahm. Die im Ganzen spärlichen Monumente, welche uns erhalten sind,
ergänzen jedoch bis zu einem gewissen Grade die literarischen Nach-
richten, sind aber freilich auch wieder selbst nach den letzteren zu beurteilen, besonders bezüglich der Zeit ihrer Entstehung. Wir finden an
Felsgräbern, die wie diejenigen von Siloah, unstreitig in sehr alte Zeit
hinaufreichen, dass die Eingangstür architektonisch aufgebaut war,
mit kräftigen Rahmenprofilen, wuchtigen Kranzgesimsen oder abschliessenden Giebeln. Es sind dies Formen, welche sich an den Grab-
façaden aller vorderasiatischen Völker finden, sie zeigen nichts, was
der jüdischen Kultur eigentümlich wäre. Dieser Schmuck kam jedenfalls
als solcher dem Volke, das durch seine religiöse Satzung keinen Sinn
für bildende Kunst haben konnte, kaum zum Bewusstsein, daher die literarischen Nachrichten darüber schweigen. Es war eben nicht auffallend
und erwähnenswerth. Noch mehr gewiss sind fremde Einflüsse bei denjenigen Monumenten vorhanden, welche von einer ziemlich bedeutend
entwickelten Kunsttätigkeit zeugen. Die sogenannten Richtergräber
sind von einem prachtvollen Giebel gekrönt; am Rahmen desselben findet
sich ein feines Zahnschnittgesims und seine Fläche ist mit ver-
schlungenem Blattwerk reich verziert. Die glänzendsten Anlagen dieser
Art in Palästina, die sogenannten Königsgräber, besassen eine Säulen-
halle; der Architrav zeigt Ornamente von Blattwerk, der Fries dorische
Triglyphen, an deren Stelle in der Mitte Blumen- und Rebgewinde wie
Palmzweige treten. Aehnliche Verzierungen zeigen auch die im Louvre
befindlichen Platten der Sarkophage, welche aus diesen Gräbern stammen. [1]) Weiter sind hier zu erwähnen die Denkmäler im Kidronthal,
das sogenannte Zachariasgrab und das Grab des Absalom. Beide bilden
im Stamm des Baues einen Würfel, dessen Wände durch jonische Halb-
säulen und an den Ecken durch starke Pilaster mit anlehnenden jonischen
Viertelsäulen gegliedert sind. Darüber erhebt sich bei dem Zachariasgrab ein schmuckloser Architrav mit dem ägyptischen Kranzgesims und
der Pyramide als Abschluss, während das Absalomgrab noch reicher
angelegt ist: es zeigt noch einen Fries mit dorischen Triglyphen und
Schilden in den Metopen; ein Oberbau erhöht turmartig das Gebäude,
welches durch einen Kegel gekrönt ist.

---

[1]) Cf. auch G r ä t z: Die jüdischen Steinsarkophage in Palästina, Monats-
schrift für Wissenschaft des Judentums 1881 S. 529 ff. V. S c h u l t z e: Sarkophage und Grabinschriften aus Jerusalem, in der Zeitschrift des deutschen
Palästinavereins 1881 S. 9 ff.

Es darf heut zu Tage wohl als ausgemacht gelten, dass diese reichen Grabanlagen alle nicht der alten Zeit entstammen, welcher die Namen, nach denen sie genannt sind, angehören. Es kann vielmehr keine Frage sein, dass dieselben bei dem Synkretismus ihrer Kunstformen der nachalexandrinischen Epoche angehören. Die sogenannten Königsgräber sind gewiss noch jünger und wohl identisch mit den Grabanlagen, welche die Königin Helena von Adiabene, eine jüdische Proselytin, cr. 50 nach Christus für sich und ihr Geschlecht errichten liess. Die Gräber des Zacharias und Absalom mögen wohl auch Produkte solchen frommen Tuns sein, wie es Matthäus 23, 29 erwähnt ist. Die Tratition bezeichnete wohl die Oertlichkeit dieser Gräber, und man suchte sie durch schmuckvolle Neubauten zu ehren. So hat man wenigstens in späterer Zeit sich wie in andern Dingen, so auch in der bildenden Kunst, dem Einfluss des Auslandes nicht verschlossen. Uebrigens wissen wir von sonstigem Detailschmuck freilich nicht viel. Derselbe scheint über Blatt- und Fruchtornamentik nicht hinausgekommen zu sein. Die Nägel, welche man in den Wänden des Absalomgrabes stecken fand, lassen schliessen, dass dieselben mit Metallplatten bekleidet waren, ein altphönizischer Schmuck, welcher ja auch schon im salomonischen Tempel angewandt wurde.

Dass die Juden ihre Grabkammern mit den mancherlei Gegenständen ausgestattet hätten, welche uns in den Nekropolen anderer Völker einen so reichen Aufschluss über fast alle Teile ihres Kulturlebens liefern, erfahren wir nicht. Aus Ez. 32, 27 hat man schliessen wollen, [1]) dass den gefallenen Kriegern ihre Waffen mit in das Grab gegeben wurden. Aber der Prophet redet hier von Nichtisraeliten, und es ist fraglich, ob er, da andere Stellen zum Erweise jenes Brauches fehlen, die Sitte seines eigenen Volkes auf die „Unbeschnittenen" anwendet.

Dass die Juden jedoch im Stande waren, sich bezüglich des Baues und der Ausschmückung der Gräber den Volkssitten anzupassen, zeigt die Existenz jüdischer Katakomben in Rom. Die bedeutendste derselben wurde vor einigen 20 Jahren an der appischen Strasse in der vigna Randanini entdeckt. [2]) Ihre Construktion ist wesentlich dieselbe, wie die der christlichen Katakomben Roms: Gallerien und Kam-

---

[1]) Rosskoff in Schenkel's Bibellexikon I S. 383.
[2]) Eingehend beschrieben von Garrucci: cimit. degli antichi Ebrei 1862. Cf. de Rossi bullet. 1865, 92 ff. 1867, 3, 16. Kleine jüd. Katakombenanlagen finden sich an der via portuensis (bullet. 1864, 10. 1872. 161), in der vigna Cimarra an der via appia (bullet. 1867, 3, 16) und in Porto (bullet. 1866, 40).

mern. Das Auffallende ist hier nicht die Schöpfung eines Gemeinde-
friedhofes, denn das geschah überall in der Diaspora, sondern die Aufnahme ziemlich reichen bildnerischen Schmucks in die Grabstätten.
Garrucci hat denselben in seiner Geschichte der christlichen Kunst
tav. 489—491 zusammengestellt. Wir sehen da Malereien, welche
ebensogut heidnischen Gräbern angehören könnten, nämlich die bekannte römische Flächendecoration mit architektonischer Gliederung,
die Felder gefüllt mit geflügelten und ungeflügelten Genien, mit Pfauen
und andern Vögeln, mit Lämmern und Fischen. Auch auf Grabplatten
sehen wir Gegenstände, welche direkt der antik-römischen Sculptur-
ornamentik entlehnt sind, nämlich keltertretende Kinder und Jagdscenen.
Dabei aber specifisch jüdische Embleme, wie vor allem den siebenarmigen
Leuchter und den von Löwen bewachten Schrank mit den Gesetzes-
rollen. Auch Goldgläser, welche in diesen Grüften gefunden wurden,
sind mit solch specifisch jüdischem Schmuck versehen. Garrucci hat
zu beweisen gesucht, die Juden hätten in der Anlage dieser Grüfte die
Christen nachgeahmt, während de Rossi (Roma Sott. I. 90) beide
unabhängig von einander entstehen lässt. Aber weder die eine noch
die andere Ansicht scheint uns zu stimmen mit der historischen Sachlage,
wonach bei dem Beginn christlicher Katakombenbauten in Rom schon
längst eine blühende jüdische Gemeinde vorhanden war, die ihre Grabstätten jedenfalls ängstlich von denjenigen der Heiden gesondert hielt.
Bei dem Umstand, dass die christliche Gemeinde Roms doch unzweifelhaft
aus der jüdischen hervorwuchs, ist jedenfalls eher eine Abhängigkeit
der christlichen von den jüdischen Katakombenanlagen anzunehmen als
umgekehrt. Jedenfalls zeigen letztere die interessante Thatsache, dass
die Juden in der Fremde auch bezüglich des bildnerischen Schmuckes
freier dachten und den Gebräuchen fremder Völker sich anzubequemen
wussten.

2. Die Griechen.

Wie ausgebildet bei den Griechen [1]) die Fürsorge für die Todten
gewesen, zeigen Gesetzesbestimmungen wie die, wonach in Athen Be-
werber um höhere Staatsämter beweisen mussten, dass sie hinsichtlich

---

[1]) Wir können hier ebensowenig wie in den Darstellungen des römischen
Begräbnisswesens alle Belegstellen aus den Quellen aufführen und weisen auf
die Handbücher der Antiquitäten, für obiges Capitel speciell auf Hermann's
Griech. Privataltertümer, 3. Aufl. von Blümner, S. 361—387. Becker's
Charikles III S. 114 ff.

der Bestattung ihrer Eltern sich keiner Versäumniss schuldig gemacht hatten. Streng wurde die Verletzung der Pflicht, die in der Schlacht gefallenen ordnungsmässig zu bestatten, geahndet, wie aus dem Process gegen die Sieger bei den Arginusen erhellt. Gab es solche Rücksicht doch selbst gegen die Feinde, was in jener, von Chrysostomus (77, 5) aufbewahrten völkerrechtlichen Bestimmung ausdrücklich als Ausfluss einer φιλανθρωπία bezeichnet wird. Wurde man auch des Leichnams nicht teilhaftig, so sollte doch durch die Aufrichtung eines Kenotaphs das Andenken des Verstorbenen erhalten bleiben, und auf eine aufgefundene Leiche wenigstens eine handvoll Erde zu werfen, war heilige Pflicht für einen jeden.

In der Behandlung der Leichen finden wir das Augenzudrücken, die Waschung und Salbung, das Einhüllen in weisse Gewänder, das Bekränzen mit Blumen und Laubgewinden bei den Griechen wie im gesammten Altertum. Aber auch von Todtenklagen, Zerreissen der Gewänder, Anlegen von schwarzen Trauerkleidern, Abschneiden der Haare und Entstellung des Körpers wird uns berichtet. Doch hat der feine ästhetische Sinn des Volkes auch hierin das μηδὲν ἄγαν beobachtet. Auch durch gesetzliche Bestimmungen, wie angeblich schon durch Solon, wurden übertriebene Trauerbezeugungen einzuschränken versucht.

Die Leiche stellte man vor der Bestattung öffentlich aus und umgab sie mit jenen Salbflaschen (λήκυθοι), welche auch oft in den Gräbern aufgestellt wurden. [1] Da das Haus durch die Bergung der Leiche als verunreinigt galt, so sorgte ein aufgestelltes Gefäss mit Wasser für die Reinigung der Heraustretenden. Feierliches Leichenbegängniss — bei welchen nur Männer anwesend sein durften — und Leichenreden fehlten ebensowenig wie die bei allen indogermanischen Völkern vorkommenden Leichenmahle (περίδειπνον), bei welchem nach dem aus griechischen Quellen schöpfenden Berichte Ciceros (de leg. II 25) de mortui laude cum quidquid veri erat praedicatum, justa confecta erant. In der Heroenzeit wurden nach Il. 23, 29 ff., 24, 803 ff. und Od. 3, 309 diese Mahlzeiten von den Herrschern als üppige Gelage für das ganze Volk gegeben. Nicht minder erwähnenswert sind die Todtenopfer, [2] welche am dritten, besonders aber am neunten Tage nach dem Begräbniss abgehalten wurden (die τρίτα, ἔνατα). In Athen wurde die Trauerzeit, die 30 Tage dauerte, mit einem abermaligen Todtenopfer beschlossen (die τριάκαδες). Ja wir haben Nachricht, dass diese Opfer

---

[1] Cf. Benndorf: Griechische u. sicilische Vasenbilder Taf. 14 ff.
[2] ἐναγίζειν, im Gegensatz zu θύειν, was nur für die Götter.

auch noch später an dem jeweiligen Todes- oder Geburtstage des Verstorbenen wiederholt wurden. [1]) Es beruht dieser Gebrauch unverkennbar auf der Auffassung des Verstorbenen als Heros, eine Auffassung, die laut zahlreicher Inschriften so allgemein wurde, dass man die Ausdrücke ἀφηρωΐζειν und θάπτειν als identisch gebrauchen konnte. Endlich feierte man in Athen eine Art Allerseelentag (τὰ νεκύσια oder γενέσια). Worin die Opfergaben bestanden, erfahren wir ausführlich aus Aeschylus (Pers. 615 ff.). So zeigen auch die betreffenden Denkmäler meist die Darbringung von Kränzen, Tänien und Salbgefässen.

In Bezug auf die Bestattungsart der Leichen dürfte es heute wohl feststehen, dass das bekannte Dictum Lucians (dem wir im Uebrigen durch seine Schrift περὶ πένθους die wertvollsten Aufschlüsse über griechisches Leichenbegräbnisswesen verdanken): ὁ μέν Ἕλλην ἔκαυσεν, ὁ δὲ Πέρσης ἔθαψεν (ib. cap. 21) in dieser Prägnanz falsch ist. Vielmehr ist kein Zweifel, dass für die historische Zeit das Begraben die stehende Bestattungsform bildete, wenn auch nicht zu leugnen ist, dass einzelne Fälle von Verbrennung immer noch vorkommen. Nur in Sparta hat die Verbrennung überwogen, und zugenommen überhaupt hat sie erst wieder in der römischen Zeit. [2]) Es scheint nicht, dass man für den einen oder andern Fall nach bestimmten Grundsätzen verfahren ist. Die Verbrennung scheint nur als ausserordentliche Bestattungsweise aus naheliegenden praktischen Gründen dann und wann vorgenommen worden zu sein. So machten sanitäre Gründe zur Zeit der Pest in Athen die Verbrennung notwendig (cf. Thucyd. II 52). Da letztere grösseren Aufwand erforderte und reicheren Pomp zuliess, so mag auch dieser Gesichtspunkt massgebend gewesen sein, wenn man die Leichen einzelner verdienter Männer, wie Timoleons u. A., verbrannte. Ob jedoch, wie Nathusius meint, [3]) auch die in der Schlacht Gefallenen aus Gründen des Verdienstes für das Vaterland der Ehre der Verbrennung teilhaftig wurden, erscheint zum Mindesten zweifelhaft. Denn was er zu dem Berichte des Thucydides II 34 anführt, wird dahin zu berichtigen sein, dass die Verbrennung nur wegen der Entfernung von der Heimat stattfand, wie dies als Grund der Verbrennung auch anderweitig angegeben wird [4]). Hier war dieselbe eben wegen des leichteren

---

[1]) Die γενέσια bei Herod. IV 26 sind ja noch streitig, doch wurden wohl beide Tage gewählt.

[2]) Cf. die eingehenden Nachweise bei Becker, Charikles III 133 ff. und Wachsmuth, Hellen. Altertumskunde II 2. S. 79.

[3]) De more humandi et concremandi mortuos apud Graecos S. 25 ff.

[4]) Thucyd. IV 71. Hom. Jl. 7, 333. Aeschyl. Agam. 423. Soph. El. 1113.

Transportes der Gebeine in die Heimat angebracht. So bleibt die Verbrennung wesentlich nur auf solche Fälle, in denen praktische Gründe sie geboten, beschränkt, die vulgäre griechische Bestattungsweise war, speziell in Athen, das Begraben.

Darauf weisen auch die Nachrichten über Särge hin. In der Heroenzeit wurde die Asche der verbrannten Gebeine in kostbaren Gefässen gesammelt, nachdem man sie zuvor in Fett eingehüllt und mit allerhand Zuthaten versehen hatte. [1] Thucydides berichtet (II 34) von den λάρνακες aus Cypressenholz, in welchen die Gebeine der Gefallenen in die Heimath geschafft worden seien. Hölzerne Särge (σοροί) erwähnen auch Herodot (I 68) und andere. Die Funde weisen ausserdem Särge aus Thon und Stein auf. Theophrast (de igne 46) spricht von dem ὁ ἐν ῎Ασσῳ λίθος, ἐξ οὗ τὰς σοροὺς ποιοῦσιν. [2] Die mit künstlerischen Sculpturen versehenen Sarkophage kommen jedoch erst spät, in römischer Zeit, vor. Ihre architektonische Form ist stärker ausgebildet als bei den römischen Sarkophagen, der Reliefschmuck daher nicht in dem Maasse im Vordergrund stehend als bei den letzteren. Ausserdem befindet sich dieser Schmuck nicht wie bei den römischen nur auf der Vorderseite und den Schmalseiten, sondern auch auf der hinteren Langseite, ein Beweis, dass die griechischen Sarkophage frei zu stehen bestimmt waren, während die römischen an die Wand angelehnt wurden. Ausnahmen gab es natürlich in beiden Fällen. [3]

Auch die Anlage der Gräber wie deren Ausstattung weist auf das Vorwiegen der Inhumation hin. Die Gräberanlagen befanden sich vor der Stadt, meist an öffentlichen Strassen und auf eigens dazu bestimmten Grundstücken, welche als Erbbegräbnisse erlesen waren. Kein Fremder durfte darin bestattet werden, so dass sogar aus dem gemeinsamen Begräbniss die Verwandtschaft gerichtlich entschieden werden konnte. Die Beerdigung innerhalb der Stadt war auf die einzelnen Fälle der Auszeichnung bestimmter Personen beschränkt. Gemeinsame Begräbnissplätze gab es nur für das arme Volk, die Grabstätten der Reichen waren jede gesondert von der anderen, wenn sie auch in einer bestimmten Gegend vor der Stadt zusammen lagen. Die Grabplätze waren mit Gartenanlagen verziert, unter den Bäumen, mit denen man sie bepflanzte, wurden besonders Cypressen und Pappeln angewandt. Auf die

---

[1] Hom. Il. 23, 240 ff. Od. 24, 74. Plat. Philop. 21.

[2] Nach Hermann - Blümner wäre ἐν῎Ασσῳ freilich nur Conjectur aus Plin. XXXVI 131, da die Handschriften ἐν κύκλῳ haben.

[3] cf. Matz in der Archäolog. Zeitung 1873 S. 11 ff.

Schädigung dieser Anlagen standen ebenso wie auf diejenige des Grabes selbst strenge Strafen.

Der Bau des Grabes ist wesentlich schon der im Orient gewöhnliche. Vor Allem war es wie im gesammten Altertum eine wirkliche Grabkammer, in die man eintreten konnte, in der Heroenzeit jene grossen, neuerdings teilweise von S c h l i e m a n n wieder ausgegrabenen Kuppelbauten, später finden wir die in den Felsen gehauenen oder in der Erde mit Mauerwerk aufgeführten und mit wirklichem oder scheinbarem Gewölbe gedeckten Kammern, in welchen die Leichen auf steinernen Unterbauten aufgelegt wurden. Um die Leiche selbst gruppirte man dann die weitere Ausstattung des Innern. Dabei ging das Bestreben dahin, den Verstorbenen im Grabe möglichst mit all dem zu umgeben, was ihm im Leben lieb und teuer gewesen. Andererseits hat in Verbindung mit dem Heroencult auch offenbar der Gedanke mitgewirkt, dem Verstorbenen einen möglichst glanzvollen Einzug in den Hades zu gewähren. Darauf deutet die Mitverbrennung von Kriegsgefangenen, wie bei der Leichenfeier des Patrokles (Il. 23, 135), [1]) ein Gebrauch, welcher in der ältesten Zeit wohl häufig vorkam (Luc. de luct. 14), in der historischen aber sehr selten war. Ausdrücklich erwähnt wird es wenigstens nur von Philopömen (cf. Plut. Philop. 21). Auch das Mitverbrennen von Geliebten oder Gattinnen ist nach der oben erwähnten Stelle bei Lucian früher vorgekommen, doch ist historisch ein einzelner Fall nicht bekannt. Den Griechen mussten solche αἱμαχουρίαι doch als barbarisch erscheinen. Dass man dagegen Speisen und Getränke, Schmuckgegenstände und Kleidungsstücke, häusliche Geräte aller Art, besonders auch Gefässe, Lampen, Waffen u. dergl. dem Todten mit in das Grab gab und die Grabkammer damit schmückte, zeigt von dem Bestreben, die Wohnstätte, in welcher der Verstorbene ewig hausen sollte, heimischer zu gestalten. [2])

Es liesse sich wohl erwarten, dass unter den Thongefässen vorzugsweise diejenigen zur Aufstellung in den Grabkammern gewählt worden seien, deren künstlerischer Schmuck auf die chthonischen Götter und Mysterien sich bezog. Besagen doch oft auch die Inschriften, dass das Grab den θεοῖς καταχθονίοις geweiht worden sei (was häufig abgekürzt wird in die Formel Θ. K.). Es fanden sich solche Thongefässe auch in grosser Anzahl, aber ebenso viele oder noch mehr, deren Schmuck

---

[1]) Freilich hat hier der Gedanke der Rache an den Feinden doch sehr mitgewirkt, denn von Achilleus heisst's ausdrücklich: κακὰ δὲ φρεσὶ μήδετο ἔργα.

[2]) Reichhaltige Angaben über solche Funde bei Stackelberg: Die Gräber der Hellenen. Ebenso bei R o s s, Ges. Aufsätze I 11—72.

keinerlei Beziehung auf Tod und Grab aufweist. Von den meisten kann man jedenfalls sagen, dass sie keineswegs für den Zweck der Grabausstattung erst besonders angefertigt wurden. Unsere ganze Kenntniss dieses Zweiges der antiken Kunst schöpft ja wesentlich aus den Grabkammern. Es sind in Griechenland, ebenso wie in Etrurien, eine Menge von Vasen gefunden worden mit den allerverschiedensten Darstellungen aus der Mythologie, Heroensage und dem alltäglichen Leben, sie wurden aus dem Nachlass des Verstorbenen oder als Liebeserweise seiner Familie oder seiner Freunde lediglich zur wohnlichen Ausstattung des Grabes in demselben aufgestellt. [1]) Keinen andern Zweck hatten auch die manigfachen andern Gegenstände, die sich in Grabkammern wie innerhalb der Särge finden, wie Büchsen und Becher aus Thon oder Metall oder Glas, Masken und Oscillen. Bei den vielen kleinen Figuren von Göttern oder Heroen, aus den gleichen Stoffen, mögen wohl auch noch verschiedene abergläubische Vorstellungen mitgewirkt haben. Für die Ausstattung des Grabes direct angefertigt wurden augenscheinlich nur die allerdings sehr häufigen λήκυθοι, welche schon bei der Ausstellung des Todten ihm zur Seite standen. Benndorf hat überzeugend nachgewiesen, wie grade die weissen, mit leichter bunter Bemalung versehenen Lekythoi diesem Zwecke dienten, denn ihre Bilder zeigen meist Scenen stiller Trauer und eines poetischen Cultus an den Gräbern. „Man bringt den Verstorbenen wie Unsterblichen Spenden und Opfer dar, man überlässt sich einsam sinnend oder im Verständniss mit Freunden der Erinnerung an ihren Grabstätten oder schmückt diese mit den beglückenden Zeichen des Sieges, mit heiterfarbigen Bändern und frischen Kränzen. Auch begegnet man hie und da einem Bilde des Abschieds oder einer Darstellung des Charon, der die am Ufer harrenden Seelen empfängt. In den wenigen Darstellungen, welche die Ausstellung eines Leichnams vorführen, tritt das Schmücken und Bekränzen der Todten in den Vordergrund, wodurch das Ganze eher einen festlichen Ausdruck erhält." (Griech. und sicil. Vasenbilder S. 8 ff.)

Da die Mehrzahl dieser Lekythoi mit zerbrochenem Boden aufgefunden wurde, so hat man mit Recht geschlossen, dass aus diesen Gefässen, welche bei der Prothesis Salben und Wohlgerüche enthielten, in das Grab selbst solche Stoffe gespendet wurden, worauf man die Gefässe zerbrach, da überhaupt nichts, was bei der Todtenfeier gedient hatte, von den Lebenden weiter gebraucht werden durfte. Nach Stackelberg (Gräber der Hellenen, S. 37) rührt das Zerbrochensein

---

[1]) cf. Archäol. Zeitung 1882 S. 151 Taf. 7.

vieler Lekythoi daher, dass sie auf den Scheiterhaufen gestellt und
mit verbrannt wurden, wovon noch Anzeichen vorhanden sein sollen.
Dies mag in einzelnen Fällen sein, aber es finden sich solche Reste von
Lekythoi auch massenweise in Gräbern, in welchen unzweifelhaft unver-
brannte Leichname beigesetzt waren.

Was ferner den äusseren Gräberschmuck betrifft, so war die Er-
richtung eines Grabdenkmals ein gewöhnlicher Liebeserweis der Hinterbliebenen. Ihre Form ist sehr verschieden. Am häufigsten ist die
στήλη, dieser schlanke, für das griechische Volk charakteristische, oben
mit einer Palmette gekrönte Grabpfeiler, oder die Säule (κίων). Wie
innig die erwähnten Lekythoi mit dem Gräbercult in Verbindung
standen, zeigt der Umstand, dass ihre Form oft für Grabsteine gewählt
wurde. Auf den Gräbern von Mädchen wurde häufig ein Wasserkrug
(ἡ λουτροφόρος scl. ὑδρία) angebracht, wobei der Tod gewissermassen
die Stelle des Knaben vertrat, der (in Athen) den Brautleuten das
Wasser aus der Quelle Kallirrhoe zutrug; hier stand das Mal „zum
Zeichen, dass sie das Brautbad nicht eher empfangen, als bis sie im
Sterben dem Erdgott geweiht und gleichsam eine Todtenbraut geworden". Aber auch liegende Grabsteine (τράπεζαι) kamen vor, und
die Reichen errichteten kleine tempelartige Gebäude (ναΐδια oder ἡρῷα),
oft in solch luxuriöser Ausstattung, dass von Staatswegen gegen solchen
Luxus eingeschritten werden musste. Nach Cicero (leg. 36, 64)
sei bestimmt worden, dass ein solches Grabmal keine grössere
Arbeit erheischen dürfe, als 10 Männer in drei Tagen auszuführen
vermögen.

Auf die Denksteine wurden Inschriften gesetzt, von grösserem
oder geringerem Umfang. In der alten Zeit — aber auch noch nachher —
enthielten sie meist nur die Namen des Verstorbenen. Dazu treten
häufig die Namen derjenigen, welche das Grabmal errichtet, zuweilen
mit Angabe des Verwandtschaftsverhältnisses. Auch das Patronymikon
wird häufig dem Namen beigesetzt. Der Umstand, dass mehrere
Namen mit Patronymika auf einer Grabsäule vorkommen, scheint
auf Familiengräber hinzuweisen. In dem strengeren Sparta war
nur der Name, und auch dieser nur für die im Kriege Gefallenen
gestattet. [1]) Sonst kamen auch noch nähere Angaben über des Verstorbenen Leben und Taten vor, wobei auch prahlerische Redensarten
nicht fehlen. Charakteristisch sind auch hier wie fast überall im
Altertum die häufig vorkommenden Verwünschungen für diejenigen,

---

[1]) Plut. Lyc. 27.

welche es wagen, das Grab zu schädigen.[1]) Oft waren diese Grab-
schriften auch in gebundener Rede verfasst. Bekannt ist dafür jenes
Epigramm auf dem Denkmal der Gefallenen von Thermopylä. Mit der
macedonischen Zeit beginnt man die Zusätze χαῖρε und χρηστός zu
dem Namen zu setzen, was später in der römischen Zeit ganz
gewöhnlich ist.

Geschmückt wurden die Grabdenkmäler mit Kränzen und Bändern,
besonders aus den Blättern des Eppich (σέλινον bei Plut. Timol. 26)[2])
und Akanthus. Die Rose, nach der Sage aus dem Blute des
getödteten Adonis entsprossen, wurde auch oft als Ornament auf den
Gräbern angebracht. [3])

Die Verzierung der Grabmäler ist meist plastisch, doch auch,
besonders auf den Stelen, in Malerei bestehend. Als Gegenstände der
Darstellungen wird man in erster Linie solche erwarten, welche sich
auf den Tod und das Jenseits beziehen. Es kommen solche auch vor.
So auf Säulen die Sirenen als Repräsentanten des θρῆνος, der Toten-
klage, nach jener milderen Auffassung in der ursprünglichen Idee
der totbringenden Sängerinnen. Sie waren die Urbilder für alles
Hinreissende und Rührende in Rede und Gesang, daher erscheinen sie
auch auf manchen Grabsteinen als Hinweis auf den Zauber, welchen
der Verstorbene durch Rede und Dichtung ausübte. So waren die
Gräber des Sophokles und Isokrates mit Sirenen geschmückt. [4])
Sehr häufig finden sich Abschiedsszenen, wobei die Familie zusammen
dargestellt ist und der Verstorbene die Hand zum letzten Abschieds-
grusse darstreckt, sei es stehend oder sitzend. Nach einer ausdrück-
lichen Bemerkung des Pausanias sind solche Szenen auch ein
Hinweis darauf, dass in einem solchen Grab auch die Familie,
wenigstens die Ehegatten, ihre gemeinsame Ruhestätte gefunden haben.
Auch die Andeutung einer Hoffnung auf Wiedersehen kommt vor. Zuweilen findet sich auch ein Hinweis auf die Totenspenden, angedeutet
durch angebrachte Opferschalen oder durch die spendende Dienerin. [5])
Manche Grabsteine zeigen auch die Taube als Tier der Manenkönigin
Persephone Pherephatta. Mythologische Beziehungen enthalten, neben
den Sirenen, auch Darstellungen der Sphinx, zuweilen in Verbindung

---

[1]) cf. die bezeichnende Inschrift im Corp. inscr. gr., No. 916.
[2]) Daher das Sprüchwort σελίνου δεῖται, er braucht Eppich, von einem
schwer Erkrankten, den man aufgegeben hat.
[3]) cf. Bötticher: Baumkultus der Hellenen, S. 458.
[4]) cf. Pervanoglu: Grabstätten der alten Griechen, S. 79.
[5]) Stackelberg a. a. O. Taf. 1.

mit Oedipus, und die Harpyien, Beides wohl Hinweis auf die weg-
raffende Macht des Todes. Erweiterte mythologische Bilder wie Amazonenkämpfe und bachische Szenen hat jedoch erst die spätere römische
Zeit und zwar auf Sarkophagen, die, wie oben erwähnt, dann erst in
Griechenland aufkamen. Auch Orpheus, von Tieren umgeben, kommt
hier vor. [1]) So stammen diese erweiterten mythologischen Darstellungen
aus einer Zeit, „in welcher man die Grösse und Schönheit nicht in
ihrer Klarheit und Einfachheit suchte, sondern sie durch mystische,
dunkle symbolische Zuthaten nur immer dunkler und unverständlicher
zu machen trachtete.“

Neben diesen Darstellungen lassen sich aber auch ebenso viele
und wohl noch mehr Grabsteine aufweisen, deren künstlerischer Schmuck
durchaus keine Beziehung auf Tod und Jenseits enthält. Und zwar
sind dies die ältesten und darum eigentlich national griechischen Denkmäler. [2]) Die Vorstellungen von dem Jenseits als einem Orte des
Schreckens musste es unwillkürlich bewirken, dass man sich lieber den
Abgeschiedenen im Glanz und der Freude seines irdischen Lebens
durch den künstlerischen Schmuck seines Grabmals vergegenwärtigte. Die
Grabsteine hatten ja nur den Zweck, das Andenken des Individuums
auf die Nachwelt zu bringen, den kommenden Geschlechtern zu über-
liefern, was der Einzelne im diesseitigen Leben gewesen war, über den
Zustand nach dem Tode reflektierte man weiter nicht. Letzteres tritt
erst in späteren Jahrhunderten auf, in welchen dann die Grabinschriften
bestimmte Ansichten über Unsterblichkeit aussprechen; dementsprechend
geht denn auch der Schmuck darauf aus, in den erwähnten mythologischen Darstellungen Beziehungen auf das Jenseits auszudrücken.
Dagegen ist es dem ursprünglichen griechischen Geist eigen, den Verstorbenen in Verhältnissen sich zu vergegenwärtigen, die ihm im Leben
eigentümlich gewesen. Man sucht das zu erreichen durch Abbildung
solcher Gegenstände an den Grabsteinen, die auf Stand, Beruf, Lebensthätigkeit und Lebensstellung hindeuten. Wir finden daher auf griechischen Grabsteinen Waffen, Krieger mit Schild und Schwert, Athleten
mit der Strigilis, dem Oelfläschchen und anderen Gegenständen der
Palästra; ferner Gegenstände des Landbaues und der Jagd. [3]) Die

---

[1]) Pervanoglu S. 78.
[2]) Furtwängler, Archäolog. Zeitung 1880, S. 134.
[3]) cf. bei Pervanoglu a. a. O. S. 23 No. 15. Ein anderer unter
No. 17 erwähnter Stein eines ἱππιατρός zeigt den Mann mit chirurgischen
Instrumenten.

Grabsteine von Frauen zeigen oft Arbeitskörbe und Spindeln, diejenigen von Kindern Puppen und anderes Spielzeug, oder die verstorbenen Kinder mit Hunden oder Vögeln spielend. Auf den Gräbern von See-leuten finden sich Schiff und Ruder; die Person sitzt dabei zuweilen auf einem Felsen, nach übereinstimmender Annahme ein Hinweis darauf, dass der betreffende seinen Tod im Meer gefunden habe. Diese Gräber sind dann Kenotaphe. Zur späteren, römischen Zeit hat man den abgebildeten Persönlichkeiten auch offenbar Porträtähnlichkeit zu geben gesucht, obwohl das vereinzelt auch schon früher vorkam. [1] Es scheint, dass die Statuen oft vorher angefertigt wurden und man ihnen erst nachher die Porträtzüge verlieh. Manche von den Statuen, welche als mythologische Figuren in den Museen stehen, mögen ursprünglich nichts als solche heroisierte Verstorbene sein.

Frauen werden auf den Grabsteinen sehr häufig mit der rechten oder linken Hand den Schleier fassend dargestellt. P e r v a n o g l u hat darin einen symbolischen Hinweis auf das Sterben, die gänzliche Ver-schleierung sehen wollen (a. a. O. S. 46). Uns scheint dies auch nichts anders als eine Szene aus dem alltäglichen Leben zu sein. Meist steht ja dabei die Cista mit dem Schmuck und der Arbeitskorb, zuweilen auch ein oder mehrere Kinder und eine Dienerin — ein Bestreben der Ueberlebenden, die Frau in dem Kreise und der Beschäftigung des Frauengemachs ebenso vor Augen zu behalten wie die männliche Person in ihrer früheren Lebensthätigkeit.

Eine sehr häufige und sich durch die ganze Zeit hindurch erhaltende Darstellung ist die des Familienmahles, dessen Auffassung und Bedeu-tung lange schwankend war, aber jetzt auch als gesichert gelten darf. L u d o l f S t e p h a n i , welcher in seiner Schrift „Der ausruhende Herakles" (S. 14 ff.) diesem Gegenstand die eingehendste Monographie gewidmet hat, kam unter der Annahme, dass eine ewige μέϑη den Grundbestandteil der griechischen Glückseligkeitsvorstellung gebildet habe, zu dem Resultate, man müsse darin einen Hinweis auf das Freudenmahl erkennen, das den Vorstorbenen im Olymp erwarte. Auch K. O. M ü l l e r teilt (in seinem Handbuch der Kunstarchäol. §. 428) diese Ansicht, und fasste dabei das häufig in diesen Szenen vorkommende Ross als symbolischen Hinweis auf die Todesreise. Es mag wohl vorgekommen sein, dass man in einzelnen Fällen an die Freuden des Jenseits dachte, speziell aber nur bei denjenigen Darstel-

---

[1] So erwähnt Pausanias (V, 6. 4), dass schon auf dem Grabe des Xenophon dessen Porträtstatue angebracht worden sei.

lungen, in welchen die Schmausenden um Herakles gelagert sind,[1]) aber auch diese Darstellung scheint nur eine Erweiterung des ursprünglichen sog. Familienmahles zu sein. Von diesem selbst darf man nach den Ausführungen von Welker (Alte Denkmäler II, S. 232), Friedländer (de operibus anaglyphis in monum. sepulcr. Graecorum) und Pervanoglu (Das Familienmahl auf griechischen Grabsteinen) wohl als gesichert annehmen, dass man in diesen Bildwerken nichts anderes sehen wollte, als den glücklichen Zustand, den der Abgeschiedene (oder die Abgeschiedenen) bei Lebzeiten genossen, den trauten Kreis seiner Familie, zu welcher dann auch die — in kleinerem Masse gebildete — Dienerschaft (sehr häufig der οἰνοχόος) hinzutritt, ja auch die Haustiere, wie der Hund[2]) und das Ross, dass den Helden getragen, dürfen dabei nicht fehlen.[3]) Auch die häufig vorkommende Schlange ist hier als Haustier, als welche die Alten sie betrachteten, aufzufassen.[4]) Auch der Umstand, dass auf diesen Bildwerken zuweilen der Verstorbene als eine Gottheit erscheint, dem die Andern mit Gebet und Opfern sich nahen, kann an diesem Resultate nichts ändern. Stephani nahm nämlich daraus Anlass, solche Steine nicht als Grabsteine, sondern als Anatheme zu bezeichnen, da auf diesen Steinen auch die auf Grabsteinen sonst gewöhnlichen Inschriften fehlten. Da indessen letztere sehr wohl auf der Basis, auf welcher meist diese Steine sich erhoben, gestanden haben können, diese Steine selbst auch vielleicht nur Teile grösserer Grabmäler sind, da sie ferner an solchen Orten gefunden wurden, die unzweifelhaft Grabsteine in grosser Menge lieferten, so wird man auch in diesen Darstellungen Grabreliefs zu sehen haben, wobei der Verstorbene nach der Uebung der späteren Zeit eben heroisirt erscheint. Und wenn es sich auch erweisen liesse, dass manche dieser Steine nicht von Gräbern stammen, sondern, wie Stephani wegen ihrer breiten Gestalt annimmt, an den Wänden der Häuser eingemauert waren, so waren sie ja doch dem Andenken der Toten gewidmet, so dass die Grenze zwischen Grabstein und Anathem

---

[1]) Stephani ib., S. 195 ff. Ein reiches Relief dieser Art, besprochen von Conze in der Archäolog. Zeitung 1872 S. 80 ff.

[2]) Die τραπεζῆες κύνες schon bei Homer Jl. 23, 173.

[3]) Solche Darstellungen mit dem Pferde und Waffen als Hinweis auf Lebensbeschäftigungen des Verstorbenen finden sich auch auf Grabgemälden, wie in Tanagra, cf. Fabricius in den Mitteilungen des deutschen arch. Instituts in Athen, Band X, II. Heft, S. 158.

[4]) Die Schlange als Haustier, cf. Plin. hist. nat. 29, 72. Lucian Alex. 7. Suet. Tib. 72. Diog. Laert. V, 87. Seneca de ira 31.

in bezug auf Verstorbene immerhin schwankend ist. Gesteht doch
Stephani selbst (a. a. O. S. 89 Note 4), dass diese Anatheme bei
den Griechen dieselbe Stelle einnahmen, wie bei den Römern die
imagines majorum. Sie waren wie wesentlich der griechische Gräberschmuck bestimmt, das Andenken des Toten durch Erinneruung an
seine Lebensverhältnisse und seine Lebensthätigkeit für die Nachwelt
festzuhalten.

3. Die Römer.

Die Römer [1]) teilten mit dem gesamten Altertum die peinliche
Fürsorge für die Gestorbenen. Das Begräbnis wird daher schlechtweg
bezeichnet als justa (facere oder ferre) oder debita. Die Unterlassung
derselben zog für die, welche dazu — durch das Erbrecht oder besondere testamentarische Bestimmungen — verpflichtet waren, gesetzliche
Strafen nach sich und legte ihnen ein Sühnopfer auf. Damit die
Hinterbliebenen ihrer Pflicht genügen können, mussten die Leichname
der Hingerichteten, wo es verlangt wurde, ausgefolgt werden, eine
Bestimmung, deren Anwendung durch Diocletian und Maximin auf
jeden, der um eine Leiche bat, erweitert wurde. Bei besonders um das
Gemeinwohl hochverdienten oder bei fürstlichen Personen oder auch
den für das Vaterland Gefallenen trat an Stelle der Familie der Staat,
der ihnen auf öffentliche Kosten ein funus publicum (in prächtigster
Gestaltung funus censorium) bereitete.

Diese hohe Wertschätzung des ehrlichen Begräbnisses brachte es
mit sich, dass man schon bei Lebzeiten dafür Sorge trug, sei es durch
Ankauf eines Grundstücks und die Erbauung eines Grabes, sei es durch
testamentarische Bestimmungen. Reiche Personen errichteten für ihre
Klienten, für die Freigelassenen oder ihre Dienerschaft gemeinsame
Begräbnisstätten, und eine Strafe war es, davon ausgeschlossen zu

---

[1]) Kirchmann: de funeribus Romanorum 1672. — Marquardt, Privatleben der Römer I, S. 330 ff. — Becker Gallus ed. Rein III S. 344. Mehr
als die Handbücher der Antiquitäten gibt auch nicht der betreffende Abschnitt
bei Favrot: hist. des inhumations chez les peuples anciens et modernes 1868.
— Ueber die Funde in den Gräbern reiches Material bei Raoul-Rochette: trois.
mém., S. 529. — Für die jurist. Fragen auch Jahn in specimen epigraphicum.
Dieselben sind auch, wie ich aus Bursians Jahresbericht sehe, neuerdings
behandelt worden in der mir nicht zugänglichen Schrift von C. C. Ferrini;
de jure sepulcrorum apud Romanos 1883.

werden. Die Unbemittelten traten zu Vereinen zusammen, um sich durch gegenseitige Beihülfe ein ehrliches Begräbnis zu sichern. Diese sog. Funeralkollegien gehen im letzten Grunde auf die Gentilverbindungen zurück. Zu dem jus gentilicium gehörte neben den gemeinsamen sacra unter Anderem auch das Teilhaben an dem gemeinsamen Begräbnisplatze der gens. Mit der Zeit, als die gentes immer mehr zusammenschmolzen, wurden dieselben in der Absicht, die ihnen übertragenen publica sacra zu erhalten, vom Staate durch Einführung neuer Mitglieder in eine sodalitas verwandelt. Auch wurden solche bei der Einführung neuer Kulte neu begründet. Dieselben sind dem in einem bestimmten Heiligtum verehrten Gotte gewidmet (daher auch collegia templorum), feiern als Hauptfest den Stiftungstag des betreffenden Heiligtums durch Opfer und Festmahl, ihre Mitglieder stehen unter sich in dem Verhältnis wie cognati und affines und haben daher auch wie die Angehörigen einer gens Anrecht auf Beisetzung in dem gemeinsamen Begräbnisplatz. Inschriften bezeugen es, wie seit dem 3. Jahrh. Namen wie Pelagiorum, Eutychiorum, Pancratiorum, Syncratiorum u. A. mit grossen Lettern über die eigentlichen Grabinschriften gesetzt wurden, d. h. es sind hier Gräber, „in welchen nicht Personen dieses Namens, sondern verschiedene Leute begraben sind, die nicht eine Familie, sondern eine sodalitas Syncratiorum u. s. w. bilden, deren lebende Mitglieder sich zu Zeiten zu Totenfesten bei dem Monument der sodalitas versammeln". [1]) Aehnlich in ihrer Verfassung konstituiert wie die sodalitates sind die collegia; deren Unterschied wird von Cicero (Brut. 45. 166. cf. Mommsen de colleg. etc. S. 5) und Anderen dahin angegeben, dass sodalitas die eigentlich religiöse Genossenschaft ist, die zum Hauptzweck den Dienst in einem bestimmten Heiligtum hat, collegium dagegen jede Genossenschaft, die nicht auf vorübergehende Zwecke berechnet ist, sondern sich nach Absterben ihrer Mitglieder stets neu ergänzt. Doch hatten diese collegia verschiedene Zwecke. Zum Teil waren sie auch religiöse Genossenschaften, die zum Privatkult irgend einer Gottheit sich vereinigt hatten und dessen Kosten aus eigenen Mitteln bestritten. Dahin gehören alle die sacra peregrina, deren Zahl in Rom wie in den Provinzen fortwährend zunahm und die, ursprünglich wohl nur von eingewanderten Fremden konstituiert, auch die heimischen Bürger herbeizogen (wie z. B. die der dendrophori zum Kult der mater

---

[1]) cf. Mommsen, Staatsrecht III, S. 131. De Rossi, Rom. sott. III, S. 38 ff.

magna). Manche dieser Vereinigungen, wie diejenigen der Bachanalien oder des Isiskults, wurden — denn sie standen alle unter Staatsaufsicht — als sittenverderblich aufgehoben. Andere collegia waren politischer Natur, andere Vereinigungen von Handwerkern; die ersteren hörten übrigens mit der Republik auf, wie überhaupt von Augustus an die collegia, sofern sie nicht durch die Verehrung eines alten sanctum konstituiert waren, eines kaiserlichen Privilegs bedurften [1]). Bei den Handwerkerkollegien scheint es, dass sie sich zunächst zur Wahrung ihrer Standes- und Erwerbsinteressen zusammen thaten, aber, nach dem Muster der sodalitates konstituiert, hatten sie aber auch ihre besonderen Schutzgottheiten, und feierten deren Gedächtnistage in einem bestimmten Heiligtum. Welches aber auch die verschiedenen Zwecke der Kollegien sein mochten, zu den Berechtigungen ihrer Mitglieder gehörte stets wie in den Gentilverbindungen und den daraus entstandenen religiösen Sodalitäten ein Anrecht auf den gemeinsamen Begräbnisplatz. Dies letztere Interesse stand jedoch bei einer Anzahl der anscheinend rein religiösen collegia, wie dem collegium Aesculapii et Hygiae oder dem coll. salutare cultorum Dianae et Antinoi laut erhaltenen Inschriften [2]) so sehr im Vordergrund, dass Mommsen gewiss Recht hat, wenn er meint, es seien viele dieser Kollegien, welche dem Namen nach einem bestimmten Kult gewidmet waren, eigentlich als Funeralkollegien zu bezeichnen. Bei der hohen Wertschätzung des Begräbnisses, bei dem Anwachsen des Luxus und Prunkes in demselben wie in den Grabdenkmälern, ist das sehr wahrscheinlich. Unzweifelhaft aber war die Sicherung eines Begräbnisplatzes und der Begräbnisfeierlichkeiten der Hauptzweck der durch ein generelles Senatskonsult im Anfange der Kaiserzeit genehmigten collegia tenuiorum, welcher auch Sklaven angehörten. Die Mitglieder bezahlten monatliche Beiträge (die stips menstrua) in die gemeinsame Kasse (arca), aus welcher dann die Kosten für das Begräbnis bestritten wurden. Mag auch die

---

[1]) Schon Cäsar und dann Augustus haben die Zahl der collegia auf die aus alter Zeit stammenden beschränkt und überhaupt ihre Verhältnisse geordnet. Diese Verordnung des Augustus ist wohl jene lex. Iulia de collegiis, welche in einer Inschrift (bei Orelli-Henzen No. 6097) vorkommt und von der bei Marcian (dig. 47. 22. 1) ausdrücklich erwähnt ist, dass sie die collegia tenuiorum gestattet habe.

[2]) cf. Orelli-Henzen No. 2417, 6086. Mommsen de colleg. S. 98 ff. Henzen in den Annal. d. instit. 1856, S. 8 ff. Aus all diesen Inschriften ersehen wir die interessantesten Details über Beiträge, Festlichkeiten u. s. w, dieser Genossenschaften.

collatio stipis wie die Organisation überhaupt nach dem Muster von Sakralverbindungen geordnet gewesen sein, so scheint doch unzweifelhaft, dass bei den collegia tenuiorum die Sicherung des Begräbnisses den Hauptzweck der Genossenschaft bildete. [1] Aber auch bei den anderen wirkte dieser Zweck mit. So zeigen diese Einrichtungen mehr als alles Andere von der hohen Wertschätzung eines rituellen Begräbnisses.

Von derselben zeigt auch der Umstand, dass die ersten Luxusgesetze, welche in Rom nötig wurden, gegen den Prunk und Aufwand bei Begräbnisfeierlichkeiten gerichtet sind. So schon in der Dezemviralgesetzgebung. Allerdings haben diese Bestimmungen dem Uebelstand, gegen den sie gerichtet waren, nicht abhelfen können; besonders unter der Kaiserherrschaft suchte jede Folgezeit die vorhergehende, jedes Haus das andere durch Pomp und Glanz zu übertreffen.

Nicht minder zeugt von der hohen Wertschätzung des Begräbnisses die Heilighaltung der Grabstätte selbst. Das gesammte Begräbniswesen stand unter Aufsicht des pontifex maximus. Jeder Ort, an welchem eine Grabstätte sich befand, war religiosus, und zwar dies (nach Cic. leg. II, 26) sobald die gleba darauf geworfen war: tum denique multa religiosa jura complectitur. Die Grenze des Grabgebiets war fast immer auf den Steinen in fronte und in agrum genau bezeichnet, um ja keinen Zweifel zu lassen, wie weit die Unverletzlichkeit des Platzes reiche. Derartige Grundstücke konnten nie ihrer Bestimmung entzogen werden und waren daher von den Gütern, welche auf die Erben übergingen, ausgenommen (haeredem non sequuntur). Daher wird auch durch den Verkauf eines solchen Grundstücks die Religiosität des Grabes verletzt. Inschriften enthalten oft Strafandrohungen für diejenigen, welche das Grundstück gegen den Willen des Erblassers verkaufen würden. Nicht minder wurde die Religiosität des Grabes verletzt durch unberechtigtes Beisetzen von Leichen, durch Wiederaufdeckung derselben, durch Verstümmelung der Leichen zum Zwecke magischer Gebräuche, durch Beraubung ihres Schmuckes oder der Gegenstände, welche in das Grab mitgegeben waren. Die Inschriften ergehen sich oft in den heftigsten Verwünschungen gegen derartige Frevel und rufen die Strafe der Götter herab. Ueber alle diese Verhältnisse waren genaue gesetzliche Bestimmungen vorhanden. Erwähnenswert ist

---

[1] Kommt es doch vor, dass die Mitglieder einfach als commorientes bezeichnet werden, cf. die Inschriften No. 175 und 240 bei Brizio: pitture e sepolcri scoperti sull' Esquilino.

besonders, dass nur durch besondere pontifikale Erlaubnis die Renovation eines Grabes (wenn sie bis in die innere Grabkammer sich erstreckte und sich nicht bloss auf den äussern Schmuck bezog) und die Ueberführung einer Leiche — dies immer nur bei Nacht — vorgenommen werden durfte.

Die Behandlung der Leiche nach Eintritt des Todes war bis ins Kleinste geregelt und wich im Einzelnen nicht wesentlich von griechischer Sitte ab. Natürlich hat sich auch hier Vieles nach Stand und Vermögen der Ueberlebenden gestaltet, doch trat jedenfalls der Hauptunterschied zwischen Reichen und Armen erst bei der Bestattung selbst besonders hervor. Man hat hier wie dort wohl das Zudrücken der Augen, das Erheben der Weheklage, die Waschung der Leiche mit heissem Wasser und, wenn es die Mittel erlaubten, deren Einkleidung in weisse Gewänder — bei den Freien die Toga — beobachtet, aber dann wurden die Leichen armer Leute wie auch diejenigen der Sklaven bei Nacht von den Todtengräbern (vespillones) auf einer Bahre hinausgetragen und in die puticuli geworfen, jene Gruben für Massenbegräbnisse am Esquilin, die dort nach einer bekannten Nachricht des Horaz (Sat. I, 8. 10) bis in die Zeiten des Augustus die Luft verpesteten und die Gegend verrufen machten. Bei reicheren Leuten wurde die Leiche, wo es am Platze war, mit den Insignien des Amtes bekleidet, mit Blumen und Kränzen geschmückt und mit Kostbarkeiten behängt auf dem lectus funebris sieben Tage lang ausgestellt, um dann in prunkvollem Leichenzuge, dessen Ausstattung sich wieder sehr nach Stand und Ansehen des Verstorbenen richtete, bestattet zu werden. Die Anführung aller Einzelheiten würde uns hier zu weit führen. Man ging wesentlich darauf aus, den Glanz der Verdienste des Verstorbenen wie diejenigen seines Hauses leuchten zu lassen. Die Leiche selbst wurde nach alter Sitte von den Söhnen oder Verwandten getragen. Man ging dabei in schwarzen Trauerkleidern, [1] warf Blumen, Zweige, selbst Haarlocken [2] als Liebesgaben auf die Bahre, und der planctus mulierum fehlte eben so wenig wie die Leichenrede, die laudatio, welche oft zum Prunkstück wurde und worin auch oft „quae facta non sunt", wie Cicero (Brut. 16, 61) sagt, zum Lobe des Verstorbenen gesagt wurde. [3]

---

[1] Juven. X 245 — atra toga Prop. el. V, 7. 28. Tac. ann. III, 2. Auch das Zerreissen der Kleider kommt als Zeichen der Trauer vor, cf. Suet. Caes. 33. Nero 43.

[2] cari crines bei Prop. el. I, 17, 21.

[3] Erhaltene Leichenreden cf. Mommsen Abhandl. der Berliner Akad. hist. und phil. Classe 1863, S. 464, 483 ff. (cf. Corp. inscr. lat. VI, No. 1527) und Rudorff, Zeitschrift f. Rechtsgeschichte., S. 287 ff.

Diese Absicht einer möglichst prunkvollen Gestaltung des Leichen-
begängnisses hat es jedenfalls auch bewirkt, die alte römische Sitte,
nur bei Nacht zu beerdigen, zu verlassen und das Tagesbegräbnis vor
den Augen der Menge auszuführen. Der Grund der alten römischen
Sitte lag jedenfalls in der Absicht, die Störung und Entweihung zu vermeiden, welche religiöse Gebräuche durch den Leichnam hätten erleiden
können. Das wurde noch von Julian geltend gemacht, als er, allem
Anscheine nach mit Rücksicht auf das von den Christen allgemein ein-
geführte Tagesbegräbnis, in einem besonderen Edikt wieder die Nachtzeit für alle Begräbnisse vorschrieb. [1)]

Was sodann die Art der Bestattung betrifft, so ist die Meinung
des Tacitus, das Verbrennen sei romanus mos (ann. XVI, 6. cf.
Diog. Laert. IX 11, 9) in dieser Unbedingtheit ebensowenig richtig, wie
der oben zitierte Ausspruch Lucians bezüglich der Bestattungsart der
Griechen. Der Umstand, dass die ältesten Bestimmungen des Ponti-
fikalrechts nur Inhumation im Auge haben, dass nach diesen Bestimmungen
das glebam in os injicere zu einer der wesentlichsten Zeremonien der
Bestattung gehörte, dass auch im Falle der Verbrennung erst durch
das Begraben des os resectum die Pflicht der Familie beendigt und sie
als funesta entsühnt war, alles das weist darauf hin, dass das Begraben
in Rom und Latium die älteste Sitte gewesen, und Cicero (leg. II, 22)
bezeichnet es auch direct als antiquissimum sepulturae genus. Aber
schon die zwölf Tafeln kennen das sepelire und urere neben einander
(ib. II, 23), und der doppelte Gebrauch erhält sich von da an die
ganze Zeit hindurch, bis erst das Christentum dem Verbrennen ein
Ende machte. Ob gewisse Gesichtspunkte für die eine oder andere
Art der Bestattung massgebend waren, ist mit Sicherheit nicht zu
bestimmen. Nur arme Leute, deren Leichen in die Massengräber
der puticuli kamen, sowie Kinder, welche noch nicht gezahnt hatten, [2)]
wurden immer begraben. Einzelne Familien scheinen die eine oder
andere Art traditionell festgehalten zu haben, wie dies Cicero bezüglich
der Inhumation von den Corneliern berichtet (leg. II, 22). In der
Kaiserzeit hat die Möglichkeit der Entfaltung eines grösseren Prunkes
die Verbrennung unzweifelhaft befördert, und auch das Bestreben der
unbemittelten Klassen, durch Beitritt zu einem Funeralkollegium einer
Urne in einem Kolumbarium gewiss zu werden, zeigt, dass zu dieser

---

[1)] cf. Cod. theodos. lib. IX. tit. XVII, leg. V.
[2)] infans — minor igne rogi bei Iuven. XV, 139. cf. Plin. hist. nat.
VII, 16.

Zeit das Verbrennen mindestens als das Vornehmere galt. Dagegen hat der in der Zeit der Antoninen immer mehr aufkommende und im 3. und 4. Jahrhundert seinen Höhepunkt erreichende Luxus der grossen kunstvollen Marmorsarkophage andererseits wieder die Beisetzung des unverbrannten Leichnams begünstigt. Mag so zu einzelnen Zeiten die eine oder andere Bestattungsweise überwogen haben, so gingen sie doch immer beide neben einander her.

Bei der Inhumation wurde der Leichnam im vollen Schmuck in die Grabkammer gelegt, sei es wie in den etruskischen Gräbern auf die Steinbänke, welche in derselben aufgemauert oder aus dem natürlichen Felsen heraus gehauen waren, sei es in einem Sarkophage. Im Falle der Verbrennung des Leichnams wurde das os resectum an demselben Tage begraben, womit die Bestattung gesetzlich vollendet war; die Asche, welche man mit Wein, Milch und Wohlgerüchen vermischt noch einige Tage trocknen liess, wurde sodann in der aus mehr oder weniger kostbaren Stoffen gefertigten olla oder urna in die Grabkammer oder im Kolumbarium in aller Stille beigesetzt. [1]) Diese Aschenbehälter hatten auch oft wie in den etruskischen Gräbern die Form einer Cista, eines Hauses oder Tempelchens.

Von Wichtigkeit waren sodann die Feierlichkeiten nach der Bestattung, welche den Zweck hatten, das Grab zu einem locus religiosus zu machen und die Familie und deren Haus von der durch die Leiche geschehenen Verunreinigung zu sühnen. Am Begräbnistage selbst, welcher feriae denicales hiess, erhielt das Grab seine Religiosität durch die glebae injectio und das Opfer eines Schweines (cf. Cic. leg. II 22), während das Haus durch ein Opfer für die Laren entsühnt wurde. An dem gleichen Tage fand bei der Grabstätte das Leichenmahl (silicernium) statt, aus einfachen Speisen bestehend, die auch dem Toten auf das Grab gesetzt wurden. [2]) Damit war gesetzlich die Weihung der Grabstätte wie die Lustration des Hauses vollendet und die Familie ihrer Pflichten entbunden. Wurde die Leiche verbrannt, so geschah das Nämliche nach der am Tage der Verbrennung erfolgenden Beisetzung des os resectum. Die offizielle Trauerzeit dauerte 9 Tage (das novemdial), vom Tage der Beerdigung oder Verbrennung an gerechnet; bei letzterer erfolgte also die stille endgültige Beisetzung der in der Luft getrock-

---

[1]) Genauere Berichte darüber geben uns Tib. III, 2. I, 3. Ovid. trist. III, 3. 69. Fast. III, 561. Pers. VI, 34.

[2]) Augustin, welcher dabei seinen Spott über diese Speisung der Toten ausgiesst, nennt pultes, panem, merum, (cf. Confess. VI, 2.

neten Asche (der cineres novemdiales bei Hor. ep. 17, 48) an den
ersten Tagen des Novemdial. Während desselben mussten die Leid-
tragenden in schmucklosem Anzuge einhergehen und sich aller Geschäfte
und aller Lustbarkeiten enthalten. Die Trauerzeit endete am neunten
Tage mit einem weiteren, den Manen des Todten dargebrachten Opfer
(dem sacrificium novemdiale) und einer Mahlzeit beim Grabe (der cena
novemdialis), bei welcher besonders Salz, Eier, Bohnen und Linsen vorkamen. Dabei erschienen die Teilnehmer zum Zeichen, dass sie die
Trauer abgelegt, in hellen Gewändern. Für diese Mahlzeiten wurden
oft besondere Legate ausgesetzt. Auch erfolgten zuweilen öffentliche
Speisungen des Volkes zum Andenken an den Verstorbenen [1]) sowie
auch öffentliche Spiele (ludi novemdiales).

Die Gemeinschaft mit dem Verstorbenen blieb aber auch nach den
Beisetzungsfeierlichkeiten noch lebendig und erhielt einen Ausdruck
durch private oder öffentliche Veranstaltungen und Feste. Das öffentliche Allerseelenfest war in Rom im Februar. Es waren die „d i e s
p a r e n t a l e s", der letzte Tag des achttägigen Festes hiess feralia. Während derselben waren zum Zeichen der Trauer die Tempel geschlossen,
die Beamten gingen ohne die Insignien ihrer Würde, und für Heiraten
war es ein tempus clausum. Als Opfer für die Manen der Todten
(inferiae) goss man das Blut von schwarzen Opfertieren — Schafen,
Schweinen oder Rindern — sowie Salben, Oel, Honig, lauwarmes
Wasser, Weine und warme Milch auf das Grab. Dabei wurde dasselbe
mit Blumen — besonders Rosen und Veilchen — geschmückt, Weih-
rauchwolken hüllten es ein und die Grabkammer wurde durch Lampen
festlich erleuchtet. Ein Mahl, bestehend aus den oben erwähnten
Speisen, wurde auf das Grab gesetzt, auch nahmen ein solches die
Trauernden selbst ein, sei es zu Hause oder beim Grabe. Bei dem
letzteren findet sich daher oft der Raum und die Vorrichtung zum
Speisen besonders angelegt, und die Testamente setzen dafür besondere
Summen aus. Und dies besonders für private Festlichkeiten (paren-
talia), die an den Gräbern stattfinden sollten. Diese sacra privata zum
Andenken des Verstorbenen wurden entweder am Todes- oder am
Beerdigungstag, oder auch an den vom Erblasser besonders dafür fest=
gesetzten Tagen abgehalten, im letzteren Falle oft mehrere Mal im
Jahr. Es sind eine Menge von Inschriften erhalten, welche über die

---

[1]) visceratio, eigentlich die Austeilung von Fleisch, eine Bezeichnung,
die aber für solche, dem Andenken des Toten gewidmeten Spenden, auch in
Geld, überhaupt gebraucht wurden.

Stiftung von Legaten zu solchen Festlichkeiten wie über deren Anordnung und Verlauf, oft bis ins geringste Detail, Aufschluss geben. Es wird uns auch berichtet, dass es bei solchen Mahlzeiten· nichts weniger als traurig, sondern im Gegenteil oft sehr ausgelassen herging, [1] daher auch die höhnenden Bemerken christlicher Schriftsteller über diese Mahlzeiten, [2] obwohl dieselben, wie wir sehen werden, über ihre eigenen Glaubensgenossen in dieser Beziehung zu klagen hatten. Allgemein — jedoch nicht als publicum, sondern als privatum — wurde das Fest der Rosaria oder Rosalia gefeiert, das Rosenfest, im Mai oder Juni. Es bestand ebenfalls in der Ausschmückung der Gräber mit Rosen und einem Mahle, bei welchem die Reste verteilt wurden. Viele Inschriften thun dieses Festes Erwähnung.

Wir haben nun des weiteren noch unsere Aufmerksamkeit auf die Gräber selbst zu richten, ihre Lage, ihren Bau, ihren Schmuck und Inhalt.

Was schon in einer Bestimmung des Zwölftafelgesetzes ausgesprochen war, dass keine Leiche innerhalb der Stadt beerdigt oder verbrannt werden dürfe (nach Cic. leg. II, 58), blieb die ganze römische Geschichte hindurch als Gesetz bestehen und wurde noch in der Kaiserzeit wiederholt eingeschärft. [3] Ausnahmen gab es nur für Vestalinnen und einzelne verdiente Personen. Wir finden daher die Gräber Roms draussen vor den Thoren der Stadt längs der Heerstrassen, die von hier nach allen Richtungen der Windrose ausgingen, hauptsächlich aber an der via latina und vor allem der via appia, dieser eigentlichen Gräberstrasse des alten Rom. Sie war die frequenteste von allen Strassen, welche in die Stadt führten, und das schon mochte es veranlasst haben, grade sie mit dieser Fülle von Gräbern zu schmücken, denn dem in der Fürsorge für die Toten obwaltenden Bestreben, ihr Andenken möglichst bei der Nachwelt lebendig zu erhalten, konnte grade an dieser Strasse am Besten genügt werden.

Die bauliche Konstruktion der Gräber war in den einzelnen Zeiten der römischen Geschichte verschieden, richtete sich übrigens auch nach ihrer Bestimmung. Gemeinsame Begräbnisplätze gab es in Rom so wenig, wie sonst wo in der alten Welt. Die scharfe Scheidung der Stände, bei den Römern dazu speziell das strenge Festhalten an den

---

[1] cf. Cic. pro Flacc. 38. Hor. Sat. II, 3. 86. 243.
[2] cf. Tert. de res. 1. August. serm. 15.
[3] So von Hadrian, von Antoninus Pius, von Diocletian, cf. Ulpian. dig. ib. 47, tit. XII, leg. III, § 5. Cod. Justin. lib. III, tit. 44, leg. XII.

Gentilverbindungen brachte es mit sich, dass die Gemeinsamkeit einer Grabstätte sich nur erstreckte auf die gens, oder die Gemeinschaften der sodalitates oder collegia, welche sich gemeinsame Grabstätten schufen. Waren auch einzelne Gegenden in der Umgebung der Stadt, wie in der alten Zeit der Esquilin und nachher die via appia, auch die latina, als Begräbnisplätze besonder abeliebt, so war es ja doch nicht ein allgemeiner Totenacker im modernen Sinne, sondern jedes Grabgrundstück war von dem anderen gesondert und hatte seinen bestimmt abgegrenzten Umfang. Ein wirkliches commune sepulcrum gab es in der That nur, wie Horaz (Sat. I 8, 10) sagt, für die misera plebs. Es sind die schon erwähnten puticuli am Esquilin. Dieser Hügel enthält nach den neueren Ausgrabungen [1]) überhaupt die ältesten römischen Gräber, welche in drei Schichten übereinander liegen. Durch Inschriften ist konstatiert, dass diese Grabstellen bis zum Ende der Republik dort angelegt waren, wie auch, dass manche von Kollegien gegründet wurden. [2])

Wir ersehen aus diesen ältesten Funden, dass wohl auch die einfache Bergung des verbrannten oder unverbrannten Leichnams in die Erde vorkam, und wir haben auch sonst Spuren, dass der tumulus auch in Italien sowohl in der vorrömischen als in der römischen Zeit die älteste Form des Grabdenkmals gewesen ist, aber im übrigen ist das Grab bei den Römern wie fast im gesamten Altertum die Kammer, in die man eintreten kann, das Haus des Toten (domus aeterna oft an Inschriften, marmorea domus bei Tib. el III 2), eine Wohnung, in die er einzieht, die daher auch der entsprechenden wohnlichen Einrichtung und Ausschmückung bedarf. Diese Grabkammern sind zum Teil nach dem Vorbild der etruskischen senkrecht in die Erde oder seitwärts in den Felsen eingetrieben, wie das Grab der Scipionen an der via appia, welches aus einer Reihe unregelmässig laufender Gänge besteht, oder dasjenige der Nasonen an der via flaminia, das mehrere regelmässige in den natürlichen Felsen eingehauene und kunstvoll bemalte Kammern umfasste. In beiden standen die Sarkophage in besonderen Nischen. Dass dabei auch wie in den etruskischen Gräbern die Form des antiken Hauses mit Atrium u. s. w. beibehalten wurde, zeigt jene grosse, mit prächtigen Stuckreliefs verzierte Grabanlage an

---

[1]) Eingehende Berichte darüber giebt Lanciani in den drei ersten Bänden des bulletino della commissione archeologica municipale.

[2]) So die Grabstätte eines collegium tibicinum, wahrscheinlich aus der Zeit des Sulla, cf. Corp. inscr. lat. VI, No. 3877.

der via latina. [1]) Doch sind die Mehrzahl der Gräber in der Kaiserzeit eigentlich oberirdische Anlagen. Die Grabkammer, welche die
Leiche in sich schliesst, ist wohl durch ausgehobene Erde mehr oder
weniger tief gelegt, oft aber auch auf dem gleichem Niveau wie der
Eingang, ummauert und überwölbt. Um diesen Kern erhebt sich dann
das äussere Grabdenkmal, in den verschiedensten Formen und von der
verschiedensten Grösse, mehr oder weniger kostbar und prächtig mit
kunstvollen Arbeiten der Architektur und Skulptur geschmückt. Viele
kleinere Grabmäler haben die Form des Aschenhäuschens, andere die
des Tempels; dass bei der letzteren Form der Gedanke an die
Apotheose mitgewirkt haben mag, zeigt jener Ausspruch Ciceros (ad
Attic. XII 35), er wolle seiner Tochter ein Grabmal in der Form
eines Tempels errichten, ut maxime assequar ἀποθέωσιν. Bei grösseren
Grabmälern erhebt sich über dem quadratischen Unterbau ein Rundbau
(Caecilia Metalla), oder in mehreren Stockwerken nach oben sich ver-
jüngende turmartige Ueberbauten, bei dem Grabe des Cestius ist es eine
wirkliche Pyramide. Die gewaltigsten Dimensionen zeigen bekanntlich
die Grabmäler des Augustus und Hadrian.

Die Grabstätte beschränkt sich nicht auf das eigentliche Grabdenkmal, sondern es gehörte dazu das ganze Grundstück, auf welchem
das Grab lag und das bei grossen Grabanlagen oft ziemlich umfangreiche Dimensionen annahm und unter Umständen ein Area, Garten,
und Aecker umfasste. [2]) Der Ertrag dieser Grundstücke — deren
Grenzen immer genau bestimmt waren — diente zur Unterhaltung des
Grabes, zu dessen Ausschmückung mit Blumen und Kränzen, unter
Umständen auch zur Besoldung des Aufsehers der Grabanlage, welcher
in der Nähe in einem besonderen Häuschen wohnte. Für den Aufenthalt der Ueberlebenden bei ihrem Besuch auf den Grabstätten boten
sich Lauben und Pavillons, für die Abhaltung der Gedächtnissmahle
waren manchmal besondere Räumlichkeiten mit den entsprechenden
Einrichtungen angebaut. [3]) All das war natürlich in Umfang und Ausschmückung je nach dem Vermögensverhältnissen der Ueberlebenden
oder den vom Erblasser ausgesetzten Mitteln sehr verschieden.

Die bisher erwähnten Grabanlagen waren solche sowohl von
Einzelpersonen wie von Gemeinschaften. Lediglich für das Begräbnis

---

[1]) cf. annal. d. instit. 1861, S. 348 ff.

[2]) In einer Inschrift bei Orelli Henzen No. 4371 sind Grabanlagen in
einem Umfang von 10 juga erwähnt.

[3]) Das Triclinium funebre, wovon sich instruktive Beispiele in Pompeji
erhalten haben, an den Gräbern des Vibius Saturninus und der Naevoleia Tyche.

einer abgeschlossenen Gemeinschaft bestimmt war eine andre Klasse von Gräbern, welche eine Eigentümlichkeit der römischen Kulturwelt bilden, die sog. Kolumbarien. Es sind dies quadratisch oder rechteckig angelegte Freibauten, doch mehr oder weniger kellerartig tief gebaut, daher eine Treppe im Innern auf den Boden hinab führt. In den Wänden sind aneinander gereihte kleine Nischen angebracht, in welche die ollae mit der Asche hineingestellt wurden. Ueber der Nische befand sich eine kleine Marmortafel mit der entsprechenden Inschrift. Den Anstoss zu derartigen Anlagen gab jedenfalls auch die rege Zusammengehörigkeit der Gentilverbindungen. Auf Beisetzung in dem gemeinsamen Begräbnisplatze der gens hatten auch die Freigelassenen Anspruch; daher die so gewöhnliche Formel in den Inschriften: sibi et suis libertis libertabusque. Aber die Zahl der Freigelassenen konnte der Art zunehmen, dass in dem eigentlichen Gentilgrab kein Platz mehr war, darum wurden für die Freigelassenen besondere Bauten errichtet. Das glänzendste und prächtigste Beispiel davon haben wir in jenem Kolumbarium an der via appia, das für die Freigelassenen und Sklaven der Livia erbaut war. Andere Kolumbarien wurden von Spekulanten erbaut für solche, die sich einen Platz darin kaufen wollten; wieder andere wurden von den Genossen eines Kollegiums oder einer Sodalitas errichtet, sei es, dass das gemeinsame Begräbnis als eines der Mitgliedsrechte von selbst gegeben war, oder dass sie sich direkt zum Zwecke eines gemeinsamen Begräbnisses zusammengetan hatten, wie die collegia tenuiorum. Auch von solchen Kolumbarien haben wir Beispiele erhalten.

Die Auffassung des Grabes als eines Hauses, in welchem der Verstorbene seine ewige Wohnung aufgeschlagen hat, musste es von selbst mit sich bringen, dass das Grab auch wohnlich ausgestattet wurde. Dies wurde erreicht durch künstlerische Ausschmückung wie durch die Ausstattung des Raumes mit allerlei Utensilien und Gerätschaften, sei es zu rein dekorativen Zwecken, sei es mit der Absicht, den Toten mit demjenigen zu umgeben, womit er sich im Leben beschäftigte, oder was ihm dort lieb und teuer gewesen. Wir finden daher die Gräber ausgeschmückt mit Werken der Malerei und Skulptur. Zunächst sind es Darstellungen rein dekorativen Charakters. In den Gräbern der Nasonen und in anderen [1]) sind die Deckengewölbe wie die Nischen durch Malerei architektonisch gegliedert, Arabesken, Gewinde von

---

[1]) cf. die entsprechenden Tafeln bei Franzesco Bartoli: Le pitture antiche delle grotte di Roma e del sepolcro dei Nasoni. Roma 1706, und Pietro Santi Bartoli, gli antichi sepolcri 1727.

Blumen und Laub, auch Reben mit Trauben umziehen die Felder, dazwischen sieht man Genien, geflügelte Köpfe; maritime Embleme wie
Nereiden, Seepferdchen und Delphine; endlich Tiere aller Art, besonders Pfauen, Tauben und andere Vögel. Auch Körbe mit Blumen, wie
man sie in Wirklichkeit wohl auf das Grab stellte, werden an den Wänden
abgebildet. Die Vögel sind zuweilen an Trauben oder anderen Früchten
pickend dargestellt [1]) und in den Rebgewinden sehen wir manchmal
traubenlesende Genien. Alle diese Ornamente kommen auch auf Sarkophagen wie auf Lampen vor.[2]) Rein dekorativer Art sind jedenfalls
auch die mannichfachen ländlichen Szenen, besonders Hirtenszenen mit
Ziegen und Lämmern. Es finden sich auch solche, wo Hirten Lamm
oder Ziege mit nach vorn zusammengehaltenen Füssen auf der Schulter
tragen. [3]) Kinder die mit Vögeln spielen, Jäger und Tänzerinnen,
Spiele und Kämpfe aller Art mussten nicht minder dazu dienen, den
Grabstätten ein heiteres, festliches Ansehen zu geben. Selbst der Humor
fehlt nicht, wie die Pygmäenszenen im Kolumbarium der Villa Pamphili
zeigen, ja dies Grab zeigte sogar obscöne Darstellungen, die jedoch
jetzt entfernt sind. Solche Ornamente kommen auch auf Sarkophagen vor.[4])
Man hat manche Gegenstände dieser künstlerischen Ausschmückung
symbolisch erklären wollen. Wenn nicht zwingende Gründe dazu vorliegen, besonders wenn wir nicht aus literarischen Nachrichten ausdrücklich erfahren, dass man sie symbolisch verstanden wissen wollte,
so ist unseres Erachtens eine solche Auffassung nicht gerechtfertigt.
Es mag ja sein, dass der eine oder andere Gegenstand ursprünglich
mit einer gewissen symbolischen Beziehung gewählt war, dass solche
auch da oder dort in einem Beschauer wach gerufen wurde, aber schon
die stete Wiederholung zeigt die Absicht einer blossen Dekoration.
Dazu hat bei einer symbolischen Auffassung die Phantasie des Einzelnen
den weitesten Spielraum, etwas sicheres wissen auch die Symboliker
kaum zu konstatieren, der eine legt es so aus, der andere anders. Einige

---

[1]) cf. Pietro S. Bartoli, tav. 9 und 13.
[2]) cf. A. F. Gori: monum. sive columbarium libertorum et servorum
Liviae Augustae tav. XIX. E. tav. XVIII. — Bartoli: lucernae veterum
sepulcr. iconic. ed. Beger p. II, tav. 2 und 11. — Brizio pitture e sepolcri
scoperti s. Esquilino 1876, t. 3 a. 8.
[3]) cf. Franz. Bartoli, t. 22, tav. III des Appendix.
[4]) cf. Jahn über dieses Kolumbarium (Abhandlungen der k. Bayr. Aka-
demie der Wissensch. I. Cl., VIII. Band, II. Abthl. 1857), tav. XVII, 19.
Archäolog. Beiträge, S. 418 ff. — Gerhard, Antike Bildwerke Tafel III,
No. 1—3. 5.

Beispiele mögen diese Sätze erläutern. Es erscheint sehr gekünstelt, wenn man den Hahn, der in Malereien wie auf Sarkophagen sich findet, mit dem Bachuskult in Verbindung bringt; das Tier erscheint dort wie andre Vögel als Ornamentstück, hier als Kampfhahn, oft von Eroten im Kampfe geleitet, und dies zeigt allein schon den dekorativen Charakter; höchstens könnte man da eine Beziehung auf Liebhabereien des Verstorbenen annehmen.[1] Eher schiene es einleuchtend, das Bild des Löwen symbolisch zu fassen als σύμβολον τῆς τοῦ ἥρωος ἀλκῆς, wie Photius in seiner Bibliothek (ed Becker p. 147b. 3) bemerkt; freilich setzt er hinzu: ἄλλοι δ'ἄλλως περὶ τῆς τοῦ λέοντος ἀναστη-λώσεώς φασιν. Dies Wort lässt sich in der That auf alle angeblich symbolischen Darstellungen anwenden. Es kann doch keine Frage sein, dass die auf Sarkophagen so häufig vorkommenden Löwen, welche gejagt werden oder andere Tiere zerreissen, blosses Ornament sind. Löwenköpfe sind ja ein ganz gewöhnlicher Zierrat an den Ecken von Wasserbehältern und Keltergefässen. Aehnlich verhält es sich mit der tragischen Maske. Bei der den späteren römischen Schriftstellern ziemlich geläufigen Vergleichung des Lebens mit einem Schauspiel ist es ja möglich, dass die Anbringung der Maske als Grabschmuck für Manchen eine symbolische Bedeutung hatte, aber wenn·man bedenkt, dass diese Masken, und zwar tragische wie komische, zur beliebtesten Dekoration von Wandflächen in Wohn- und Festräumen dienten, so kann kein Zweifel sein, dass dieselben auch an den Wänden von Grabkammern oder Sarkophagen keine andere Bedeutung haben. Sehr gekünstelt hat man die Füllhörner auf die Glückseligkeit im Jenseits bezogen, mit noch grösserer Künstelei wollte Gerhard (antike Bildwerke S. 258, 56) schwirrende Vögel, wie sie auf Sarkophagreliefs vorkommen, als Symbol der herumschwirrennden und von dem Genius gepflegten Manen betrachten. Solche Dinge sind doch lediglich dekorativ. In den Bildern des Pfauen sah man auch häufig einen Hinweis auf die Apotheose, wie in denjenigen von Palme und Blumenkrone einen solchen auf den im Jenseits errungenen Sieg über die Mühen des Lebens. Aber der Pfau als Zeichen der Apotheose kommt erst in der Kaiserzeit vor, und da auf Münzen, auf den Wandflächen der Grabkammern hat er, wie die Darstellungen z. B. in den Nasonengräbern zeigen, lediglich dekorative Bedeutung. Und was jene Siegeszeichen betrifft, so liess man sich in dieser Exegese augenscheinlich von christlichen Ideen leiten, in dem Sinne wie die Christen, haben die Alten gewiss nicht Tod und Jenseits

---

[1] cf. Jahn, Archäolog. Beiträge, S. 438.

als einen Sieg über das Erdenleben gefeiert, die Blumenkrone ist lediglich Dekoration. Die Palme ist ursprünglich wohl ein Zeichen des Sieges und kommt als solches vor in den Händen der Nike, des Paris bei seinem Preisgericht, der Eroten bei Hahnenkämpfen,[1]) aber durch die ungeheuer häufige Wiederholung ging auch die Bedeutung dieses Zeichens verloren, man brachte es als gewohnheitsmässige Dekoration auf den Gräbern von Leuten jedes Standes und Alters an, sogar auf Kindergräbern.[2])

Manche Abbildungen sind auch lediglich phonetische Zeichen für den Namen des Verstorbenen, in der Art, dass auf einem (im kapitolin. Museum befindlichem) Cippus des Statilius Aper ein Eber, auf dem Grab eines Vitulus ein Kalb abgebildet ist; das Grab eines Kindes mit Namen Nabira zeigt ein Schiffchen in Gestalt einer Barke.[8]) Bei dem (unten näher zu erwähnenden) reproduktiven Charakter der gesamten römischen Kunstthätigkeit war es leicht möglich, dass solche Abbildungen dann auch gedankenlos auf andere Gräber gesetzt wurden.

Sehr häufig geschieht es, dass Stand und Beruf durch die beigesetzten Abbildungen angedeudet werden. So weisen Pferde auf den ritterlichen Stand des Verstorbenen hin, wie aus beigesetzten Inschriften klar erhellt.[4]) Aber es wäre jedenfalls verkehrt, diese Absicht überall da anzunehmen, wo ein Pferd abgebildet ist.[5]) Als Hinweis auf die Amtswürde des Verstorbenen werden auch die Fascesbündel angebracht, wie z. B. auf dem Grab des M. Arrius Diomedes in Pompeji. Daselbst findet sich auf einer Platte im Grab der Naevoleia Tyche ein Schiff, an welchem die Segel gerefft werden, ein Hinweis auf das Gewerbe des in demselben Grabe beigesetzten Minutius Faustus. Unter den Dekorationen, welche Trimalchio dem Lapidarius aufträgt, befindet sich auch ein Schiff mit schwellenden Segeln, gewiss nichts anderes als Bezeichnung der Handelsgeschäfte des Auftraggebers.[6]) Vulkan in seiner Werkstatt schmiedend (wovon ein Beispiel bei Pietro Bartoli, t. 102)

---

[1]) cf. Jahn, Archäolog. Beiträge Taf. 13 und 14.

[2]) cf. Raoul-Rochette, sec. mém., S. 215.

[3]) cf. ibid., S. 219.   Ausserdem zahlreiche Beispiele bei Raoul-Rochette mon. inéd. Achilléide pl. X, B. n. 1. pl. XLVII, 4. — Welker syll. epigr., S. 135 ff.

[4]) cf. Franc. Bartoli, tav. V und VI.

[5]) Solches auch auf Goldgläsern cf. Buonarotti osservaz., t. 19, 2 — Gori a. a. O. S. 27.

[6]) Andere Beispiele solcher Beziehung auf Schiffahrt und Handel, cf. Matz und Duhn, Antike Bildwerke in Rom No. 2867. 3600. 3960. 4100. 4106. Bendorf-Schöne, Antike Bildwerke des lateran. Museums No. 465. Revue

weist jedenfalls ebenso auf den Beruf des Bestatteten hin wie die
Embleme aus dem Bäckerhandwerk am Grabe des Eurysiaces an der
Porta labicana oder das Getreidemass mit Früchten[1]) oder die Oelpresse
oder das Fass[2]) oder Gegenstände aus dem Fuhrmannsstande[3]) und
dem Soldatenstande.[4]) Derartige Darstellungen, welche auf Stand und
Beruf des Verstorbenen hindeuten, finden sich in Masse auf römischen
Gräbern.[5]) Daran schliessen sich die nicht minder häufigen Szenen,
welche Beschäftigungen aus dem gewöhnlichen Leben angeben. So
Unterrichtsszenen, — ein Lehrer, meist sitzend, oft die Capsa mit
Schriftrollen zur Seite, davor lernende Knaben und Mädchen, — Ein-
studieren von Rollen, Szenen aus Schauspielen und Opfern, Genrebilder
von der Landstrasse, aus Haus und Garten. Auch Landschaftsbilder
kommen vor, in welchen nur wenige Personen, gewöhnlich mit reli-
giösen Zeremonien vor Götterbildern beschäftigt, die Staffage bilden.
Sodann Hahnen- und Athletenkämpfe, Festopfer, und Zirkusspiele.[6])
Häufiger noch finden sich Szenen von Vereinigung der Ehegatten durch
Juno pronuba, oft in Begleitung von Eros und Psyche, auch von
Aphrodite oder Peitho, sowie endlich Szenen aus dem Leben und der
Erziehung der Kinder.

---

archéol. März-Heft 1884. — Man hat diese Darstellung von segelnden Schiffen
oder von auf den Wellen gleitenden Barken auch symbolisch erklären wollen
als Hinweis auf die Fahrt durchs Leben und die beglückende Ruhe im Hafen
der Ewigkeit. Aber wenn dies Bild einmal von Schriftstellern gebraucht wird
(Cic. de senect. 19. 71. — Seneca ep. 70. — Plut. de tranq. an. II, 476), so ist
damit noch nicht gesagt, dass es auch einer volkstümlichen Kunstthätigkeit bekannt
gewesen sei. Wenn das Schiff als Barke dargestellt ist, in welcher Kinder-
gestalten fahren, so steht das in derselben Reihe wie die Nereiden und
Tritonen, welche den Leichnam über das Wasser tragend abgebildet werden,
eine Darstellung, bei der man wohl vielleicht einmal die Vorstellung von den
Inseln der Seeligen hegte, die aber im Allgemeinen jedenfalls ein einfaches
Dekorationsstück bildet.

[1]) cf. die Beispiele solcher mensores bei Raoul - Rochette sec. mém.,
S. 257.

[2]) dolium, sogar angebracht als Wortspiel mit doliens in der Inschrift
cf. Raoul-Rochette ib., S. 242. 243.

[3]) cf. Matz und Duhn ib., No. 2865. 2866. 2872 ff.

[4]) Ein instruktives Beispiel das Grab des Cornelius Successus, cf. Bullet.
d. instit. 1839, S. 133.

[5]) cf. Jahn: Darstellungen des Handwerks und Handelsverkehrs auf
antiken Wandgemälden, Abhandlungen der königl. sächs. Gesellschaft der
Wissenschaften XII.

[6]) cf. Jahn: Die Wandgemälde des Kolumbariums der Villa Panphili. —
Gerhard, Ant. Bildwerke Taf. 119, 4. 120, 1. 2.

Vor Allem werden wir wohl im Schmuck der Grabstätten solche
Gegenstände erwarten, welche eine Beziehung auf Tod und Jenseits
enthalten. Sie fehlen in der That nicht, obwohl die Bildwerke der eben
erwähnten Art viel häufiger sind. Die Szenen des Abschieds, welche
bei den Griechen so oft vorkommen, sind bei den Römern viel seltener.
Letztere lieben es, viel mehr durch Inschriften als durch bildliche Darstellungen die Verdienste des Verstorbenen und etwa die Innigkeit
seines Familien- und speziell seines ehelichen Lebens der Nachwelt zu
verkünden. Derartige Inschriften sind ja viel vorhanden. Doch haben
wir auch Szenen der Ausschmückung der Leiche mit Blumen und
Kränzen,[1] wie auch Darstellungen der Trauer an dem Sterbebett der
aufgebahrten Leiche oder dem Grabe.[2] Wir sehen hier Klageweiber
und den Schmerz der Gattin, die sich das Schwert in die Brust stösst,
dort die Begrüssung des in den Hades eintretenden Mannes durch seine
ihm im Tod voraufgegangene Frau.[3] Auf einem schönen, jetzt im
Palazzo Barbarini befindlichen Gemälde von dem Grab eines Ehepaares
sehen wir die Szenen der Krankheit, des Abschieds, das Geleit durch
Hermes, die Fahrt über den Acheron; ein anderes zeigt uns eine offenbar nach griechischem Vorbilde gearbeitete Abschiedsszene.[4]

Aus der etruskischen Kunst wurde der Gebrauch herübergenommen,
den Verstorbenen möglichst porträtähnlich auf dem Sarkophag in ver-
kürzter Auffassung liegend darzustellen. Noch häufiger als mit einzelnen Personen geschah dies mit Ehepaaren. Nicht minder häufig
jedoch werden diese Porträts auf einem Medaillon in der Mitte der
Vorderseite des Sarkophags angebracht.

Auch die bei den Griechen so gewöhnliche Darstellung des Mahles
findet sich bei den Römern, doch mit Verschiedenheit der Auffassung.
Während nämlich bei jenen eine Person den Mittelpunkt der ganzen
Szene bildet, um den sich die anderen Personen gruppieren, ist bei den
Römern eine eigentliche Mahlzeit dargestellt, eine Anzahl Personen,
auf dem sigma um die mensa citrea gelagert, schmausend und zechend,
oft mit entsprechender Legende. Eine solche lautet z. B.: Da fridam
pusillum. — Calpurnia tibi dicit vale.[5] Auf einer anderen Sepulkral-
inschrift spricht der Bestattete zum Besucher seiner Grabstätte: si

---

[1] Ein bedeutendes Relief dieser Art im Lateran cf. Bendorf-Schöne
ib., No. 348.
[2] cf. Bartoli: admiranda roman. antiquit. Taf. 72. 73. 76.
[3] ib., t. 70. 71. 77. cf. Bellori picturae vet. in cryptis roman. II, t. VII.
[4] cf. Pietro Bartoli ib., t. 55. 56.
[5] Corp. inscr. lat. IV, 1291. Overbeck: Pompeji, S. 487 ff.

gratus homo es misce bibe da mi.[1]) Eine Abbildung bei Pietro Campana (di due sepolcri, t. XIV) zeigt ein festliches Mahl in einer Weinlaube, wobei die Teilnehmer mit Reben bekränzt sind. Bei der Darstellung eines Mahles im Kolumbarium der Villa Pamphili sind die Teilnehmer auf den Rasen gelagert.[2]) Wenn sonach bei den Römern das Bestreben solcher Darstellungen nicht so ostensibel wie bei den Griechen darauf ausging, den Verstorbenen im Kreise seiner Familie, umgeben von Haustieren und den Gerätschaften seiner Häuslichkeit vor Augen zu behalten, so wird man in der Mehrzahl dieser Bildwerke doch auch nichts anderes als Szenen des gewöhnlichen Lebens erblicken dürfen. Es wäre auch möglich, dass diese Bildwerke das Totenmahl darstellen sollen, denn man dachte sich ja den Verstorbenen selbst daran teilnehmend und es kommen ja auch, wie wir sahen, andere Szenen aus den Leichenfeierlichkeiten auf Grabsteinen vor. Auch wird sich nicht leugnen lassen, dass man dabei in einzelnen Fällen an die festlichen Freuden des Jenseits dachte, zumal das Mahl in der etruskischen Gräberkunst unzweifelhaft solche Bedeutung hat. Doch während bei einzelnen dieser Bildwerke ihr Charakter als häusliche Szene keinem Zweifel unterliegt, so lässt sich bei anderen die Beziehung auf das Jenseits nur als Möglichkeit zugeben. Man wird hier dem zustimmen müssen, was darüber Marquard (Privatleben der Römer I, S. 354, Anm. 7) bemerkt: „man kann zwar zugeben, dass diese materielle Auffassung des Gedankens von dem Fortleben der Seele wirklich vorkam, darf aber doch annehmen, dass Jeder nach der Niedrigkeit oder Hoheit seiner eigenen Gesinnung diese gewöhnlichen Grabdarstellungen gemeiner oder edler gedeutet hat, und dass namentlich an das Wiedersehen und Zusammenleben der Familienmitglieder in jenem Leben gedacht werden konnte."

Wie nicht anders zu erwarten, sind auch diejenigen Beziehungen auf Tod, Grab und Unterwelt, welche man der Mythologie entlehnen konnte, in bedeutendem Umfang zum Schmuck der Grabstätten verwendet. Die Darstellungen von Göttern des Todes und der Unterwelt, wie solche des Todes selbst, sind freilich im allgemeinen nicht häufig in der antiken Kunst, auch an sepulkralen Denkmälern nicht, denn man liebte an denselben mehr heitere Symbole, welche die Grabkammer zu einem festlichen Raume gestalteten. Am häufigsten kommt noch die

---

[1]) cf. Orelli-Henzen No. 4781.
[2]) cf. Jahn Taf. VI, 16. S. 42. Beger, Meleagrides, S. 22. Matz und Duhn No. 3779. Stephani, der ausruhende Herakles, S. 55. 56.

Gestalt der Persephone als thronende Todesgöttin auf Sarkophagen vor. Der Tod selbst wird als Genius mit der gesenkten Fackel oder dem Zeichen des ewigen Schlafes, dem Mohn, abgebildet. Aber auch Skelette waren dem Altertum nicht fremd, allerdings nur auf späteren und künstlerisch wenig bedeutenden Werken.[1]) Die räuberische Gewalt des Todes wird durch Männer oder Jünglinge, welche kleine Figuren auf den Schultern tragen, oder auch durch eine Figur angedeutet, welche auf einem von Pferden gezogenen Wagen stehend, den Leichnam trägt.[2]) Auf dieselbe Idee weist offenbar auch die Szene vom Raub der Proserpina hin.[3]) Auf anderen Darstellungen sind es Nereiden und Tritonen, welche den Verstorbenen über den Ocean tragen. Die Schlange oder der Vogel, die nach einem Schmetterling, der Psyche, schnappen, mag ursprünglich wohl auch eine Andeutung der Todesgewalt sein, doch ist dieser Gegenstand, wie auch die vorhergehenden, so unendlich häufig wiederholt, dass bei der Mehrzahl dieser Denkmäler der rein dekorative Charakter nicht zweifelhaft sein kann. Grade die letztere Darstellung kommt ja auch auf nichtsepulkralen Monumenten vor.[4])

Sodann finden wir Szenen der Unterwelt: Hermes, der Seelenführer, geleitet die Seele, welche oft als zartes Mädchen mit Schmetterlingsflügeln dargestellt ist, zum Hades, sie fahren über den Acheron und werden vom Cerberus angebellt.[5]) Dass Darstellungen der Hadesqualen — Sisyphus, Tantalus, Danaiden — nicht selten waren, zeigt uns schon ein Wort des Plautus.[6]) Dahin gehört auch die Darstellung des Oknos, des Alten, welcher ein Seil dreht, das jedoch von einem Esel alsbald verschlungen wird, so dass seine Arbeit ewig erfolglos bleibt. Uebrigens kam diese Figur auch schon in der griechischen Kunst vor, denn Pausanias (IX 39. 2) erwähnt den Oknos neben den Danaiden als typische Figur auf dem Hadesgemälde Polygnots, und Plutarch (de tranq. an. p. 473 c.) bezeugt es ausdrücklich, dass Oknos ein sehr beliebtes Sujet für Gräberschmuck gewesen sei. Wir kennen solche Oknosdarstellungen aus dem Bilderkreis des Kolumbariums der Villa

---

[1]) cf. K. O. Müller, Kunstarchäolog. §. 432. Jahn, archäolog. Beiträge, S. 138.

[2]) cf. Pietro Bartoli ib., t. 17.

[3]) In den Nasonengräbern bei Franc. Bartoli, t. 12 u. a. Sehr häufig auf Sarkophagen.

[4]) cf. Jahn, archäolog. Beiträge, S. 139.

[5]) cf. Franc. Bartoli, t. 7. 8. Pietro Bartoli, t. 53. 13. 16. 55.

[6]) Capt. 998.

Pamphili[1]) und auf einem Stuckrelief aus dem Kolumbarium an der Porta latina.[2]) Doch kommt der Gegenstand auch auf nicht sepulkralen Monumenten vor, wie auf einer Brunnenmündung in Museo Pio-Clementino, konnte also auch rein dekorativ betrachtet werden.

Bei vielen anderen mythologischen Darstellungen lassen sich Beziehungen auf Tod und Grab und Unterwelt immerhin noch annehmen, wenn auch hier nicht zweifelhaft sein kann, dass Vieles gedankenlos wiederholt ward. Dahin gehören die Sarkophag-Bildwerke mit Darstellungen der Sagen von Meleager und seiner Jagd, vom Tod des Adonis, von Endymion — welchem öfter der Schlafgott mit dem Mohnzweig beigegeben ist, — von Alkestis und Protesilaos. Auch die häufigen Sarkophagreliefs, welche die schlafende, von Dionysus aufgefundene Ariadne darstellen, mögen hierher gehören, denn man mochte immerhin in der schlafenden Ariadne ein Bild des Todes sehen. Kommen doch auch Thetis, die von Peleus, sowie Ilia, die von Mars im Schlafe überrascht wird, sowie schlafende Nymphen auf Sarkophagen vor.[3]) Man mochte dabei ursprünglich ebenso an den Schlaf des Todes denken wie bei den Bildern des Endymion. Bei vielen anderen Sarkophagdarstellungen aus der Mythologie und Heroensage ist eine sepulkrale Beziehung kaum zu erkennen, ja unzweifelhaft gar nicht vorhanden. So bei den Darstellungen von Eros und Psyche, welche so ungeheuer häufig und in den verschiedensten Auffassungen vorkommen, sei es allein — und dann oft zu beiden Seiten der Brustbilder der Verstorbenen, — sei es in Verbindung mit anderm Reliefschmuck, wie den Chariten oder Figuren des bachischen Kreises oder Helios und Selene. Letztere sind auch oft in Verbindung mit den kapitolinischen Gottheiten abgebildet oder den Dioskuren, welche übrigens auch allein, besonders an den Ecken von Sarkophagen vorkommen.[4]) Ferner gehören hierher die zahlreichen bachischen Szenen in den verschiedensten Auffassungen, Prometheus der Menschenbildner oder seine Befreiung durch Herakles, Kentauren- und Amazonenkämpfe, die Niobiden, Hyppolytos und Phädra,[5]) Achillesszenen (Achilleus unter den Töchtern des Lykomedes oder Hektor um die Mauern Trojas schleifend), Szenen aus der

---

[1]) Jahn in dessen Beschreibung, t. III, 7.
[2]) Pietro Campana di due sepolcri, t. VII B.
[3]) cf. Raoul-Rochette II mém., S. 23 ff. Böttiger, Kunstmythologie II, S. 533 ff.
[4]) cf. P. S. Partoli sep. 44. Matz und Duhn No. 2708 ff.
[5]) Neuerdings auf Bellerophon und Sthenoboea gedeutet, cf. Archäolog. Zeit. 1883, S. 104.

Odyssee und Anderes. Für all das sind mehr oder weniger zahlreiche und bekannte Beispiele in den Museen erhalten. Uebrigens ist festzuhalten, dass viele dieser Darstellungen sich auch auf nichtsepulkralen Monumenten finden, besonders auf Lampen.[1]

Es ist notwendig, dass wir uns über die Auffassung und Bedeutung dieses Grabschmucks der Römer hier noch näher aussprechen. Man darf sagen, dass diejenige Richtung der archäologischen Forschung, welche in diesen der Mythologie oder Heroensage entlehnten Darstellungen mehr oder weniger geheimnisvolle Beziehungen auf Tod und Fortleben und Palingenesie erblicken wollte, jetzt wohl aufgegeben ist. Wir können uns auch nur der Ansicht anschliessen, welche in diesen Darstellungen wesentlich Ornamentik sieht. Die Gründe sind folgende. Es ist von vornherein der ganze Charakter des römischen Sepulkralwesens wie derjenige ihrer Religion und Philosophie und nicht minder der ihres Kunstsinnes und ihrer künstlerischen Thätigkeit dem Symbolwesen nicht günstig. Der Zweck des ganzen Totenkultus war ja, wie schon früher erwähnt, kein anderer, als das Andenken an die Verstorbenen der Nachwelt zu erhalten. Darum hat man die Gräber an den Landstrassen angebracht. Was als Zweck solcher Beisetzung auf jener Grabschrift des T. Lollius angegeben wird,[2] er sei hier neben den Weg gelegt, damit die Vorübergehenden sagen könnten: T. Lollius, sei gegrüsst, — das ist typisch für alle. Darum hat man die Grabräume aufs beste geschmückt, weil man sie nur als neue Wohnung des Verstorbenen betrachtete, in welcher man gelegentlich wieder mit ihm zusammen sein wollte. Dem realistischen Sinne der Römer entsprach denn auch der Charakter ihrer Religion und Philosophie. Das Religionswesen war Staatsinstitution, die Religion selbst wesentlich aufgefasst als Mittel zur Erhaltung der öffentlichen Ordnung. Darum haben auch die Gebildeten, welche sich über den Glauben an die überlieferten Göttermythen weit erhaben dünkten, doch die Notwendigkeit desselben für die grosse Masse betont, und es war ein Zeichen staatsmännischer Weisheit, Angriffe auf die staatliche Religionsordnung zurückzuweisen. Auch die bei den Römern zur Mode gewordene stoische Philosophie hat ja wohl die Gestalten und Mythen der Volksgötter, um ihre Schwierigkeiten und noch mehr ihre mannigfachen sittlichen Anstösse zu beseitigen, symbolisch erklärt, aber grade diese Seite des Stoizismus hat bei den Römern wenig Ausbildung gefunden, sie haben

---

[1] Zahlreiche Beispiele in Bartoli's lucernae.
[2] cf. Orelli-Henzen No. 4737.

ihrem Wesen entsprechend die praktische Philosophie, die Ethik, hauptsächlich gepflegt. So ist nicht anzunehmen, dass man zu den so
unendlich häufig vorkommenden Darstellungen wie die Bachusszenen
— in ihnen wurden ja hauptsächlich Beziehungen zu mythischen
Weihen gesucht — durch Reflexion über ihren geheimnisvollen Inhalt
bewogen worden wäre.

Die Art des römischen Kunstsinnes endlich war der Symbolisierung
ebensowenig günstig. Die Römer schätzten die Kunst nicht an sich,
sondern nur sofern sie zur Erreichung allgemeiner, für notwendig
gehaltener Zwecke unentbehrlich war. So ist leicht erklärlich, dass
bestimmte Kunstwerke, bestimmte Darstellungen zur Modesache wurden.
Mode waren ja mehr oder weniger auch die üblichen Reisen nach
Griechenland und anderen Ländern, um die dortigen Kunstwerke zu
bewundern. Es waren aber dabei weniger künstlerische, als vielmehr
historische Motive, von welcher die Besucher geleitet waren. Darum
war auch die eigene römische Kunstthätigkeit vielmehr Reproduktion
als Produktion. Damit-überwog denn auch zugleich die formale
Seite, es fehlte der römischen Kunst die Innerlichkeit, die der griechischen eigen ist. Der Gedanke an den Inhalt musste um so mehr zu-
rücktreten, je mehr in der späteren Zeit die ganze künstlerische Virtuosität auf gewisse formale Vollendungen, wie z. B. die Häufung von
Figuren und deren Anordnung in den Reliefs, sich zu beschränken
suchte.

Alle diese Punkte muss man wohl im Auge behalten, wenn man
den römischen Gräberschmuck richtig beurteilen will. Es ist ja nicht
zu verkennen, dass, wie schon oben bemerkt, eine Anzahl Szenen aus
der Mythologie und Heroensage ursprünglich mit Rücksicht auf Tod
und Unsterblichkeit gewählt sein mochten. So besonders die Sagen
von Adonis, Endymion, Meleager, Ariadne. Es giebt sodann auch
Prometheusdarstellungen, die allem Anscheine nach der Beziehung auf
den Gegensatz von Tod und Leben ihre Anordnung verdanken. Ob
zwar jener grosse, bei Pozzuoli gefundene und im Museum zu Neapel
befindliche Prometheussarkophag mit Welker[1]) die Schöpfung des
Menschen „nach epikuräischer Ansicht" enthält, möchten wir dahingestellt sein lassen, aber die über Schädeln und Gebeinen neben dem
Cerberus thronende Proserpina weist doch auf das endliche Schicksal
des Menschen hin, der hier unter Beisein des olympischen Götterkreises
ins Dasein gerufen wird. Und wenn in jenem schönen kapitolinischen

---

[1]) Antike Bildwerke II, S. 285 ff.

Sarkophag aneinander gereiht sind Trennung von Psyche und Eros,
Bildung des Menschenkörpers durch Prometheus und dessen Belebung
durch Athene, ferner Tod und Wegführung durch Hermes Psychopompos, so ist das nicht minder ein Hinweis auf den Kreislauf des
Lebens. Die so überaus häufigen bachischen Szenen wurden vielleicht
dadurch zu einem beliebten Gräberschmuck, dass durch griechischen
Einfluss Dionysos und Persephone zum liber pator und zur libera wurden.
Es ist dies die einzige Berührung, welche der Weingott mit dem Hades
hat. Ob nun aber diese zahlreichen bachischen Szenen auf mystische
Weihen oder auf die Freuden, die der Seele im Jenseits warten, zu beziehen sind, ja, das kann im einzelnen Falle so gewesen sein, war von
manchem, der sich gerade diese Darstellungen auswählte, vielleicht
auch so gemeint, aber es lassen sich unseres Erachtens überhaupt keine
allgemeinen Erklärungen aufstellen, dem widerspricht die Eigentümlichkeit des römischen Grabwesens wie der Charakter der römischen
Kunst. In bezug auf die Freuden im Jenseits wird jeder eben auch
„nach der Hoheit und Niedrigkeit seiner eigenen Gesinnung" es gehalten haben wie mit den Darstellungen des Mahles. Die ungeheure
Häufigkeit der bachischen Szenen, wie der Umstand, dass sie meist
durch Kinder dargestellt sind, zeigt ebenso von ihrem reinen dekorativen Charakter, wie wenn Kampfszenen, Zirkusspiele und Weinlesen
durch Kinder dargestellt werden. Bezüglich der letzteren wird heute
auch schwerlich jemand mehr der Ansicht beipflichten, die noch Raoul-
Rochette (prem. mém., S. 125 ff.) vertreten hat, als seien diese durch
Genien oder Kinder dargestellten Zirkusspiele bestimmt gewesen, auf
die hier bestatteten Kinder hinzudeuten und la briéveté d'une vie
moissonnée en son printemps zu versinnbilden. Die weinlesenden Kinder
müssen dann dienen als une manière symbolique d'indiquer une mort
prématurée. Dann müssten es in der That Riesenkinder gewesen sein,
die in den mit solchen Darstellungen geschmückten Sarkophagen beigesetzt waren.

Wenn man die diesen Kunstwerken gleichzeitige römische Religions-
geschichte ins Auge fasst, so würden wir, wenn wir die Anwendung
von Geheimkultus im Schmuck der Gräber erwarten, eher diejenigen
der Isis oder des Mithras zu finden hoffen. Aber diese, die damals so
sehr im Schwunge waren, finden sich in dem Sepulkralschmuck gar
nicht, ebensowenig wie die Sage vom Orpheus in der Form, wie sie
nach dem Vorbild zahlreicher unteritalischer Vasenbilder als Typus
der Palingenesie in der That näher gelegen hätte, als manche andere
zur Darstellung gelangten Szenen, von denen dazu noch manche, wie

die von Protesilaos oder Hippolytos, keineswegs zu den bekannteren
gehören. Auch ein Beweis, wie wenig man mit Reflexion in der Auswahl dieser Darstellungen auf Sarkophagen verfahren ist, wie dieselben,
nachdem sie einmal, man könnte sagen, durch Zufall, in Gebrauch
gekommen waren, gedankenlos nachgebildet wurden.

Davon ist ein Beispiel auch die so überaus häufig verwertete Erzählung von Eros und Psyche. Dass der Erzählung von Apulejus ein
Volksmärchen zu Grunde liegt, kann nach den eingehenden Ver-
gleichungen mit dem betreffenden Märchen anderer indogermanischer
Völker nicht mehr zweifelhaft sein. Man könnte sich nun wohl denken,
wie dieses Märchen zum Sepulkralschmuck wurde. Psyche muss ja in
den Hades hinabsteigen, um von Persephone die Büchse mit der Schön-
heitssalbe zu holen; von einer unsichtbaren Stimme belehrt, weiss sie
die Gefahren des Hades zu bestehen, aber auf die Oberwelt zurück-
gekehrt öffnet sie die Büchse und versinkt durch deren stygischen Duft
in Todesschlaf. Aber diese Seite des Märchens wird in den Kunstwerken nicht dargestellt. Dagegen erscheint Psyche wohl als belebendes
Prinzip des von Prometheus gebildeten Körpers und wird andrerseits
von dem entseelten Leichnam durch Hermes Psychopompos weggeführt.[1]
Aber auch Kunstwerke dieser Art sind die Minderzahl. Weitaus die
meisten Darstellungen dieses Märchens enthalten die Vorstellung von
der durch Eros gequälten und mit ihm wieder vereinten Psyche, was
dann auf die mannigfachste Weise in den Kunstwerken verwertet wurde.
Auch hier haben wir ja Beispiele, dass auf Grabreliefs damit auf den
Gegensatz von Schöpfung und Vernichtung, Leben und Tod hingewiesen
wird, wie auf jenem kapitolinischen Prometheussarkophag, auf welchem
übrigens zu dem Hauptsujet noch mehrere Szenen, die darauf schwerlich Bezug haben, beigefügt sind.[2] Aber bei den allermeisten Darstellungen von Eros und Psyche ist kaum zu verkennen, dass der Gegenstand seines sepulkralen Charakters völlig entkleidet und zur blossen
Dekoration geworden ist. Man hat auch wohl schon von „Mysterien
des Eros" geredet, aber sie sind nicht zu erweisen, und wenn G e r -
h a r d (im Prodromus Taf. XX) mit dem grössten Scharfsinn zu beweisen suchte, dass unter Eros der Genius des Verstorbenen zu ver-
stehen sei, so zeigen solche Künsteleien auch wieder, dass hier jeder
seiner persönlichen Neigung in der Exegese der Bildwerke freien Lauf
lassen kann. Alle die zahlreichen Darstellungen, in welchen Eros als

---

[1] cf. die bei J a h n Archäolog. Beiträge, S. 138 ff. aufgeführten Darstellungen.
[2] cf. J a h n ib., S. 169.

Knabe die als Schmetterling gebildete Psyche mit Fackel oder Bogen
verfolgt oder mit Netz und Leimrute zu fangen sucht; wie er den ge-
fangenen Schmetterling zwischen den Fingern oder an einen Faden
festhält oder an der Fackel anzusengen sucht — alle diese Darstellungen finden sich so massenweise wie auf Gräbern, so auch auf
Gemmen, Gemälden und Reliefs, die nicht sepulkrale Denkmäler sind,
dass es kein Wunder ist, wenn solch eine allgemein beliebte Darstellung
dann auch an Gräbern als Dekoration angebracht wurde. Wenn Eros
und Psyche auf Kentauren reiten, ersterer die Flöte blasend, letztere
mit einem Apfel in der Hand,[1]) oder beide Blumenguirlanden windend
dargestellt sind,[2]) so ist der dekorative Charakter noch deutlicher.
Wir haben aber auch Darstellungen, die darauf schliessen lassen, dass
die individuelle Neigung auch in diese Darstellungen gewisse Beziehungen hineinlegen konnte, welche uns verwehren, allgemein gültige
Sätze über die Bedeutung einer solchen Darstellung aufzustellen. Der
Inhalt des Märchens selbst dreht sich ja wesentlich um bräutliche oder
eheliche Liebe und Treue, und es wäre merkwürdig, wenn nicht auch
dieser Gedanke bei den bildlichen Darstellungen desselben anregend
gewesen, wenn er nicht auch durch Betrachtung derselben hervorgerufen worden wäre. Inschriften drücken ja tausendmal die über das
Grab hinaus reichende Liebe und Treue der Ehegatten oder Geschwister
aus, lag es ferne diesen Gedanken auch im Ornament zum Ausdruck
zu bringen? Bei der bekannten Gruppe im Kabinett der kapitolinischen
Venus wird jeder eher an liebende Vereinigung, als an irgendwelche
sepulkrale Beziehungen denken. Aber auch bei dem Grabschmuck
selbst ist offenbar sehr oft der Hinweis auf Liebe und Treue ent-
scheidend. So, wenn auf einem Sarkophag Eros und Psyche dargestellt
sind zwischen zwei Liebespaaren, nämlich Aphrodite und Ares auf der
einen, Mars und Ilia auf der andern Seite.[3]) Auf dem Sarkophag
einer Frau[4]) ist diese Bezeichnung von Eros und Psyche ebenso deutlich gemacht durch ihre Verbindung mit Selene, welche Endymion
küsst, und als Pendant Ares und Aphrodite. Wenn ein Grabrelief[5])
Psyche trauernd auf einem Felsen sitzend zeigt, während Eros mit der
gesenkten Fackel daneben steht und trauernd auf sie herabschaut, so
spricht eine solche Darstellung auf einem Grab deutlich genug. Alles

---

[1]) cf. Jahn ib. S. 190.
[2]) ib. S. 192.
[3]) ib. S. 166.
[4]) ib. S. 167. Gerhard Prodromus, S. 280.
[5]) cf. Jahn ib., S. 176. Anmerk. 206.

dies weist uns darauf hin, dass, sei es der Gedanke einer über das Grab hinaus dauernden Liebe und Treue, sei es die allgemeine durch den Tod hervorgerufene Beziehung von Trauer und Sehnsucht, damit also nicht die Beziehung der Seele zum Körper, sondern diejenige der Ueberlebenden und Abgeschiedenen in dieser Darstellung von Eros und Psyche zum Ausdruck gelangte. Es ist aber gewiss ganz individuell, welche Beziehungen man dem Sujet geben wollte oder ob man sich desselben als einer blossen Dekoration bediente, die man ohne Reflexion auf ihren Inhalt, weil sie einmal so üblich geworden war, hinnahm.

Die Darstellungen von Sol und Luna hat noch R a o u l - R o c h e t t e so aufgefasst, dass man den Wechsel von Tag und Nacht als Bild des Kreislaufes von Leben und Tod betrachtet habe. Die von J a h n (Arch. Beiträge, S. 91) angezogene Stelle aus Plutarch zeigt allerdings, dass diese Vergleichung den Alten nicht fremd war, aber wenn man bedenkt, dass Sol und Luna auch auf anderen nicht sepulkralen Monumenten sehr häufig vorkommen; dass sie auf manchen Sarkophagreliefs nur durch gekünstelte Deutung in dem Gedankenkreis der übrigen Figuren hereingezogen werden können, so will einem doch bedünken, dass diese Figuren dem Verfertiger des Sarkophages als nichts anderes, denn als eine bequeme harmonische Ausfüllung der beiden oberen rechten Winkel des Relieffeldes sich darboten, ein Verfahren, wozu ja in der griechischen Kunst, wie schon im östlichen Giebelfeld des Parthenon und auf dem Fussgestell unter dem Thron des olympischen Zeus die Vorbilder vorhanden waren.

Doch genug der Beispiele. Wir geben zu, dass bei manchen Darstellungen die Erkenntnis einer sepulkralen Beziehung die Wahl des Gegenstandes ursprünglich bestimmt hat, aber dass sie dann bei einem Jeden, der einen solchen Sarkophag anfertigen liess oder kaufte, der leitende Gesichtspunkt gewesen sei, wird Niemand behaupten wollen. Es ist bezeichnend, dass jene Darstellungen auf Sarkophagen alle der griechischen Sage entlehnt sind. Dies, wie überhaupt der Mangel an künstlerischer Originalität bei den Römern, macht es mehr als wahrscheinlich, dass sie auf griechischen Vorbildern beruhen. War nun aber einmal ein solcher Gegenstand, vielleicht bloss veranlasst durch die persönliche Liebhaberei eines Einzelnen, eingeführt und gefiel er, dann wurde das Bildwerk von den Steinmetzen hundertmal wiederholt, dann standen die Sarkophage mit diesen Darstellungen in den Magazinen, wo man sie sich aussuchen konnte, dann hat die Willkür der Verfertiger oder das Bestreben, durch reichliche Fülle der Figuren technische Virtuosität zu zeigen, dies und jenes da und dort entnommen und kombiniert und somit gewiss ohne Reflexion auf den Inhalt des Bildwerks, mehr oder weniger gedankenlos bearbeitet. Es wäre eine verdienstvolle Arbeit, bei den römischen Sarkophagen einmal den Quellen ihrer formalen Bildung und Zusammensetzung nachzugehen. Bursian hat dies in einem Vortrag auf der 21. Philologen-Versammlung in Augsburg [1]) über „Archäologische Kritik und Hermeneutik" mit der Kritik der literarischen Denkmale verglichen: „Wir haben in zwei Fällen auch bei den Kunstwerken eine recensio vorzunehmen: einmal, wenn uns nicht mehr das Originalwerk selbst, sondern nur Nachbildungen oder auch Beschreibungen davon erhalten sind, andrerseits, wenn wir eine Anzahl von Bildwerken vor uns haben, die sich als Nachbildungen eines und desselben Originals, aber mit späteren Zuthaten versehen, gleichsam Abschriften mit Interpolationen, ausweisen, wie dies ja namentlich bei römischen Sarkophagreliefs nicht selten der Fall ist. Hier ist nun das Verfahren genau entsprechend der recensio eines schriftlichen Textes nach verschiedenen Handschriften. Was in allen Exemplaren gleichmässig erscheint, ist mit Sicherheit, was in den ältesten und sorgfältigsten, wenigstens mit hoher Wahrscheinlichkeit als dem Originalwerk angehörig zu betrachten; was sich dagegen nur in den jüngeren und nachlässiger gearbeiteten Exemplaren findet, muss als Zusatz oder willkürliche Aenderung der Nachbildner, wie bei den Handschriften der Abschreiber, gelten."

Möchten einmal Archäologen von Fach diese Untersuchung bei den römischen Sarkophagen anwenden. Wie dieselbe sonst auch ausfallen möge, bezüglich der Hermeneutik der Bildwerke müsste sie gewiss ergeben, dass alle die scharfsinnigen Bemühungen, welche hinter einen tieferen Sinn dieser Bildwerke zu kommen streben, in der That vergeblich sind. Zeigen doch diese Bemühungen und ihre weitauseinanderliegenden Resultate an sich schon, dass die Künstler durchaus nicht von klaren Gedanken und Intentionen geleitet waren. Welker führt selbst bei dem von ihm in seinen antiken Bildwerken (II, S. 296) aufgeführten Sarkophagen von Bordeaux und Köln klassische Beispiele solch willkürlicher, geradezu gedankenloser Arbeit auf, in welcher die verschiedensten Szenen ohne eine Spur von Zusammenhang aneinandergereiht sind.

Man muss dazu, wie schon angedeutet, festhalten, dass auch diese Sarkophagdarstellungen, wie Adonis, Ariadne, Endymion, vor allem Eros und Psyche wie die bachischen Szenen sich in unzähligen Wieder-

---

[1]) cf. deren Verhandlungen, S. 55 ff.

holungen auch auf anderen als Grabmonumenten finden. Zeigt sich doch selbst Hermes Psychopompos auf pompejanischen Wandgemälden,[1]) ja selbst Hades und Unterweltsszenen müssen als Schmuck für Gegenstände wie Lampen und Amphoren dienen, die mit Grab und Tod nichts zu thun haben.[2]) Dies zeigt deutlich genug, dass man bei solcher Kunstthätigkeit weniger auf den Inhalt, als auf die Formvollendung sah. Auch bei den Sarkophagen verhält es sich gewiss nicht anders. Bei den literarischen Denkmalen wendet man die grammatisch-historische Exegese an, um als allein wahren Sinn der Worte das zu gewinnen, was der Schriftsteller selbst gemeint hat und sagen wollte. Bei solchen Produkten der bildenden Kunst ist jedenfalls auch zu konstatieren, was der Verfertiger damit ausdrücken wollte, und da können wir wiederum nur dem beistimmen, was B u r s i a n in dem eben erwähnten Vortrage sagt: „So wenig jemand es jetzt billigen würde, wenn man nach dem Vorgang mancher alten Interpreten der Homerischen Gedichte durch allegorische Auslegung die Anfangsgründe aller Wissenschaften in denselben bereits ausgesprochen finden wollte, ebenso wenig können wir es als ein richtiges hermeneutisches Verfahren bei Bildwerken bezeichnen, wenn man in das Werk irgend eines alten Handwerkers allegorische oder naturphilosophische Ideen hineintragen, namentlich den ursprünglichen tiefen Sinn der dargestellten Mythen darin ausgeprägt finden will."

Es erübrigt uns nun noch in Kürze der in den Gräbern niedergelegten mannigfachen Gegenstände Erwähnung zu thun. Der Charakter des Grabes als eines Hauses, als einer neuen Wohnung, welche der Verstorbene bezogen, brachte es mit sich, dass man die Grabkammer auch bei den Römern ebenso wie bei den Griechen und Etruskern — deren Sitte hier natürlich bedeutend einwirkte — wohnlich einzurichten und dem Verstorbenen das mitzugeben sich bestrebte, was ihm im Leben nach Alter und Geschlecht, Beruf oder Stellung, charakteristisch war und persönlich teuer und wertvoll. Zur wohnlichen Einrichtung gehörte eine Art Ameublement, wie der lectus und verschiedenartige Sitze, ferner die Menge der verschiedensten Gefässe aus Thon, Alabaster, Terracotta, Glas oder geringen und edlen Metallen. Gemalte Vasen wurden bei den Römern nicht zu eigentlichen Aschenkrügen verwandt, dienten daher lediglich zur Zierde des Grabraums. Darum zeigen auch die wenigsten Vasengemälde sepulkrale Beziehungen. Solche werden

---

[1]) cf. O. M ü l l e r, Archäologie d. Kunst, S. 592.
[2]) ib. S. 640.

wohl eher zu suchen sein bei der Menge von Statuetten, Idolen und dergl., welche sich in den Gräbern finden. Sie mögen manchmal ein Hinweis auf Unterweltsgötter sein, andere enthalten wohl auch eine Andeutung der Götter, deren Dienst der Verstorbene mit Vorliebe ausgeübt hatte; viele endlich, vielleicht die Mehrzahl, sind nichts weiter als Amulette, wie solche ja in der verschiedensten Form massenweise in den römischen Gräbern sich finden.

Anderweitige Gefässe, welche entweder wie in den etruskischen Gräbern um den Leichnam herum standen oder an Nägeln (von welchen man auch noch Spuren gefunden hat) aufgehängt waren, dienten sowohl zur Aufnahme von Salben und Wohlgerüchen wie zum Gebrauch bei den Leichenmahlen, indem man darin Speisen auf das Grab setzte. Die Reste solcher Speisen, wie Knochen von Geflügel, Brod, Eier und Bohnen, sind ja auch in Gräbern gefunden worden. In Verbindung damit mögen auch die dort aufgefundenen Messer und Löffel stehen.

Auch von den bei den Grabopfern gebrauchten Utensilien haben sich manche in den Gräbern erhalten. So Pfannen und Becken aus Bronze und Terrakotta mit Resten von Kohlen, von der Verbrennung der Wohlgerüche herrührend. Kaum ein Gegenstand ist unter diesen Grabfunden so häufig als die Lampen; sie erscheinen in der verschiedensten Form und Beschaffenheit, aus Thon und Bronze, einfach und reich geziert, Produkte des einfachen Handwerkers wie solche bedeutender Künstler. Sie brannten an den Gedächtnistagen der Verstorbenen; oft ward dies in den Testamenten bestimmt, auch wohl ein besonderes Legat dafür ausgesetzt. Wie Inschriften beweisen,[1]) hat man auch oft als Zeichen der Liebe und Freundschaft für den Verstorbenen Lampen an dem Grabe aufgestellt. Man fand aber auch solche, welche offenbar nicht zum Anzünden bestimmt waren, da die Höhlung für Oel und Docht fehlt; daraus geht hervor, dass viele Lampen eben auch nur wie Anderes lediglich zum Zweck einer möglichst wohnlichen Ausstattung des Grabes aufgestellt waren.

Von solchen Gedanken war man offenbar auch geleitet, wenn man dem Toten solche Dinge ins Grab mitgab, welche ihm nach Alter, Geschlecht oder Stand im Leben eigentümlich und ihm hier teuer und wert waren. In Kindergräbern findet sich Spielzeug der verschiedensten Art, wie Puppen, Klappern, Peitschen, Tierfiguren aus Thon, kleine Glöckchen aus Bronze, sowie jene Bullen, die, als runde oder herzförmige Kapseln um den Hals getragen, ein Amulett in sich schlossen

---

[1]) Z. B. Orelli-Henzen No. 4838.

und in dem bei der Kindererziehung beobachteten Aberglauben eine so
grosse Rolle spielten. Zur Ausstattung von Kindergräbern gehören auch
jene Buchstaben aus Elfenbein, wie solche beim Elementarunterricht
gebraucht wurden.[1]) In den Gräbern Erwachsener finden sich sodann
eine Menge von Gegenständen aus ihrer Berufsthätigkeit wie dem alltäglichen Leben. Unter den letzteren sind namentlich auch die zahlreichen Gegenstände der männlichen und weiblichen Toilette und des
Schmucks zu erwähnen, von diesen manche von hohem Wert in Stoff
und Anfertigung. Auch Münzen finden sich wie in den etruskischen,
so in den römischen Gräbern.

Man hat auch in dem einen oder anderen dieser Grabfunde mancherlei
symbolische Anspielung auf religiöse Lehren und Anschauungen erblicken
wollen. So sah man in den Masken aus Metall oder Terracotta, die sich
zuweilen in römischen Gräbern finden, Andeutungen der mystischen
Weihen des Dionysoskultus, während sie doch in Wirklichkeit keinen
anderen Zweck hatten, als die Züge des Toten festzuhalten. Die sog.
lacrimatorien, jene kleinen Gefässe aus Alabaster und anderen Stoffen,
welche wohl lediglich Wohlgerüche enthielten, sind heutzutage auch aufgegeben. Raoul - Rochette sieht in den Eiern, von denen sich Reste in
Gräbern finden, ein symbole d'expiation;[2]) er will die Bestimmung der
Lampen in den Gräbern darin erkennen, pour y figurer éternellement
la lumière dont elles étaient le symbole;[3]) er sieht in den Gegenständen
von Spielen Erwachsener (Würfel und dergl.) un monument de cette
superstition païenne, qui supposait que les ombres, douées d'un reste
de sensations et de mémoire, aimaient encore à se livrer aux jeux et
aux plaisirs de la vie.[4]) Es ist ja freilich kein Zweifel, dass der Genuss
des Eies bei den Leichenmahlen in symbolischen Beziehungen wurzelt,
aber es ging mit diesen Dingen offenbar auch wie mit dem Gräberschmuck: der Gebrauch wurde so allgemein und gewöhnlich, dass man
eben auch nichts weiter dabei dachte, als dass diese Dinge zur Totenbestattung gehörten. So wurden sie in das allgemeine Motiv, aus welchem
man überhaupt die Grabkammern ausstattete, mit hineingezogen. Denn
weitaus die meisten der in den Gräbern gefundenen Gegenstände weisen
darauf hin, dass nicht der Gedanke irgend einer symbolischen Anspielung,
sondern vielmehr die Absicht, die Grabkammern zu einer wohnlichen Stätte

---

[1]) cf. Quintil. inst. orat. I, 1, 5.
[2]) cf. trois. mém. S. 682.
[3]) ib. S. 657.
[4]) ib. S. 640.

zu gestalten, im Vordergrund stand. Diese Absicht hatte alle anderen überwogen, sie war diejenige, in welcher die Römer mit der gesamten alten Welt übereinstimmen. So verschieden auch die Unsterblichkeitslehren bei den einzelnen Völkern waren, bei Allen waltet doch die Vorstellung von irgend einer wie auch beschaffenen leiblichen Fortexistenz; und das muss dazu führen, die neue Wohnung, in welche der Geschiedene eingezogen, auch wohnlich auszustatten mit dem, was ihn auf Erden umgeben hatte. Nimmt man dazu, wie stark die Macht der religiösen und staatlichen Satzung bei den Römern bezüglich des Begräbniswesens war, wie in der Kaiserzeit die Sucht nach möglichst prunkvoller Ausstattung den Bau und Schmuck der Gräber leitete, welch eine Rolle die Bedeutung der gens und der aus ihr entsprungenen Verbindungen im Sepulkralwesen spielt, so ist begreiflich, wie laut und beredt die römischen Gräber als Zeugen der römischen Kultur zu uns reden, begreiflich aber auch, wie eine neue Glaubensgemeinschaft solch hervorstechenden Zügen im Kulturleben sich nicht entziehen konnte.

II. Das altchristliche Sepulkralwesen.

1. Die Sepulkralriten nach den literarischen Quellen.

Eine Darlegung dessen, was die altchristliche Literatur uns über die Sepulkralriten der Christen der ersten Jahrhunderte mitteilt, muss ihren Stoff aus den verschiedensten Schriften zusammensuchen. Es existiert keine patristische Schrift, welche diesen Gegenstand besonders behandelt: auch A u g u s t i n's Abhandlung de cura pro mortuis gerenda bezieht sich nur auf einen einzelnen Punkt, nämlich die Frage über den Wert der Bestattung überhaupt und insbesondere über denjenigen einer Beisetzung in der Nähe der Märtyrergräber, Dinge, worüber Paulinus von Nola die Ansicht des grossen Kirchenlehrers eingeholt hatte.[1])

In der peinlichen Fürsorge für die Toten folgten die Christen ganz der antiken Tradition. Unter den Gründen, welche nach Ansicht Julian's den Christen so rasch zum Siege verhalfen und die er als nachahmenswert bezeichnet, nennt er auch ἡ περὶ τὰς ταφὰς τῶν νεκρῶν προμήθεια.[2]) Die ehrliche Bestattung der Leiche war den Christen selbstverständlich und sie setzten Alles daran, diesen Zweck zu erreichen. So rühmt es Dionysius von Alexandrien von dem Diakon Eusebius, wie er in den durch den Statthalter Aemilianus in Aegypten über die Christen verhängten Bedrängnissen nicht müde wurde, τὰς τῶν σωμάτων περιστολὰς τῶν τελείων καὶ μακαρίων μαρτύρων οὐκ ἀκινδύνως ἐκτελεῖν.[3]) Wenn wir den Martyrologien in einem Punkte glauben dürfen, so ist es jedenfalls darin, dass sie die Christen allzeit so besorgt um die Leichen und die Bestattung der Märtyrer darstellen. Es wird wohl auch nicht zu zweifeln sein, dass man, wenn nicht die Gebeine, so doch das Blut derselben zu erlangen suchte, denn auch Prudentius bezeugt dies.[4])

---

[1]) In der edit. Bened. (Venet. 1731) t. VI, S. 516—532. Durch Verweisung auf A u g u s t i's Denkwürdigkeiten aus der christl. Archäologie Bd. IX, S. 528 ff., wo die Schrift eingehend besprochen ist, können wir uns hier eines näheren Eingehens auf dieselbe überheben.

[2]) Jul. imp. ep. 49 ad Arsac.

[3]) cf. Eus. h. e. VII, 11.

[4]) Peristeph. XI, v. 141—146.

Daher die Weigerung der Behörden, die Leichen derselben zur Bestattung auszuliefern, als besonders harte Strafe empfunden wurde, und dies um so mehr, als die Christen gewiss auf Grund des Gesetzes, wonach der Leichnam der Hingerichteten den Angehörigen zur Bestattung überlassen werden musste, ein Recht auf solche Auslieferung zu haben glaubten. Daher wird in der Schilderung der Verfolgung von Lugdunum und Vienna (bei Eus. h. e. V, 1) die Verweigerung des ehrlichen Begräbnisses als ganz besondere Härte den römischen Behörden vorgeworfen. Aehnliche Berichte begegnen uns in der altchristlichen Literatur so häufig, dass wir hier nur darauf zu verweisen brauchen [1]). Daher auch begreiflich die bittere Klage Tertullians (apol. 37), dass selbst die Gräber der Christen vor der Verunehrung durch den heidnischen Pöbel nicht sicher seien.

Wenn am Schluss jenes Berichtes über die gallische Verfolgung bemerkt ist, die Heiden hätten dadurch, dass sie die Asche der von ihnen verbrannten Leichname in die Rhone warfen, den Christen die Hoffnung der Auferstehung benehmen wollen, denn nur im Vertrauen darauf hätten dieselben die Qualen und den Tod so geduldig ertragen, so ist, wie auch aus den angeführten die hohe Wertschätzung der Bestattung bezeichnenden Stellen erhellt, bei vielen Christen die rituelle Inhumirung der Leichen in einer Weise betont worden, als hänge davon, ganz nach antiker Anschauung, das Wohl der Seele im Jenseits ab, hier speziell auch die Möglichkeit der Auferstehung des Leibes. Daher sahen sich die Kirchenlehrer veranlasst, gegen eine solche Anschauung aufzutreten. So erklärt Augustin (de civit. dei I 12): multa christianorum corpora terra non texit: sed nullum eorum quisquam a coelo et terra separavit, quam totam implet praesentia sui, qui novit unde resuscitet, quod creavit. — omnia ista, id est, curatio funeris, conditio sepulturae, pompae exsequiarum, magis sunt vivorum solatia, quam subsidia mortuorum. Si aliquid prodest impio sepultura preciosa, oberit pio vilis aut nulla. — Quibus (christianis) et ipsius carnis et membrorum omnium reformatio non solum ex terra, verum etiam ex aliorum elementorum secretissimo sinu, quo dilapsa cadavera recesserunt, in

---

[1]) cf. Eus. h. e. VIII, 6. IV, 14. Aug. de cura pr. mort. 8. — Lact. de mort. persec., V 2. — Ambros. ep. Valent. imp.-exhort. ad virg. ep. 55. — Chrysost. homil. V, X. — Greg. Naz. orat. 23. — Cypr. epist. 68 p. 256. — Aus den Märtyreracten, die freilich auch hier unzweifelhaft vielfach übertrieben, hat Aringhi Roma subt. I, p. 15 ff. zahlreiche Beispiele zusammengestellt; ebenso Binterim: Denkwürdigkeiten der christkathol. Kirche VI, 3, S. 379 438 ff.

temporis puncto reddenda et redintegranda promittitur. Darnach haben offenbar in der Gemeinde Zweifel obgewaltet, ob die Leichen, die aus irgend einem Grunde nicht beerdigt worden waren, der Auferstehung teilhaftig werden könnten. Indem Augustin darüber beruhigt, verwahrt er sich doch zugleich ausdrücklich dagegen, als ob er deswegen die Pflicht der Ueberlebenden gegen ihre Verstorbenen irgendwie herabsetzen wolle (ib. c. 13). Denn dass es andererseits auch Leute gab, welche in Konsequenz der christlichen Unsterblichkeitshoffnung eine rituelle Bestattung der Leichen für nicht so wichtig hielten, bezeugt uns Lactanz.[1]) Doch dies konnte die Kirche nicht billigen. Die christliche Auffassung des Körpers als eines Gefässes der Seele musste den Christen eine pietätvolle Behandlung der Leichen gebieten. Non patiemur, figuram et figmentum dei feris ac volucribus in praedam jacere, dieser Ausspruch des Lactanz (ibid.) darf als Anschauung des gesamten christlichen Altertums gelten. Derselbe Grund wird denn auch direkt geltend gemacht sowohl von Origenes (contra Celsum VIII, 30) als von Augustin (de cura pro mort. ger. cap. 3, 9, 18). Und gewiss mitten aus der Empfindung der Christengemeinde singt Prudentius über diese Pietät in der Behandlung der Leichname (cathemer. X, hymn. ad exseq. defunct. v. 33 ff.):

> Nam quod requiescere corpus
> vacuum sine mente videmus,
> spatium breve restat ut alti
> repetat conlegia sensus.
> Venient cito saecula, cum jam
> socius calor ossa revisat
> animataque sanguine vivo
> habitacula pristina gestet.
> Quae pigra cadavera pridem,
> tumulis putrefacta jacebant,
> volucres rapientur in auras
> animas comitata priores.
> Hinc maxima cura sepulcris
> inpenditur, hinc resolutos
> honor ultimus accipit artus
> et funeris ambitus ornat.

---

[1]) Divin. instit. lib. VI, 12: non defuerunt, qui supervacaneam facerent sepulturam, nihilque esse dicerent mali, jacere inhumatum atque abjectum: quorum impiam sapientiam cum omne humanum genus respuit, tum divinae voces, quae id fieri jubent.

Die Vernachlässigung der Bestattung hat also die Kirche allzeit zurückgewiesen. Dass sie vielmehr den grössten Wert darauf legte, zeigt auch der Umstand, dass man die Besorgung der Leichen als verdienstvolles Werk ansah. Das ist jedenfalls, mag es im übrigen mit der Geschichtlichkeit der Thatsache selbst stehen wie es wolle, als Anschauung der Christenheit vorausgesetzt bei jener Erzählung des Eusebius (h. e. VII, 18), dass der vornehme aus dem Senatorenstand stammende Römer Astyrius die Leiche des um seines Bekenntnisses willen hingerichteten Offiziers Marinus auf den Schultern davon getragen habe, um sie zu reinigen und zu bestatten. Auch die rühmlich hervorgehobene Bemühung der Christen um Bestattung der Pestkranken in Alexandria (Euseb. h. e. VII, 22) zeugt von der Auffassung solcher Bemühungen als eines verdienstvollen Werkes. Speziell die Beerdigung der Fremden und Armen war daher eine christliche Pflicht. Cyprian fordert sie in der decianischen Verfolgung (epist. 37); Lactanz zählt sie unter den Tugenden der christlichen Vollkommenheit auf;[1]) Ambrosius erlaubt, die heiligen Gefässe zu veräussern, nicht bloss um Kirchen zu bauen, Arme zu speisen, Gefangene loszukaufen, sondern auch ad laxanda spatia humandis fidelium reliquiis, quia in sepulcris Christianorum requies defunctorum est (offic. cap. 28). Tertullian erzählt uns von monatlichen Beisteuern der Gemeindeglieder zum Unterhalt und zur Bestattung der Armen (apolog. 39). Man berief sich dabei auf biblische Vorbilder, speziell auf dasjenige des Tobias.[2])

Nicht minder geht aber die hohe Wertschätzung des Begräbnisses aus der Behandlung dieses Punktes in der Bussdisziplin hervor. Den infideles war unter allen Umständen die Aufnahme in die christlichen Begräbnisstätten versagt, ebenso verstand es sich von selbst, dass diejenigen, die in Anwendung der Banngewalt aus der Kirche ausgeschlossen worden waren, auch der bei der Beerdigung gebräuchlichen kirchlichen Ehren verlustig gingen. Doch finden sich satzungsmässige Bestimmungen darüber erst ziemlich spät. So hat das Bracarense primum (563) bestimmt, dass denjenigen Katechumenen, welche vor Erlangung der Taufe starben, falls sie dieselbe durch eigne Schuld vernachlässigt hatten, die kirchlichen Ehren bei dem Begräbnis zu verweigern seien. Ferner wurden dieselben den Selbstmördern versagt (worüber dasselbe Konzil Bestimmungen traf), wohl auch denjenigen, welche bei irgend einem

---

[1]) Div. instit. VI, 12.
[2]) cf. Prud. cathem. X, v. 69 ff. — Aug. serm. 32 de verb. Apost. De cura pr. mort. ger. 3.

frevelhaften Unternehmen ihr Leben verloren. Denn wenn Optatus so besonders betont (III, p. 71. 72 edit. Paris), dass selbst die donatistischen Bischöfe denjenigen der Circumcellianer, welche in den aufrührerischen Kämpfen gegen die Obrigkeit umgekommen seien, die kirchlichen Beerdigungsehren versagt hätten, so weist das jedenfalls auf einen in der Gemeinde feststehend gewordenen Gebrauch hin. Andrerseits haben ja auch die Katholiken jegliche Begräbnisgemeinschaft mit den Donatisten entschieden zurückgewiesen.[1]) Jedenfalls hat aber die alte Kirche, wenn sie auch in bestimmten Fällen die kirchlichen Ehren versagte, die Leichname der Ungläubigen und Häretiker wenigstens in die Erde gebettet, wie noch Hinkmar von Rheims unter Berufung auf die antiquorum patrum regulae einschärfte. Diese Leichen überhaupt nicht zu beerdigen, war erst der Disziplin des Mittelalters vorbehalten, welche die Ketzer auch noch im Tode verfolgte.[2]) Gegen solche Härte war die alte Kirche durch die aus dem Altertum überlieferte Scheu, einen Leichnam unbeerdigt liegen zu lassen, geschützt.

Die gesetzlichen Bestimmungen hinsichtlich der Unverletzlichkeit und Heiligkeit der Gräber galten in der vorkonstantinischen Zeit für die Christen natürlich ebenso gut wie für die übrigen Staatsbürger, ja sie machten sich dieselben, — wie wir später näher zu erörtern haben werden, — in gewisser Beziehung für die Zwecke der Sicherheit ihrer Gemeinschaft zu Nutzen. Eine christliche Konsekration der Begräbnisstätten war zu ihrem Schutze darnach überflüssig, sie ist als kirchlicher Gebrauch auch vor dem 6. Jahrh. nicht zu erweisen.[3]) Da mochte sich in der Kirche das Bedürfnis geltend machen, von sich aus für die Heiligkeit und Unverletzlichkeit der Grabstätten wieder Sorge zu tragen, denn nach dem Sieg der Kirche unter Konstantin hatte sich die Sache im Punkt des Grabschutzes sehr bald insofern anders gestaltet, als der christliche Fanatismus die überlieferte Scheu vor den Gräbern der Heiden verlor und an denselben sich zu vergreifen anfing, wie aus den mancherlei von christlichen Kaisern gegebenen Gesetzen klar hervor-

---

[1]) cf. die eingehende Darstellung bei Aringhi lib. V, c. 2.

[2]) cf. Binterim VI, 3 S. 487 ff. — Die Bestimmungen des Rituale romanum über die Verweigerung des Begräbnisses cf. Daniel cod. liturg. I, S. 339.

[3]) Als frühestes Beispiel dafür wird einmütig der Bericht des Gregor von Tours über die Beisetzung der Königin Rategund citiert (de gloria confess. 106), und auch da handelt es sich nicht um die Konsekration eines Begräbnisackers, sondern um diejenige des Begräbnisplatzes der Königin in der Kirche. Ganz grundlos setzt daher Binterim die kirchliche Konsekration der Grabstätten schon für die ersten Jahrhunderte voraus.

geht.[1]) Man ersieht daraus, dass man Marmor, Säulen und andern
Schmuck von den Gräbern entwendete, um denselben in die eigenen
Häuser oder Villen zu versetzen, dass man die Erde aufwühlte, um nach
Kostbarkeiten zu suchen, dass Viele, worauf diese gesetzlichen Bestimmungen wiederholt hinweisen, den geraubten Marmor zur Gewinnung
von Kalk (coquendae calcis gratia) benutzten und damit einen schwung-
haften Handel betrieben. Allerdings hatte die Gesetzgebung der christlichen Kaiser diesem unwürdigen Verfahren selbst wieder Vorschub
geleistet. Konstantin hatte durch einen Erlass vom Jahre 333 gestattet,
antike Götterbilder, Tempel und Altäre zu entfernen. Dass das ein
willkommener Anlass war, unter dem Deckmantel religiöser Motive
räuberische und gewinnsüchtige Zerstörungen an den antiken Denkmälern, auch an den oft mit Götterbildern geschmückten Grabstätten
vorzunehmen, und dass man auch dabei andere als religiöse Denkmäler
der Vernichtung preisgab, zeigt gerade ein Gesetz des Konstans, welches
über solchen Missbrauch des Gesetzes seines Vaters klagt und denselben
abzustellen suchte.

Es ist nicht zu verwundern, wenn diese sofort nach dem staatlichen
Sieg des Christentums geschwundene Scheu vor der Ruhestätte der
Toten, die dem gesamten Altertum so heilig war, sich auch bald auf
christliche Grabstätten zu erstrecken anfing. Die Katakomben um Rom
liess man derart verfallen, dass schon der Papst Damasus (366—384)
jene umfassenden Restaurationen in denselben vornehmen musste. Das
4. Jahrh. zeigt denn auch den Umschwung zu dem Ueberhandnehmen
der Reliquenverehrung und die Anfänge jenes unwürdigen Handels mit
oft nur angeblichen Märtyrer- und Heiligengebeinen. Bis dahin war
das Herumzerren derselben durch die Staatsgesetzgebung unmöglich,
ein Umstand, der bei der Beurteilung der Legenden über Translationen
von Heiligenleibern (wie z. B. des Petrus und Paulus) viel zu wenig
berücksichtigt wird. Die Christen durften nach den bestehenden Gesetzen die Gebeine ihrer hingerichteten oder auf der Arena verbluteten
Gemeindeglieder wohl einfordern, um sie ehrlich zu begraben, — wenn
dies nicht, um die Bestrafung der Christen um so drückender zu machen,
von den Behörden verweigert wurde —; es haben gewiss auch schon
vor Konstantin abergläubische Gebräuche bezüglich der Verehrung ihrer
Gebeine und anderer Reliquien bestanden, aber man liess doch die Gebeine selbst in Ruhe, wo sie einmal bestattet waren, ein Herausreissen

---

[1]) cf. über diese Gesetze: Löning: Geschichte des römischen Kirchenrechts I, S. 44 ff. 59 ff.

derselben aus den Gräbern und ein Zerstreuen in alle Welt, wie es später geschah, war nicht möglich. Mit dem 4. Jahrh. wurde das auch anders. Die Basiliken, welche über den Katakomben in Rom erbaut wurden, mussten die letzteren mehr oder weniger schädigen und man scheute nicht davor zurück, um eines einzigen bedeutenden Grabes willen, das man bei der Anlage einer darüber erbauten Kirche unter deren Krypta bringen wollte, hunderte von andern Gräbern zu zerstören. Die Sucht, in möglichster Nähe der Märtyrer begraben zu werden, liess ohne Rücksicht auf vorhandene Grabnischen und deren Verzierung neue anlegen. Gesteht doch Damasus selbst, dass nur die Scheu vor einer Aufwühlung der heiligen Asche der Gläubigen ihn abgehalten habe, in ihrer Nähe seine Gebeine beisetzen zu lassen:

Hic fateor Damasus volui mea condere membra,
sed cineres timui sanctos vexare piorum.

Und in der Verehrung der Gebeine selbst, — welch ein Umschwung vom Anfang des 4. Jahrh. bis zu seinem Ende. Dort war das abgöttische Küssen eines Heiligenknochens durch jene Lucilla in Karthago noch ein Gegenstand des Tadels und Einschreitens seitens der kirchlichen Behörden, was der Opposition gegen die Bischofswahl des Cäcilianus und damit dem donatistischen Schisma einen Hauptanstoss gab — von welchem daher Optatus (I, p. 18 ed. Paris) mit Recht sagt, dass es durch die iracundia confusae mulieris entstanden sei —, und zwei Menschenalter später muss Augustin (de op. monach. c. 18) schon über herumwandernde faullenzende Mönche klagen, die mit Märtyrergebeinen hausieren. Die Vernunft der Kirche sträubt sich allerdings noch eine Weile gegen diesen Handel. Augustin tadelt ihn aufs heftigste, nennt jene Händler vom Teufel beseelt und hat kein Vertrauen zu der Echtheit ihrer Waare. Auch muss er die Christen vor dem Vorwurf bewahren als seien sie sepulcrorum adoratores (de mor. eccl. cap. 34). Theodosius erliess noch ein besonderes Gesetz gegen diesen Schacher mit Gebeinen (cod. Theod. lib. IX. Tit. 7 leg. 7), und auch ein Gesetz Valentinian's III., welches Kleriker wegen Verletzung von Gräbern mit Strafe bedroht, hat augenscheinlich nicht bloss antik-heidnische, sondern auch christliche Gräber im Auge. Aus Aegypten hören wir von dem Eremiten Antonius, er habe gegen die bei den dortigen Christen beibehaltene ägyptische Gewohnheit der Mumifizierung der Leichen ein Einschreiten der kirchlichen Behörden verlangt, die Leichen müssten dem Anblick der Lebenden entzogen und in der Erde verborgen werden (cf. Athan. vit. Ant. I p. 862 ed. Paris). Auch Chrysostomus hat ge-

ǀegentlich (homil. 24 in I, Cor. IV, p. 6) die Verschleppung von Leichen und die Verletzung ihrer Ruhestätten als die ärgste gegen die menschliche Natur begangene Tyrannei gegeisselt. Anderwärts stellt er die Grabschändung in eine Reihe mit Ehebruch und Totschlag (Homil. 61 in Johann.) und beklagt das Schicksal der Reichen, die selbst im Grabe keine Ruhe haben, weil ihre Gräber nach Schätzen durchwühlt werden (Homil. 35 in I. Corinth.). Bald hat denn auch die Kirche rechtliche Bestimmungen über die Beraubung der Gräber, die als Sakrileg betrachtet wurde, aufgestellt. Das geschah allerdings erst in einer Zeit, da die Verschleppung von Märtyrergebeinen in der Kirche längst üblich geworden war, ein Beweis, wie schon damals die offizielle Kirche in manchen ihrer Bestimmungen eine andere Anschauung hegte als die volkstümliche Praxis. Hatte die Kirche sich auch in Nachwirkung der antiken Anschauung und der römischen Staatsgesetze noch so sehr gegen die Verletzung der Gräber und die Verschleppung ihres Inhaltes gesträubt, sie musste doch die einreissende Praxis gewähren lassen, eine Praxis, die sofort nach dem Sieg der Kirche unter Konstantin ihren Anfang nahm und im Lauf des 4. Jahrhunderts mit der Scheu vor den antik-heidnischen Gräbern, gegen die man auf die schnödeste Weise vorging, auch die Scheu vor den christlichen Gräbern verlor.

Gehen wir nun über zu den in der Behandlung und Beisetzung der Leichen üblichen Gebräuchen, so ist von vornherein klar, dass die Christen Alles, was bei dem betreffenden Volke bis dahin üblich war, beibehielten, wenn es nicht gerade gegen ihre religiöse Ueberzeugung verstiess. Sie sind eben auch da wie in anderen Dingen nach dem Grundsatz verfahren, den Augustin (de doctrina christ. l. II c. 40) ausspricht: philisophi qui vocantur, si qua forte vera et fidei nostrae accommodata dixerunt, maxime platonici, non solum formidanda non sunt, sed ab eis tamquam injustis possessionibus in usum nostrum vindicanda. — cum a daemonum misera societate sese animo separat, debet ab eis accipere christianus ad justum usum praedicandi evangelii vestem quoque illorum, id est, hominum quidem instituta, sed tantum accomodata humanae societati, qua in hac vita carere non possumus, accipere, atque habere licuerit in usum convertenda christianum. So hat man jedenfalls auch auf dem Gebiet des Begräbniswesens Alles, was sich mit den Glaubensgrundsätzen vereinigen liess, beibehalten, anderes diesen Grundsätzen angepasst, wenn freilich über den Umfang dessen die Ansichten auseinandergehen mochten.

Die fast durchweg bei den Völkern des Altertums üblichen Gebräuche des Zudrückens der Augen, des Waschens und Einkleidens

der Leichname finden wir auch als ein Liebesdienst ebenso bei
den Christen (cf. Act. 9, 37. Tert. apol. 42. Eus. h. e. VII, 22, wo
auch das Zudrücken des Mundes erwähnt ist. August. confess. IX, 12.
Gregor. Turon. de gl. mart. 104.) In dem unter dem Namen des
Chrysostomus gehenden Serm. II in Jobum wird auch das Strecken der
Arme und Füsse erwähnt.[1]) Auch das Küssen der Leichen ist vorgekommen (so erwähnt Hieron. epist. 27 ad Eustoch. de ob. Paulae:
deosculari oculos, haerere vultui, totum corpus amplexari), und zwar
auch unmittelbar vor Entfernung der Leiche als feierlicher Abschieds-
gruss. So sagt Ambrosius in der Leichenrede auf seinen Bruder
Satyrus: prius (d. h. ehe der Leichenzug aus der Kirche, wo die Rede
gehalten wurde, sich entfernte) ultimum coram populo vale dico, pacem
praedico, osculum solvo. Die Totenwaschung erwähnt Tertullian
unter den Geschäften des alltäglichen Lebens, die zu Widerlegung des
Vorwurfs dienen sollen, als seien die Christen infructuosi in negotiis
(apolog. 42). In demselben Zusammenhang bemerkt er, das die Waren
von Saba jetzt in grösserem Umfang und für theureres Geld an die
Christen zum Gebrauch bei der Bestattung ihrer Toten abgingen, als
ehemals zur Beräucherung der Götterbilder, ein Beweis, wie die schon
durch die jüdische Sitte und das Vorbild in der Behandlung des
Leichnams ehrwürdig gewordene Behandlung der Toten mit Wohlgerüchen auch fernerhin in bedeutendem Umfange ausgeübt wurde.
Auch sonst (z. B. de idol. II) spricht Tertullian von den merces, welche
— nobis ad solatia sepulturae usui sunt. Bei Minucius Felix (XII, 6)
wird den Christen zum Vorwurf gemacht: non corpus honoribus hone-
statis, reservatis unguenta funeribus. Ein Beispiel davon bietet die
Behandlung der Leiche der Mutter Augustin's (confess. IX, 13). Clemens
von Alexandrien will die Salben, die er sonst als weibisch verwirft, —
er hat diesem Punkte im 8. Capitel des 2. Buches des Pädagogus
eine besondere Abhandlung gewidmet — zu medizinischen Zwecken
wie für die Leichen zulassen.[2]) Prudentius singt von dieser Sitte
(cathemer. X v. 51):

> adspersaque myrrha Sabaeo
> corpus medicamine servat.

Ausserdem bestätigen zahlreiche Beispiele aus den Martyrologien
die Behandlung der Leichen mit konservierenden Stoffen und Wohl-

---

[1]) cf. Binterim VI 3 p. 384.
[2]) cf. lib. III 8. Euseb. de vit. Const. IV 66. August. in Ps. 40. Serm.
177. 361. Gregor. Naz. orat. 40.

gerüchen, ein Gebrauch, dessen Umfang sich natürlich auch sehr nach Stand und Vermögen der Hinterbliebenen gerichtet haben wird, bei der grösseren Verbreitung des Christentums blieb er jedenfalls nur noch für hervorragende Personen. Die Leichen wurden sodann in Gewänder eingehüllt und das Gesicht mit einem Tuche bedeckt. Die Gewänder mussten neu sein, worin Chrysostomus einen Hinweis auf das καινὸν ἔνδυμα τῆς ἀφθαρσίας ἡμῶν erblickt (homil. 116 de pascha, bei Bingh, X, p. 49). Da dieselben unbedingt zu einer würdigen Ausstattung der Leiche gehörten,[1] so wurden sie auch oft von reichen Leuten für die Bestattung der Armen geschenkt, wie dies Hieronymus von Paula rühmt (epist. 27 ad Eustach. de epit. Paulae) und zahlreiche Beispiele aus den Martyrologien, mögen die Erzählungen in anderen Punkten noch so legendarisch sein, jedenfalls richtig bezeugen.[2] Gewöhnlich war es weisses Linnen, die weisse Farbe jedenfalls nach dem Vorbild von Apokal. 7, 14 gewählt.[3] Aber es wurden auch kostbarere Gewänder angewandt. So erzählt Eusebius (h. e. VII, 16) von dem erwähnten Astyrius, man habe die Leiche des Marinus ἐπὶ λαμπρᾶς καὶ πολυτελοῦς ἐσθῆτος davongetragen, und μάλα πλουσίως begraben. Nach dem Bericht Gregors von Nyssa über die Beerdigung seiner Schwester Makrina wurden der Toten Ringe und was sie sonst für Kostbarkeiten an Händen oder am Halse trug, vor der Beerdigung abgestreift. Hieronymus geht gelegentlich (vita Paul.) scharf gegen den Luxus vor, da man die Leiche in goldgewirkte oder seidene Gewänder einhüllte: cur et mortuos vestros obvolvitis vestibus? cur ambitio inter luctus lacrimasque non cessat? an cadavera divitum nisi in serico putrescere nesciunt? So weichen die Christen auch in dem Begräbnis vornehmer Personen bezüglich des Luxus in nichts von der Vergangenheit ab, und wie die Kaiser bisher, so wurde auch der erste christliche Kaiser, Konstantin, mit königlichen Insignien, dem Diadem und in purpurnen Gewändern beigesetzt, nachdem Tag und Nacht zahlreiche Wachen an seiner in einem goldenen Sarge (ἐφ᾽ ὑψελῆς κείμενον

---

[1] Daher Eusebius (chronic. ed. Schoene ad ann. 34. ab Abr. 2048) den Mangel des Leichenkleides bei dem Redner Cassius Severus als höchste Armut bezeichnet.

[2] cf. Schulting thes. antiquit. III, p. 164.

[3] Prud. cathemer. X, 49:
candore nitentia claro,
praetendere lintea mos est.
cf. Athan. vit. Ant. I, p. 862 ed. Paris. Hieron. ep. 49 ad Innoc., 12. Gregor. Nyss. vit. Makr. ed. Oehler p. 223.

χρυσῆς λάρναχος) liegenden Leiche gewacht hatten (Eus. vit. Const. IV, 66). Diese Besorgung der Leichen geschah ursprünglich jedenfalls durch die Angehörigen. So werden in dem oben aus Sern. II in Job. erwähnten Falle die Eltern angeführt als solche, welche an der Leiche des Kindes diese Liebesthaten vornahmen. Besonders dazu bestellte Personen finden wir nicht vor dem vierten Jahrhundert. Hier erwähnt solche Hieronymus: (ep. 49 ad Innoc.) clerici, quibus id officii erat, cruentum linteo cadaver obvolverunt.

Was Eusebius von der Leiche Konstantins erzählt, ihre Bergung in einem Sarg und die Wachen bis zum Tag der Beerdigung, war überhaupt allgemeiner Gebrauch. Eine öffentliche Ausstellung der Leiche im Hause musste sich nach der Sitte der einzelnen Länder und nach den Zeitumständen, wie sie grade für die Christen günstig waren, richten. Wir erfahren darüber nichts Näheres, vor Konstantin wird es überhaupt kaum vorgekommen sein.[1]) Später hat man die Leichen hoher Personen, wie diejenigen der Bischöfe und Anderer, bis zum Tag der Beerdigung in den Kirchen ausgestellt. So wird es z. B. von Ambrosius, in dessen Biographie von Paulinus erzählt. Dagegen wurde jedenfalls bei den Leichen permanent gewacht, und an Stelle der antiken Lamentationen traten jetzt die Gesänge von Psalmen und Liedern, welche wohl oft besonders zu dem einzelnen Fall gedichtet wurden. Ein anschauliches Bild über das Verhalten eines frommen christlichen Hauses bei dem Tode eines seiner Glieder gibt Augustin in der Erzählung über den Tod seiner Mutter Monica. Er berichtet hier (confess. IX, 12), dass Evadius an dem Totenlager in Begleitung der Harfe den 101. Psalm angestimmt habe, wobei sie dann alle einfielen; er selbst habe nach der Bestattung auf einsamem Lager Ruhe gefunden in dem Hymnus des Ambrosius: deus creator omnium! Chrysostomus erwähnt (homil. IV. in Hebr.) den 14. und 31. Psalm, und gibt als Grund des Gesangs an: weil wir von Freude erfüllt sind, deswegen singen wir Psalmen, die uns ermahnen, den Tod nicht zu fürchten. Förmliche Totenvigilien begegnen uns schon bei Gregor von Nyssa, in der Erzählung über die Beerdigung der Makrina (ed. Oehler, S. 227): Die Nacht über sangen, wie bei einem Märtyrerfest, Jungfrauen Psalmen und Hymnen bei der Leiche, und mit anbrechendem Tag sammelte sich

---

[1]) Dies ist also mit Unrecht angenommen in der Abhandlung von Onuphrius Panvinus: de ritu sepeliendi mortuos apud vet. Christian., und zwar mit Berufung auf Act. 9. 37; aber von dem hier erwähnten Söller lässt sich doch nicht sagen: domus publica parte exponebant (cf. Volbeding: thes. commentat. selectarum II, 2, p. 334).

dazu eine grosse Menge Volks, welches, von Gregor nach den Geschlechtern in Chöre eingeteilt, dann im Laufe des Tages die Leiche zu
Grab brachte. Es geschah dies überhaupt, sobald die Verhältnisse es
gestatteten, in feierlichem Zuge, bei welchem die Akoluthen die Pflicht
hatten, für die Ordnung zu sorgen, denn das Gedränge war bei der
Bestattung hervorragender Personen oft sehr gross.[1]

Wie lange die Leiche bis zur Beerdigung liegen blieb, darüber
hatte die alte Kirche weder bestimmte Vorschriften noch einen fest-
stehenden Gebrauch. Die Sitte des Landes wie die momentane Lage
der Christengemeinde werden dabei den Hauptausschlag gegeben haben.
Es ist wohl anzunehmen, dass man die Toten so rasch als möglich
begrub, wenn auch nicht wie bei den Völkern des Altertums, weil die
Nähe des Toten für verunreinigend galt, — denn dagegen spricht die
christliche Auffassung des Leibes als eines auch für die Ewigkeit zu
erhaltenden Gefässes der Seele — wohl aber gewiss da und dort in der
Meinung, als ob vor der Bestattung des Leibes die Seelen keine Ruhe
fänden, denn Tertullian sieht sich veranlasst, diese Meinung zu bekämpfen (de an. 56). Die Leichen der Monica und der Makrina scheinen
am nächsten Tage nach dem Tode beigesetzt worden zu sein.[2] Nach
dem Bericht des Hieronymus wurde die Leiche der Paula drei Tage
nach dem Tode beigesetzt (ep. 27 de ob. Paul), und zwar redet er von
diesem Triduum in einer Weise, dass es als eine bekannte Sache
vorausgesetzt wird. Es mag dort schon für eine längere Verzögerung der
Bestattung derselbe Grund massgebend gewesen sein, den wir später in
einem von Gregor von Tours erwähnten Beispiele finden, nämlich die
Absicht, die Vigilien und Exsequien genau und feierlich zu erfüllen.[3]

War bis zu diesem Punkte die Behandlung der Leiche nicht
wesentlich von der antiken Sitte verschieden, so tritt nun sofort bezüglich der Art der Bestattung der Gegensatz hervor, welcher ein
stehendes Thema der Erörterung in dem literarischen Kampfe des

---

[1] Beim Leichenbegängnis Basilius des Grossen kamen sogar mehrere
Personen im Gedränge ums Leben, welche darob von dem Leichenredner
Gregor von Nazianz um solchen Todes willen selig gepriesen werden (Greg.
Naz. orat. XX. p. 371).

[2] Mehrere Beispiele, auch aus der Legende, gibt Binterim VI, 3,
S. 450.

[3] cf. Greg. Tur. de gloria confess. 104. Hier trägt eine fromme Matrone
Pelagia auf dem Sterbebett ihrem Sohne auf: quaeso, fili dulcissime, ne me
ante diem quartum sepeliatis, ut venientes famuli famulaeque omnes videant
corpusculum meum, nec ullus frustretur ab exsequiis meis de his, quos studio-
sissime enutrivi.

alten und neuen Glaubens bildete: die Christen waren von vornherein
heftige Feinde der Leichenverbrennung und gestatteten nur die Inhumation. Exsecrantur rogos et damnant ignium sepulturas, dies Wort
des Cäcilius im Octavius des Minucius Felix (IX, 3) ist der präzise Ausdruck für den gesamten altchristlichen Standpunkt. Als Grund für
die Verwerfung der Leichenverbrennung seitens der Christen meint
Cäcilius den Glauben an die Auferstehung bezeichnen zu müssen, und
er macht sich darüber lustig, dass die Christen dem Himmel und den
Gestirnen den Untergang weissagen, für sich selbst aber eine Wieder-
belebung des Körpers erwarten, und dass sie deswegen die Verbrennung verabscheuen, als ob nicht auch der Körper in der Erde durch die
Länge der Zeit in Asche aufgelöst würde. Sein christlicher Gegner
will das freilich nicht gelten lassen: ob der Körper auf die eine oder
andere Weise in seine Elemente aufgelöst werde — deo elementorum
custodi reservatur. Es sei daher lediglich die ältere und bessere Bestattungsart, die sie wieder gewählt hätten (veterem et meliorem consuetu-
dinem humandi frequentamus, ib. 37). Aelter war die christliche Bestattungsart freilich, ob besser, ist für alle Zeiten, auch für die Gegen-
wart, doch noch die Frage. Tertullian meint (de an. 51), die Heiden
seien, soweit sie es thaten, deswegen von einer Verbrennung der Leichen
abgestanden, weil ihr Aberglaube auch in dem toten Körper doch noch
einen Rest der Seele vermutet hätte, den man schonen müsse. Die
Christen dagegen betrachteten es als eine Grausamkeit und Insultation
gegen den Körper, ihn durch die Verbrennung wie mit einer peinlichen
Strafe zu belegen.[1]) Aber jedenfalls waren die heidnischen Gegner
im Recht, wenn sie den christlichen Glauben an die Auferstehung des
Leibes als Grund für den christlichen Abscheu gegen die Verbrennung
ansahen. Es geht das auch aus dem erwähnten Bericht über die gallische Verfolgung hervor, wo man, nachdem die Asche der Märtyrer in
die Rhone geworfen war, die Christen spottend fragte, man wolle
sehen, ob sie jetzt noch auferstünden. Es lag für die Christen nahe,
diese Gründe nicht direkt zu betonen, da sie sonst der göttlichen Allmacht zu nahe getreten wären; sie mussten folgerichtig entgegenhalten,
Gott könne seine Kraft der Auferstehung an dem Leibe beweisen, auf
welche Weise dieser auch in seinem Elemente verfalle, ob er also
auch, wie es bei vielen Märtyrern geschah, verbrannt würde. Da-
nach hätten die Christen folgerichtig auch die Verbrennung überhaupt

---

[1]) cf. Tert. de resurr. carn. 1. de an. 51. Orig. c. Cels. VIII, 30. Lact.
div. instit. VI, 12. August. de civit. dei I, 13 de cura pro mort. 3.

gelten lassen können, wenn sie es nicht thaten, so war es doch jedenfalls im Hinblick auf Jesus Christus wesentlich der Glaube an die Auferstehung, was sie daran hinderte. Sie teilten eben auch die Ansicht des gesamten Altertums, welches sich eine individuelle Existenz, rein geistig, ohne Körper, nicht vorzustellen vermochte (und wer kann es sich überhaupt vorstellen?). Was dort Cäcilius (Minuc. Fel. XI, 7) bezüglich des Fortlebens fragt, ob es vielleicht ohne Körper stattfinden solle, aber — sine corpore: hoc, quod sciam, neque mens, neque anima, nec vita est, — das ist auch die Ansicht der Christen, deswegen hat eben Paulus im I. Cor: 15 seine Theorie von dem verwandelten Leib, dem Geist-Leib, sich zurechtgelegt.

Also die Christen haben begraben, nicht verbrannt. Wir haben nun weiter Zeit, Art und Feierlichkeit des Begräbnisses ins Auge zu fassen. In Bezug auf die Zeit haben wir aus den vorkonstantinischen Jahrhunderten keine Anhaltspunkte. Oeffentliche Leichenzüge waren den Christen in diesem Zeitalter kaum möglich, die Christen werden die Beisetzung besorgt haben, so gut es nach Lage ihrer Verhältnisse eben gehen mochte. Eins jedoch können wir mit Sicherheit konstatieren, dass die Christen da, wo sie sich freier regen konnten und sobald sie es konnten, die Beerdigung bei Tage vornahmen, während die altrömische Sitte — von der freilich, wie wir oben sahen, auch abgewichen wurde — die Nacht vorschrieb. Es setzt nämlich allem Anscheine nach das früher erwähnte Edikt Julian's, welches die Nachtzeit für Bestattungen festgehalten wissen will, die seit Konstantin allgemein eingetretene Sitte des Tagesbegräbnisses voraus. Es ist letzteres auch die allgemein christliche Sitte geblieben. Deswegen suchte man auch, wie wir später zu erwähnen haben werden, die Fackeln, die als solche am Tage keinen Sinn mehr hatten, symbolisch zu erklären. Sie waren bei den Römern schon, wie wir sahen, auch bei Tagesbegräbnissen noch beibehalten worden aus einer Zeit, da man nur Nachts bestattete, die Christen haben die Gewöhnheit wie vieles Andere auch beibehalten, dieselbe dann aber auf ihre Weise gedeutet.

Auf die Oertlichkeit des Begräbnisses (die bezeichnenderweise also genannten χοιμητήρια, ein Ausdruck, den die Lateiner sich direkt aneigneten), hätten die Christen bei ihrem Auferstehungsglauben folgerichtig ebensowenig Wert zu legen brauchen wie auf die Inhumation.[1] Wir hören in der That auch hier Stimmen, welche vor Ueberschätzung

---

[1] cf. die eingehende Behandlung aller hier in Betracht kommenden termini bei de Rossi Rom. sott. III, p. 427 ff.

warnen. So wenn Augustin seine Mutter auf die Frage, ob sie die Beisetzung ihres Körpers in fremder Erde nicht scheue, die Antwort erteilen lässt: nihil longe est deo, neque timendum est, ne ille non agnoscat in fine seculi unde me resuscitet (confess. IX, 11). Aber die Tradition sowohl des Alten Testaments mit seiner Heilighaltung des Familienbegräbnisses wie diejenige der antiken Welt, speziell auch das Vorbild Christi (aus dessen Grab nach Augustin de civit. dei. XII, 8, reiche Leute sich Erde für ihre eigenen Ruhestätten holen liessen) liess auch die Christen die Bedeutung des Begräbnisplatzes immer hochhalten. Sie hatten sich in der vorkonstantinischen Zeit in dieser Beziehung jedenfalls so gut wie Andere nach den Staatsgesetzen zu richten, wonach keine Leiche innerhalb der Stadtmauern beigesetzt werden durfte. Die Kirchenschriftsteller jener Zeit geben darüber keine besonderen Angaben, die Sache schien, weil sie sich von selbst verstand, wohl überhaupt nicht hervorhebenswert. Aber auch christliche Kaiser haben die betreffenden Gesetze nochmals einzuschärfen für nötig gehalten. So Theodosius (Cod. Theod. lib. IX, tit. XVII, leg. VI.) und selbst noch Justinian (Cod. Justin. lib. I, tit. II, leg. II). Das 5. karthag. Konzil bestätigt diese Vorschrift als für Afrika, Sidonius Apollinaris als für Gallien, das Bracarense von 563 als für Spanien zurechtbestehend, ja noch in den Kapitularien Karls des Grossen und den zu seiner Zeit abgehaltenen Synoden von Arles, Mainz und Tribur wird das Verbot von neuem eingeschärft, wenn auch damals schon längst Ausnahmen gestattet worden waren.[1]) Im vierten Jahrhundert stand aber das Verbot, innerhalb des Kirchengebäudes zu beerdigen, noch so fest, dass nach dem Bericht des Optatus (lib. III, p. 71 ed. Paris) der betreffende Bischof die Leichen, welche von den Circumcellianern dort beigesetzt worden waren, ausgraben und hinauswerfen liess, da es verboten sei, Gräber in den Gotteshäusern anzulegen. Chrysostomus hat dieses Verbot sogar in erbaulicher Weise anzuwenden gewusst: wenn man in einer irdischen Stadt kein Grab errichten dürfte, so sei es noch weniger möglich, dass ein Sünder, der doch auch nichts andres denn tot sei, in die himmlische Stadt eintrete (homil. in Math. 74), und wenn man die Toten ausserhalb der Stadt begrabe, so sei es noch viel notwendiger, die bösen Mäuler, welche seelenmörderische Dinge vorbringen, weit von sich zu halten, denn sie seien erst recht das Verderben des Gemeinwesens (homil. XVII de fide). Hier wie auch anderwärts[2]) erwähnt Chrysostomus direkt, dass die Gräber

---

[1]) cf. Bingham X, p. 18. Selvaggio: antiquit. christ. instit. lib. II, 1. p. 258 ff.

[2]) Z. B. in Ps. 5: τὰ νέκρα σωγατα ἔξω τῆς πόλεως καθάπτομεν.

vor der Stadt angelegt worden seien, und es finden sich ja auch in den alten Kirchenschriftstellern gelegentlich derartige Nachrichten, obwohl dies, wie gesagt, nicht besonders hervorgehoben wird, weil sieh die Sache von selbst verstand. Die Nachrichten — deren Geschichtlichkeit freilich sehr fraglich bleibt — über die Beisetzung des Petrus und Paulus wie auch anderer Märtyrer erwähnen diese und jene Stelle vor der Stadt an den Heerstrassen, wo die betreffenden Leichen beigesetzt worden seien.[1]) Hieronymus erzählt (in Ez. cap. 40, pag. 455 ed. Paris), wie er während seiner Studienzeit in Rom mit gleichaltrigen Genossen an Sonntagen öfter die Gräber der Apostel und Märtyrer besucht habe und in die tief in die Erde eingegrabenen Grüfte hinabgestiegen sei (also die Katakomben vor der Stadt, welche damals noch nicht von Damasus restaurirt waren): „Zu beiden Seiten der Eintretenden sind in den Wänden Nischen mit Totengebeinen angebracht; Alles ist so dunkel, als sei das Wort des Propheten in Erfüllung gegangen (Ps. 55, 16): Sie müssen lebendig in die Unterwelt hinabfahren. Zuweilen erhellt etwas Licht, das von oben herabfällt, die Finsternis, aber nicht so wie ein Raum durch ein Fenster, sondern nur wie er durch einen Spalt erhellt wird. Schreitet man dann weiter und gelangt wieder in völlige Dunkelheit, so kommt einem unwillkürlich der virgilische Vers in den Sinn:

„Horror ubique animos simul ipsa silentia terrent.“

Hier gewinnen wir einigermassen einen Blick in die Anlage jener unterirdischen Grabstätten, als Gänge, Kammern und Galerien, in welche von Zeit zu Zeit durch einen senkrecht nach oben sich öffnenden Schacht das Tageslicht hineinfällt. Ganz ähnlich schildert uns Prudentius (perist. XI v. 153 ff.) die Gruft auf dem ager veranus, in welcher Hippolytus beigesetzt war:

Haud procul extremo culta ad pomeria vallo
    mersa latebrosis crypta patet foveis.
Hujus in occultum gradibus via prona reflexis
    ire per anfractus luce latente docet.
Primas namque fores summo tenus intrat hiatu
    illustratque dies lumina vestibuli:
Inde, ubi progressu facili nigrescere visa est
    nox obscura loci per specus ambiguum,
Occurrunt caesis inmissa foramina tectis,
    quae jaciunt claros antra super radios.

---

[1]) cf. Hieron. de vir. ill. cap. 1: Petrus sepultus juxta viam triumphalem. — Cap. 5: Paulus sepultus in via Ostia. Euseb. h. e. II, 24.

Quamlibet ancipites texant hinc inde recessus
arta sub umbrosis atria porticibus,
Attamen excisi subter cava viscera montis
crebra terebrato fornice lux penetrat.

Im Ganzen wird uns jedoch über den Bau der Gräber wenig bei kirchlichen Autoren berichtet. Die Monumente geben uns darüber natürlich weit besseren Aufschluss. Doch erfahren wir aus dem Gesagten jedenfalls so viel, dass man die antike und jüdische Art der Grabanlagen beibehielt, welche es ermöglichte, in die Totenkammer hinabzusteigen. Dies erhellt auch deutlich aus dem Verbot des alexandrinischen Präfekten Aemilianus, welcher unter Valerian den Christen verbot, Versammlungen zu halten und εἰς τὰ καλούμενα κοιμητήρια εἰσιέναι (Eus. h. e. VII, 11). Das Nämliche wird später von Maximinus im Orient berichtet (ib. IX, 2), welcher aber dann nach seiner Besiegung durch Licinius dies Verbot wieder aufhob, um damit, wie Eusebius (ib. IX, 10) meint, selbst einzugestehen, dass den Christen gewisse Gerechtsame gebührten (δικαίων τινῶν αὐτοῖς μετεῖναι). Darnach setzt Eusebius voraus, dass wie auf die andern durch Maximin konfiszierten Besitztümer, so auch auf die Cömeterien den Christen ein Besitzrecht zustand.

Bei der prinzipiellen Gleichheit in der Anlage der altchristlichen und antiken Grabanlagen zeigt sich jedoch nach diesen Beschreibungen des Hieronymus und Prudentius der Unterschied, dass die letzteren durchweg einzelne von einander unabhängige Anlagen waren — bestimmt für einzelne Personen oder die Mitglieder einer gens oder eines Collegiums —, dagegen die christlichen Gräber zusammenhängende unter der Erde fortlaufende Gänge, an deren Wänden Nischen zur Aufbewahrung der Leichen angebracht waren. Doch finden wir diese Aenderung der antiken Grabanlage wesentlich nur im Occident, speziell in Rom. Im Orient ist, wie uns später die Monumente zeigen werden, das System der Einzelgräber festgehalten worden; auch für Aegypten beweisen die soeben aus Eusebius citierten Stellen noch nicht die Existenz von Gemeindefriedhöfen. Aber auch in Afrika kam allem Anscheine nach jene antike Art der Grabanlagen in Anwendung. Wenigstens über die Donatisten erfahren wir, dass sie an den Landstrassen Monumente über den Gräbern ihrer angeblichen Märtyrer errichtet hätten, so dass nach Beschluss des 5. karthagischen Konzils die Bischöfe einschritten und diese Denkmäler entfernten.[1)]

Wenn aber die Christen auch ihre Toten gemeinsam begruben,

[1)] cf. Bingham X, S. 14.

so war es doch strenge Vorschrift, dass jede Leiche ihr besonderes Grab
hatte und keine die andere berühren durfte. Daher jene von Tertullian
(de an. 51) berichtete Sage, wonach Leichen, die man hart neben einander legte, weggerückt seien. Besonders war das direkte Aufeinander-
legen von Leichen streng verpönt. Es ist dies verschiedene Mal von
Konzilien eingeschärft worden.[1]) Auch haben die Christen jedenfalls
ihre Begräbnisstätten von denen der Heiden aufs Strengste getrennt
gehalten. Wenn man bedenkt, wie nach der Auffassung des christlichen
Glaubens auch die Abgeschiedenen zur Gemeinschaft der Gläubigen
gehören und Glieder der Kirche bleiben, so ist von vornherein schwer
anzunehmen, dass die Christen die Ihrigen mit Heiden zusammen bestattet hätten. Wenn A u g u s t i (Denkwürdigkeiten IX, S. 545) meint:
„Die meisten abgesonderten Begräbnisse der Christen in der frühesten
Zeit scheinen nicht freiwillige, sondern erzwungene Absonderungen
gewesen zu sein, ungefähr auf dieselbe Art, wie in den neueren Zeiten
die Intoleranz eine Grabes - Absonderung zwischen katholischen und
protestantischen Christen hervorbrachte" — so ist dies durch die neuere
Forschung, besonders bezüglich der Monumente, die A u g u s t i freilich
nicht kannte, widerlegt. Nur die Not könnte sie gezwungen haben,
die Leichen der Ihren mit denen der Heiden auf einem Grundstück zu
begraben, wo es immer möglich war, haben sie ihre eigenen Grabstätten
angelegt und den Grundsatz Tertullians festgehalten: licet convivere
cum ethnicis, commori non licet (de idol. 14). Wir haben dafür aber
noch direktere Beweise. Der zur Zeit des Caracalla in Afrika laut
gewordene Ruf der heidnischen Verfolger: areae non sint,[2]) hätte gar
keinen Sinn, wenn ' diese Begräbnisstätten nicht den Christen ausschliesslich eigen gewesen wären und ein Besitztum, das ihnen aus
Gründen ihres Glaubens teuer war, so dass die Wut der Heiden die
Christen durch Absprechung jener Grabstätten empfindlich zu treffen
gedachte. Das Nämliche erhellt aber ebenso deutlich aus den oben
erwähnten, von E u s e b i u s berichteten Verboten, unter Valerian und
Maximinus, die κοιμητήρια zu betreten. Dieser Ausdruck für Begräbnisstätten ist jedenfalls spezifisch christliche Bezeichnung[3]), wie auch in

---

[1]) cf. K r a u s Realencykl. der christl. Altertümer unter „Grab".

[2]) cf. Tert. ad Scap. 3. Area ist der spezifisch afrikanische Ausdruck
für christl. Grabstätten. T e r t u l l i a n hat diese Bezeichnung offenbar schon
vorgefunden und wendet sie in dieser Stelle bildlich an. Die „Tenne" ist
ihm der Platz für „die Saat von Gott gesäet dem Tag der Erndte zu reifen."

[3]) Das Wort kommt in der Profangräcität nur bei A t h e n ä u s vor, nach
dessen Bericht die Kreter ein Gastzimmer mit diesem Ausdruck benannt
hätten, cf. Stephanus thes. ling. gr. unter κοιμητήριον.

dem Duldungsedikt des Gallienus die „sogenannten" κοιμητήρια erwähnt werden, deren Wiedereröffnung den Christen gestattet worden sei (Euseb. h. e. VII, 13). Den Tod als Schlaf zu bezeichnen, war den alten Christen ebenso wie der antiken Welt geläufig. Prudentius gibt (cathemer. X, 53) dieser Anschauung einen schönen poetischen Ausdruck:

> Quidnam sibi saxa cavata,
> Quid pulcra volunt monumenta?
> nisi quod res creditur illis
> non mortua sed data somno?

So lebten die Christen mit ihren Abgeschiedenen auf das Innigste vereinigt. Deswegen waren die Begräbnisstätten ihnen heilig, deswegen wurden sie von dem Verbot, dieselben zu betreten, schwer betroffen, ein Verbot, das ebenso wenig wie die Wiedergestattung der Cömeterien unter Gallienus einen Sinn hätte, wenn die Christen mit Heiden zusammen begraben worden wären. Es hätten die letzteren allerdings in der Thatsache, dass eine bestimmte Glaubensgemeinschaft nur ihre Glieder zu bestimmten Begräbnisplätzen zuliess, an sich keinen Anstoss zu nehmen brauchen, denn das Nämliche geschah ja bei einer Sodalitas oder einem Kollegium und war gesetzlich möglich. Es mag daher von den Gegnern der Annahme, dass die Christen sich die gesetzliche Einrichtung der collegia tenuiorum zu Nutze machten, jenes Verbot und die Zerstörung der christlichen Grabstätten wohl zu ihren Gunsten verwendet werden. Aber die Behauptung, dass die Christen sich unter der Form von Begräbnissocietäten einen gewissen Rechtsschutz zu verschaffen gesucht hätten, bezieht sich in dieser Streitfrage wesentlich auf Rom, jene Verbote aber gehören den Provinzen an, wo der Versuch einer solchen sozialen Konstituirung der Christengemeinde gar nicht vorhanden gewesen zu sein braucht. Aber selbst wenn, wie es in dem Edikt Valerians der Fall war,[1]) auch die römische Christengemeinde betroffen wurde, und andererseits, selbst wenn auch in andern Teilen des Reichs — wie in Afrika nach jenem Zeugnis Tertullians — solche Vereinigungen bestanden, so brauchte die rechtgültig durch staatliche Organe ausgeführte Bedrückung der Christen keineswegs vor den Begräbnisplätzen derselben Halt zu machen, da das sehr von der Willkür der Beamten abhing, und die Wut des Volkes hat sich vollends vor

---

[1]) Denn Cyprian erwähnt cap. 82, der römische Bischof Sixtus sei in den Cömeterium überfallen und getödtet worden, weil er, wie das Pontifikalbuch sagt, „die Befehle Valerians missachtet hätte".

einem etwaigen Rechtsschutz der Begräbnisstätten nicht gescheut. Aber
es sind auch gar nicht die letzteren als solche durch die Bedrückungen
betroffen worden, sondern weil sie mit den Riten des christlichen Kultus
in Verbindung standen. Gerade die ängstliche Absonderung und Geheimhaltung der christlichen Riten hat ja die Wut der Heiden erregt. Eine
solche Geheimhaltung fand aber auch bei dem Begräbnis und seinen
Riten und religiösen Zeremonien statt. Es kann kein Zweifel sein, dass
in den Cömeterien Versammlungen, wenn auch nach dem Verhältnis des
Raumes nur kleine, stattfanden. Ob freilich schon im apostolischen Zeitalter, wie de Rossi (Rom. sott. III, S. 479) will, ist doch sehr zweifelhaft,
es liegen dafür nur apokryphe Quellen vor, die Ignatiusakten. In
Zeiten der Ruhe kamen die Christen jedenfalls nur zur Vornahme der
bei der Bestattung oder am Gedächtnistage der Verstorbenen üblichen
religiösen Zeremonien zusammen, dass sie aber in Zeiten der Verfolgung die Grüfte auch zu gottesdienstlichen Versammlungen besuchten,
liegt doch sehr nahe. So berichtet ja Dionysius aus Alexandrien (bei
Eus. h. e. VII, 22), wie in der Bedrängnis jeder verborgene Ort als
Versammlungslokal benutzt wurde; das wird gewiss ebenso gut wie in
Alexandrien auch in anderen Teilen des Reichs erfolgt sein. Die zahlreichen Stellen bei Tertullian, welche von dem Geheimnisvollen des
christlichen Gottesdienstes reden, sind hier wohl als indirekte Zeugnisse
ebenso herbeizuziehen wie der Vorwurf der Christen im Octavius, dass
sie eine latebrosa et lucifugax natio seien. Ausdrücklich erwähnt sind
solche Versammlungen in den apostolischen Konstitutionen — wir
werden die Stelle unten noch zu erwähnen haben. — Dann sprechen
dafür jene Erlasse, welche das Betreten der Cömeterien bald untersagten,
bald wieder freigaben. Daraus geht deutlich hervor, dass diese unterirdischen Anlagen in den Augen der römischen Behörden noch in einem
andern Lichte als dem blosser Begräbnisstätten erscheinen mussten,
nämlich, wenn auch nicht als eigentliche gottesdienstliche Lokale, so
doch als Räume, die auf irgend eine Weise mit dem Kultus der Christen
in Verbindung standen und darum bei den Versuchen, diesen Kultus
auszurotten, ebenso wie Anderes dem Einschreiten der Behörden wie
der Wut des Volkes ausgesetzt sein mussten. Denn es ist immer festzuhalten, dass das Einschreiten der Behörden schwerlich den Gräbern
als solchen galt, da dieselben durch das gemeine römische Recht über
das Begräbniswesen geschützt waren. Wir werden später auf die Frage
über die Konstituirung der römischen Christengemeinde als Begräbnis-
societät zurückkommen.

Noch ist bezüglich der Oertlichkeit des Begräbnisses zu erwähnen,

dass die christliche Gemeinschaft, nachdem mit dem Untergang des
antiken Staates das Band der römischen Gesetze gelöst war, sehr bald
von den Bestimmungen über die Beisetzung der Leichen ausserhalb der
Städte abwich. Es ergab sich dies von selbst, wenn man das schon von
Maximus von Turin als althergebracht bezeichnete Bestreben, in
möglichster Nähe der Märtyrergräber beigesetzt zu werden, auch fernerhin beibehalten wollte.[1]) Denn nach dem Sieg der Kirche wurden alsbald über den Gräbern der Märtyrer Gotteshäuser gebaut, ebenso auch
bald Gebeine der Märtyrer in die Kirchen der Städte übertragen. Da
mussten denn die alten Bestimmungen alsbald leicht zu Gunsten hervorragender Personen durchbrochen werden. Die ersten, für welche dies
geschah, scheinen die Kaiser gewesen zu sein. Chrysostomus nennt sie
θυρωροί τῶν ἁλιέων, weil sie im Portikus der Kirche beigesetzt wurden.[2])
Auch Bischöfen und Presbytern wurde diese Ehre bald zu Teil, ja allen
die zum Klerus gehörten. So wird schon von der Leiche des Chrysostomus berichtet (bei Sokrates VII, 45) sie sei nach Konstantinopel εἰς
τὴν ἐπώνυμον τῶν ἀποστόλων ἐκκλησίαν übergeführt worden. Im Abendland erfahren wir, dass Ambrosius sowohl wie sein Bruder Satyrus und
seine Schwester Marcellina in der ambrosianischen Basilika beigesetzt
worden seien.[3]) Zu Zeiten eines Paulinus von Nola werden, wie aus
seinen Briefen und Gedichten hervorgeht, Begräbniskapellen in den
Kirchen als ganz gewöhnlich vorausgesetzt.[4]) Auch den Stiftern der
Kirchen wurde bald diese Ehre zu Teil: so berichtet schon Sozomenus
(IX, 2), dass die Frau eines gewissen Cäsarius, welche die betreffende
Kirche gestiftet habe, bei dem Ambon der Lektoren beigesetzt worden
sei. Auch für Paulinus von Nola handelte es sich um Beisetzung in der
Kirche, wie sein für die altchristliche Kunstgeschichte so wichtiger
Brief an Severus bezeugt. Dass hier sogar für Familien schon bald Erb-
begräbnisse vorhanden waren, sehen wir aus dem Bericht Gregors von
Nyssa über das Begräbnis seiner Schwester Makrina, von welcher gesagt
wird, sie sei begraben ἐπὶ τὸν τῶν ἁγίων μαρτύρων οἶκον, ἐν ᾧ καὶ τὰ
τῶν γονέων ἀπέκειτο σώματα (ed. Oehler S. 228). Aehnlich redet Gregor
von Nazianz in seiner Leichenrede auf Cäsarius (Kap. 24). Mit der
Zeit wurden über diesen Punkt auch kirchenrechtliche Bestimmungen

---

[1]) cf. Max. Turon. homil. 81 (ed. Migne p. 428).
[2]) Homil. 26 in I Cor.
[3]) Mehr Beispiele aus diesem Gebiet bei Binterim VI 3, S. 435 ff. Selvaggio
lib. II 1 S. 261 Anmerk.
[4]) cf. dissert. XXII in Paul. Nol. op. ed. Migne S. 811 ff.

getroffen, deren Inhalt wesentlich dahin geht, dass nur Kleriker in der Kirche beigesetzt werden durften.[1])

Ueber die Beisetzungsfeierlichkeiten wird uns aus der vorkonstantinischen Zeit nicht viel berichtet. Sie mussten sich eben je nach der Lage der Kirche richten, die ja auch in einzelnen Teilen des Reichs wieder verschieden war. Es ist wohl anzunehmen, dass wie die gesamte Besorgung, so auch speziell das Hinaustragen der Leichen als Liebeswerk betrachtet wurde. So ist es gewiss schon Act. 5, 9. 10. vorausgesetzt und Eusebius in der erwähnten Stelle (h.. e. VII 16.) berichtet es direkt von dem Senator Astyrius. Was daher in zahlreichen Märtyrerakten als Verdienst der Märtyrer aufgezählt wird, das Besorgen und Begraben der Leichen, entspricht jedenfalls ganz den Anschauungen. der Kirche.[2]) Aber auch die nächsten Angehörigen traten, ganz wie in der antiken Zeit, als Träger unter die Bahre. So half Gregor von Nyssa seine Schwester Makrina hinaustragen und Ambrosius seinen Bruder. Es kam wohl auch vor, dass das Hinaustragen und Begraben der Leichen als Bussübung auferlegt wurde. So bestimmte die vierte karthagische Synode: mortuos ecclesiae poenitentes efferant et sepeliant.[3]) Bei dem Anwachsen der Gemeinden mussten aber bald besondere Anstalten getroffen und bestimmte Personen als Totengräber und Leichenträger bestellt werden. Als solche besondere Veranstaltungen erwähnt Tertullian jene Gemeindekassen, zu welchen jedes Gemeindeglied einen mässigen monatlichen Beitrag zahlte und zu deren Aufgaben neben anderen Liebeswerken auch das Begraben der Armen gehörte.[4]) Höchst wahrscheinlich haben wir hier nichts anderes vor uns, als die antike Einrichtung der collegio tenuiorum, welche die

---

[1]) cf. die Stellen bei Bingham X, S. 19. 20. Selvaggio ib., S. 260. 263. Binterim VI, 3. S. 467.

[2]) Aringhi Rom. subt. I, S. 39 ff.

[3]) Nach Binterim VI, 2. S. 428.

[4]) cf. apolog. 39. modicam unusquisque stipem menstrua die, vel quum velit et si modo velit et si modo possit, apponit; nam nemo compellitur sed sponte confert. Haec quasi deposita pietatis sunt, nam inde non epulis nec potaculis nec ingratis voratrinis dispensatur, sed egenis alendis humandisque, et pueris ac puellis re ac parentibus destitutis, jamque domesticis senibus item naufragis et si qui in metallis et si qui in insulis vel in custodiis, duntaxat ex causa dei sectae, alumni confessionis suae sunt. Selvaggio (ib. lib. II. S. 276.) macht treffend darauf aufmerksam, dass auch vielleicht die im I. Corinth. 16, 1 erwähnte Kollekte mit für die ehrliche Bestattung der Heiligen bestimmt war, und das τέλος in Röm. 12, 7 hat Heinrici (Stud. und Krit. 1881, S. 521) direkt als Beisteuer der Mitglieder des collegium tenuiorum, als welches sich

Christen sich zu Nutzen machten, denn die stips, welche monatlich geleistet wurde, findet sich ebenso auf antik-römischen Sepulkralinschriften. Von der Bestellung bestimmter Personen jedoch hören wir erst im vierten Jahrhundert. So werden in dem unter dem Namen des Ignatius gehenden Brief an die Antiochener (c. XII, ed. Zahn p. 265) neben den Subdiaconen, Lectoren, Cantoren, Ostiariern, Exorcisten und Confessoren auch die κοπιῶντες gegrüsst, ein Ausdruck, welcher neben Anderem auch ein Indicium der Abfassung dieses Briefes erst im vierten Jahrhundert ist. Sie gehörten zu jenen niederen Klerikern, von welchen Hieronymus in seinem oben erwähnten Briefe an Innocentius neben der Einkleidung der Leiche auch das Weitere aussagt: fossam humum lapidibus construentes ex more tumulum parant. Ihnen lag es ob, für eine gebührende Behandlung der Leichen Sorge zu tragen. Es wurden darüber auch bald kirchenrechtliche Bestimmungen getroffen; es erscheinen in denselben die lectiarii, welche gewisse Privilegien geniessen und die Verpflichtung haben, den Armen unentgeltlich ihre Dienste zu verrichten.[1]) Wenn Hieronymus erzählt (ep. 27 de epit. Paul.), dass die Leiche der Paula von palästinensischen Bischöfen zu Grabe getragen worden sei und Gregor von Nyssa das Nämliche von seiner Schwester Makrina berichtet, so sehen wir daraus, dass schon sehr bald auch in diesem Punkt besondere Auszeichnungen für hervorragende Persönlichkeiten stattfanden. Dies setzt aber andererseits auch wieder das Vorhandensein besonderer Personen für die gewöhnlichen Leichenbegängnisse voraus.

Den antiken Gebrauch, die Leiche, Sarg oder Bahre mit Blumen zu bekränzen, wiesen die Christen zurück (cf. Tert. de cor. mil. 10. Clem. Alex. paedag. II, 8. Min. Fel. Oct. XXXVIII, 6.) Es musste ihnen als Idololatrie erscheinen. Wenn in der zuletzt angeführten Stelle aus Minucius Felix der Christ auch die Fackelbegleitung als spezifisch heidnisch bezeichnet, so mochte dies seine persönliche Ansicht sein, war vielleicht auch in den Gemeindeverhältnissen, in welchen er stand, begründet, jedenfalls aber sehen wir in einer Zeit, als die Kirche von jeder Beschränkung frei war, auch die antike Sitte, die Leichen-

---

die Christen in Rom konstituirt hätten, erklärt. Doch dürfte es fraglich sein, ob schon zur Zeit der Abfassung des Römerbriefs eine solche Konstituirung der Gemeinde vorhanden war. cf. Meine Abhandlung „Christliche Proselyten der höheren Stände in den ersten Jahrhunderten", in den Jahrbüchern für Protest. Theol. 1882, S. 65.

[1]) cf. Cod. Inst. lib. XIII, tit. I leg. 1, — lib. VII, tit. XX leg. 12, — lib. XVI tit. II leg 15. Nov. Inst. XLIII.

züge mit Fackeln zu begleiten, geübt. So wird uns über das Leichenbegängnis der Paula von Hieronymus und über dasjenige der Makrina von Gregor von Nyssa berichtet. Chrysostomus erwähnt mit der erbaulichen Begründung, dass die Verstorbenen Athleten und Sieger seien, welche in einem Triumphzug zu Grabe zögen, die λάμπαδες und φαιδραί, welche vor den Särgen hergetragen wurden.[1])

Dass die Christen, sobald ihnen dies überhaupt möglich war, den Pomp der Leichenbegleitung ganz in der antiken Weise ausführten, zeigt auch das schon erwähnte Edikt Julians, welcher für seine Bestimmung, die Beerdigungen wieder nachts abzuhalten, den Grund angiebt: ut dolor esse in funeribus, non pompa exsequiarum nec ostentatio videatur.

Auch im Uebrigen konnten gewisse heidnische Gebräuche schwer ausgerottet werden, besonders in Bezug auf die Bezeugungen der Trauer und des Schmerzes. Die Uebertreibung derselben bildet daher einen stehenden Gegenstand der Bekämpfung von Seiten der Kirchenlehrer. Dass mit der christlichen Unsterblichkeits- und Auferstehungshoffnung solche übertriebene Trauerbezeugungen sich nicht vertragen, führt schon Tertullian aus (de pat. 9) mit Hinweis auf I. Thessal. 4, 13 und Phil. 1, 23. Ambrosius meint (or. de ob. Satyri fratr.): sunt lacrimae pietatis indices, non illices doloris — alius est naturae dolor, alia est tristitia diffidentiae. Man wies dabei besonders gern auf das Verhalten Jesu und der Schwestern am Grabe des Lazarus hin. So bemerkt Cyrill in seiner Besprechung dieser Erzählung (in Joh. VII, 20), Jesus habe uns durch sein Verhalten am Grabe des Lazarus ermahnen wollen, wie wir unsere Verstorbenen betrauern und beweinen sollten. Auch Hieronymus weist in seinem Briefe an Eliodor (ep. 60), welchen er wegen des Todes seines Neffen, des Presbyters Nepotianus tröstet, auf die Schwester des Lazarus hin als auf ein Beispiel, dass wohl der natürliche Schmerz nicht verboten sei, aber er mahnt ihn doch: obsecro, ut modum adhibeas in dolore, memor illius sententiae: ne quid nimis. — nec doleas quod talem amiseris, sed gaudeas quod talem habueris.[2]) Besonders reich sind die Homilien des Chrysostomus an solchen Warnungen vor übertriebenen Trauerbezeugungen. Er will (homil. 29 de dorm.) Trauer und Schmerz und Thränen nicht ver-

---

[1]) Homil. IV in Hebr. cf. auch Hieron. ep. 75 ad Vigilantium; ep. 58 ad Ripar. Paul. Nol. in natal. III, 8. Als triumphus ist von Victor Uticensis (de persec. vandal. I, 14) das Leichenbegängnis eines Konfessors bezeichnet.

[2]) ep. 60. Aehnlich spricht er sich ep. 39 ad Paul. de ob. Blesillae aus. cf. auch Cyprian de mortal. 115. August. serm. 32.

bieten, aber man solle so weinen und trauern, ὡς ὁ δεσπότης σοῦ ἐδάκρυσε τὸν Λάζαρον, μέτρα τιθεὶς ἡμῖν καὶ κάνονας καὶ ὅρους ἀθυμίας, οὓς ὑπερβαίνειν οὐ δεῖ. Wiederholt führt er aus,[1] solche Trauerbezeugungen passten für Heiden, aber nicht für Christen, die durch übertriebene Trauer nur Christum lästerten; man müsse sich vor den Griechen und Häretikern schämen, welche durch die masslosen Trauerbezeugungen der Christen dazu kämen, den Glauben an die Auferstehung zu verlachen und zu verspotten. Diejenigen, welche bei Trauerfällen die Haare ausrauften oder sich das Gesicht zerkratzten und in ein lautes Wehegeschrei ausbrächen, möchte er am Liebsten, wie wenn sie die Auferstehung leugneten, von dem Eintritt in das Gotteshaus fern halten; ja er muss sogar verbieten, Klageweiber in die Kirchen mitzubringen, und wer es thue, solle wegen Idololatrie der Strafe der Kirchenbusse verfallen.

Dabei bemerken jedoch die Kirchenlehrer stets ausdrücklich, dass sie den natürlichen Schmerz nicht verböten und nichts Unnatürliches von den Menschen verlangen wollten. So giebt ja auch Augustin dem Schmerz über den Tod seiner Mutter einen offenen Ausdruck (confess. IX, 12), und anderwärts (de civ. d. XIX, 18) hat er die Berechtigung des Schmerzes um die Verstorbenen psychologisch zu begründen gesucht. Man war also von einer stoischen Kälte wie von einer unnatürlichen Askese gleich weit entfernt und teilte nicht die Rigorosität späterer kirchlicher Dekreturen, die wie ein toledanisches Konzil einfach bestimmten: omnibus christianis prohibitum defunctos flere.[2]

Interessant ist es jedenfalls zu sehen, dass noch zu Zeiten des Chrysostomus die dem Geist des Christentums in der That so ganz widersprechende Sitte der Körperverunstaltung wie der Klageweiber als ein Rest aus der alten Zeit sich erhalten hatte, ja sogar zu Zeiten Justinians waren sie noch nicht verschwunden, nur waren es jetzt psalmodirende Weiber, deren Zahl (nov. 48 cap. 4) auf acht festgetetzt wurde.

Insbesondere weisen die Kirchenväter auch darauf hin, wie wenig diese übertriebenen Klagen übereinstimmen mit dem Ausdruck des Gottvertrauens und der Zuversicht, welcher in den bei der Bestattung gesungenen Psalmen sich kund giebt. Diese Psalmen traten an die

---

[1] cf. homil. XXXII in Math. homil. IV in Hebr. homil. 61 Joh. homil. VI in I. Thess. homil. 3 in Phil. homil. de consolatione mortis (ed. Montfaucon tom. IV., S. 536 ff.)

[2] cf. Augusti, Denkwürdigk. IX, 571,

Stelle der früheren Klagelieder,[1]) und zwar allem Anscheine nach als eine bestimmte Einrichtung der Kirche. Chrysostomus erwähnt. in seiner mehrfach citierten vierten Homilie über den Hebräerbrief die Stellen Psalm 116, 7. 23, 4 und 46, 1 als solche, welche bei Begräbnissen recitiert wurden. Die erstgenannte wird auch in den apostolischen Konstitutionen zu demselben Zwecke angeführt, dazu noch Ps. 116, 15 sowie die Worte Spr. 10, 7 und Weisheit 3, 1.

Auch Hieronymus erwähnt die Psalmodie öfter als Bestandteil der Begräbnisfeierlichkeiten, so besonders auch bei Beisetzung der Paula (epist. 27 de ep. Paul.): Non ululatus, non planctus ~ut inter saeculi homines fieri solet, sed psalmorum linguis diversis examina concrepabant. — Hebraeo, graeco, latino sermone psalmi in ordine personabant, non solum triduo, donec subter ecclesiam et juxta specum domini condoretur, sed per omnem hebdomadam. Sowohl das Triduum bis zur Beerdigung, wie auch der während dieser Zeit erschallende Psalmgesang, wird hier als eine bekannte Sache vorausgesetzt. Bei Beerdigung der Makrina hatte Gregor das Volk nach dem Geschlecht geteilt und so einen Doppelchor hergestellt, und während der Leichenzug, „schrittweise und in allmäliger Bewegung, wie es schicklich war", sich vorwärtsbewegte, stimmten Alle vom ersten bis zum letzten in einen heiligen Gesang ein, καθάπερ ἐν τῇ τῶν τριῶν παίδων ὑμνῳδίᾳ. Auch von den Novatianern bezeugt diesen Akt der Feier Sokrates (VII, 46), und Victor Uticensis beklagt es als eine besondere Schmach von einem vandalischen König, dass er sine sollemnitate hymnorum, cum silentio — bestattet worden sei. In der Kirchenzucht wurden bald bestimmte Fälle für die Verweigerung dieses Grabgesanges festgesetzt.[2])

Zu den Begräbnisriten gehörte auch bald die Feier der Eucharistie, jedenfalls aus dem Grunde, um damit die über das Grab hinaus dauernde Glaubensgemeinschaft mit dem Verstorbenen festzuhalten. Freilich haben wir bestimmte Nachrichten darüber auch erst aus der nachkonstantinischen Zeit. So erwähnt Eusebius (vit. Const. IV, 71) bei der Beisetzung Konstantin's neben den Gebeten die μυστικὴ λειτουργία. Augustin erwähnt von der Beerdigung seiner Mutter Monika (confess. IX, 14), sie habe vor ihrem Tode nur das Eine gebeten, dass ihrer am Altar des Herrn gedacht werde, wo sie auch sich aufhielten. Aller-

---

[1]) funebre carmen heisst es in der Bestimmung eines toledanischen Konzils. cf. Bingham X, S. 57, Anmerkung t.
[2]) cf. Bingham, X, p. 57. Augusti: Denkwürdigkeiten, IX, p. 564. Selvaggio ib. p. 279.

dings geht hier nicht klar hervor, ob die Eucharistie oder bloss Gebete gemeint seien. Der Wortlaut lässt eher auf das Letztere schliessen. Aehnliches erzählt Pissodius (vit. August. XIII) von der Beisetzung Augustins selbst. Nach einem Briefe des Evadius an Augustin (epist. 158) wurde das Abendmahl am dritten Tage gefeiert, also wohl am Tage der Bestattung. Einen Hinweis darauf enthalten auch die apostolischen Konstitutionen (VIII, 42). Die dritte karthagische Synode hat bestimmt, dass eine am Nachmittag stattfindende Beerdigung solis orationibus fiat, si illi qui faciunt, jam pransi inveniantur. Diese Bestimmung zeigt deutlich, dass die Darbringung der Eucharistie bei Beerdigungen so gewöhnlich war, dass man sogar das Fastengebot dabei übertreten konnte. Auch von der Bestattung des Ambrosius erzählt sein Biograph Paulinus: illuscente die dominico, quum corpus illius, peractis sacramentis divinis, de ecclesia levaretur portandum ad basilicam Ambrosianam.

Uebrigens ist wohl festzuhalten, dass es sich in allen diesen Fällen um die mit grossen Feierlichkeiten ausgestatteten Beerdigungen hervorragender Personen handelt. Es lässt sich daraus auf die Allgemeinheit noch kein bestimmter Schluss ziehen. Nur die feierlichen Gebete an den Gräbern waren wenigstens für Augustin etwas ganz gewöhnliches, denn er sagt von der Beisetzung seiner Mutter: quum offeretur pro ea sacrificium pretii nostri jam juxta sepulcrum posito cadavere, priusquam deponeretur, sicut fieri solet. Noch weniger aber lässt sich aus jenen Nachrichten über die eucharistische Feier für die ältere Zeit und den Gebrauch in den Gräbern selbst etwas entnehmen.

Dass übrigens mit dieser Abendmahlsfeier auch sehr bald allerhand abergläubische Gebräuche verbunden waren, zeigt jener Beschluss des dritten karthagischen Konzils: placuit, ut corporibus defunctorum eucharistia non detur. Es wird damit begründet, Christus hätte gesagt: Nehmet, esset, aber die Toten vermöchten weder das Eine noch das Andere. In demselben Beschluss wird auch das Taufen der Leichen verboten, ein Aberglaube, der also auch in die katholische Kirche eingedrungen war, nachdem ihn als marcionitischen Irrtum schon Tertullian (c. Marc. X, 10) bekämpft hatte.[1]) Dieser Missbrauch der Abendmahlselemente hat sich noch lange erhalten, denn das Trullanum hat jenen Beschluss von Karthago für den Orient ebenso wiederholt wie das Konzil von Auxerre in Gallien (578) für den Occident. Die Abendmahlselemente wurden dabei den Toten mit in das Grab gegeben, sei es, dass

---

[1]) cf. das Kapitel de baptism. mortuorum bei Selvaggio lib. III, S. 23 ff.

man sie in den Mund oder, wie es aus der Zeit Gregors des Grossen
bezeugt ist, auf die Brust legte.[1])

Von Leichenreden[2]) erfahren wir auch erst im vierten Jahrhundert.
Es scheint, dass die antike Sitte, wonach Angehörige die Gedächtnis-
rede auf den Verstorbenen hielten, auch bei den Christen im Gebrauch
blieb. Es spielt nämlich auf diese antike Sitte Hieronymus an in seinem
Brief an Heliodor über den Tod Nepotian's (Ep. 60 de epit. Nepot.).
So sprach auch Gregor von Nazianz am Grabe seines Vaters, seines
Bruders und seiner Schwester, Ambrosius auf seinen Bruder Satyrus.
Andernfalls erfüllten auch Freunde diese Pflicht. Für Kaiser und son-
stige fürstliche Personen hielten Bischöfe die Gedächtnisrede. So für
Konstantin Eusebius, Ambrosius für Valentinian und Theodosius, Gregor
von Nyssa für Placilla und Pulcheria. Diese Reden wurden in der
Kirche gehalten, sei es am Grabe, wenn sich dasselbe in oder bei ihr be-
fand, sei es, dass von dort aus sich der Leichenzug in Bewegung setzte.
Letzteres erhellt wenigstens deutlich aus einer Aeusserung in des Ambrosius Rede auf Satyrus: nihil, inquam, moror, procedamus ad tumulum.
Da fand also die Rede am Tage des Begräbnisses statt. Bei grossen
Leichenfeierlichkeiten, wie bei denen der Kaiser, war man damit jedenfalls an keine bestimmte Zeit gebunden, ja man hielt die Gedächtnis-
reden oft erst am Jahrestage des Todes. Uebrigens ist auch hier festzuhalten, dass sich diese Fälle auf prunkvolle Leichenfeierlichkeiten
beziehen. Weder für die ersten Jahrhunderte noch für einfache Bestattungen haben wir irgendwelche Nachrichten, dass dabei Leichenreden gehalten wurden.

---

[2]) cf. Bingham VI, S. 424 ff., X, S. 67. Augusti, Denkwürdigk.
VIII, S. 231, IX, S. 566. Binterim VI, 3. S. 396. Selvaggio III, S. 201.
De Rossi, Rom. sott. III, S. 499. Letzterer erwähnt diese Dinge im Zusammenhang der Erörterung über die sog. Blutampullen, von denen er bestreitet, dass sie Abendmahlswein enthielten und also etwa ein Zeugnis von jenem
Missbrauch darböten. Doch ist nicht stichhaltig, was de Rossi als Argument
für sich anführt, jene Konzilsbeschlüsse wie die Stellen aus den Vätern be-
zeugten nur, dass das Element des Brotes allein dem Toten mitgegeben
worden sei. Aber die Stellen reden doch deutlich von dem Essen und Trinken,
und die von Chrysost. herbeigezogene Stelle Joh. 6, 53 von Fleisch und Blut.
Auch das andere von de Rossi für seine Ansicht angeführte Argument, jener
Missbrauch hätte erst in einer Zeit begonnen, als das Begraben in den Katakomben aufgehört hatte, während die Blutampullen viel älter seien, scheint
mir nichts zu beweisen; die Verbote sind allerdings erst aus dem 4. Jahrh.,
aber deswegen kann jener Missbrauch doch älter sein. Wir werden auf die
Sache zurückkommen.

[3]) ἐπικήδειος λόγος, auch ἐπιτάφιον, bei Socrat. V, 9 und IV, 26.

Dagegen dürfen wir annehmen, dass von den ersten Zeiten an Gebete an den Gräbern gesprochen wurden, denn dies ergab sich aus dem eigensten Geiste des christlichen Glaubens ganz von selbst. In dieser Beziehung wird gewiss Tertullian recht haben, wenn er die oblationes pro defunctis zu den Dingen rechnet, von welchen zwar die Schrift nichts wisse, aber — traditio tibi praetendetur auctrix, consuetudo confirmatrix et fides observatrix (de cor. mil. 4). Er erwähnt, wie die Witwe für den verstorbenen Gatten betet und am Jahrestage ihm die Oblationen darbringt (de monog. 10). Auch bei Cyprian (ep. 37, 66) wie in den aus Augustin und Hieronymus citierten Fällen finden wir diese besonderen preces für die Verstorbenen, bei Augustin als gewöhnliche Sitte erwähnt.[1]) Dasselbe ist vorausgesetzt, wenn Epiphanius (adv. haer. 75) den Aërius der Häresie anklagt, weil er die Gebete für die Verstorbenen missbilligt und verworfen hat. Auch bemerkt Augustin,[2]) dass solche Gebete für die Verstorbenen im Allgemeinen, ohne Nennung ihrer Namen, dargebracht worden seien. Es geschah dies jedenfalls in dem allgemeinen Kirchengebet für alle Stände, in welches auch die Abgeschiedenen wie die ihr Andenken Feiernden besonders mit eingeschlossen wurden. Dies erwähnt auch Chrysostomus, wenn er (homil. 21, 4 in act. apost. cf. homil. 29) meint, bei dieser Feier rufe nicht der Diakonus die Worte aus: ὑπὲρ τῶν ἐν χριστῷ κεκοιμημένων καὶ τῶν τὰς μνείας ὑπὲρ αὐτῶν ἐπιτελουμένων, sondern das rufe der heilige Geist.

Bestimmte liturgische Formulare für die Begräbnisfeierlichkeiten oder speziell für die bei denselben gesprochenen Gebete werden wir in den drei ersten Jahrhunderten vergeblich suchen. Sie erscheinen am frühesten im Orient.[3]) Solche Formulare geben die apostolischen Konstitutionen (VIII, 41), auch der Bericht Gregors von Nyssa über die Bestattung der Makrina weist auf solche hin, wenn er nämlich berichtet, sie hatten den Morgen kaum Stillschweigen gebieten können, damit der Prediger die „üblichen Worte" (τὰς συνήθεις φώνας) mit der Versammlung beten konnte. Auch in der Anweisung über eine Art Trauergottesdienst bei Dionysius Areopagita (de eccl. hier. VII) werden sowohl feststehende Gebete wie herkömmliche besondere Trauergesänge vorausgesetzt: Der Entschlafene wird vor dem Altar aufgestellt und hier Gebete und Eucharistie für ihn dargebracht. Die Liturgen lesen aus der heil. Schrift Abschnitte vor, welche von der Auferstehung handeln

---

[1]) Sicut fieri solet. Confess. IX, 12.
[2]) Tacitis nominibus sub generali commemoratione, De cur. pr. mort. I, 4.
[3]) Die ältesten latein. Formulare bei Muratori liturgia rom. vet. I, p. 451, 747 ff.

und singen Lieder mit dem gleichen Inhalt. Dann werden die Namen der heiligen Entschlafenen genannt, mit welchen der eben Verstorbene gleicher Nennung würdig ist. Der Priester spricht zuletzt über die Leiche εὐχὴν ἱερωτάτην, küsst dann zuerst den Verstorbenen, und alle Anwesenden thun dasselbe. Dann giesst der Priester Oel auf die Leiche, worauf dieselbe, nach einem kurzen Gebet, fortgetragen wird, um neben den anderen ἐν οἴκῳ τιμίῳ beigesetzt zu werden. Besondere Formulare für Gebete und den Wortlaut der Gesänge werden hier nicht angegeben, doch von ihnen in einer Weise geredet, dass sie als bekannt vorausgesetzt werden.* Bemerkenswert ist hier ferner, das zuletzt noch einmal die Leiche mit Oel gesalbt wird, auch das auffallende Küssen derselben, ein Gebrauch, der später ausdrücklich von der Kirche verboten ward.[1])

Wir haben nunmehr noch von denjenigen Veranstaltungen zu reden, welche zum Andenken an die Verstorbenen getroffen wurden. Von einer Trauerzeit und Trauerkleidung hören wir aus den drei ersten Jahrhunderten nichts. In Bezug auf jene stimmen dann die ersten auftretenden Nachrichten nicht überein. In Anlehnung an alttestamentliche Vorbilder hören wir von einer vierzigtägigen Trauerzeit, wie dies Ambrosius in seiner Leichenrede des Theodosius erwähnt. Diese Rede wurden am vierzigsten Tage nach dem Tode gehalten, gleichzeitig bemerkt aber der Redner: alii tertium diem et trigesimum, alii septimum et quadragesimum observare consueverunt. Anderwärts sagt Ambrosius (de fide resurrect.): die septimo ad sepulcrum redimus, qui dies symbolum quietis futurae est, und die nämliche erbauliche Anwendung von diesem luctus mortui septem dierum macht Augustin.[2]) Dagegen spricht Hieronymus in der gleich zu citierenden Stelle wieder von einer vierzigtägigen Trauerzeit. Doch bezeichnet er letzteres ausdrücklich als den Zeitraum, während dessen Trauerkleider getragen wurden, so dass jene sieben Tage wohl, wenn auch der Tote früher bestattet wurde, dieselbe Bedeutung haben wie der neuntägige Zeitraum in der antiken Welt, und an sie schliesst sich ja offenbar auch die Sitte an, am siebenten Tage wieder beim Grabe sich einzufinden; dies um so mehr, als bei Christen offenbar auch noch die neun Tage eingehalten wurden, wogegen als eine heidnische Sitte, Augustin sich auch in der zuletzt erwähnten Stelle ausspricht: nescio utrum inveniatur alicui sanctorum in scripturis celebratum esse luctum novem dies, quod apud

---

[1]) cf. Bingham X, S. 57. Selvaggio ib. lib. II, S. 288.
[2]) Quaest. in Hept. quaest. 72. ed. Venet. t. III, p. 553.

Latinos et Novemdiale appellant. Unde mihi videntur ab hac consuetudine prohibendi, si qui christianorum istum in mortuis suis numerum
servant, qui magis est in gentilium consuetudine. Darnach hatten die
Christen das Novemdial in seiner Bedeutung beibehalten, aber dasselbe
auch wieder ihren Anschauungen in der Weise angepasst, dass sie dasselbe in den ihnen aus der Bibel geläufigeren Zeitraum von sieben
Tagen umwandelten. Was aber die vierzigtägige Trauerzeit betrifft,
so lobt Hieronymus den Julian in einem Briefe (epist. ad Jul. XXXIV),
dass derselbe, der in wenigen Tagen seine Gattin und zwei Töchter durch
den Tod verlor, doch nicht länger als vierzig Tage Trauerkleider getragen
habe. Somit haben manche, um die Trauerbezeugung noch intensiver zu
machen, jenen Zeitraum noch überschritten. Darnach scheint doch die
vierzigtägige Trauerzeit das Gewöhnliche gewesen zu sein, nicht minder
sicher aber scheint es, dass in einzelnen Teilen der Kirche die Praxis
über diesen Zeitraum verschieden war. Noch die erste kirchenordnungs-
mässige Bestimmung über diese Nachfeier zum Gedächtnis der Verstorbenen vereinigt die verschiedenen Tage, ja behält auch noch ganz
naiv das Novemdial bei. Es heisst nämlich in den apostolischen Konstitutionen (VIII, 42), man solle den dritten Tag feiern, und den neunten
(καὶ ἔννατα εἰς ὑπόμνησιν τῶν περιόντων καὶ τῶν κεκοιμημένων) und
den vierzigsten und den Jahrestag. Diese j ä h r l i c h e Gedächtnisfeier
lehnte sich an die antike Feier an, letztere brauchte nur ein christliches
Gewand anzunehmen. Insbesondere wurde das Abendmahl an den
Natalitien, d. h. den Todestagen der Verstorbenen dargebracht (Tert.
de cor. milit. 3. de monog. 10. de exhort. castig. 11), woraus sich
später die Seelenmessen entwickelten.[1] Auch Gregor von Nyssa erwähnt in seiner Leichenrede auf Cäsarius die „jährlichen Ehren", und
bemerkt anderwärts — in seiner Rede auf Basilius —, dass solche nicht
bloss den Märtyrern, sondern allen Verstorbenen sollten zu Teil werden.
Die apostolischen Konstitutionen ordnen an (VI, 17), dass man sich an den
Jahrestagen in den Grüften versammeln solle, um zu beten und Psalmen
zu singen für die Verstorbenen und die Eucharistie zu feiern, und
zwar letzteres ἔν τε ταῖς ἐκκλησίαις ὑμῶν καὶ ἐν τοῖς κοιμητηρίοις.
Wenn Sozomenus (V, 15) dem Julian den nämlichen Gebrauch der
Totenverehrung wieder einführen lässt, so ist es freilich verkehrt,
wenn Baronius[2] darin eine Nachahmung christlicher Einrichtungen
sehen will, denn die Sache verhält sich umgekehrt: die christliche

---

[1] Muratori liturgia rom. vet. I, p. 762. II, p. 220 ff.
[2] cf. Schulting thesaur. antiquit. I, S. 13.

Jahresfeier ist aus der heidnischen hervorgegangen. Dies aber nicht minder wie die Verehrung der Toten durch Anzünden von Lampen und Weihrauch bei den Gräbern, wie dies an den Jahrestagen üblich war.[1])

Die Farbe der Trauerkleider war schwarz. Uebrigens wird selbst diese Trauerbezeugung als übertrieben und für die freudigen Unsterblichkeitshoffnungen der Christen nicht passend von einzelnen Kirchenlehrern getadelt und verworfen; so von Chrysostomus (homil. III in Phil. 69 ad. pop.), Hieronymus (ep. 34), Augustin (serm. 2 de consol. mort.) und Cyprian (de mort. p. 115). In Bezug auf die antike Sitte, die Gräber mit Blumen und Wohlgerüchen zu bestreuen, scheint man in den einzelnen Teilen der Kirche wie zu verschiedenen Zeiten so eine verschiedene Praxis beobachtet zu haben. Im Octavius hören wir den Vorwurf gegen die Christen (XII, 6): coronas etiam sepulcris denegatis, und ähnlich bei Justinus Martyr (apol. II, p. 68): μὴ τοῖς ἀποθανοῦσι χοὰς καὶ κνίσας, καὶ ἐν ταφαῖς στεφάνους καὶ θυσίας φέρειν. Es ging aber damit wie mit manchen andern Dingen: so lange die Kirche in Unterdrückung lebte, mochte man von manchem heidnischen Gebrauch sich fernhalten oder ihn nur im Verborgenen üben, es mochte, wie gesagt, auch in einzelnen Teilen der Kirche die Praxis in diesem Punkte eine verschiedene sein, jedenfalls sehen wir später, im 4. Jahrhundert, diese Sitte wenigstens im Occident wohl allgemein beachtet, denn die abendländischen Kirchenschriftsteller sprechen davon wie von etwas ganz Gewöhnlichem. So singt Prudentius (cathemer. hymn. X, 169):

> nos tecta fovebimus ossa
> violis et fronde frequenti,
> titulumque et frigida saxa
> liquido spargemus odore.

Von den Besuchern des Hippolytusgrabes sagt er ebenso (peristeph. XI, 193):

> oscula perspicuo fingunt impressa metallo,
> balsama defundunt, fletibus ora rigant.

---

[1]) cf. ib. S. 101 ff. Gegenüber diesem allg. christl. Gebrauch, die Gräber mit Lichtern zu schmücken, ist jener 34. Canon des Illiberitanum von 304 allerdings befremdlich, welcher bestimmte: placuit cereos in coemeterio per diem non incendi, inquietandi enim sanctorum spiritus non sunt. Da von einem solchen Verbot sonst in der altkirchl. Literatur nirgends etwas erwähnt st, so wird wohl de Rossi recht haben, wenn er meint, dass dieser Beschluss auf Grund eines lokalen spanischen Aberglaubens gefasst worden sei. cf. Rom. sott. III, S. 507.

Aehnlich singt Paulinus von Nola (de S. Natal. VI, v. 38 ed.
Migne p. 493):

Martyris hi tumulum studeant perfundere nardo
Et medicata pio referant unguenta sepulcro.

Ambrosius (de ob. Valent. p. 12) und Hieronymus (ep. 26 ad
Pamm.) erwähnen die Veilchen, Rosen, purpurnen Blumen und die
Wohlgerüche, welche über die Gräber ausgestreut wurden, als etwas
ganz Alltägliches. In einzelnen Teilen der Kirche war sogar der antike
Namen der Rosalia für die christliche Gedächtnisfeier der Toten
bestehen geblieben.[1] Das über die Gräber der Märtyrer ausgegossene
Oel sammelte man auch wieder, um es in kleine Gefässe als ein Unter-
pfand des von den Märtyrern ausgehenden Segens aufzubewahren.
Darauf deutet Chrysostomus in seiner Homilie auf die Märtyrer hin
(ed. Montfaucon II, p. 669): nicht nur die Gebeine der Märtyrer, auch
deren Gräber und Särge übten einen grossen Segen aus; und mit
dem heiligen Oel von ihren Gräbern soll man den Körper, Zunge,
Lippen, Hals und Augen salben, um dadurch gegen die Sünden
gewappnet zu sein, τὸ γὰρ ἔλαιον διὰ τῆς εὐωδίας ἀναμιμνήσκει σε
τῶν ἀύλων τῶν μαρτύρων. Wenn solcher Aberglaube von solcher
Stelle aus empfohlen wurde, kann man sich nicht wundern, wenn er
anderwärts im Volke wieder so stark zu Tage tritt, dass man die übertriebene Verehrung der Gräber und Wohlgerüche zurückweisen musste.
So will Hieronymus (ep. 26 ad Pamm.) den Verstorbenen eher durch
Almosen als durch Blumen und Wohlgerüche geehrt wissen und lobt
deswegen den Pammachius, dass er also durch milde Gaben das Andenken seiner Gattin geehrt habe, weil er wohl wisse, dass wie Wasser
durch Feuer, so die Sünde durch Almosen getilgt werde.

Dieser Gebrauch, das Andenken der Verstorbenen durch milde
Gaben zu ehren, war im vierten Jahrhundert wohl allgemein, denn wir
hören denselben in dieser Zeit von den Kirchenlehrern eingeschärft.
So neben Hieronymus auch von Chrysostomus, aus dessen Bemerkungen
hervorgeht, dass man nach der Bestattung auch die Armen zusammen-
zurufen pflegte, um unter ihnen milde Gaben zu verteilen.[2] Auch Augustin
bemerkt (ep. 64 ad Aur. Carthag. episc.), dass nichts so sehr das Andenken an die Verstorbenen wach erhalte, als milde Gaben an Arme.

Aber damit waren ebenso wenig wie in der antiken Welt, die ja den zuletzt erwähnten Gebrauch auch beobachtete, die Feierlichkeiten zu Ehren

---

[1] cf. de Rossi, Rom. III, S. 504.
[2] cf. homil. 51 in Joh. p. 401. homil. 32 in Matth. p. 307. homil. 27 in
I. Cor.

der Verstorbenen zu Ende. Wir finden vielmehr auch bei den Christen jenen Gebrauch, der ganz augenscheinlich auf Beibehaltung antiker Vorbilder beruht, nämlich die Mahlzeiten bei den Gräbern, in den Cömeterien. Wir hören im 4. Jahrhundert im Abendland eigentümliche Klagen bei den Kirchenvätern über Ueppigkeiten und Schwelgereien in Essen und Trinken, wodurch die Gräber entweiht wurden. Solche Klagen ertönen vor Allem bei Augustin. Er kann gegenüber dem Vorwurf, den man von häretischer Seite in dieser Beziehnng gegen die Christen erhob, nicht verschweigen, sondern muss zugeben (de mor. eccl. 35): nolite consectari turbas imperitorum, qui in ipsa vera religione superstitiosi sunt. Novi multos sepultorum et picturarum adoratores, novi multos esse, qui luxuriosissime super mortuos bibant et epulas cadaveribus exhibentes super sepultos se ipsos sepeliant et voracitates ebrietatesque suas deputant religioni — miror, cur apud quosdam hodie tam perniciosus error increvit, ut super tumulos defunctorum cibos et vina conferant, quasi egressae e corporibus animae cibos requirant. Anderwärts (contra Faust. XX, 21) sagt er: qui se in memoriis martyrum inebriant, quomodo a nobis adprobari possunt, quum eos, si in domibus suis id faciant, sana doctrina condemnet? Auf dieselbe Sache spielt er an de avar. et lux. 16: tu demis et subtrahis gutturi tuo: ille forte cum mortuus fueris calicem super te non ponet, aut si forte ponet calicem, ipse inebriatur, ad te nulla stilla descendet. In einem Brief an Aurelius (epist. 64), in welchem Augustin solche Oblationen für die Verstorbenen zulässt, wenn sie nur nicht ausarten, bezeichnet er allerdings nur die carnalis et imperita plebs — als solche, welche sich dieser Vergehen schuldig machen, und auch sonst (de civit. d. IX, cap. 23) bemerkt er, dass jene Ausschreitungen a christianis melioribus nicht vollzogen werden. Aber diese Verirrungen scheinen doch ziemlich allgemein gewesen zu sein, wenigstens grade in Afrika, denn auch noch das unter Cyprians Namen gehende Buch de duplici martyrio (p. 42) bemerkt: temulentia adeo communis est Africae nostrae, ut propemodum non habeant pro crimine. Annon videmus ad martyrum memorias christianum a christiano cogi ad ebrietatem? An hoc levius crimen ducimus, quam hircum immolare Baccho?

Aber auch in anderen Teilen der Kirche waren diese Ausschreitungen nicht unbekannt. So klagt Hieronyums über solche Vorgänge bei den Festen der Apostelfürsten (ep. XXX ad Eustoch.) und Paulinus von Nola (poem. 24 de S. Fel. Nat. carm. IX, v. 559 ff.) über die Entweihung der heiligen Grüfte durch wüsten Gesang und Trunkenheit. Nicht minder entschieden bekämpfte Ambrosius solche Unsitten (de El.

et jej. c. 17). Im Orient hat man, wie die unten zu erwähnenden
Stellen aus Origenes und Chrysostomus beweisen, Ursache dieselben
Missstände zu beklagen. Dass dieselben aber gerade in Rom ganz
besonders vorkommen, sagt Augustin in einem Briefe an Alypius,
Bischof von Tagaste: er beklagt es schmerzlich, dass solche Trinkgelage
(vinolentiae) fast täglich in der Peterskirche abgehalten würden, worauf
man sich denn in anderen Teilen der Kirche berufe (ep. 29 ed. Migne
S. 119.) Auch Konzilien mussten wiederholt gegen diesen Unfug einschreiten.[1])

Diese Klagen kommen fast ohne Ausnahme aus dem vierten Jahrhundert. Die Sitte selbst aber, den Verstorbenen Speisen darzubringen
und in den Cömeterien Mahlzeiten einzunehmen, ist ganz gewiss älter;
wäre sie nicht früher schon enstanden, im vierten Jahrhundert wäre sie
schwerlich aufgekommen. Insofern kann ich de Rossi nicht beistimmen, welcher (R. s. III, S. 503) mit Anderen diese Unsitten erst
im vierten Jahrhundert durch die in die Kirche einströmenden heidnischen Volksmassen aufkommen lässt. Das wird unzweifelhaft dazu
beigetragen haben, dass dieselben in dieser Zeit besonders stark hervor-
traten, aber die Anfänge liegen jedenfalls früher. Solche erkennen
wir in jener Aeusserung Tertullians, welcher unter den Gebräuchen der
Christen aufzählt: oblationes pro defunctis, pro natalitiis, annua die
facimus (de ęor. mil. 3). Es ist bei diesen Oblationen freilich nicht an
Messopfer und Fegefeuer zu denken, wie manche katholischen Gelehrten
naiv annehmen, denn es waren nach diesen Nachrichten überhaupt
keine amtlichen, sondern private Feierlichkeiten.[2]) Wohl aber sehen
wir hier Gebräuche, welche zur Ausbildung dieser römischen Lehren
Anlass geben konnten, nämlich die Darbringung von Gaben oder Opfer-
geschenken auf dem Altar an Stelle des Verstorbenen, wie wenn er
selbst am Abendmahl Teil nehme, denn es wurde seiner besonders in
dem dabei gesprochenen Kirchengebete gedacht. Nimmt man aber dazu,
dass solche Oblationen auch für Arme dargebracht wurden, so war der
Anlass zu Ausschreitungen leicht schon gegeben, wenn sie auch erst im
vierten Jahrhundert besonders stark hervorgetreten sein mögen.

Wenn wir uns aber fragen, wie jene so viele Missstände nach sich
ziehenden Gebräuche entstanden sind und was ihnen zu Grunde liegt, so
hat Bingham (X, S. 69) gemeint, es seien einfach Ausschreitungen eben
derjenigen Versammlungen, in welchen Arme zum Andenken an Ver-

---

[1]) cf. Bingham IX, S. 151. Nicolai de luctu christian. S. 166.
[2]) Dies nimmt auch de Rossi an. cf. Rom. sott. III, S. 498.

storbene bewirtet wurden. Aber über den Ursprung ist damit nichts
gesagt. Es erinnern ja die Klagen über jene Ausschreitung lebhaft
an diejenigen des Apostels Paulus in I. Cor. 11. Gewiss sind jene
Versammlungen in den Cömeterien keine Agapen gewesen, dazu war
dort schon der Raum zu eng, aber diese Agapen, welche dem eigensten
Geiste der christlichen Gemeinde entsprungen sind, mussten sie Abhaltung von Mahlzeiten auch zu anderen Zwecken begünstigen. Diese
anderen Zwecke aber, welche bei den Grabmahlzeiten verfolgt wurden,
knüpften ganz unzweifelhaft an antike Vorbilder an. Denn wenn auch
jene Speisungen der Armen nicht minder dem eigensten Geiste des
neuen Glaubens entsprechen, die Form, welche sie mit diesem neuen
Geiste ausfüllen konnten, war ja auch schon gegeben in den antiken
visceraria. Ebenso konnten auch die antiken Totenmahle bei den
Christen beibehalten werden, und dies umso eher, als auch sie das
Andenken der Verstorbenen an gewissen Tagen, besonders ihren
Todestagen, ebenso ehrten wie dies auch die antike Welt that, wenn
dies auch bei den Christen zunächst nur bezüglich der Märtyrer
geschah. Eine ganz direkte Christianisierung heidnischer Festlichkeiten
haben wir in dem Feste der cathedra Petri. Obwohl der 22. Februar
nicht der eigentliche römische Jahrestag dieses Festes war, sondern
der antiochenische, so hat man diesen Tag doch in Rom gefeiert, sicher
aus keinem anderen Grunde, als weil an diesem Tage die römischen
Parentalien stattfanden. Der Drang, dieselben zu christianisieren, hat
jedenfalls sehr zur Ausbildung dieses Festes beigetragen, die Leichen-
schmäuse und die Bewirtung der Toten fanden nach wie vor statt, und
die Ausschreitungen mussten sich dabei leicht einstellen. Daher bekam
dies Fest direkt den Namen festum epularum.[1]) Die antike Welt hat
auch hier die Form hergegeben, in welche sich die dem Geist des
christlichen Glaubens entsprechende gute Absicht solche Feste einfügte.
Es ist bekannt, dass die Christen schon sehr früh die Todestage der
Märtyrer als deren Geburtstage betrachteten und sie als solche feierten.
So lesen wir schon in einem Briefe der Gemeinde von Smyrna über
das Märtyrertum Polykarps: sie hofften sich mit Freude und Jubel an
dem Ort, wo dessen Gebeine beigesetzt seien, zu versammeln, um τὴν
τοῦ μαρτυρίου ἡμέραν γενέθλιον zu feiern, und als Zweck dieser

---

[1]) Es ist bekannt, dass später Gregor der Grosse den britannischen
Missionaren direkt auftrug, die heidnischen Feste zu belassen und sie nur
christlich umzudeuten, speziell mit Beziehung auf die Märtyrerfeste, „nam
duris mentibus simul obvia abscindere inpossibile est (cf. ep. ad Mellitum,
opera ed. Rembolt fol. 432 d.).

Feier wird angegeben: εἶσ τε τὴν τῶν προηϑληκότων μνήμην καὶ τῶν μελλόντων ἄσκησίν τε καὶ ἑτοιμασίαν. Darum hat Cyprian seine Kleriker ermahnt, die Tage der Märtyrer aufzuschreiben, damit ihr Gedächtnistag gefeiert werden könne.[1]) Diese Feier fand aber vorzugsweise an den Grabstätten der Märtyrer stat. Das erwähnt ebenso wie jener Bericht über Polykarp z. B. auch Chrysostomus, welcher in begeisterten Worten von der Gedächtnisfeier der Apostelfürsten redet:[2]) Diese Grabmäler erschienen in höherem Glanze nicht allein durch ihre Schönheit und Grösse, sondern noch mehr durch den Eifer derer, welche dahin zusammenströmen, denn selbst der mit dem Purpur Bekleidete gehe hin, jene Grabmäler zu küssen und die kaiserliche Majestät verleugnend, bitte er die heiligen Menschen seine Fürsprecher bei Gott zu sein. Prudentius gibt uns lebendige Schilderungen über das Zusammenströmen des Volkes in der Krypta des Hippolytus an dessen dies natalis und an dem Fest der Apostelfürsten.[3]) Aehnlich singt Paulinus von Nola über die Verherrlichung der Märtyrertage.[4]) Bei diesen Festlichkeiten fanden aber auch leibliche Genüsse statt. Deswegen eben hat derselbe Paulinus von Nola die Ausschmückung der Vorhallen der Kirche mit Darstellungen biblischer Scenen angeordnet, damit das Volk von den bei den Märtyrerfesten üblichen Gebräuchen ablasse und vielmehr durch diese Bilder zu frommen Betrachtungen angeregt werde.[5]) Chrysostomus warnt (homil. 47 in sanct. Jul. t. I, p. 613) vor dem Besuch der Versammlungen, welche in einer Vorstadt Antiochiens bei den Märtyrergräbern abgehalten wurden, weil dabei σκιρτήματα τῆς σαρκός, ja sogar πορνικὰ ἄσματα und αἰσχρὰ ῥήματα vorkamen. Gregor von Nazianz nennt das Mahl direkt ein δαῖτα γενέϑλιον. Dazu kommen die vorhin erwähnten Stellen bei Augustin und andere, und aus ihnen geht hervor, dass diese Sitte des Speisens und Trinkens bei den Gräbern, welche im Anschluss an antike Gebräuche ursprünglich nur an den Jahrestagen der Märtyrer statt-

---

[1]) ep. 37 ad cleric. cf. Tert. de cor. milit. III, Scorp. XV. Ambros. homil. 70. Chrys. homil. 43 de Rom mart. Paul. Nol. nat. Fel. XIII (ed. Migne poem. 21, v. 170 ff.) Eine Ausnahme machten nur die Geburtstage Christi uud Johannes des Täufers, wie Augustin ausdrücklich in einer Rede auf den letzteren erklärt (serm. 287): natales dies carnis nulli prophetarum, nulli patriarcharum, nemini apostolorum celebravit ecclesia, solos duos natales celebrat, hujus et Christi.

[2]) homil. 16 in II. Cor. cf. homil 65 de mart. homil 67 in Drocid.

[3]) peristeph. XI, v. 195 ff. XII, v. 1—6.

[4]) nat. Fel. XIII, ed. Migne poem. 21, v. 138 ff.

[5]) ib. poem. 27, v. 511 ff.

finden mochten, im vierten Jahrhundert allgemein üblich war. Interessant ist in dieser Beziehung auch was Augustin (confess. VI, 2) von seiner Mutter Monika berichtet: er stellt es als besonderes Beispiel ihres demütigen Sinnes dar, dass sie sich völlig gefügt habe, als sie einst in Mailand nach ihrer aus Afrika mitgebrachten Gewohnheit den Heiligen Brod und Wein brachte und vom Thürhüter abgewiesen wurde, weil der Bischof dies verboten habe. Denn sie sei nicht von Trunksucht geleitet gewesen wie so viele Männer und Frauen ihrer Heimat, habe sich daher nur mit einem kleinen Becher begnügt, weil sie Gottseligkeit, nicht aber Vergnügung in diesen Spenden suchte. Und als sie gehört habe, dieser Gebrauch sei vom Bischof verboten worden, weil diese Zeremonien dem heidnischen Aberglauben so ähnlich wären und dabei Gelegenheit zu Ausschweifungen sich darbot, so habe sie sich auch gefügt und gelernt, statt des mit Früchten gefüllten Korbes ein von reinen Gelübden volles Herz dem Andenken der Märtyrer darzubringen.

Aus diesem sehr instruktiven Berichte erhellt, dass nicht bloss Totenschmäuse zum Gedächtnis der Verstorbenen, dass vielmehr auch wirkliche Bewirtungen der Toten durch Libationen vorkamen. Darauf deutet auch Paulinus von Nola hin, wenn er den Glauben, als ob die Heiligen wegen des über ihren Gräbern ausgegossenen Weines Freude empfänden, bekämpfen muss (ib. v. 566):

Simplicitas pietate cadit male credula sanctos
Perfusis halante mero gaudere sepulcris.

Auch Ambrosius in der zuletzt von ihm erwähnten Schrift spricht von solchen, welche die Becher bis zum Abend über den Gräbern ausschütten, als ob sie anders nicht erhört werden könnten. In Wirklichkeit wird also Beides, Gelage an den Natalitien und Libationen vorgekommen sein, und die Klagen der Kirchenlehrer beziehen sich gewiss auf das Eine wie auf das Andere. Dieselben bezeugen zugleich aber auch, dass in der Kirche wohl das Bewusstsein von dem Zusammenhang dieser Gebräuche mit solchen der antiken Welt vorhanden war. Und gewiss, mochten auch die Agapen oder die Speisungen der Armen mit eingewirkt haben, diese Art und Weise die Verstorbenen durch dargebrachte Speisen und Getränke zu ehren, ist doch unverkennbar nichts Anderes als eine Fortsetzung antiker heidnischer Uebung, die, wie aus Allem erhellt, mit wenig Reflexion über ihre Bedeutung und ziemlich gedankenlos beibehalten wurde.

Eine weitere Frage, die sich uns hier aufdrängt, betrifft die A u s - s c h m ü c k u n g d e r G r a b s t ä t t e n. Darüber geben uns die literarischen

Quellen sehr dürftige Nachrichten, wie wir überhaupt von der Stellung
der alten Christen zur Kunst ein sehr einseitiges Bild bekämen, wenn
wir dasselbe lediglich aus diesen Quellen uns bilden müssten.

Der „Kunsthass" der alten Christen bildet zu allen Zeiten einen
stehenden Gegenstand der Anklage von Seiten der Feinde der christlichen Religion. Wenn wir auch zunächst von den freilich die beste
Widerlegung dieser Anklage enthaltenden monumentalen Ueberresten
der altchristlichen Kunst absehen, so lässt auch schon eine Prüfung der
Kirchenschriftsteller uns erkennen, dass man bei jener Anklage von
viel Vorurteil und Unwissenheit sich leiten lässt. Denn einmal können
wir den von Verachtung der Kunst zeugenden Zitaten doch auch
manche andere gegenüber stellen, welche eine Wertschätzung der
Kunst an den Tag legen, andererseits gibt die nachkonstantinische
Literatur reichliche Zeugnisse, insbesondere von einer reichen künstlerischen Thätigkeit beim Bau und der Ausschmückung der Kirchen.
Daraus ist zu ersehen, dass die Kirche doch sofort in eine Kunstpflege
eintrat, sobald sie ihre Kräfte frei entfalten konnte. Wenn dagegen
aus der vorkonstantinischen Zeit wesentlich nur die Monumente über
eine Kunstthätigkeit der Christen zu uns reden und die Schriftsteller uns
wenig Anhaltspunkte über die uns hier beschäftigende Frage dar-
bieten, so liegt dies in der Natur der Sache, sowie ja überhaupt die
feindselige Stellung, welche viele Anhänger des neuen Glaubens und
manche seiner bedeutenden Lehrer gegenüber der antiken Kunst einnahmen, nur für den unverständlich bleibt, welcher weder das Wesen
der christlichen Religion, noch den Charakter der antiken Kunst und
speziell ihren ethischen Wert zu würdigen vermag. Die kirchlichen
Schriftsteller der ersten Jahrhunderte, in welchen das Christentum um
die Berechtigung seiner Existenz kämpfen musste, hatten gewiss andere
und wichtigere Fragen zu besprechen, als solche über die Bedeutung
und Pflege der Kunst. Das Evangelium war in die Welt eingetreten
als eine Botschaft, welche Lösung bringen sollte auf die Frage, die
doch auch das Hauptproblem der jüdischen wie der anti-klassischen
Religiösität war (weil überhaupt aller Religion), auf die Frage, wie die
Seele zu befreien ist aus den Banden der Sünde, aus dem Druck der
Schuld, wie Ruhe und Frieden zu finden sei für die Gewissen und Einheit und Versöhnung mit der Gottheit. Wenn letztere aufgefasst wird
als Geist und ihr Verhältnis zu den Menschen als ein ethisches, wenn
die neue Lehre auf die innere lautere Gesinnung den Hauptwert legte
und nicht auf die äussere Religionsübung, wenn sie den Wert des
Menschen lediglich bestimmte nach seiner innern sittlichen Beschaffen-

heit und nicht nach irgend welchen äusseren Merkmalen — ist es da
zu verwundern, wenn einzelne in der Glut der Begeisterung für die
neue Lehre und in der Hitze des Kampfes für dieselbe Ansichten
äusserten wie die, dass der Raum für die Gottesverehrung in seiner
Beschaffenheit gleichgiltig sei, dass die Schönheit des Körpers, der
äussere Schmuck des Lebens keinen Wert habe gegenüber der Reinheit der Seele? Es ist ganz natürlich, dass die Bekenner eines neuen
Lebensprinzips, wenn sie für dasselbe bis aufs Blut kämpfen müssen,
sehr leicht in der Betonung desselben in eine gewisse Einseitigkeit verfallen; sie müssen eben entschieden sein bis zur äussersten Konsequenz,
ja bis zur Paradoxie. Bei allen neuschöpferischen gewaltigen Geistern
finden wir solche Paradoxien, bei Jesus wie bei Paulus, bei Augustin
wie bei Luther. Erst wenn ein solch neues Prinzip siegreich durch-
gedrungen und in ruhigere Bahnen seiner Entwickelung eingetreten ist,
kann es daran denken, über sein eigenes Gebiet hinaus andere Gebiete
in den Kreis seines Einflusses zu ziehen. Das hat auch das Christentum mit der Kunst gethan, sobald es den Kampf um seine Existenz
siegreich beendet hatte. Aber auch vorher schon hat man die Kunst
doch soweit gepflegt, als man es ohne Verletzung seiner religiösen
Ueberzeugung thun konnte. Denn das Eine ist doch festzuhalten und
wird von jener Anklage des Kunsthasses gewöhnlich ganz ausser acht
gelassen: wie konnten die Christen für eine Kunst sich begeistern,
welche im Dienste der religiösen Ideen stand, die sie gerade über-
winden wollten? Man darf doch nicht vergessen, dass das Ganze ein
religiöser Kampf war; die antike Kunst zog aber doch ihre Haupt-
nahrung aus der Mythologie, stand aufs Engste in Verbindung mit der
antiken Gottesverehrung; darum galt die Missachtung, welche viele
Christen gegenüber der antiken Kunst an den Tag legten, doch nicht
sowohl der Kunst als solcher, sondern vielmehr der Anwendung, welche
dort von derselben im Dienste der Religion gemacht wurde.

Wenn nun auch wir wohl im Stande sind, die religiöse Seite von
der ästhetischen zu trennen und in den antiken Götterbildern weiter
nichts als künstlerische Gebilde zu sehen, wer wird dies vernünftiger-
weise von den ersten Christen verlangen können, welche dazu die vielfachen sittlichen Auswüchse des antiken Götterkults noch unmittelbar
vor Augen hatten? Auch die antike Kunstpflege selbst, welche vielfach
die leibliche Schönheit ebenso einseitig überspannte, wie die Christen
die geistige, mussten den letzteren manchen sittlichen Anstoss bieten.
Wer je das pornographische Kabinet im Museum zu Neapel betrachtet,
wird leicht begreifen, wie die alten Christen selbst bis zur Einseitigkeit

von Missachtung der antiken Kunst erfüllt werden konnten. Es wäre wunderbar, wenn dies nicht geschehen wäre. Was sie vor Augen sahen, war ja überhaupt nicht die Blüte der antiken Kunst, sondern eine solche, welche „sich in den Dienst des Cäsarentums begeben, nicht mehr um wie in den früheren Zeiten die Ideale des römischen Volksgeistes zu verklären, sondern um dem Luxus zu fröhnen, der Macht zu schmeicheln, der entfesselten Sinnlichkeit eines Lebens zu dienen, welches die Reichtümer einer halben Welt den zügellosen Begierden der Hauptstadt zu Füssen legte. Kein Wunder, dass die Lehre dessen, der die Schätze und den Prunk dieser Welt verachtete, der auf Reinheit der Gesinnung drang und ausdrücklich betonte, sein Reich sei nicht von dieser Welt, sich von solcher Kunst mit tiefem Abscheu abwenden musste. Ja es wäre wohl zu begreifen, wenn die ersten Christen in der That durch diese Gesinnungen und solche Wahrnehmungen zu der entschiedenen Bilderfeindlichkeit gelangt wären, die man ihnen oft nachgesagt hat.“ [1]

Die Christen haben aber in der That die Kunst da, wo es ihnen möglich war, schon sehr früh angewandt. Wenn sie ihre Gräber schmückten, vielfach ganz in antiker Weise, wenn sie Gestalten der antiken Kunst aufnahmen, um sie zu Trägern christlicher Ideen zu machen, wenn sie ganz gewiss in der Anwendung der Kleinkunst und des Kunstgewerbes im Schmuck der Häuser, der Geräte und Werkzeuge des alltäglichen Lebens Alles beibehielten, was nicht den Zwecken des Götterkultus diente, so zeigt das nicht minder, dass sie den ästhetischen Wert des künstlerischen Schmuckes und die Heiterkeit, welche derselbe dem Leben verleiht, so gut wie ihre heidnischen Mitbürger zu schätzen wussten, dass also, was von Missachtung der antiken Kunst zu Tage tritt, religiösen Gründen entsprang.

Wir können hier auf die prinzipielle Stellung, welche die einzelnen Kirchenväter zur Kunst überhaupt und speziell derjenigen der antiken Welt einnahmen, nicht näher eingehen. [2] Wir haben hier nur zu sehen, was die literarischen Quellen uns über eine christliche Kunstthätigkeit, speziell eine solche zur Ausschmückung der Gräber, berichten.

Die ältesten Nachrichten, welche wir über eine christliche Kunstthätigkeit empfangen, betreffen nicht eine eigentlich kirchliche Kunst,

---

[1] Lübke: Geschichte der italienischen Malerei I, S. 10.

[2] Wir verweisen in dieser Beziehung auf die eingehende Darstellung von Piper in seiner Einleitung zur „Monumentalen Theologie“ S. 71—173, sowie auf Augusti's Analekten aus den Kirchenvätern in seinen „Beiträgen zur christl. Kunstgeschichte und Liturgik“ I, S. 103 ff., II, S. 81 ff.

sondern vielmehr Gegenstände der Kleinkunst aus dem häuslichen und alltäglichen Leben.

Clemens Alexandrinus geht in seinem Pädagogus alle Lebensverhältnisse durch und stellt dar, wie die Christen in denselben sich zu verhalten haben. Er kommt dabei in liber III, cap. 11 auch speziell auf den Gold- und Edelsteinschmuck, über dessen Gebrauch er zu dem Resultat gelangt, er sei nicht absolut zu verbieten, aber er müsse innerhalb der Grenzen der Mässigkeit bleiben, so dass man nicht der Sklave des Goldes werde. Insbesondere hält er es für gestattet, einen Ring als Siegel zu benutzen, oder einen solchen als Zeichen der ehelichen Treue zu tragen. Die Männer sollen ihn am kleinen Finger tragen und zwar am innersten Gliede, weil er dadurch die Hand weniger an der Arbeit hindere, das Siegel auch weniger in Gefahr stehe herauszufallen und verloren zu werden. Dann fährt Clemens unmittelbar fort (ed. Paris, p. 246 und 247): αἱ δὲ σφραγῖδες ἡμῖν ἔστων πελειάς ἢ ἰχθύς, ἢ ναῦς οὐροδρομοῦσα, ἢ λύρα μουσική, ᾗ κέχρηται Πολυκράτης, ἢ ἄγκυρα ναυτική, ἣν Σέλευκυς ἐνεχαράττετο τῇ γλυφῇ· κἂν ἁλιεύων τις ᾖ, Ἀποστόλου μεμνήσεται, καὶ τῶν ἐξ ὕδατος ἀνασπωμένων παιδίων.

Es sind also Siegelringe, welche Clemens den Christen gestattet, nur sollen dieselben mit solchen Zeichen versehen sein, welche für die Christen nicht anstössig sind. Embleme, welche einen offenbar heidnischen Charakter hatten oder ihm sonst dem Wesen des christlichen Geistes nicht zu entsprechen schienen — er kannte sie jedenfalls alle aus eigener Erfahrung —, weist er zurück; so Götterbilder, aber auch Schwert oder Bogen, denn das passe sich nicht für die, welche dem Frieden nachjagen, und Trinkbecher, denn sie seien keine Zeichen für solche, welche die Mässigkeit hoch halten. Noch weniger kann er es billigen, wenn die Heiden unzüchtige Figuren (Bilder von Hetären) auf die Siegelringe einschneiden liessen. Im Gegensatz dazu empfiehlt er die Taube, den Fisch, das segelgeschwellte Schiff, die Lyra, den Fischer.

Was die Bedeutung dieser Embleme betrifft, so sagt Clemens darüber nichts; nur an die Nennung des Fischers knüpft er eine Bemerkung an. Die Zeichen, welche er als auf den Siegelringen der Heiden eingravirt anführt, sind ganz gewiss keine Symbole, sondern Bildwerke, wie sie in grosser Zahl auf den Siegelringen eingegraben wurden. Manches, wie Schwert und Bogen, oder die maritimen Zeichen, hatten wohl eine Beziehung auf Stand und Thätigkeit, wie ja auch die Bilder der Hetären aus solch persönlichen Verhältnissen des Trägers dieser Steine entsprungen sind. Aber diese Bilder weist Clemens zurück, weil sie ihm für die Christen anstössig schienen. Andere lässt er zu, weil

sie nichts Anstössiges enthielten, ja sie konnten vielleicht sogar an
christliche Glaubenswahrheiten erinnern. Wenn er von dem Fischer
sagt, dass man dabei des Apostels und der aus dem Wasser gezogenen
Kindlein sich erinnern solle, so mag er auch Steine im Auge gehabt
haben, welche mit Emblemen der Fischerei, ja mit dem Bilde des Fischers
selbst versehen waren. Wenn eine solche in der damaligen Stein-
schneiderei sich darbietende Figur für geeignet erklärt wird, erbauliche
Betrachtungen in dem Christen wachzurufen, so haben wir hier einen
deutlichen Fingerzeig für die Entstehung einer christlichen Bilder-
symbolik: alle diese Zeichen, wie sie Clemens hier aufführt, waren auf
heidnischen Ringen; beim Anblick dieser Zeichen fiel dem Christen diese
oder jene Schriftstelle ein, diese oder jene Wahrheit seines Glaubens;
damit wurde dies bestimmte Zeichen beliebt, setzte sich fest in den
Gemeinden, wurde ein christliches Symbol, dass man dann überall anbrachte. Diese Stelle des Clemens ist ein unwiderleglicher Beweis,
wie Ideenassociation die Hauptquelle christlicher Symbolik wurde. Aus
dieser unwillkürlichen Ideenverbindung, welche in den Christen durch
den Anblick solcher Embleme sich vollzog, erklärt es sich auch, dass
viele dieser Zeichen nicht eine fest bestimmte Deutung, sondern verschiedene Beziehungen erhielten, je nachdem das Bild diesen oder jenen
Gedanken wach rief. Dies schon bei dem Bilde des Fischers, dem einzigen, von welchem Clemens hier sagt, an welchen Gegenstand aus dem
christlichem Glauben es erinnern könne. Er dachte nämlich offenbar an
den Befehl Christi, dass seine Apostel Menschenfischer werden sollten
(Mth. 4, 19. Math. 1, 17). Anderweitig wird auch Christus selbst als
solcher Fischer bezeichnet, wie in jenem dem Clemens beigelegten
Hymnus:

Ὰλιεῦ μερόπων,
τῶν σωζομένων,
πελάγους κακίας,
ἰχθῦς ἁγνοὺς
κύματος ἐχθροῦ
γλυκερῇ ζωῇ δελεάζων.

Ist Christus der Fischer und sind es auch mit ihm und nach seinem
Befehl die Apostel, so lag es nahe genug, die Menschen, die durch sie
gerettet werden, als Fische zu bezeichnen, lag nahe genug, bei den
Wasserszenen der Fischerei an die Taufe zu denken, denn sie war ja
das Bad der Wiedergeburt, durch welche die Menschen aus dem Verderben der Sünde gerettet wurden. Drum, meint Clemens, kann der
Fischer uns auch an die aus dem Wasser gezogenen Kindlein erinnern.

Dass damit an die Taufe gedacht wurde, kann keinem Zweifel unterliegen, und für die Geschichte der Kindertaufe ist diese Stelle wohl
verwertbar. So werden auch in diesem Hymnus die Geretteten selbst
als ἰχϑύς ἁγνοί bezeichnet. Sie sind gerettet aus dem Meere der
Sünde und der feindlichen Flut; eine neue dichterische Wendung des
Bildes von der Fischerei. So sehen wir, wird einmal ein solches Bild
angewandt, wer kann dann der Phantasie verwehren, es nach den verschiedensten Seiten hin zu drehen und zu wenden und zu verwerten?

Auch bei Tertullian (de bapt. 1) finden wir diese Ideenverknüpfung
zwischen Taufe und Fischerei. Es ergab sich ihm die bildliche Redeweise, die Gläubigen als pisciculi zu bezeichnen, ganz von selbst aus
dem Zusammenhang der Polemik, welche er in der genannten Schrift
führt. Sie ist gerichtet gegen jene Quintilla zu Karthago, welche die
Wassertaufe bekämpfte. Tertullian bezeichnet sie als Schlange und
Viper, die das Trockene und Wasserlose liebe; aber dorthin gehören die
Christen nicht, sondern im Wasser empfangen sie ihre Geburt, und im
Wasser bleibend gedeihen sie, indem sie die damit empfangene Gnade treu
bewahren; aber das Ungeheuer Quintilla sucht die Fischlein abzutöten,
indem sie dieselben dem Wasser entreisst, d. h. indem sie die Wassertaufe verwirft, entzieht sie den Menschen die Gnadengaben, deren sie
durch die Taufe teilhaftig werden sollen. Wenn man so den Zusammenhang ins Auge fasst, bedürfen die Worte Tertullian's weiter keiner
Erklärung. Es liegt durchaus kein Grund vor zur Annahme, dass der
Autor durch eine etwa allgemein gebräuchliche bildliche Redeweise zu
diesen Bezeichnungen gekommen wäre, dieselben ergeben sich aus dem
Zusammenhang seiner Polemik von selbst.

Später, im vierten Jahrhundert, mag diese bildliche Redeweise allgemein verbreitet gewesen sein und dies wohl auch durch den Anstoss,
welchen die Verwertung derselben in der bildenden Kunst ausübte. So
spricht Gregor von Nazianz (ovat. 31) von Christus als dem Fischer,
welcher den Fisch, d. h. den Menschen, der in den unbeständigen und
bitteren Wogen des Lebens umherschwimmt, aus der Tiefe hervorziehe.
So heisst es bei Cyrill von Jerusalem (Procatech. V): Jesus fängt dich
mit der Angel (ἀγχιστρεύει), nicht damit du sterbest, sondern durch
den Tod das Leben erlangest. So schreibt Paulinus von Nola an seinen
geistlichen Vater Delphinus, der ihn zur Taufe brachte (ep. ad Delph.
20), indem er ein Wortspiel macht mit dessen Namen: wir sind Söhne
des Delphin geworden, ut efficeremur illi pisces, qui perambulant se-
mitas maris. Meminerimus te non solum patrem, sed et Petrum nobis
factum esse, quia tu misisti hamum ad me de profundis et amaris hujus

saeculi fluctibus extrahendum, ut captura salutis efficerer, et cui vivebam
naturae morerer et cui mortuus eram viverem domino. Die Herbei-
ziehung des Petrus (in dem Wortspiel mit patrem) ergab sich aus den
biblischen Erinnerungen des Auftrags Christi an diesen Apostel oder
auch der Geschichte vom Stater von selbst.

Wir haben hier jedenfalls ein deutliches Beispiel, wie solche symbolische Beziehungen in der alten Kirche entstanden sind. Es geschah
ohne viel Reflexion, ohne spezielle Absicht, sondern ganz unwillkürlich.
Bei Clemens durch Anknüpfung an ein auf einen Edelstein geschnittenes
Bild; bei Tertullian, jedenfalls ganz unabhängig von jenem, durch den
Zusammenhang seiner Polemik. Eine Seite des Bildes rief aber dann
leicht die andere hervor: Sind Christus und die Apostel die Fischer,
dann sind die Menschen die Fische; das Wasser ist die Taufe, ist aber,
wenn man das Bild anders wendet, die verderbliche Meereswoge der
Welt. Aber ob so oder anders gefasst, diese bildliche Redeweise war
jedenfalls bei den Christen der ersten Jahrhunderte beliebt.

Von den übrigen Zeichen, welche Clemens auf Siegelringen zulassen
will, sagt er nicht wie von dem Fischer, an welche Stelle der Schrift
oder welche Wahrheit des Glaubens sie erinnern könnten. Die Analogie
sowohl mit der Figur des Fischers wie mit den von ihm verworfenen
Bildern des Schwertes, Bogens und Bechers möchte wohl nahe legen,
dass ihm auch bei den übrigen Bildwerken, die er zulässt, irgend eine
religiöse Ideenverknüpfung vorschwebte, aber beweisen lässt es sich
nicht; wenn ihm eine solche vorschwebte, warum sollte er sie nicht genannt haben? Wenn er darüber schweigt, so war eben wohl keine
vorhanden, er liess diese Zeichen, die man auf Siegelringen trug, zu,
weil sie ihm für die Christen nicht anstössig schienen. Wir müssen
jedoch, da manche dieser Figuren auch im Bilderkreis des christlichen
Gräberschmucks sich finden, auf dieselben etwas näher eingehen und
sehen, ob vielleicht andere altchristliche Autoren zu einer etwaigen symbolischen Auffassung Veranlassung geben.

Es ist bemerkenswert, dass unter den von Clemens zugelassenen
Emblemen die Mehrzahl — Fisch, Schiff, Anker, Fischer — maritime
Beziehungen enthalten. Es ist natürlich, dass solche Siegelringe in der
Seestadt Alexandria von Vielen getragen wurden; es war nichts anderes
als ein Hinweis auf Stand und Gewerbe. Gewiss lebten auch viele
Christen in Alexandrien von Fischerei, Schifffahrt und Handel — was
hätte die Kirche für einen Grund haben sollen, diesen Leuten die An-
bringung von Zeichen ihres Berufes auf ihren Siegelringen zu ver-

bieten? Diese Stelle des Clemens enthält über eine symbolische Bedeutung des Fischbildes nicht das Allergeringste.

Die älteste literarische Nachricht über Christum als den ίχϑύς ist die erwähnte Stelle aus Tertullians Schrift de baptismo: nos pisciculi secundum ίχϑυν nostrum Iesum Christum in aqua nascimur. Stände nicht diese so feierlich klingende griechische Bezeichnung ίχϑύς hier, hiesse es nur: secundum piscem nostrum, so würde man schwerlich eine symbolische Beziehung annehmen können, denn die Bezeichnung Christi als piscis ergäbe sich aus dem Zusammenhang von selbst; wenn die Gläubigen in dem Wasser die erste Geburt empfangen als Fische, so richten sie sich darin nur nach ihrem Herrn Jesum Christum, der ja auch durch das Wasser der Taufe als Fisch hindurchging. Aber es ist kaum zu verkennen, dass Tertullian die griechische Bezeichnung jedenfalls nicht ohne Grund gewählt hat; sie scheint auf einen in der Gemeinde schon vorhandenen Gebrauch dieser Bezeichnung hinzudeuten. Wie aber dieser Gebrauch aufkam, darüber geben uns die litterarischen Nachrichten keinen Aufschluss. Wir finden ihn kurz darauf bei Origenes: χριστὸς ὁ τροπικῶσ λεγόμενος ίχϑύς,[1]) und nachher war man geneigt, jede biblische Stelle, in welchen von Fischen die Rede war, auf Christum zu beziehen, wie besonders den Fisch des Tobias und die Geschichte vom Stater oder vom galiläischen Mahl (Joh. 21).[2]) Und dies um so mehr, nachdem einmal, etwa im Anfang des 3. Jahrh. und wohl in Alexandria,[3]) ein kabbalistischer Kopf, vielleicht durch Zufall,[4]) die Entdeckung

---

[1]) Comment. in Math. t. XIII, 584 (Orig. opera ed. Migne t. III, p. 1119).

[2]) Die reichste Zusammenstellung dieser patristischen Stellen giebt Pitra im 3. Band seines Specilegium Solesmense in dem Aufsatz ΙΧΘΥΣ sive de pisce allegorico et symbolico. Die Hauptstellen auch bei Kraus Rom. sott. S. 242 ff. und bei F. Becker: Die Darstellung Jesu Christi unter dem Bilde des Fisches S. 9 ff.

[3]) cf. Pitra Specil. Solesm. III, S. 524.

[4]) cf. Reuss in Herzog-Plitt's Realencykl. XIV, S. 187: „Es ist wohl unzweifelhaft, dass erst ein jüngerer Leser, vielleicht durch Zufall auf einige ohne Absicht des Dichters in ihren Anfangsbuchstaben wort- oder silbenbildende Verse aufmerksam geworden, die übrigen so umarbeitete, dass obiger Satz (nämlich die Worte ιησους χριστος ϑεου υιος σωτηρ) vollständig herauskam. Denn nicht nur kann mit der ersten Zeile nichts für sich bestehendes angefangen werden, auch die letzte hält sich ohne alle Unterbrechung an das weiterhin folgende. Ferner citiert Lactanz wenigstens einen Vers mit einem andern Anfangsbuchstaben als den wir jetzt lesen und der zum Akrostichon nötig ist, und das letztere kennen nicht alle Zeugen als aus 34 Versen bestehend, sondern einige schliessen mit dem 27.; — endlich erklärt sich so am Leichtesten die unerhörte Schreibart χρειστός".

gemacht von jenen Akrostichen, welches das Wort ἰχϑύς bildet und
welches zuerst im 8. Buch der Sibyllinen zu Tage tritt, dann aber von
den Vätern häufig verwertet wird.[1]) Wir werden bei Besprechung der
Monumente auf diese litterarischen Nachrichten über den ἰχϑύς zurückkommen.

Ebensowenig wie von dem Fisch lässt sich von den beiden andern
maritimen Bildern, welche Clemens für die Ringe der Christen zulässt,
dem von Winden getriebenen Schiff[2]) und dem Anker, beweisen, dass
er schon eine bestimmte symbolische Beziehung damit verbunden habe.
Möglich wäre es, dass ihm bei dem Schiff ähnliche Gedanken an das
durch Raen und Mast vorgebildete Kreuz kommen mochten, wie solche
nach Minucius Felix (Oct. 23) und Tertullian (apolog. 16) im Bewusstsein der alten Christen lebten, möglich auch, dass er an die Arche
dachte, vielleicht mit Erinnerung an I. Petr. 3, 20 und 21, womit zugleich die Beziehung an den durch Fischen und Fisch hervorgerufenen
Ideenkreis der Taufe gegeben war. Diese Beziehung führte ja auch
den Tertullian dazu, sowohl in der Arche als in dem Schiffe, in welchem
Jesus mit seinen Jüngern fuhr, ein Vorbild der Kirche zu erblicken
(de bapt. 12). Schon Justinus Martyr sah ja in der Geschichte Noahs
Anspielungen auf die Rettung der Menschheit durch Christus (dial. c.
Tryph. 138), eine Schrift, die immerhin dem Clemens schon bekannt
sein konnte. Nachher spricht besonders noch Cyprian die typische Be-
deutung der Arche für die Taufe Christi aus (ep. 74 ad Pompon. ep. 69
ad Magn. de unit. eccl.), denn in seinem Eifer für die Einheit der
Kirche, ausser welcher kein Heil ist, bot sich ihm dies Bild passend
dar. Diese typologische Spielerei war auch noch in der Folgezeit in
der Christenheit beliebt. Paulinus von Nola spricht (ep. 49 ed. Migne
S. 404) von der Arche als „ecclesiae imago" wie von einer bekannten
Sache, und besonders die christlichen Dichter im Orient wie im
Occident.[3]) Bei Clemens Alexandrinus ist höchstens die Möglichkeit
einer bildlichen Beziehung zuzugeben, aber nach dem Wortlaut seiner
Aeusserung liegt selbst dafür kein Grund vor.

Ebenso in Bezug auf den Anker, obwohl hier, wie wir später sehen

---

[1]) Eus. Const. orat. ad s. coet. 18. August. de civ. dei XVIII, 23. Optat.
Milev. de schism. Don. III, 2.

[2]) Die Lesart οὐρανοδρομοῦσα sieht ganz aus wie eine christliche Exegese
und ist schwerlich die echte; sie hätte auch gar keinen Sinn nach dem Zusammenhang, nach welchem Clemens antike Siegelringe, wie sie auch von
Heiden getragen wurden, im Auge hat.

[3]) cf. Münter: Sinnbilder und Kunstvorstellungen der alten Christen I, S. 53.

werden, vielleicht eine Ergänzung der Worte des Clemens durch die Monumente stattfinden kann. Der Anker findet sich auf antiken Münzen sehr häufig als Zeichen der Seestädte oder des Neptunkultus. Ebenso auf Gemmen. Auf eine solche, die im Altertum berühmt war, weist Clemens hier hin, es ist ein Ring des Seleukus von Syrien mit einem eingeschnittenen Anker. Letzterer findet sich auch auf syrischen Münzen der Seuleuciden, und es soll die Beliebtheit dieses Zeichens bei ihnen daher rühren, dass Seleukus bei seiner Geburt ein Muttermal in Gestalt eines Ankers auf der Hüfte trug.[1]) In einer Seestadt wie Alexandria war der Anker auf Siegelringen natürlich sehr häufig. Nach den Worten des Clemens liegt kein Grund vor zu der Annahme, dass er dies Zeichen symbolisch gefasst habe; es hatte auch bei Christen dieselbe Bedeutung wie bei den andern, ein Hinweis auf Schifffahrt und Handel. Das konnte keinen Anstoss bieten. Nur höchstens die Möglichkeit wäre zuzugeben, dass Clemens an Hebr. 6, 8 gedacht haben konnte, eine Stelle, die allem Anscheine nach den biblischen Anknüpfungspunkt bildet für die Auffassung des Ankers als Sinnbild der Hoffnung, wie er in der Zeit des Clemens auf abendländischen Gräbern schon vorkommt. Auch die Ideenverknüpfung mit dem griechischen πεῖσμα, Schiffstau, aber auch bildlich gebraucht im Sinn von Vertrauen, konnte mitwirken zur Fixierung des Ankers als eines Symbols der Hoffnung. Litterarisch bezeugt findet sich diese Auffassung sonst sehr spät, nämlich erst bei Ambrosius und Chrysostomus.[2])

Ausser diesen Bildwerken erwähnt Clemens noch die Taube und die Lyra. Die Taube war im Altertum der Vogel der Venus und fand sich auch sehr häufig auf geschnittenen Steinen. Solche kannte Clemens jedenfalls aus eigener Anschauung. Wenn er sie für die Christen zulässt, so mag er vielleicht an die Friedenstaube Noahs gedacht haben, oder an das Herabschweben des heiligen Geistes in Gestalt einer Taube bei der Taufe Christi, oder an die Mahnung Christi, ohne Falsch zu sein, wie die Taube. Alle diese Beziehungen gewann ja das Bild der Taube — sofern es nicht einfache Dekoration ist — in der Christenheit. Schon Tertullian spricht (de bapt. 8) von der Taube des heiligen Geistes bei der Taufe Christi, sieht dies typisch vorgebildet in der Taube Noahs und erklärt die Thatsache, dass gerade in Gestalt einer Taube der heilige Geist sich herabsenkte, durch den Umstand: ut natura spiritus sancti declaretur per animal simplicitatis et innocentiae, quod etiam

---

[1]) cf. die Stellen bei Münter: Antiquarische Abhandlungen S. 58.
[2]) cf. Münter: Sinnbilder u. Kunstvorstellungen der alten Christen I, S. 28.

8*

corporaliter ipso felle careat columba. Und deswegen sage auch Christus, wir sollten ohne Falsch sein, wie die Tauben. Da haben wir also schon die dreifache Beziehung. Anderwärts (de carne Christi 3) macht er die Realität der Taube gegen Marcion geltend als Analogie zur Realität des Leibes Christi. In der Schrift adv. Valentinianos (cap. 2) wird die Taube der Schlange gegenübergestellt: jene pflegte Christum zu offenbaren, diese stets zu versuchen; jene war von jeher eine Verkündigerin des göttlichen Friedens, diese von Anfang an eine Räuberin des göttlichen Ebenbildes. Die Beziehung ist hier klar: der Verfasser eiferte gegen die Geheimlehren jener gnostischen Sekte, welche die Christen als Einfältige bezeichnete. Er lässt sich letzteres gern gefallen in Beziehung auf den Ausspruch Christi Math. 10, 16, und die Erwähnung der Taube führt ihn darauf, wie sie in summa im Gegensatze zur Schlange ein Lichtbild sei für die Christen und ihren Glauben.[1]) Die Beziehung der Taube auf die Seelenreinheit der Christen hat sich auch später noch erhalten; so bei Paulinus von Nola, auch speziell mit Beziehung auf die Apostel.[2])

Aber die Erinnerung an die Taufe Christi, wie an die Friedenstaube Noahs musste doch für die christliche Betrachtung das Nächstliegende sein, wobei je nach dem Zweck des Bildes bald die Erinnerung an den Frieden — so auf den Gräbern — bald diejenige an den heiligen Geist im Vordergrund stehen musste. Dass die letztere Beziehung selbst zur Darstellung der Trinität angewandt wurde, sehen wir aus jenem unten noch näher zu erwähnenden Berichte des Paulinus von Nola über die Ausschmückung seiner Kirchen in Nola und Fundi. Darum hängte man auch goldene und silberne Tauben über den Altären auf, sei es zur Andeutung des heiligen Geistes, sei es als Behälter für die Elemente des Abendmahls.[3])

Bei Nennung der Lyra weist Clemens durch den Zusatz ᾗ κέχρηται Πολυκράτης jedenfalls auch auf eine bekannte Gemme dieser Art hin. Hier ist eine symbolische Beziehung gänzlich ausgeschlossen. Auch im altchristlichen Bilderkreis kommt die Figur nicht vor, wenigstens nicht

---

[1]) Es ist also unrichtig, wenn Münter (Sinnbilder etc. I, S. 107) hier Christus selbst als Taube bezeichnet sehen will. Auch die anderen von ihm aus Paulinus von Nola angeführten Stellen setzen das Bild lediglich in der gewohnten Weise in Beziehung zum h. Geist.

[2]) cf. ep. ad Sev. 32 ed. Migne p. 336.

[3]) cf. Wernsdorf de columbae in sacris locis simulacro, bei Volbeding I, S. 293.

selbständig, denn in den Händen des Orpheus hat sie keine selbständige
Bedeutung.

Diese Stelle des Clemens Alexandrinus hat also grosse Wichtigkeit
für unsre Kenntnis dessen, wie die Christen sich zu der überlieferten
Kunstthätigkeit des alltäglichen Lebens stellten. Dass sie dieselben
durchaus nicht verachteten, bezeugen an sich schon solche Schriften
wie der Pädagogus des Clemens und Tertullians Abhandlung de cultu
feminarum, welche ja darauf ausgehen, das Übermass solcher Anwendung der Kleinkunst des alltäglichen Lebens, den Luxus in Kleidern,
Schmuck und Geräten, zu bekämpfen. Sie suchten nur alles zu vermeiden, was an Idololatrie erinnerte, aber selbst das konnten sie bei
der Fülle mythologischer Gegenstände im Kunstgewerbe nicht ganz
ausschliessen. Dass sie auch solche Dinge beibehielten, wenn sie nur
als Schmuck- und nicht als Kultusgegenstand galten, sehen wir deutlich
aus jener Bestimmung der arabischen Version der apostolischen Konstitutionen (bei de Rossi Rom. sott. III, S. 578): si quis autem artifex
post baptismum receptum inveniatur, qui ejusmodi rem (d. h. ein Idol
oder irgend eine idololatrische Figur) confecerit, exceptis iis rebus, quae
ad usum hominum pertinent, excommunicetur donec poenitentiam agat.
In dem Vulgartext der Konstitutionen werden schlechtweg die Verfertiger der Götterbilder von der Taufe ausgeschlossen, wenn sie ihr
Gewerbe nicht aufgaben (VIII, 32), hier aber werden sie zugelassen,
wenn sie mit mythologischen Emblemen geschmückte Gegenstände ver-
fertigten, welche nur zum praktischen Gebrauch, nicht aber zum Kultus
dienten. Wie hätte dies auch anders sein sollen? Hätten die Christen
jeden mythologischen Schmuck auch bei den häuslichen oder sonstigen
praktischen Gegenständen vermeiden wollen, dann hätten sie nur gleich
das ganze vorhandene Kunstgewerbe ändern müssen. Mochten dagegen
Einzelne eifern, wie Tertullian, in der praktischen Wirklichkeit war es
ganz unmöglich, dass die Christen in ihrem Hause gar kein mythologisches
Bild vor Augen hatten; sie sahen es ja unter Umständen selbst an
jedem Küchengerät. So fragt auch de Rossi (ib. III, S. 578):
è egli credibile, che in pratica i Christiani abbiano scrupoleggiato sopra
ogni figuretta mitologica ornamentale di quasivoglia utensile ed arnese
domestico? Es entspricht daher — mag es mit der Geschichtlichkeit
sich verhalten wie es wolle — gewiss dem wirklichen Verhältnis in der
Christengemeinde, wenn von den quattuor coronati, welche unter
Diocletian den Märtyrertod erlitten haben sollen, erzählt wird, sie hätten
Schalen mit den Bildern der Viktoria und des Cupido verziert, aber
eine Statue des Aeskulap anzufertigen, hätten sie sich geweigert.

Ersteres war eben lediglich Ornament, letzteres diente dem heidnischen Kultus.

Dass die Christen auch sehr bald die Gewohnheit der alten Welt, grosse Männer durch Statuen zu ehren und damit öffentliche Plätze wie Wohnräume auszuschmücken, weiter fortsetzten, zeigt jene Stelle des Eusebius über die Christusstatue zu Paneas (h. e. VII, 18) und über Bilder der Apostel Paulus und Petrus. Dass erstere wirklich eine von Christen angefertigte Statue Christi gewesen, daran zu zweifeln scheint mir kein Grund vorzuliegen; Eusebius sagt dies ja auch ganz direkt von Bildern des Paulus und Petrus. Er bemerkt dazu ausdrücklich, man hätte bei der Anfertigung solcher Bildwerke die bisherige Gewohnheit beibehalten und nach heidnischer Sitte diese Männer als Wohlthäter auf solche Weise zu ehren gesucht. Wir haben hier einen interessanten Beleg für die Entstehung solcher Kunstwerke. Es sind Heidenchristen, welche solche Bildnisse geschaffen haben, und dieser Bericht des Eusebius zeugt von dem innigen Zusammenhang der christlichen mit der antiken Kunstthätigkeit; was man bisher gewohnt war, wollte man auch ferner nicht missen, wenn es nur dem Glauben keinen Anstoss gab. Die Kunsttätigkeit, welche in der antiken Welt so reich das alltägliche Leben schmückte, hatten die Christen keinen Grund zu verwerfen.

Dass aber auch schon vor Konstantin die Christen da, wo es ihnen möglich war, den Kultus durch Anwendung der Kunst zu verschönern suchten, lässt sich doch aus einzelnen Nachrichten ersehen. So in Bezug auf die Ausschmückung der Abendmahlsgeräte. Aus Tertullians Schrift de pudicitia erfahren wir, dass an Abendmahlskelchen Abbildungen des guten Hirten angebracht waren. Er polemisirt in dieser Schrift gegen die zweite Busse, besonders ihre Zulässigkeit nach den delictis carnalibus. Die Gegner hatten sich dafür auf das Gleichnis vom guten Hirten berufen. Die Darstellung desselben auf Kelchen führt Tertullian an zum Beweis seiner Meinung, dass unter dem verlorenen Schafe nicht der gefallene Christ, sondern nur der bekehrte Heide gemeint sein könne (cap. 7). Auch in cap. 10 erwähnt er den pastor, quem in calice depingis, weil sich die Gegner darauf beriefen zur Verteidigung des Hirten des Hermas, dieser Schrift, welche sie zum Beweis für die Zulässigkeit der zweiten Busse anführten. Aber Tertullian nennt ihn den prostitutor christiani sacramenti, und kommt zu dem Resultat: at ego ejus pastoris scripturam haurio, qui non potest frangi.

Es kann keinem Zweifel unterliegen, dass die calices, welche Tertullian hier erwähnt, Abendmahlskelche sind und nicht gewöhnliche

Trinkbecher, denn Tertullian spricht ausdrücklich von dem Sakrament, dessen Schänder der Pastor Hermae sei. Ob jedoch diese Kelche aus Glas gewesen sind, wie dies in der Regel so zuversichtlich behauptet wird,[1]) ist doch nicht mit dieser absoluten Sicherheit festzustellen. Der Text wenigstens zwingt nicht dazu. Doughteus und Augusti (in den unten angeführten Stellen) meinen die Thatsache, dass es gläserne Kelche gewesen seien, aus dem perlucebit in cap. 7 beweisen zu können. Aber das Wort steht doch hier nicht im eigentlichen, sondern im bildlichen Sinn, denn sein Subjekt ist interpretatio pecudis illius. Und was Augusti weiter anführt — qui non potest frangi — braucht sich nicht auf Glas zu beziehen, sondern kann von jedem Stoff gesagt werden, denn es handelt sich um den Gegensatz des unvergänglichen Hirten, aus dem Tertullian schöpfen will, zu dem vergänglichen, welcher im Bilde, im vergänglichen Stoffe dargestellt ist. Diese Vergänglichkeit ist aber jedem Stoff eigen. Es lässt sich also höchstens annehmen, dass diese Kelche möglicherweise aus Glas gewesen sein können, denn das Vorkommen gläserner Kelche im Urchristentum ist auch sonst bezeugt.[2]) Die Frage nach dem Stoff der Kelche ist übrigens hier ganz untergeordnet. Die Hauptsache ist das Bild, das unzweifelhaft solche Kelche schmückte, ein Beweis, dass die Christen die Anwendung der Kunst auch für den Kultus nicht verschmähten, wenn sie es ungefährdet thun konnten.

Dasselbe gilt jedenfalls auch von den Kultusgebäuden, sobald solche für die Christen möglich wären. Dass die herkömmliche Auffassung von dem Umfang der Christenverfolgungen übertrieben ist, kann auf dem heutigen Standpunkt der Wissenschaft keinem Zweifel unterliegen, ebensowenig aber, dass die Christen in der vorkonstantinischen Zeit, in Rom selbst schon im zweiten Jahrhundert, nicht nur Kultusgebäude in ziemlich grosser Anzahl besassen, sondern dass dieselben auch künstlerisch gestaltet und ausgeschmückt waren. Wir müssen uns hier ein näheres Eingehen auf diese Dinge versagen.[3]) Die Ausübung einer umfassenden Kirchenbauthätigkeit unmittelbar mit dem Eintreten des Sieges der Kirche lässt auf eine längere vorhergehende Entwicklung schliessen, besonders aber auch lässt dies die künstlerische Gestaltung jenes Kirchen-

---

[1]) cf. Doughteus de calic. eucharist. veterum christian. S. 86. Augusti Beiträge etc. I, S. 113. Seidl in dem Artikel „Kelch" in Kraus' Realencykl.

[2]) cf. Doughteus ib. S. 83 ff. Seidl ib. Hefele Beiträge zur Kirchengeschichte, Archäologie und Liturgik II, S. 323.

[3]) cf. Bingham III, S. 142 ff. Kraus Realencykl. I, S. 112. Dr. Konrad Lange: Haus und Halle S. 306 ff.

baues. Treffend bemerken in dieser Beziehung Debio und Bezold in ihrem neuen Werke über die kirchliche Baukunst des Abendlandes (erste Lieferung S. 8): „Die Denkmäler des vierten Jahrhunderts, vorgeblich die Erstlingsdenkmäler des Kirchenbaues überhaupt, haben in der That nichts an sich von der inneren Beweglichkeit, dem Suchen und Tasten einer eben erst ansetzenden Entwickelung; es fehlen die Züge persönlicher Einwirkung, individueller Charakterisierung; überall Gleichförmigkeit, eine den beschränkten Vorrat ihrer Formen nach festem Herkommen ohne Schwanken verwaltende Typik, die auch keine weitere Entwickelung vor sich hat, sondern, wie sie uns zuerst entgegentritt, so ein halbes Jahrtausend und länger stationär bleibt. Will man nicht für die konstantinisch-christliche Bauthätigkeit eine Stellung ausserhalb aller sonst bekannten architekturgeschichtlichen Gesetze fordern, nicht als Erzeugnis einer einmaligen gesetzgeberischen Abmachung oder geradezu einer höheren Inspiration sie ansprechen: so folgt unweigerlich aus ihrer ganzen Art, dass eine durch die Arbeit, Erfahrung, Gewöhnung mehrerer Generationen bedingte Entwickelung vorausgegangen sein muss."

Auch die älteste in Bezug auf die kirchliche Kunst getroffene offizielle Lehrentscheidung der Kirche zeigt deutlich, dass schon vor Konstantin oder wenigstens zu seiner Zeit die Kultusräume mit Bildern geschmückt waren. Es ist der so berühmt gewordene 36. Kanon der Synode von Elvira (305 oder 306): placuit picturas in ecclesia esse non debere, ne quod colitur et adoratur in parietibus pingatur. Es ist dies ein striktes Bilderverbot, und man hat, um dessen Differenz mit der römischen Kirchenlehre zu beseitigen, zu allerhand Auskunftsmitteln und gezwungenen Erklärungen gegriffen. Am einfachsten verfährt Baronius,[1] indem er die Stelle für unecht und eine spätere Einschiebung erklärt (etwa durch einen Schüler des bilderstürmenden Bischofs Claudius von Turin), während andere den Beschluss mit der diokletianischen Christenverfolgung in Verbindung brachten:[2] dieselbe habe gerade die Zerstörung christlicher Kirchen eifrig betrieben, und um deren Bilderschmuck vor Entweihung zu schützen, sei dies Verbot ergangen, ein Verbot, welches deswegen gerade die Bilder in parietibus treffe, weil sie am leichtesten der Zerstörung ausgesetzt waren und auch beim Herannahen der Verfolgung nicht entfernt werden konnten; ein Verbot der verborgen bleibenden Bilder sei also nicht ergangen. Diese Erklärung scheint doch sehr gezwungen. Es

---

[1] cf. Schulting thesaur. antiquit. I, S. 36.
[2] cf. Kraus Rom. sott. S. 187.

handelt sich nicht um die Anbringung von Bildern an Wänden, als ob es im Uebrigen gestattet sei, sondern die Hauptsache ist doch offenbar der Zusatz, welcher den Beweggrund des Verbotes angiebt: was man verehrt oder anbetet, soll nicht gemalt werden. Damit hatte man offenbar bestimmte Vorgänge vor Augen, es müssen Gegenstände der Verehrung und Anbetung gemalt worden sein, die dazu unstatthaft schienen. Die Väter des Konzils machen nur nicht die subtile Unterscheidung zwischen colere und adorare wie die spätere Kirche, so dass sie nur Gegenstände der adoratio verboten hätten für die Malereien, vielmehr, wie man im Judentum den Misbrauch des Namens Gottes dadurch am besten glaubte verhindern zu können, dass das Aussprechen desselben überhaupt verboten wurde, so hat jenes Konzil von Elvira die Bilder in der Kirche überhaupt untersagt, um jeden Misbrauch derselben vorzubeugen. Auch der katholische Theologe Funk will von einer Einschränkung des Verbotes nichts wissen und wies neuerdings wieder nach, dass die Synode einfach die Anfertigung religiöser Bilder und deren Verwendung in gottesdienstlichen Räumen direkt verboten habe.[1]) Für die Gesamtkirche freilich hat dieser radikale Beschluss des Konzils einer abgelegenen Provinzialkirche keine Bedeutung gewonnen. Denn wir haben dann aus dem vierten Jahrhundert reichliche Zeugnisse über die künstlerische Ausschmückung der Gotteshäuser, wenn auch die Aeusserungen der Kirchenschriftsteller noch ein Schwanken der Ansichten über die Zulässigkeit dieses Schmucks, wenigstens über die Gegenstände und den Umfang desselben erkennen lassen. Jedenfalls haben die Christen auch ihre Kultusräume sofort, nachdem sie sich frei bewegen konnten, künstlerisch ausgeschmückt. Erwähnen wollen wir hier nur jene interessanten Nachrichten des Eusebius (h. e., X, 4) über die Basilika in Tyrus und diejenigen bei Paulinus von Nola über die Ausschmückung der Gotteshäuser in Nola und Fundi.[2]) Dieser Schmuck bestand in Inschriften und Bildern. Aus letzteren ist hervorzuheben, dass ein musivisches Gemälde die Dreieinigkeit darstellte, und zwar Christus als Lamm, den heiligen Geist als Taube. Darüber schwebten die Apostel als eine Schar Tauben. In demselben Raume war Christus abgebildet auf einem Felsen stehend, welchem vier Quellen entströmen. Die Bedeutung der Bildwerke war in beigesetzten Inschriften erläutert. Ein Gemälde in der Kirche zu Fundi stellte Christum dar als Lamm zu

---

[1]) cf. Theolog. Quartalschrift 1883, S. 271 ff.
[2]) cf. dessen Brief an den aquitanischen Bischof Severus, ep. 32 ed. Migne S 330 ff.

Füssen des Kreuzes, darüber der heilige Geist als Taube herabschwebend, während die Hand Gottes aus einer feurigen Wolke heraus die Krone reicht. Daneben Christus als Richter auf einem Felsen stehend, rechts von ihm Lämmer, links Böcke (v. 339 ff.). Auch biblische Szenen aus dem alten Testament (Hiob in seiner Krankheit, Tobias, Judith, Esther, und Szenen aus den Büchern Mosis, die er nicht näher angiebt, sowie aus Josua und Ruth) waren zum Schmucke seiner Kirchen gemalt, allerdings nur in den Vorhallen.[1]) Paulinus giebt in seiner Beschreibung dieser Bilder als Zweck erbauliche Betrachtungen an, die sie hervorrufen könnten, und er ist auch der Erste, welcher auch prinzipiell diesen Zweck der Bilder, die unwissende Menge zu belehren, hervorhebt.[2])

Es ist keine Frage, die Christen haben sofort nach dem Siege der Kirche eine reiche künstlerische Thätigkeit zu entfalten begonnen, so zwar, dass schon im vierten Jahrhundert angesehene Kirchenlehrer Warnungen ergehen lassen, man solle sich hüten vor Uebermass und vor Allem über den Sinneneindrücken, welche die Pracht der Gotteshäuser hervorruft, die Anbetung im Geist und in der Wahrheit nicht vergessen.[3])

Wenn somit die alten Christen gewiss die Kunst prinzipiell nicht verwarfen, wenn sie dieselbe, die in der antiken Welt bis auf die kleinsten Gerätschaften des alltäglichen Lebens ausgedehnt war, hier von selbst weiter üben mussten, wenn es nur nicht gerade ihrem Glauben Anstoss gewährte, wenn sie dieselbe auch im Kultus verwandten, sobald es ihnen möglich war, so lässt sich von vornherein annehmen, dass sie dieselbe auch an den Gräbern nicht verschmäht haben werden. Die Sepulkralkunst gehörte ja in der antiken Welt auch zu der alltäglichsten und gewöhnlichsten Kunstübung — die Christen waren, wenn sie ihre Gräber schmücken wollten, auch hier gezwungen, die Kunstübung der Nation, der sie angehörten, fortzusetzen, konnten aber auch hier, so sehr sie sich bemühen mochten Mythologisches fernzuhalten, dasselbe gänzlich ebensowenig vermeiden, wie in der Kleinkunst des häuslichen Lebens.

Was uns nun die literarischen Quellen über die Ausschmückung der altchristlichen Gräber berichten, ist freilich sehr geringfügig. Hegesipp erzählt, dass das Grab des Jakobus in Jerusalem mit einer στήλη geschmückt gewesen sei;[4]) die στήλαι καὶ τάφοι νεκρῶν, ἐφ᾽

---

[1]) cf. natal. Fel. X, bei Migne poem. 28 v. 20 ff., ib. poem. 27 v. 516 ff.
[2]) ib. poem. 27 v. 511—515, 542 ff. 580 ff.
[3]) So von Hieronymus, von Chrysostomus und seinem Schüler Nilus cf. die Abschnitte über dieselben in Augustin's Beiträgen II, S. 81 ff, 88 ff, 111 ff.
[4]) Eus. h. e. II, 23. Diese Nachricht kann sich natürlich nur auf ein Kenotaph beziehen, denn dass nach diesem Bericht des Jakobus Leiche auf

οἷς γέγραπται μόνον ὀνόματα ἀνϑρώπων, werden auch in dem Brief
des Ignatius an die Philadelphier erwähnt (cap. 6). Doch ist dabei
nicht festzustellen, dass der Verfasser gerade christliche Gräber im
Auge gehabt habe, denn als Säulen und Gräber der Toten, auf welchen
nur die Namen von Menschen geschrieben sind, bezeichnet er diejenigen,
welche nicht von Jesu reden, sondern nur den Judaismus, und damit
Menschensatzungen und Menschenruhm lehren. Die älteste Nachricht
über die Gräber der Apostelfürsten in Rom, die des Cajus (bei Eusebius h. e. II, 25) nennt diese Grabstätten τρόπαια, setzt also immerhin
eine würdige Ausstattung derselben voraus, gleichviel wie es sich auch
sonst mit der Geschichtlichkeit dieser Nachricht verhalten möge.
Ebenso spärlich wie diese Nachrichten aus vorkonstantinischer Zeit sind
diejenigen aus der nachkonstantinischen. Hieronymus hat in dem Bericht über seinen Besuch in den römischen Katakomben nichts von
deren Ausschmückung erwähnt. Dagegen erwähnt er anderwärts
(comment. in Math. XXIII) christliche Gräber, welche mit Stuck, Marmor, Gold und Malereien verziert sind. Von den Gräbern der Apostelfürsten rühmt Chrysostomus (homil. XVI in II. Cor.) die Pracht und
Schönheit, wenn wir auch nichts Näheres über deren Ausschmückung
erfahren. Ambrosius spricht sich gelegentlich auch gegen den Luxus
aus, der in der Ausschmückung der Gräber bewiesen wurde, „quasi ea
animae nec solius corporis receptacula essent" (de bon. mortis 10).
Einiges von der Ausstattung der Gräber in den Krypten gibt uns Prudentius im Eingange seines Hymnus auf Hippolytus (peristeph. XI, v. 1 ff):

> Innumeros cineres sanctorum Romula in urbe
> vidimus, o Christi Valeriane sacer. —
> — Plurima litterulis signata sepulcra loquuntur
> martyris aut nomen aut epigramma aliquod.
> Sunt et muta tamen tacitas claudentia tumbas
> marmora quae solum significant numerum.
> Quanta virum jaceant congestis corpora acervis,
> Nosse licet quorum nomina nulla legas.
> Sexaginta illic defossas mole sub una
> reliquias memini me dedicisse hominum,
> Quorum solus habet conperta vocabula Christus,
> Utpote quos propriae iunxit amicitiae.

---

dem Platz neben der Tempelmauer beigesetzt worden sei, unterliegt ebenso ge-
wichtigen historischen Bedenken, wie dass das Denkmal, trotz der Zerstörung
Jerusalems, noch zu Zeiten des Hegesipp vorhanden gewesen.

Doch erwähnt Prudentius hier nichts von bildnerischem Schmuck
der Gräber und richtet nur sein Augenmerk auf die Inschriften, indem
ihm das Nichtvorhandensein von solchen zu erbaulichen Betrachtungen
dienen muss. Auch sonst schweigt er über Bildwerke, wo er auf die
Pflege der Gräber zu reden kommt, wie in der früher erwähnten Stelle
(cathemer. X, 169 ff.) über die Ausschmückung der Gräber mit Blumen
und Kränzen und die Ausgiessung von Salben über den Steinen. Aus
diesem Schweigen des Prudentius, wo die Erwähnung des bildnerischen
Schmuckes so nahe gelegen hätte, geht jedenfalls hervor, dass er in
diesem Schmucke nichts Besonderes sah. Nur die Ausschmückung der
Märtyrergräber oder der über ihren Grüften erbauten Kirchen wird zuweilen noch von den christlichen Schriftstellern und Dichtern erwähnt.
So von den Kappadociern,[1] so in den Berichten des Paulinus von Nola,
so auch von Prudentius. Letzterer erzählt in dem eben erwähntem Hymnus
auf Hyppolytus, dass in dessen Krypta im ager Veranus zu Rom
Szenen seines Märtyrertums — er soll unter Decius durch scheu
gemachte Pferde zerrissen worden sein — an die Wände gemalt
waren.[2] Ebenso befanden sich an (nach Prud. perist. IX) der Gruft
des Märtyrers Cassianus zu Forum Camelianum (dem heutigen Imola)
Gemälde, welche dessen Märtyrertot darstellten, nämlich wie er, der
ein Lehrer war und die Götteranbetung verweigerte, von seinen Schülern
mit eisernen Griffeln zu Tote gepeinigt wird. Beide Gemälde stellten
also keineswegs ästhetisch anziehende Gegenstände dar und zeigen
jedenfalls von gesunkenem künstlerischem Geschmack. Diese Berichte
zeigen uns jedenfalls, dass der Märtyrerkultus auch der christlichen
Kunstthätigkeit einen mächtigen Anstoss bot. Im Übrigen schweigen
die Schriftsteller über die an den Grüften angebrachten Malereien
gänzlich, ebenso wie über die in den Gräbern niedergelegten mannigfachen
Gegenstände. Da müssen denn die Monumente ergänzend eintreten.

---

[1] Augusti, Beiträge I, S. 137 ff.
[2] Da diese Todesart mit der des mythologischen Hippolytus identisch
ist, so kann keinem Zweifel unterliegen, dass hier eine Vermischung des
letzteren mit dem geschichtlichen Presbyter Hippolytus vorliegt (wie auch
Döllinger, Hippolytus und Callistus S. 58 ff. annimmt). Daher bezweifelt
Kraus (Realencykl. I, S. 659), dass das Gemälde diese Szene überhaupt dargestellt habe. Aber nach Beschreibung des Prudentius scheint mir zu solchem
Zweifel kein Grund vorzuliegen. Die Geschichtlichkeit der Berichte über
Hippolytus und sein Martyrium — letzteres lässt sich als Geschichte schwerlich
festhalten — wird davon nicht berührt.

2. Die Monumente.

Die wichtigsten monumentalen Ueberreste altchristlicher Gräber sind die an den grossen Heerstrassen um die Stadt Rom gelegenen sogenannten Katakomben, ja diese kommen hier fast ausschliesslich in Betracht. Nur für die Sarkophagbildnerei bieten Ravenna und Südfrankreich, in geringerem Masse auch Spanien, und für malerischen Schmuck der Wände die Grabanlagen in Neapel noch einige Ausbeute.[1] Es ist kein Zweifel, dass die Christen auch anderwärts sogut wie in Rom mehr oder weniger bedeutende Grabanlagen besassen, aber was wir davon kennen, ist im Vergleich zu Rom sehr geringfügig. Die Länder, welche vor dem Auftreten des Islam ein blühendes christliches Kirchenwesen besassen, wie der Orient und Nordafrika, bieten in dieser Beziehung der Forschung noch ein sehr weites Feld. Doch giebt das Wenige, welches erforscht ist, immerhin einen Anhaltspunkt wenigstens über den Unterschied der architektonischen Anlage zwischen orientalischen und römischen Gräbern. Freilich wird die Beantwortung dieser Fragen wieder dadurch erschwert, dass kaum festzustellen ist, ob diese Grabstätten ursprünglich von Christen selbst angelegt wurden, oder ob es nicht vielmehr antikheidnische Gräber waren, welche nach der Christianisirung dieser Länder weiter benutzt und entsprechend mit christlichen Emblemen ausgestattet wurden. Aus dem Orient (einschliesslich Griechenland) zählt V. Schultze, der in seinem Buch über die Katakomben auch die ausserrömichen altchristlichen Grabstätten zur Besprechung und Vergleichung herbeigezogen hat, dreizehn solcher Anlagen auf. Indessen ist bei vielen derselben der christliche Charakter überhaupt nicht festzustellen, andererseits bei keiner einzigen zu konstatieren, dass Christen die Erbauer gewesen. Am sichersten lässt sich dies vielleicht noch von den durch die bedeutsamen Forschungen de Vogüë's aufgefundenen altchristlichen Grabstätten Centralsyriens annehmen.[2] Dieselben zeigen in ihrer baulichen Anlage allerdings nichts von den vorchristlichen Gräbern jener Länder Verschiedenes. Es sind Einzelanlagen, die Grabkammern entweder seitlich in Bergwände eingelassen, wobei dann die Façade architektonisch gegliedert und verziert ist, oder freistehende Einzelbauten, welche gewöhnlich

---

[1] Eine Zusammenstellung sämtlicher bis jetzt bekannter altchristlicher Grabstätten giebt Kraus in seiner Realencyklopädie der christl. Altertümer II, S. 98 ff.

[2] cf. Syrie centrale: architect. civile et religieuse, besond. Bd. II, pl. 70—97.

pyramidal auslaufen. Auch die Detailverzierung hat nichts spezifisch Christliches, wenn auch nichts, was den Christen hätte anstössig sein können. Denn finden sich auch einmal auf einem Fries jene bekannten Stierschädel zwischen den Guirlanden,[1] so ist's im Uebrigen doch wesentlich Pflanzenornamentik. Als christlich aber sind diese Gräber gekennzeichnet durch das Monogramm Christi mit α und ω, welches meist ziemlich ostentativ an den Eingängen der Gräber angebracht ist. Da die Christen, wie de Vogüé konstatiert hat — er fand dort die zahlreichen Überreste in einer Art von christlichem Pompeji — hier eine bedeutende Bauthätigkeit entfaltet haben, so darf man als sicher annehmen, dass sie auch diese Grabanlagen erbauten. Im Übrigen lässt sich dies, wie erwähnt, von keiner einzigen im Orient befindlichen altchristlichen Grabstätte mit völliger Sicherheit konstatieren. Die bedeutendsten derselben sind ausser jenen in Syrien diejenigen in Alexandria und in der Kyrenaika. Doch ist von den verschiedenen Cömeterien Alexandriens, die hier in Frage kommen, nur eines mit Sicherheit als christlich erkannt.[2] Die Anlage umfasst drei Abteilungen, nämlich eine Vorhalle, einen daran sich anschliessenden Raum mit reicher architektonischer Gliederung mit drei Nischen, in welchen sich Gräber am Boden befinden, und einer Galerie mit 32 seitlich in zwei Reihen übereinander in die Wände eingelassenen loculi. Der christliche Charakter dieser Grabstätte ist durch Malereien in der Vorhalle ausser Zweifel. Man sieht hier auf einem ein langes Rechteck füllenden Gemälde in der Mitte die sitzende Gestalt Christi, mit gespaltenem Nimbus; die Figur ist sehr lädiert, besonders die Haltung der Arme nicht zu erkennen. Man vermutet, dass sie segnend erhoben waren über die zwölf Körbe mit Brot, die um ihn stehen. Von beiden Seiten nahen sich ihm männliche Gestalten; die eine, mit quadratischem Nimbus, trägt eine Platte mit zwei Fischen in den Händen und ist durch die Überschrift als Andreas bezeichnet; die andere ist stark lädiert, wird aber auch etwas in den Händen getragen haben, vielleicht eine Schüssel mit Brod; sie ist als Pretrus gekennzeichnet. Rechts von dieser Mittelgruppe lagern drei Personen, deren Thun angegeben wird durch die beigesetzte Inschrift ΤΑС ΕΥΛΟΓΙΑС ΤΟΥ ΧΥ (i. e. χριστοῦ) ΕСΘΙΕΝΤΕС. Links von der mittleren Szene lagern sechs sehr lädierte Personen um die mit Speisen besetzte Kline; über einer derselben steht Η ΑΓΙΑ ΜΑΡΙΑ, über einer andern ΠΑΙΔΙΑ.

---

[1] ib. t. II, pl. 92 bis .
[2] Dasselbe ist eingehend besprochen von Wescher im bullet. di arch. crist. 1885, S. 57 ff., mit Zusätzen von de Rossi.

Diese Gruppen sind unter sich durch Bäume geschieden. Links davon steht isoliert nochmals die Gestalt Christi. Bemerkenswert sind endlich Darstellungen der alttestamentlichen Propheten, von denen zwei, Jesaias und Daniel, durch Inschriften gekennzeichnet sind, sowie von Aposteln: Thomas und Petrus sind durch Aufschriften genannt, letzterer mit seinem Doppelnamen (CIMON O KAI ΠΕΤΡΟ...). Über einer sehr lädierten kaum mehr zu erkennenden Figur stehen die Worte Math. 3, 3. Es war also die Gestalt Johannes des Täufers. Letzterer ist hier ebenso ein Unikum im altchristlichen Gräberschmuck wie die vier Evangelisten, die ebenfalls hier abgebildet sind. Zwar sind nur noch Markus und Johannes zu erkennen, aber man darf gewiss mit de Rossi (ib. S. 63) schliessen, dass diesen beiden die zwei anderen Evangelisten beigegeben waren.

Ob Christen diese interessante Grabanlage gebaut oder die schon vorhandene nur mit ihren christlichen Malereien ausgeschmückt haben, lässt sich nicht sicher konstatieren. Wahrscheinlicher ist jedoch das letztere, zumal die Ausschmückung offenbar sehr spät ist und mit ihren Gegenständen über den Kreis des sonst üblichen altchristlichen Gräberschmucks weit hinausreicht. Dazu kommt, dass nur die Vorhalle ausgeschmückt ist, weil darin die Begräbnisfeierlichkeiten stattfanden. Eine Schwierigkeit für die Bestimmung der Chronologie dieser Malereien liegt darin, dass dieselben, wie bestimmte Anzeichen sicher erkennen lassen, später restauriert wurden. Da übrigens angenommen wird, dass der quadratförmige Nimbus des Andreas dem ursprünglichen Entwurfe angehört, so würde das allein schon genügen, das Gemälde nicht früher als in das fünfte Jahrhundert zu setzen, denn vorher lässt sich der Nimbus bei Apostelfiguren nicht nachweisen. Auch das Hervortreten der Mariolatrie deutet auf diese Zeit. Übrigens früher als das vierte Jahrhundert wagt auch de Rossi diese Malereien nicht zu setzen.

Ähnlich liegen die Verhältnisse bei der interessanten Katakombe in Kyrene. Dieselbe besteht aus einem System ineinander geschobener Cubicula, vorn in grosser, nach der Tiefe in geringerer Anzahl, so dass die ganze Anlage nach der Tiefe zu sich verjüngt, bis sie in einer kleinen Kammer abschliesst. Diese hat drei Nischen mit architektonischer Verzierung. Die hintere concha ist von zwei Halbpilastern eingeschlossen und zeigt reichen Guirlandenschmuck in Stuck. Sie enthält einen Sarkophag, auf welchem Stierschädel zwischen Guirlanden abgebildet sind. Andere Kammern zeigen nicht minder bekannte Darstellungen des antiken Gräberschmucks, Genien, Vögel, ein an Trauben pickender Pfau, umrahmt von Rebgewinden. Alle diese Darstellungen tragen aber durchaus kein christliches Merkmal an sich, denn dieselben symbolisch zu erklären, dazu liegt, wie wir später sehen werden, nicht der geringste Grund vor. Auch eine auf eine Rückwand gemalte Darstellung, welche den guten Hirten vorstellen soll, kann ich nicht für ein christliches Produkt halten.[1]) Das Bild zeigt einen Jüngling mit lockigem Haupt, um welches ein Epheuzweig gewunden ist. Die Tunika ist hoch aufgeschürzt, über sie ein rotes, mit blauen Streifen verziertes Gewand geworfen, die Unterschenkel sind mit Binden umwunden. Über den Schultern trägt die Figur ein Schaf, welches, wie wenn es sich sträubte, an den Vorder- und Hinterbeinen festgehalten wird. Alles dies weicht bedeutend ab von der gewohnten altchristlichen Darstellung des guten Hirten. Besonders der Epheuzweig in den Haaren, welcher auf einem aus christlichen Händen hervorgegangenen Bilde des guten Hirten ganz undenkbar wäre, scheint mir darauf hinzudeuten, dass wir hier eine Szene der Darbringung von Opfergaben vor uns haben. Tragen diese Verzierungen somit keinerlei Zeichen christlichen Ursprungs an sich, so ist der Gebrauch der Katakombe durch die Christen doch sicher bewiesen durch die Inschriften und das ihnen beigesetzte Monogramm Christi. Letzteres weist auf nachkonstantinische Zeit hin. Allem Anscheine nach ist es also mit dieser Katakombe ebenso gegangen, wie mit derjenigen in Alexandria: die Christen haben die antike Grabanlage, in welcher offenbar das hinterste Cubiculum mit dem Sarkophag das Hauptgemach bildete, in Besitz genommen und vielleicht noch erweitert. Könnte man wirklich beweisen, dass sie obige Ornamente angebracht hätten, so wäre das für ihre harmlose Beibehaltung heidnischer Gräberschmucks ein neuer Beweis. Es ist aber schwer denkbar, dass sie gerade einen Sarkophag mit Stierschädeln und einen guten Hirten mit einem Epheukranz im Haar gebildet hätten. Nur das ist zuzugeben, dass die Christen möglicherweise bei dem Anblick dieses Hirtenjünglings an den guten Hirten erinnert wurden und die Szene der Darbringung von Opfergaben deswegen stehen liessen. Da also weder die Erbauung noch die Ausschmückung dieser Grabanlage durch Christen bezeugt ist, die Benutzung derselben durch die Christen vielmehr erst in die Zeit nach Konstantin fällt, so scheinen mir die Schlüsse, welche V. Schultze (Kat. S. 290) daraus für die frühe Ansiedlung des Christentums in Kyrene zieht, nicht berechtigt.

Es sind bis jetzt im Orient nur Einzelanlagen, keine christlichen Gemeindefriedhöfe aufgefunden worden. Daraus lässt sich freilich nicht schliessen, dass letztere dort überhaupt nicht vorhanden waren. Nur

---

[1]) Abgebildet bei Garrucci storia tav. 105 c.

soviel sehen wir, dass im Orient im Unterschied von den römischen Katakomben das antike System der Einzelanlage wohl vorhanden war. Es mag dabei ganz einfach zugegangen sein: wurden bei der allmählichen Christianisierung dieser Länder Familien christlich — warum sollten sie ihre Familiengrabstätten nicht auch ferner beibehalten haben? Sie entfernten nur das, was für ihren Glauben direkt anstössig war, bestimmte Verzierungen, die sie eben nur als Ornamentik ansahen, liessen sie stehen, andere, wie die genannte Dartsellung aus dem Hirtenleben, mögen sie durch Ideenassociation ebenso christlich gedeutet haben wie Clemens von Alexandrien gewisse Figuren auf den Siegelringen.

Von den ausserrömischen Grabstätten Italiens sind die bedeutendsten diejenigen in Neapel. Zwar finden sich einige auch in Sizilien,[1]) aber sie sind teils als christlich durchaus nicht bezeugt, wie die Grotta dei Frangapani bei Girgenti oder die Katakomben von Palermo, teils bieten sie in Bezug auf Ornamentik, die uns hier zunächst angeht, nichts besonderes. Letzteres gilt auch von den Katakomben bei Syrakus, den bedeutendsten der Insel, deren nähere Erforschung das Verdienst S c h u l t z e s ist.[2]) Es findet sich hier die übliche Ornamentik der Blumengewinde, Pfauen, Oranten, sowie das Monogramm. Eine andere Gruft zeigt ein Fresco, welches Christum mit den beiden Aposteln Petrus und Paulus darstellt.[3]) Im übrigen haben diese Katakomben zu mancherlei interessanten Fragen über die älteste Kirche Siziliens Anlass gegeben, ja zu einer Frage, welche uns über die Stellung der altchristlichen Gemeinde zu den überlieferten heidnischen Gebräuchen die interessantesten Aufschlüsse gäbe, wenn eine strikte Beantwortung derselben möglich wäre: Schultze wollte nämlich nachweisen, die kleinen in der syrakusanischen Katakombe S. Giovanni gefundenen Nischen seien zur Aufnahme von Aschenurnen bestimmt gewesen, demnach sei jener sonst für das Urchristentum als charakteristisch angesehene Satz des Cäcilius: exsecrantur rogos et damnant ignium sepulturas — doch nicht immer und überall massgebend gewesen. Ich besitze keine Autopsie dieser Denkmäler und kann daher nicht beurteilen, wie weit die Einwendungen von Kraus (Encykl. II, S. 135), diese Nischen seien viel zu klein für Urnen und nur zur Aufnahme von Grabinschriften bestimmt gewesen, richtig sind. Aber diese Einwendungen scheinen mir doch sehr einleuchtend und überhaupt die Hypothese von Schultze

---

[1]) K r a u s zählt in seinem Verzeichnis Realencykl. II, S. 134, neun verschiedene altchristliche Grabstätten Siziliens auf.

[2]) cf. Archäolog. Studien über altchrist. Monumente, S. 121 ff.

[3]) cf. bullet. 1870. tav. X—XI.

gegenüber dem ausgesprochenen Abscheu der Christen gegen die Verbrennung der Leichen doch etwas kühn. Erst müssten wirkliche
Aschenurnen, die inschriftlich unzweifelhaft als christliche bezeugt
wären, gefunden sein, ehe man über diesen Punkt etwas Sicheres behaupten könnte. Bezüglich der Bauart der syrakusanischen Katakomben
ist zu bemerken, dass wir hier wohl einzelne Privatgrabkammern (deren
christlicher Ursprung aber noch zweifelhaft ist), im Übrigen aber wesentlich zusammenhängende Gemeindegrabstätten finden, und zwar verschiedene Anlagen mit Centren, mit Haupt- und Seidenkorridoren, mit
Loculi und Arkosolgräbern, aber auch in den Boden eingeschnittene
Gräber. Die ganze Anlage ist bedeutend breiter und freier konstruiert,
als dies bei den römischen Katakomben der Fall ist.

Das Letztere gilt auch von den Katakomben Neapels, nächst den
römischen die bedeutendsten aller vorhandenen.[1]) Und zwar sind dies
speziell — indem wir von den kleinern Grüften Neapels absehen —
die Katakomben des h. Januarius bei dem nach ihm benannten Armen-
hospiz, in dessen Hof sich der Eingang zu der Hauptanlage befindet.
Dieselbe ist, jedenfalls in Folge des stärkeren Materials — es ist nicht
der körnige und bröckelige Tuff wie in Rom, sondern der kompaktere
Steinstuff — bedeutend breiter und grossartiger angelegt als die
römischen Katakomben, dazu auch nach einem regelmässigeren Grund-
riss. Die Anlage besteht aus zwei Stockwerken, welche jedoch, jedenfalls der grösseren Sicherheit halber, nicht direkt übereinander liegen.
Im unteren Stockwerke betritt man zunächst einen grossen geräumigen
Vorraum. Rechts davon liegt eine kleine Kapelle, welche einst die
Leiche des h. Januarius geborgen haben soll; sie hat einen Längsraum
und einen Art Chor, durch zwei Pilaster von jenem getrennt. In
diesem tieferen quadratischen Raum befindet sich an der Rückwand
eine kleine Nische mit dem Bischofstuhl, in der Mitte ein Altar, rechts
zwei Grabnischen. Von jenem grossen Vorraum geht nun die jedenfalls zuerst angelegte Hauptgalerie aus. Sie hat im Anfang einen
zweiten kleineren Vorraum, ringsum mit Gräbernischen versehen. Die
Hauptgalerie selbst ist 3—5 Meter breit und etwa 90 Meter lang. Auf
der linken Seite derselben sind in ziemlich regelmässigen Abständen
kleine Kammern mit je drei Arkosolgräbern eingehauen; nur die zweite

---

[1]) cf. Bellermann: die ältesten christlichen Begräbnisstätten, bes. die
Katakomb. zu Neapel 1839. V. Schultze: Die Katak. von St. Gennaro dei
Poveri in Neapel: 1877. Kraus Rem. sott. S. 603. Realencykl. II, S. 131.
Giovanni Scherillo esame speciale della catacomba a. S. Genuaro dei
Poveri 1870.

Kammer auf dieser Seite verzweigt sich in eine grössere Anzahl theils parallel mit der Hauptgalerie theils senkrecht zu ihr laufenden Gängen, die jedoch nicht alle zugänglich sind. Ähnliche Verzweigungen zeigt der Hintergrund der Gesamtanlage. Sodann läuft rechts von der Hauptgalerie und parallel mit ihr eine schmälere Seitengalerie, mit jener durch Durchgänge verbunden, welchen in der gegenüberliegenden Wand dieser Seitengalerie ebensoviele Grabkammern mit Grabnischen entsprechen. Am Ende dieser rechten Seitengalerie führen zwei Gänge zu einem kapellenartigen Raume, in dessen Mitte eine Herme steht, am Fusse mit einer hebräischen Inschrift geschmückt, an deren Anfang nur das griechisch geschriebene Wort Πρίαπος zu erkennen ist. Dieser Stein, an dessen Enträtselung man sich früher abmühte und den auch Bellermann noch ernst nahm, ist als Fälschung erkannt und keiner weiteren Beachtung wert.

Von dem oben erwähnten zweiten kleineren Vorraum vor der Hauptgalerie führt die Treppe in das obere Stockwerk. Dasselbe ist in noch breiteren Dimensionen angelegt als das untere. Es besteht wesentlich aus drei grossen, hintereinanderliegenden, unregelmässige Rechtecke bildenden Sälen, welche durch natürliche Pfeiler aus Tuffstein geschieden sind. Auf allen Seiten befinden sich Einschnitte, jede mit mehreren Grabnischen. Im letzten Saal führen zwei gewaltige gewölbte Thore in einen kleinen Raum, von welchem links eine weitere mehrfach sich verzweigende Galerie ausläuft. Das Betreten derselben war, als ich diese Katakomben im Spätjahr 1882 besuchte, polizeilich untersagt. Sodann sind noch die aus dem vorderen Saale gegen die jetzige Spitalkirche hin sich ziehenden geräumigen Krypten zu erwähnen, durch welche der Eingang von aussen in diese obere Katakombe führt. In der einen dieser Krypten befindet sich noch wohl erhalten eine schön gemalte Decke.

Somit sind diese Anlagen bedeutend geräumiger angelegt als diejenigen in Rom. Auch die Form der Gräber ist insofern verschieden, als das Arkosolgrab, welches in den römischen Katakomben nur für bevorzugte Gräber benutzt wurde, in Neapel die regelmässige Form bildet, wenigstens ursprünglich in den zuerst angelegten Hauptgalerien, denn in den später angelegten Seitengalerien herrschen die Loculi vor. Es wurde durch sie eben bedeutend Raum für weitere Gräber gewonnen, die später auch in den Hauptgängen in der Form des Loculus vielfach angelegt wurden.

Die Dekoration dieser Grüfte ist, wie die vorhandenen Überreste erkennen lassen, jedenfalls sehr bedeutend gewesen. Die Verzierungen

9*

in Stuck und Marmor, welche einst die Wände und die Gräber bedeckten, sind freilich fast ganz verschwunden; was erhalten ist, beschränkt sich auf eine Anzahl Malereien, die freilich sehr bedeutende
technische und ästhetische Verschiedenheiten aufweisen und chronologisch
dadurch zum grössten Teil nicht allzuschwer zu bestimmen sind. Den
schönsten Schmuck zeigen die Deckengewölbe, sowohl im ersten als im
zweiten Stockwerk. In beiden erinnert die Dekoration der Decke an
ähnliche Wandgemälde in Pompeji und an antiken Gräbern. Die Fläche
ist in vielfach verschlungene Kreise und Felder eingeteilt, dazwischen
schlingen sich Blumengewinde, die Schilder sind geschmückt mit
flatternden Vögeln, mit Steinböcken, Seepferdchen, Panthern und ähn-
lichem Dekorationswerk. Am reichsten ist die Decke in der Vorhalle
des oberen Stockwerkes ausgemalt. Wir finden hier neben solchem
Dekorationswerk verschiedene christliche Gegenstände gemalt. Solche
sind allem Anscheine nach von dem Künstler in systematischer Anordnung unter den vier gegen das — einen geflügelten Genius tragende
— Mittelschild geschwungenen grossen Blumenguirlanden dargestellt
gewesen. Erhalten sind nur die zwei Bilder an der Schmalseite und
eines an der Langseite, deren eine Hälfte durch einen Luftschacht
zerstört ist. Die Bilder an der Schmalseite stellen einerseits Adam und
Eva dar, andererseits einen Mann in kurzer Tunika mit Gürtel und mit
erhobener Rechten; man erklärt die Figur für den Säemann, doch lässt
sich dies nicht sicher konstatieren. Das auf der einen Langseite erhaltene Bild ist auch ein Unikum im altchristlichen Gräberschmuck:
es zeigt drei jugendliche Frauengestalten mit aufgeknotetem Haar und
in blauen ärmellosen Gewändern; sie bauen eifrig an einem Turme.
Es wird schwer sein hier an etwas anderes zu denken als an die bekannte Vision im Hirten des Hermas. Das Buch war ja schon in der
Mitte des zweiten Jahrhunderts in der Gemeinde viel gelesen und sehr
beliebt.

An den Wänden der Vorhalle der unteren Katakombe bemerkt man
hie und da doppelten Kalkbewurf: wo die untere Schicht blossliegt, er-
kennt man ähnliche Dekorationen wie an dem Deckengewölbe, die obere
Schicht zeigt christliche Gegenstände, besonders eine Taufe Christi.
Ausserdem finden wir in den Grabnischen der Hauptgalerie der unteren
Katakombe noch folgende dem gewöhnlichen altchristlichen Bilderkreis
angehörende Darstellungen: den guten Hirten von Schafen umgeben,
Jonas schlafend in der Kürbislaube, die Auferweckung des Lazarus, das
Quellwunder des Moses, das Gastmahl, endlich Daniel unter den Löwen,
mit der phrygischen Mütze bedeckt und im Unterschied zu den sonstigen

Darstellungen dieser Figur bekleidet. In einer Grabnische ist als Mittelpunkt ein Pfau gemalt, um ihn Blumengewinde und Vögel. Auch in der oberen Katakombe zeigt ein Arkosolgrab bekannte Gegenstände der altchristlichen Kunst, an der Rückwand den Anker und zwei Delphine, im Bogen Mohn und Granatäpfel, Vögel, Bock mit Hirtenstab. Reste von ähnlichen Verzierungen sind da und dort wahrzunehmen, so dass man wohl schliessen darf, dass die ganze Katakombe mit solcher Ornamentik ausgestattet war.

Von diesen Ornamenten unterscheiden sich dann sehr deutlich solche, die einer späteren Zeit, dem 5. bis 8. Jahrhundert angehören, als die einfache an die antike Kunst sich anlehnende Ausschmückungsweise längst den konventionellen kirchlichen Figuren mit dem Heiligenschein und kirchlichen Gewändern Platz gemacht hatte. Damit waren jedenfalls diese Grüfte in Neapel reichlich ausgemalt. Unter noch vorhandenen Resten ist besonders — in der rechts vom Eingang der unteren Katakombe liegenden Kapelle — ein von zwei Engeln umgebenes Brustbild Christi bemerkenswert: der Herr hat die Rechte segnend erhoben, das Antlitz ist realistisch gehalten, klingt aber an den später traditionell gewordenen Christustypus schon an. Im Uebrigen können wir uns hier einer näheren Aufführung dieser Gemälde der späteren Jahrhunderte überheben; es sind Apostel- und Heiligenfiguren, auch einigemal solche von Verstorbenen, in hieratischer Auffassung, die für die Kunstthätigkeit ihrer Zeit wohl auch Zeugnis ablegen, aber zu dem eigentlichen altchristlichen Gräberschmuck nicht mehr gehören.

Bezüglich des Alters dieser Katakomben wird die Frage erörtert, ob sie von den Christen selbst als Grabstätten benutzt wurden oder ob es ursprünglich heidnische Grüfte seien, welche die Christen dann übernommen haben. Letzteres wurde seiner Zeit von B e l l e r m a n n , neuerdings von S c h e r i l l o behauptet, während d e R o s s i und seine Schule für den christlichen Ursprung der Grüfte eintreten, eine Ansicht, welcher sich auch V. S c h u l t z e in seiner erwähnten Monographie anschliesst. Es handelt sich übrigens dabei nur um den Anfang des Ganzen, der ohne Zweifel in den Vorhallen zu suchen ist, denn der weitere Ausbau der Katakombe durch die Christen kann keinem Zweifel unterliegen. Die Entscheidungsgründe liegen wesentlich in den Malereien der Grüfte. Wenn man früher die keinen christlichen Gegenstand enthaltende Dekoration, das Deckengemälde der untern Vorhalle, für ein Zeichen antiken Ursprungs ansah, so ist diese Ansicht freilich nicht haltbar, denn man weiss jetzt zur Genüge, dass die Christen der ersten Jahrhunderte solche Dekorationen, die nicht im geringsten von den heidnischen

sich unterschieden, an ihren Gräbern anwandten. Dazu ist es nicht denkbar, dass vor Konstantin die Christengemeinde heidnische Grabstätten
in Besitz genommen habe, wenigstens in Italien. Aber in der nachkonstantinischen Zeit hätten die Christen andererseits schwerlich mehr
solche Deckenmalereien ausgeführt wie die der untern Vorhalle, welche
den besten Erzeugnissen der römischen Dekorationsmalerei würdig zur
Seite steht und vielleicht noch in das erste Jahrhundert fällt. Wir
wissen nun zu wenig von dem Ursprung und Bestand der ältesten
neapolitanischen Christengemeinde. Sie hätte jedenfalls sehr umfang-
reich und wohlhabend sein müssen, um solche grossartige Anlagen mit
solch vollendeter Ausschmückung von sich aus schon im ersten Jahrhundert anzulegen; dies ist nicht gerade wahrscheinlich. Daher wäre
es wohl möglich, dass jene schöne Vorhalle zum Grabe einer Familie
gehörte, welche zum Christentum übertrat und dieses Grundstück der
Gemeinde als Begräbnisplatz schenkte. Das ist in Rom notorisch der
Ursprung vieler Katakombenanlagen, warum sollte dies nicht auch in
Neapel vorgekommen sein? Zur Evidenz beweisen lässt sich dies
freilich nicht, dazu sind zu wenig Anhaltspunkte vorhanden, aber auf
diese Weise lösen sich am besten die vorhandenen Schwierigkeiten.
Von solch einem Familiengrab aus konnten dann die Christen leicht die
weiteren Ausgrabungen vornehmen.

Weitaus das Wichtigste, was wir von altchristlichen Grabstätten
besitzen, befindet sich in der Umgebung der Stadt Rom, ja wenn von
jenen die Rede ist, denkt jeder gewiss vor Allem an die dortigen sogenannten Katakomben. Diese kommen denn auch in der That fast
ausschliesslich in Betracht, wenn es sich um die Erklärung des altchristlichen Gräberschmucks handelt.

Fast an all den grossen Heerstrassen, welche von Rom nach allen
Richtungen ausgehen, finden sich altchristliche Grabstätten. Die wich-
tigsten und bedeutendsten liegen an jener Strasse, die auch für das vor-
christliche Rom die eigentliche Gräberstrasse bildete, an der via Appia.
Es sind im Ganzen vierundfünfzig altchristliche Cömeterien, die in den
Verzeichnissen aufgeführt werden.[1]) Der Name Katakomben,[2]) welcher

---

[1]) Das genaueste Verzeichnis bei Kraus Realencykl. II, S. 110 ff. Wir
verweisen darauf auch bezüglich der gewöhnlich von einem Märtyrer oder
Heiligen, seltener von örtlichen Beziehungen hergenommenen Namen der einzelnen Cömeterien, deren Aufzählung uns hier überflüssig erscheint.

[2]) Der Ursprung dieses Namens ist dunkel. Es sind über seine Ableitung
die verschiedensten Ansichten aufgestellt worden. Man findet sie zusammengestellt bei Kraus Realencykl. II, S. 98. Schultze, Die Katak. S. 40.

ihnen jetzt allen gemeinsam ist, war ursprünglich nur die Bezeichnung für das einzelne cömeterium catacumbas ad S. Sebastianum an der appischen Strasse. Da dasselbe später, als die Grüfte in Vergessenheit geraten waren, allein noch bekannt blieb und besucht wurde, so wurde der Ausdruck Kollektivbezeichnung für die altchristlichen Grabstätten Roms überhaupt. Von ihnen, die innerhalb des ersten und dritten Meilensteines liegen, sind dann zu unterscheiden die suburbicarischen Katakomben, welche sich in einem Umkreis von fünfzehn bis zwanzig Meilen, vom dritten Meilensteine an gerechnet, rings um die Stadt erstrecken. Die zahlreichen Städte und Städtchen, Dörfer und Flecken dieses Gebiets nahmen sehr bald das Christentum an und schufen sich ihre Cömeterien wie ihre christlichen Brüder in der Stadt. Doch sind diese suburbicarischen Katakomben noch sehr wenig erforscht,[1]) wie überhaupt das Verhältnis dieses Gebiets zur städtischen Verwaltung in der antiken Zeit wie zur kirchlichen Verwaltung in der christlichen Zeit viele Schwierigkeiten darbietet. Aber auch von den zur Stadt selbst gehörenden Cömeterien sind nicht alle in gleichem Masse durchforscht, auch nicht alle gleich wichtig. Besonders bezüglich der Ausschmückung finden sich sehr bedeutende Unterschiede. Am bekanntesten und am genauesten durchforscht ist die umfangreiche, verschiedene mit besonderen Namen bezeichnete Cömeterien umfassende Callistkatakombe an der appischen Strasse. Ihr sind die drei ersten Bände von de Rossi's Roma sotteranea gewidmet. Der vierte Band soll die benachbarte Domitillakatakombe behandeln. Von den übrigen sind besonders wichtig die Generosakatakombe an der via Portuensis,[2]) die Priscillakatakombe an der via Salaria nuova, die Agneskatakombe an der via Nomentana, und die Katakombe ad duas lauros (S. Petri et Marcellini) an der via Labicana. Manche der Cömeterien, welche in den Verzeichnissen aufgeführt werden, sind nur dem Namen nach aus älteren Verzeichnissen herübergenommen, selbst aber noch ganz unerforscht.

Die Bauart dieser Grüfte ist bei allen wesentlich die gleiche. Sie liegen ohne Ausnahme draussen vor der Stadt unter Weingärten oder

---

Letzterer hat die alte Erklärung wieder aufgenommen, wonach der Ausdruck auf die bei St. Sebastian stattfindende Senkung der appischen Strasse zurückzuführen sei (comba = κύμβη, Schlucht). Das scheint mir immer noch die probateste Erklärung. Auch der dort liegende Circus Maximus wird schon im 4. Jahrhundert als circus in catacumbas bezeichnet.

[1]) Eine Übersicht über dieselben giebt Stevenson bei Kraus Realencykl. II, S. 114 ff.

[2]) Eingehend besprochen bei de Rossi Rom. sott. III, S. 648 ff.

Ackerfeld. Vom flachen Boden führt eine Treppe hinab, welche an ihrem Eingange oft mit schönen Portalen ausgeschmückt war. Unten finden wir uns in dunkeln Gängen (cuniculi), welche in Breite und Höhe so angelegt sind, dass sie eben für eine erwachsene Person zum Durchschreiten Raum genug bieten. Diese Gänge laufen nur ausnahmsweise in Kurven, in der Regel stossen sie alle senkrecht oder in spitzen und stumpfen Winkeln aufeinander. Sie kreuzen sich labyrinthartig in grosser Ausdehnung, so dass man berechnet hat, diese Galerien der römischen Cömeterien würden, einzeln aneinandergereiht, eine Länge von 876 Kilometer ausmachen. Neben diesen Gängen finden wir kleine Kammern (cubicula), meist quadratisch, manchmal aber auch polygonal oder an einer Seite abgerundet. Sie liegen teils zur Seite der Galerie, teils an dem Ende einer solchen oder am Kreuzpunkte verschiedener Galerien. Sie dienten als Erbbegräbnis für Familien oder auch für die Bestattung einzelner ausgezeichneter Personen, Märtyrer oder Bischöfe. Sie sind alle nicht gross; eine der geräumigsten, die sogenannte Papstkrypta in der Callistkatakombe, hat einen Flächeninhalt von nur 15,75 Quadratmeter. In der Decke dieser Kammern ist häufig ein Schacht (luminare) nach oben gebrochen, wodurch das Licht eindringen kann. Solche Luminarien finden sich aber auch da und dort über den Schneidepunkten von Galerien. Da die Ausgrabungen nicht willkürlich ausgedehnt werden konnten, sondern aus Gründen, die wir gleich zu erwähnen haben werden, bestimmte Grenzen innehalten mussten, so konnte der weitere Raum für Leichen nicht anders gewonnen werden als dadurch, dass man verschiedene durch Treppen verbundene Stockwerke solcher Galerien anlegte. Es sind meist zwei bis drei, zuweilen aber auch bis zu fünf Stockwerken.

An der Seite dieser Galerien sehen wir niedrige langgestreckte Löcher, gerade gross genug, dass ein menschlicher Leichnam darin Platz findet. Es sind die eigentlichen Gräber dieser unterirdischen Totenstadt. Sie sind in genauester Ausnutzung des Raumes in Reihen über- und nebeneinander angebracht. In dieselben (die loculi) wurden die zum Begräbnis zubereiteten Leichname hineingelegt und der Raum dann durch eine Steinplatte, meist aus Marmor, geschlossen und die Fugen mit Mörtel luftdicht verschlossen. Auf die Platte setzte man dann die Inschrift, dazu meist auch irgend eine Verzierung. Oft wurden diese Platten von nichtchristlichen Denkmälern genommen, wobei man dann die Seite mit der alten Inschrift nach innen kehrte, wenn man nicht, wofür sich auch Beispiele finden, die letztere ausmeisselte oder ihre Buchstaben durch Ausstreichung mit Kalk unleserlich machte. Gewöhnlich nahm ein solcher Loculus nur eine Leiche auf, zuweilen aber auch zwei oder drei (loculus bisomus, trisomus). Häufig legte man auch Kinderleichen zu denen Erwachsener. Die Leichen waren aber dann doch durch Steinplatten von einander getrennt, um damit den früher erwähnten strengen Grundsatz der alten Kirche, dass jede Leiche ihr eigenes Grab haben müsse, festzuhalten.[1]) Später, wenn der Raum allmählich zu eng wurde und eine Erweiterung oder Vertiefung der Grüfte aus irgend welchen Gründen — wegen Terrainschwierigkeiten oder weil man über benachbarte Grundstücke nicht verfügen konnte — unterbleiben musste, hat man jede kleine Ecke für Kindergräber benutzt, hat auch die Loculi Erwachsener ohne Rücksicht auf die Verzierung der Wände angebracht, so dass manchmal Malereien mitten durch von einem Loculus durchbrochen sind. Wie sehr da die Gräber zusammengedrängt wurden, mag daraus hervorgehen, dass man z. B. in der Agneskatakombe in Galerien, die zusammen eine Länge von 1603,51 Meter haben, nicht weniger als 5753 Gräber zählte, davon 3860 für Erwachsene und 1893 für Kinder.

Von diesen in der Form des Loculus angelegten Gräbern sind dann die sogenannten Arkosolgräber zu unterscheiden (d. h. Bogengräber, von arcus und solium). Dieselben sind derart konstruiert, dass eine rund oben in einem Halbkreis sich wölbende Nische in die Wand eingebrochen ist; in den Boden derselben ist dann das eigentliche Grab eigelassen. Zuweilen ist diese Nische jedoch auch als Rechteck, in der Länge des Grabes, über dem letzteren ausgehauen. De Rossi nannte diese Form sepolcro a mensa, weil er annahm, dass hier die Grabplatte bei der Feier der Eucharistie in den Gräbern als Altar diente. Diese sogenannten Arkosolgräber sind im Unterschiede von den Katakomben in Neapel, wo sie die gewöhnliche Form bilden, in Rom nur für bevorzugte Gräber angewendet; hier ist vielmehr der Loculus die gewöhnliche Grabform.

Von grösserer Auszeichnung freilich als das Arkosolgrab zeugen die einzelnen Särge, welche in der altchristlichen Zeit in Anwendung kamen, die Sarkophage. Ihre Zahl aus dem christlichen Altertum ist ziemlich bedeutend. Die meisten bietet Italien (ausser Rom noch Ravenna) sodann Frankreich (besonders Arles), einige wenige auch Spanien. Verhältnismässig wenige dieser Steinsärge stammen aus

---

[1]) cf. die Verwünschungen gegen die Verletzung dieses Grundsatzes in Inschriften, wie solche mitgeteilt sind in dem Artikel „Grab" in Kraus Realencykl.

[2]) Die grösste Sammlung altchristlicher Sarkophage befindet sich im Lateran. Ein Katalog über dieselben fehlt leider immer noch. Ueber die nicht im Lateran befindlichen Sarkophage ist neuerdings im 42. Band der bibliothèque

jenen unterirdischen Grüften vor den Thoren Roms, vielmehr wurden die meisten, wie sie jetzt in den Museen aufgestellt sind, in oberirdischen Cömeterien oder in den Krypten der altchristlichen Kirchen aufgefunden. In den ersten Jahrhunderten wurden diese Sarkophage nicht von den Christen verwendet, höchstens ganz vereinzelt, vielmehr ist die christliche Sarkophagbildnerei wesentlich eine Thätigkeit des vierten und fünften Jahrhunderts. ¹) Von 18 datierten Sarkophaginschriften, die den ersten vier Jahrhunderten angehören, stammen nur vier aus der vorkonstantinischen Zeit. Diese späte Benutzung der Sarkophage ist schon aus äusseren Gründen begreiflich, denn dieselben waren teuer, die Mehrzahl aber der Glieder der ältesten Christengemeinde Roms gehörte jedenfalls den unbemittelten Ständen an. Daraus ergiebt sich, dass das Vorkommen eines Sarkophags in den Katakomben jedenfalls ein Hinweis ist auf ein aus irgend welchen Gründen bevorzugtes und ausgezeichnetes Grab.

Diese Steinsärge sind fast ohne Ausnahme aus weissem Marmor, selten aus Kalkstein oder Porphyr. Ihre Länge ist gewöhnlich nicht grösser als es für den aufzunehmenden Leichnam notwendig war, dagegen die Höhe oft sehr bedeutend. Den Beschluss bildet oben ein aufliegender, durch Verstreichung mit Mörtel luftdicht abschliessender Deckel, meist flach, zuweilen aber auch dachförmig oder, wie sehr häufig in Ravenna, gewölbt.

Die ältesten Sarkophage sind bezüglich der Ausschmückung auch die einfachsten. Sie tragen nichts spezifisch Christliches an sich, ihre Ausschmückung ist dieselbe wie diejenige einfacher antiker Sarkophage: die Wellenlinien auf der Vorderfläche, manchmal in deren Mitte das Medaillon mit dem Brustbild des oder der Verstorbenen, zuweilen auch von Genien gehalten. Sodann finden wir die von den antiken Sarkophagen bekannten an den Ecken angebrachten Masken oder auch die Löwenköpfe, welche ein Lamm oder ein Reh verschlingen, ferner Hirten- und Jagdszenen, Blumen- und Traubengewinde, Weinlese. Antiken Sarkophagschmuck voll menschlich natürlicher Empfindung, wie Szenen des

---

des écoles d'Athènes et Rome eine dankenswerte Zusammenstellung gegeben worden: étude sur l'histoire des sarcophages chrétiens; catalogue des sarc. crét. de Rome, qui ne se trouvent point au musée du Latran, par Réné Grousset. Die Auffassung und Auslegung der Bildwerke ist die traditionelle.

¹) Schon Prudentius erwähnt die Sarkophage wie eine bekannte Sache. cf. cathem. III, 261. Augustin giebt de civ. dei 18, 5 die Erklärung: arcum, in qua mortuus ponitur, omnes jam sarcophagum vocant.

Abschieds, speziell von Ehegatten,[1]) hatten die Christen noch weniger Veranlassung zu vermeiden. Allem Anscheine nach haben sie zuerst unter den Sarkophagen, welche in den Magazinen heidnischer Steinmetzen zum Verkauf bereit standen, solche ausgewählt, deren Ausschmückung ihrem Glauben keinen Anstoss bot. Aber sie konnten es offenbar auch nicht vermeiden, solche Sarkophage zu wählen, welche Gegenstände der antiken Mythologie oder des antiken Heroenkreises enthielten. Oft hat man den Anstoss, den die Gläubigen daran nehmen konnten, dadurch beseitigt, dass man die Seite mit dem Bildwerk nach der Wand zu kehrte. So bei einem Sarkophag mit Bachanalien in der Lucinakatakombe. Auf anderen, die aller Augen sichtbar waren, finden wir Darstellungen von Amor und Psyche, von Orpheus, von Odysseus an den Sirenen vorüber fahrend. Aber auch Minerva, die Dioskuren, das Medusenhaupt, Flussgötter, Personifikationen des Himmels, der Gestirne und der Jahreszeiten kommen vor, ebenso durch Putti dargestellte Jagd- und circensische Szenen.[2]) Auch der Genius mit der gesenkten Fackel fehlt nicht.[3]) Andere Darstellungen antiker Sarkophage, wie betende Figuren oder Hirten mit dem Lamm auf der Schulter mussten die Christen direkt auf christliche Ideen hinleiten. Die letztgenannte Darstellung mag vielleicht den Anknüpfungspunkt geboten haben für eine selbstständige christliche Sarkophagbildnerei, die mit dem vierten Jahrhundert begann. Der älteste datierte Sarkophag, welcher einen unzweifelhaft aus christlichen Händen hervorgegangenen Schmuck trägt, stammt aus dem Jahre 343 und zeigt die Szene der Geburt Christi im Stalle, mit Ochs und Esel. So haben die Christen in dieser Zeit ihre Sarkophage an der Vorderseite — seltener auch an den beiden Schmalseiten — mit plastischem Schmucke versehen, so wie ihre heidnischen Mitbürger dies auch thaten. Wählten letztere die Gegenstände dieses Schmucks vorzugsweise aus dem Kreise ihrer religiösen Vorstellungen, so thaten es die Christen nicht minder. Es kam vor, dass man in ganz naiver Weise einen Synkretismus mit dem bisherigen Sarkophagschmuck einging, also z. B. Juno Pronuba als Beschützerin eines christlichen Ehebundes zwischen biblische Szenen hineinstellte.[4]) Aber auch davon emanzipiert sich die Thätigkeit der christlichen Steinmetzen und schafft ihre eigenen Figuren. In Bezug auf die Auswahl der Gegenstände dieser Bildnerei verhält es sich nicht anders wie bei den antiken Sarkophagen:

---

[1]) cf. Garrucci storia tav. 362, 2 und 3.
[2]) de Rossi R. s. III, S. 444 ff.
[3]) cf. Garrucci tav. 297, 1. 2. 403, 1.
[4]) cf. V. Schultze, Archäolog. Studien, S. 99 ff.

es ist wesentlich ein immer wiederkehrender Kreis von Darstellungen. War schon die antike römische Kunst keine schöpferische, sondern eine reproduktive, so diejenige der Christen erst recht; ein Gegenstand, der einmal beliebt worden war, wurde immer wiederholt. Dies wurde umsomehr begünstigt durch den Umstand, dass die Sarkophage fertig in den Magazinen gekauft wurden. Manche dieser Gegenstände und Szenen waren dem christlichen Auge schon geläufig durch die Malereien in den Katakomben. So besonders die Jonasszenen, das Quellwunder des Moses, die Auferweckung des Lazarus, das Wunder der Brotvermehrung, die Anbetung der Magier, der gute Hirte, Daniel in der Löwengrube. Dies sind auch die häufigsten Darstellungen. Nächst ihnen finden sich oft die Gefangennahme des Moses (gewöhnlich als solche des Petrus bezeichnet), die Heilung des Blinden, die Hochzeit in Kana, die Verleugnung Petri, die Opferung Isaaks, Heilung des Paralytischen, der Sündenfall, das blutflüssige Weib, die Jünglinge im Feuerofen, Noah in der Arche, Erschaffung des Weibes. Noch seltener sind die Geburt Christi und Szenen aus der Leidensgeschichte, der Jüngling zu Nain, das Mahl, Moses das Gesetz empfangend, die Himmelfahrt des Elias, der Durchgang Pharaos durch das rote Meer, Kain und Abel, Hiob. Ganz vereinzelt endlich finden sich Moses seine Schuhe ausziehend, die Sünderin, die Taufe Christi.

Dazu kommen aber auch Zeichen, Figuren und Szenen, welche auf Stand und Beruf des Verstorbenen hindeuten oder ihn, analog antiken Grabreliefs inmitten der Umgebung zeigen, welche ihm im Leben teuer gewesen.[1])

Die Gegenstände des Sarkophagschmuckes sind auch, wenn man sie hinsichtlich der einzelnen Fundstätten betrachtet, wesentlich dieselben. Es giebt darin nur geringfügige Abweichungen. Besonders Ravenna scheint eine eigene Schule gehabt zu haben, seine Sarkophage ziehen Blattornamentik und Einzelfiguren den Gruppenbildern vor.

Was endlich die Anordnung dieser Bilderwerke betrifft, so ist die Vorderwand der Sarkophage entweder ununterbrochen von diesen Bildwerken bedeckt oder aber durch einen Längsstreifen in der Mitte in zwei Felder, ein oberes und ein unteres, eingeteilt. Später finden wir auch eine Scheidung der einzelnen Szenen durch Säulen, welche Arkaden tragen, seltener durch Bäume. In der Mitte ist, wie schon er-

---

[1]) cf. Beispiele von Berufsszenen bei Garrucci t. 298, 3. 307, 1. 359, 2. Ehepaare sich die Hand reichend oder Abschied nehmend t. 321, 1. Le Blant sarc. d'Arles pl. 23, 6. 8. Familienszenen Garrucci t. 371, 1. 2 u. A.

wähnt, häufig das Medaillon oder die Muschel mit dem Brustbilde der Verstorbenen angebracht, meist ein Ehepaar, in der aus der antiken Sarkophagbildnerei bekannten Haltung, dass die Frau, welche meist rechts vom Manne angebracht ist, einen Arm auf die Schulter des Gatten legt. Letzterer trägt häufig eine Rolle in der Hand, zum Zeichen, dass er der „Meister" ist. Die Sarkophage wurden in den Magazinen fertig gestellt bis auf die Porträtzüge dieser Personen. Es existieren daher auch solche, bei welchen die Fertigstellung dieser Porträts niemals ausgeführt wurde. In der Mitte des oberen Randes wurde dann oft eine Tafel angebracht mit der Inschrift.

Die technische Ausführung der Reliefs ist dieselbe wie diejenige der profanen Sarkophage derselben Zeit. Die ältesten Sarkophage sind hierin die vollendetsten, manche, die blosse Ornamentik in Blumen-, Blätter- und Rebgewinden zeigen, stehen den besten Arbeiten der römischen Zeit noch nahe. Dagegen stammt weitaus die Mehrzahl der mit Figuren und Szenen geschmückten Sarkophage aus einer Zeit, die den Verfall der römischen Kunst bedeutet. Die Figuren sind meist proportionslos, steif, mit blöden oder ausdruckslosen Zügen, in den Einzelheiten stereotyp wie die Gegenstände der Darstellung selbst. Nur die Komposition der einzelnen Szenen ist meist nicht ungeschickt, wenn auch ohne Rücksicht auf den Inhalt willkürlich aneinander gereiht. In der Behandlung des Nackten (bei den Figuren des Jonas oder Daniels in der Löwengrube) zeigt sich noch die Einwirkung antiker Vorbilder. Doch im allgemeinen lässt sich sagen, dass die Verfertiger dieser altchristlichen Sarkophage keineswegs auf der Höhe künstlerischer Bildung standen, sie waren überhaupt keine Künstler, sondern Handwerker. Ihre schöpferische Phantasie war ebenso gering wie ihre technische Fertigkeit. Diese Sarkophage haben mehr einen kulturhistorischen als einen künstlerischen Wert und erregen Interesse mehr durch das, w a s sie darstellen, als w i e sie es darstellen. Wir werden im letzten Abschnitte dieser Schrift auf den Inhalt und die Bedeutung der einzelnen Figuren und Szenen zurückkommen. Im ganzen bieten diese plastischen Darstellungen der Sarkophage viel weniger Kontroversen dar als die malerische Ausschmückung der Katakomben.

Wir haben damit schon einen Teil des Schmuckes dargelegt, mit welchem die alten Christen ihre Grabstätten verzierten. Kunstvollendeter aber und mannigfaltiger als diese plastische Ausschmückung der Steinsärge ist der Schmuck der Malerei, mit welchem sie jenen düstern Begräbnisstätten unter der Erde ein freundlicheres Aussehen zu verleihen suchten. Von diesem Schmucke sind zahlreiche mehr oder weniger

gut erhaltene Reste vorhanden. Diese Malereien waren nicht überall
angebracht, sondern hauptsächlich in den oft zu einer Art Vorhalle aus-
geweiteten Eingängen der Grüfte, sodann in den Cubicula, besonders
an den gewölbten Decken derselben, an der Hinterwand wie in dem
Bogen der Arkosolgräber, also im Ganzen an Gräbern, welche aus
irgend welchen Gründen vor der Masse der Übrigen ausgezeichnet
waren. An den Loculi, welche die Mehrzahl der Gräber ausmachen,
ist die Malerei seltener, und wenn sie vorkommt, gewöhnlich ü b e r
der Verschlussplatte, sehr selten a u f ihr. Dagegen ist hier oft eine
Verzierung einfachster Art, wie der Palmenzweig oder eine oder mehrere
Tauben (mit und ohne den Zweig im Schnabel), zuweilen auch Blätter-
und Blumenornamentik, endlich aber auch Figuren zur Andeutung von
Namen oder Stand des Verstorbenen, in ziemlich roher Weise als
Umrisszeichnung in den Stein eingemeisselt. Aus all dem geht deutlich
hervor, dass die Ausschmückung der Gräber Sache der Hinterbliebenen
war und also sehr von deren sozialer Stellung oder ihren Vermögensverhältnissen abhing. Nur die Gräber der Märtyrer oder Bischöfe, sowie
die Eingänge der Grüfte mögen auf Kosten der Gemeinde hergestellt
sein, soweit nicht auch hier, wie es z. B. bei den kunstvollen Malereien
im Eingang der Domitillakatakombe sich ziemlich sicher annehmen
lässt, einzelne wohlhabendere Gemeindeglieder die Ausschmückung
besorgten.

Die Gegenstände dieser Malereien sind oft keine anderen als diejenigen der antiken Flächendekoration: Blumen- und Rebgewinde, dazwischen Tauben, Pfauen und andere Vögel, Tiergestalten wie Lämmer
und Rinder auf landschaftlichem Hintergrund. Schön ist in dieser Beziehung der Eingang der Domitillakatakombe und ein Cubiculum in
derselben ausgeschmückt. Die Decke des letzteren zeigt einen Kreis
mit einem Mittelbild und acht Bildern in der Peripherie, alle in schöner
Symmetrie geordnet und durch stylisierte Pflanzenornamente getrennt.
Das Mittelbild zeigt den leierspielenden Orpheus, zwischen Bäumen auf
einem Felsblock sitzend, um ihn friedlich gelagert mannigfaches Getier.
Von den acht Bildern des Umkreises sind vier ländliche Genreszenen,
Schafe und Rinder zwischen Bäumen und Buschwerk; die vier anderen
enthalten biblische Szenen: Moses am Felsen, Daniel zwischen den
Löwen, die Auferweckung des Lazarus, David mit der Schleuder. Von
Einzelgegenständen finden wir den Anker, Dreizack, Palmzweig, das
Monogramm Christi, Lampen, Kranz und Krone, Wagen, Fässer, Schiff
und Leuchtthurm; von Tiergestalten den Delphin, Fisch, das Lamm
(mit oder ohne Attribute aus dem Hirtenleben), Tauben, Löwen, Hasen,

Hähne (auch im Kampf), Hirsche, Pferd, Schlange, Hunde und Kaninchen. Gruppenbilder enthalten biblische Szenen. Die häufigsten sind der gute Hirte mit dem Lamm auf der Schulter, aber auch derselbe ohne Lamm zwischen seiner Heerde, die um ihn steht oder weidet; zuweilen sind noch der Stab, die Syrinx und andere Attribute des Hirtenlebens beigegeben. Nicht minder häufig sind die Szenen aus der Geschichte des Jonas, die Auferweckung des Lazarus, Daniel in der Löwengrube. Dazu kommen die Anbetung der Magier, Noah in der Arche, Moses am Felsen, die Opferung Isaaks, die drei Jünglinge im Feuerofen, der Paralytische. Oft gewahren wir Frauengestalten, betend mit erhobenen Händen, sowohl an den Deckengemälden zwischen anderen Dekorationsstücken, als über den Loculi oder in Arkosolien.

Ziemlich häufig sind die Szenen einer Mahlzeit, mehr oder weniger einfach und ruhig oder bewegt dargestellt. Dahin gehören einige Bilder im Cömeterium S. Pietro e Marcellino: eines (bei Garrucci t. 47, 1) zeigt sechs Personen, Männer und Frauen, um den bekannten halbrunden Tisch gelagert; vor demselben (der keinerlei Gerichte trägt) stehen vier grosse Mischkrüge; eine Person erhält von einer anderen seitlich stehenden, von welcher nur der Arm sichtbar ist, einen Becher gereicht, eine andere giesst aus einem Becher sich das Getränk in den Mund. Das andere Gemälde (Garr. t. 56, 1) auf der Rückwand eines Arkosolgrabes — dessen Bogen mit dem guten Hirten und Jonasszenen zwischen Linienornamentik und Vögeln geschmückt ist — zeigt fünf Personen am Tische; vor letzterem steht ein Mischkrug; daneben der kleine dreifüssige Anrichttisch (delphica) mit einer Speise, vielleicht ein Fisch, nach anderer Meinung ein Lamm. Neben dem Tische steht ein junger Sklave, im Begriff den Becher vom Tisch wegzunehmen. Über dem Ganzen lesen wir die Worte: Irene da calda und Agape misce mi. Auf einem dritten Gemälde desselben Cömeteriums (Garr. t. 56, 5), ebenfalls auf der Rückwand eines Arkosolgrabes, sitzen sieben Personen, darunter zwei Kinder, um den Tisch; davor stand ebenfalls der kleine dreifüssige Tisch, von dem jetzt nur noch die Platte sichtbar ist (es wurde später ein loculus in das Gemälde eingebrochen); auch hier ist eine Legende beigesetzt: Agape misce nobis und Irene porge calda. Fast die gleiche Inschrift zeigen zwei weitere Gemälde derselben Katakomben, die erst 1881 entdeckt wurden (cf. bullet. 1882 t. V. VI), mit fünf, beziehungsweise drei Personen. Endlich sind aus diesem Cömeterium noch zwei Tischszenen zu erwähnen, die keine Inschriften tragen. Die eine (Garr. t. 57, 2) zeigt drei Personen an einem mit einem Tischtuch bedeckten Tische, auf welchem einige Gefässe stehen; von rechts und links reichen

Diener Speisen und Getränke dar. Auf dem anderen Bilde (Garr. t. 45, 1)
sehen wir nur zwei Personen, anscheinend Mann und Frau, der Speise-
tisch wie der kleine Anrichttisch sind leer; auch hier schreiten von
rechts und links dienende Personen herbei.

Auch aus der Agneskatakombe sind zwei Bilder von Mahlzeiten
bekannt. Das eine (Garr. 60, 2), ebenfalls auf der Rückwand eines
Arkosoliums, zeigt eine aus sieben Personen bestehende Tischgesell-
schaft, welche ruhig und friedlich zu schmausen scheint; vor ihnen stehen
drei Teller mit je einem Fisch, daneben liegen zwei Brote. Weiter vorn
stehen zwei Krüge und sieben Trinkbecher. Das andere Gemälde
(Garr. 64, 2), auf dem Grabe einer jungen Frau oder Jungfrau, hat
nur fünf Personen, auf dem Tische stehen einige Gefässe. Das Bild befindet sich in einem schön ausgeschmückten Arkosolium zwischen anderen
bekannten Szenen der Katakomben; nur die das Pendant zu dem Mahle
bildenden fünf Jungfrauen mit Fackeln und Gefässen fallen aus dem gewöhnlichen Cyklus der Bilder heraus.

Auf einem weiteren hierher gehörigen Bilde in der Domitillakatakombe — dasselbe ist leider sehr lädiert — sehen wir zwei Personen, wohl Mann und Frau, auf einem sophaähnlichen Ruhebett sitzen;
vor ihnen steht ein dreifüssiges Tischchen mit einem Fisch und Broten.
Ein Diener trägt etwas herbei, wahrscheinlich ein Gefäss mit Wein
(Garr. t. 19, 4).

Auch in den sog. Sakramentskapellen der Callistkatakombe finden
wir diese Darstellung des Mahles, und zwar viermal. Die einzelnen
Bilder weichen nur geringfügig von einander ab. Es sind immer sieben
Personen, welche an dem Mahle teilnehmen (des ἑπτάκλινον);[1]) auf
dem halbrunden Tische vor ihnen liegen Fische und Brote. Dabei stehen
— und dadurch unterscheiden sich diese Darstellungen von den bisher
genannten — stets Körbe mit Broten, sieben oder acht an der Zahl und
dann v o r dem Tische, einmal aber z w ö l f, welche hälftig n e b e n dem
Tische aufgestellt sind.

Diese sog. Sakramentskapellen bieten überhaupt neben den häufigsten Darstellungen — wie der gute Hirte, Moses am Felsen, die Auferweckung des Lazarus und Jonasszenen — auch manche Unika, die
der Auslegung viel zu schaffen machen. So ein Fischer, welcher, ge-
mächlich auf einem Stein sitzend, einen Fisch an der Angel aus dem
Wasser zieht; ferner ein mit Sturm und Wogen kämpfendes Schiff: ein

---

[1]) bei Athenaeus II, p. 47 f. cf. Martial X, 48, 6:
Septem sigma capit; sex sumus, adde Lupum.

Mann ist bereits herausgestürzt; zwei andere, einer im Vordergrund — auf dessen Haupt eine aus den Wolken ragende Figur segnend die Hand zu legen scheint — und ein anderer auf der Rückseite beim Steuerruder stehen mit ausgebreiteten Händen, anscheinend auch im Begriff sich ins Meer zu stürzen. Weiter sehen wir hier Taufszenen; sodann männliche, mit dem Pallium halbbekleidete Figuren, sitzend oder stehend, bald mit, bald ohne Rolle in der Hand, einmal aus einer aufgeschlagenen Rolle lesend. Ein anderer Mann schöpft Wasser aus einem überquellenden Brunnen. Neben einem dreifüssigen Tische, auf welchem ein Brot liegt, stehen ein Mann und eine Frau; ersterer scheint eben einen Teller mit einem Fisch auf das Tischchen zu setzen, letztere hat die Hände betend erhoben. Auch finden wir hier Abbildungen der Fossoren, jener Handwerker, welche die Grüfte ausgruben. Dieselben kommen auch sonst in den Katakomben vor. Ein Fresko in S. Pietro e Marcellino zeigt sie mit Hacke und Grubenlicht in der Arbeit begriffen. Das bekannteste und instruktivste Bild dieser Art ist dasjenige des Fossors Diogenes in der Domitillakatakombe, auf seinem eigenen Grabe. Die Zeichen seiner Arbeit, Spitzhaue, Lampe, Zirkel, Meissel u. a. sind beigesetzt.

Solche Abbildungen, welche eine Hindeutung auf Stand und Beruf des Verstorbenen enthalten, sind in den Katakomben ebenso häufig wie auf antiken Gräbern. So finden wir Szenen aus dem Berufe von Wirten, Kaufleuten, Gemüsehändlern, Hirten, Landleuten, Lastträgern, Schiffern, Schmieden. Auch Einzelgegenstände, wie Griffel und Rolle, Fass, Kanne, Zange, Säge, Winkelmass, Hammer, Meissel, Bohrer, Hobel sollen ohne Zweifel auf den Beruf des Verstorbenen hindeuten, zumal diese Dinge fast nur auf den Verschlussplatten der Loculi abgebildet sind.

Für die christliche Gemeinde hätten ikonographische Darstellungen von Christus, Maria, den Aposteln nahe liegen müssen. Aber es sind in dem Zeitraume, während dessen die Katakomben als Grabstätten benutzt wurden, in den Wandmalereien keinerlei Einzeldarstellungen dieser Personen vorhanden. Wir finden Christus als zarten unbärtigen Jüngling in den betreffenden Szenen, wo seine Anwesenheit notwendig ist; wir finden auch Maria in Szenen, in welchen ihre Person vorkommt, wie hauptsächlich in denjenigen der Anbetung des Jesuskindes durch die Magier oder jener schönen sog. heiligen Familie in der Priscilla-katakombe,[1] aber Einzeldarstellungen von Jesus oder seiner Mutter sind nicht vorhanden. Ein schönes Bild der Domitillakatakombe (Garr.

---

[1] Als solche sehr fraglich, wovon im letzten Abschnitt. Das Bild bei Garr. t. 81, 2.

t. 29, 5), welches man gewöhnlich für ein Christuskind hält, ist als
solches sehr fraglich. Es hindert wenigstens nichts, das Bild für das
eines hier Bestatteten zu halten. Die Ansätze zu dem bekannten traditionellen Christustypus beginnen in der Mitte des vierten Jahrhunderts, aber
in den Malereien der Katakomben haben wir nur die Ausartung desselben, asketische und grämliche greisenhafte Züge, wie in den Christus-
bildern aus St. Ponziano, der Cäcilienkapelle und St. Generosa, Bilder,
welche etwa dem 6. bis 8. Jahrhundert angehören. Einzelbilder der Jungfrau Maria, ebenso wie solche der Apostel Paulus und Petrus, erscheinen
erst auf Goldgläsern des fünften Jahrhunderts, letztere hier dann als
ältere bärtige Männer, wie auch auf den Sarkophagen, während sie in
den früheren Malereien der Katakomben auch nur als notwendige Glieder
der betreffenden Szenen, und dann in jugendlich bartlosem Aussehen,
vorkommen.

Endlich muss noch erwähnt werden, dass in diesen Malereien uns
Gegenstände entgegentreten, welche nichts spezifisch Christliches an sich
tragen. So das Medusenhaupt, Psyche, Oceanus, Orpheus, der Sonnengott (auf einem Wagen aufstehend oder, wie auf einem Gemälde in ·
St. Callisto, als ein Strahlenkopf, welcher auf einem Wolkenkissen ruht
und von da seine Strahlen auf den schlafenden Jonas herabsendet).
Ferner finden sich Personifikationen wie die der Erde — ein auf dem
Boden liegendes Weib mit einem Füllhorn —, von Flussgöttern und
den Jahreszeiten als Genien.

Was die Technik dieser Malereien betrifft, so haben darüber noch
wenig genaue Untersuchungen stattgefunden. Die meisten Bilder scheinen
al fresco gemalt zu sein. Die Lokalität, welche des Lichts ermangelte,
brachte es mit sich, dass die Intensivität der Farben zurücktritt, aber
dafür die Konturen der Figuren um so schärfer hervortreten. „Auf
einem lichten Grunde", sagen darüber Crowe und Cavalcaselle (Gesch.
der ital. Malerei I, S. 3. Anmerk. 4), „wurden die Fleischpartien der
Figuren gleichmässig mit einem warmen gelbroten Tone untermalt; die
Schatten trug man dann mit einer tiefen und fetten Tinte in breiten
Massen ohne Detailzeichnung auf und versah die Umrisse der Gestalten,
sowie Augen, Nase und Mund mit kräftigen schwarzen Konturen. Bei
den Gewändern wandte man mit leidlichem Sinn für malerische Zusammenstellung die drei Grundfarben (blau, rot und gelb) an". Diese
Vernachlässigung des Details wurde eben auch durch das Dunkel der
Grüfte, wo man die Bilder stets nur bei mattem Lampenlichte sah, be-
günstigt. Daher sind auch Verzeichnungen ungemein häufig. In der
Anordnung der Gewänder wie in der Bildung des Nackten wirkt auch

hier die antike Kunst noch nach. In Bezug auf künstlerische Schönheit
stehen die rein ornamentalen Stücke der Katakombenmalereien oben an.
Das ist natürlich, da ja auch die Malerei der antiken Welt überhaupt wesentlich Dekorationsmalerei ist. Hier stehen manche Malereien
der Katakomben dem Besten, was die antike Wandmalerei geschaffen
hat, würdig zur Seite. Darum rühmt ein Kenner wie Lübke[1]) in
diesen Katakombenbildern „das dekorative Geschick der antiken Kunst,
die glückliche Teilung der Flächen und die sinnige Verbindung des
Ornamentalen mit dem Figürlichen." Aber auch an einzelnen Figuren
darf man mit ihm „die graziöse Feinheit der Zeichnung" rühmen, sowie
die „echt antike Lebendigkeit". Trotzdem ist im Allgemeinen der
künstlerische Wert des Figürlichen jedenfalls nicht hoch anzuschlagen.
Weitaus die Mehrzahl besonders der Szenen- oder Gruppenbilder erscheinen wie kindlich unbeholfene Versuche; die beliebt gewordenen
Szenen werden auch in der Ausführung typisch wie auf den Sarkophagen. Es gehört unseres Erachtens viel Phantasie dazu, in der
Haltung oder gar dem Gesichtsausdruck der Personen irgend etwas
von Gemütszustand herauszulesen. Einzelne Ausnahmen mag es ja geben.

Die Katakombengräber, welche also ausgeschmückt waren, enthielten aber nicht blos Leichen, wir finden in ihnen vielmehr die mannigfachsten Gegenstände, insbesondere häusliche Geräte und Dinge, die
mit dem persönlichen Leben der Bestatteten in irgend welcher Beziehung
stehen.[2]) Diese Gegenstände befanden sich teils im Innern der Gräber,
teils waren sie an der Aussenseite derselben angebracht. Es sind
Schmuckgegenstände, wie Ringe, Arm- und Halsbänder, Agraffen,
Gemmen, Kameen, Haarnadeln, Ohrringe; ferner Spiele und Spielsachen,
wie Puppen, kleine Tierfiguren aus Terracotta, Bronze oder Glas, Spar-
büchsen, Glöckchen (tintinnabula), Lämpchen, bunte Steinchen und Elfen-
beinmarken zum Spielen. Letztere mögen auch für Spiele Erwachsener
bestimmt gewesen sein, denn es finden sich auch Spielbretter, sowie
Würfel aus Knochen, Stein und Elfenbein. Unter diesen Marken fehlen
auch solche nicht, wie sie den Sklaven angehängt wurden, um sie im
Falle einer Flucht zu kennzeichnen.[3]) Zu den aufgefundenen Toilette-

---

[1]) Geschichte der italien. Malerei I, S. 12. 19. Ähnliche Urteile bei
Kugler, Geschichte der Malerei (3. Aufl.) I, S. 53. Woltmann, Geschichte
der Malerei I, S. 156.

[2]) Die eingehendste Aufzählung der in den Katakomben gefundenen
Gegenstände hat Boldetti: osservazioni, S. 495 ff. cf. Raoul-Rochette trois.
mém. de Rossi Rom. sott. III, S. 580 ff. Martigny diction. unter objets.

[3]) cf. de Rossi Rom. sott. III, S. 587 ff. bullet. 1875. S. 45.

gegenständen gehören Dinge wie Spiegel, Ohrlöffel, Kämme, Haar-
tournüren (Chignons), Parfümbüchsen, Salbfläschchen, Schmuckkästchen.
Ziemlich zahlreich sind sodann Glasgefässe aller Art, einige emailliert,
andere graviert oder reliefiert, letzteres in besonders schöner Weise mit
Konchylien. Eine Anzahl dieser Gläser, — in der verschiedensten
Form, schaalenartig mit niedrigem Rand und mehr oder weniger hohe
Fläschchen — enthielt Reste einer roten Farbe am Boden, welche man
für Blut hält: es sollte damit, hat die römische Kirche offiziell entschieden, das Märtyrertum der hier Bestatteten angezeigt werden. Wir
werden unsere Ansicht über diese sogenannten Blutampullen in einem
anderen Zusammenhang auszusprechen haben.

Die meisten dieser Gegenstände tragen kein spezifisch christliches
Merkmal an sich. Sie könnten ebensogut aus antiken Gräbern stammen.
Auf manchen sehen wir bacchische Szenen, oder Amor und Psyche,
Amor auf einem Löwen reitend. Kameen zeigen den Kopf des Augustus
oder der Livia.[1]) Ringe tragen das Bild des Besitzers oder eines
Ehepaares; auch dasjenige einer Taube oder eines Fisches hat an sich
nichts spezifisch christliches. Dagegen sind andere Gegenstände als
christlich gekennzeichnet. So tragen Ringe das Bild des guten Hirten,
oder das Monogramm Christi. Kameen zeigen die Auferweckung des
Lazarus oder Petrus auf dem Meere wandelnd. Anderes ist durch
Inschriften als christlich bezeichnet: auf Ringen lesen wir neben einem
Namen die Akklamation: vivas, vivas in deo, spes in *deo, in deo vita
u. dergl. Eine Haarnadel zeigt die Legende: Romula vivas in deo
semper. Ähnliche Inschriften kommen auf Schmuckkästchen vor, welche
man ohne dieselben schwerlich für ein christliches Werk halten könnte.
So jenes Kästchen aus Silber, welches, allem Anscheine nach, als
Hochzeitsgeschenk diente und auf welchem unter anderem die Toilette
der Venus dargestellt ist. Es würde Niemand dies Kästchen für Eigen-
tum eines Christen halten, stünde nicht auf dem unteren Rande das
Monogramm Christi mit der Inschrift: Secunde et Projecta vivatis in
Chri(sto). Es ist auch gerade nicht wahrscheinlich, dass derartige
Dinge von Christen angefertigt wurden, aber man kaufte sie ohne an
den mythologischen Figuren Anstoss zu nehmen, weil sie hier kein
Kultus-, sondern nur ein Schmuckgegenstand waren. Auch mögen

---

[1]) Solche Kostbarkeiten aufgeführt bei Boldetti osservaz. sopra i medagli.
Ein Sardonix mit dem Kopf des Augustus aus dem Cömeterium Ostrianum bei
de Rossi R. s. III, S. 581. Ebenda Cameen mit Gegenständen aus dem
Marienwesen und dem bacchischen Kreis.

solche, die man vor dem Übertritt zum Christentum besass, nach diesem Uebertritt durch eine beigesetzte Inschrift oder das Monogramm als christlich gestempelt worden sein.

Daneben finden sich aber auch eine Masse Gegenstände des häuslichen Gebrauchs oder des Berufslebens der Bestatteten. Zu ersteren gehören vor Allem die zahlreichen Lampen, die meisten aus Thon, wenige aus Bronze. Viele derselben unterscheiden sich in nichts von den in den antiken Gräbern gefundenen. Auch solche, welche die Gestalt eines Fisches, einer Taube oder eines Lammes haben, brauchen deswegen noch nicht eine Erfindung der Christen zu sein. Andere dagegen zeigen bestimmte christliche Verzierungen, wie das Monogramm, α und ω. Seltener sind biblische Szenen, wie Daniel, Jonas, Moses am Felsen. Zuweilen sind diese christlichen Embleme geschickt in die Form der Lampen verarbeitet. So haben manche die Gestalt eines Schiffes. Unter ihnen zeichnet sich besonders eine in den Uffizien zu Florenz befindliche Lampe aus: am Hinterteil des Schiffes sitzt Christus, eine Rolle in der Rechten, die Linke führt das Steuerruder. Auf dem Vorderteil steht eine männliche Figur, ins Weite blickend. An der Spitze des Mastes, welcher das geschwellte Segel trägt, befindet sich eine Tafel mit der Inschrift: Dominus legem dat Valerio Severo Eutropi vivas. Manche Lampen sind wie andere Gegenstände auch nur durch die Inschrift als christlich gekennzeichnet: vivas in deo — φως εκ φωτος — σταυρος τυχημα — εγω ειμι αναστασις.

Neben den Lampen finden sich als Gegenstände des häuslichen Lebens Schalen und Gefässe der mannigfachsten Art und aus den verschiedensten Stoffen: Amphoren, Eimer, Löffel, Messer und Messerstiele, Stängchen und Haken aus Eisen, Nägel, Eierschalen, auch Eier aus Marmor, Münzen. Aus der häuslichen Ausstattung rühren auch Gegenstände her wie kleine Viktorien und andere Statuetten, Disken mit Köpfen und andere Verzierungen, Kettchen, Schlüssel, kleine Tafeln aus Marmor, Metall und Schildplatt, welche zur Verzierung der Wandflächen des Hauses dienten. Auf den Beruf und die Thätigkeit des Verstorbenen weisen Dinge hin wie Schreibgriffel, Diptychen, Handwerkszeug wie Hämmer, Meissel, Picken, Winkel, wie solche auch an den Gräbern abgebildet wurden.

Eine Anzahl kleinerer Gegenstände hat man mit Recht unter die Rubrik der Amulette gebracht. Dahin gehören vor Allem jene Bullen, kleine Kapseln aus edeln Metallen, bei ärmeren Leuten aus Leder, in die irgend ein Amulett eingeschlossen war. Man pflegte sie im Altertum Kindern bald nach der Geburt zu schenken. Sie finden sich in grosser

Anzahl in antiken Gräbern, fehlen aber auch in christlichen nicht.[1]) Dahin gehören noch kleine Elfenbeintäfelchen mit dem Medusenhaupt — sie waren im Altertum Mittel gegen den bösen Blick — kleine Fische aus Gold und anderen Metallen und Glas — einer trägt die Inschrift σωσαις — und münzenförmige Stücke mit dem Monogramm und anderen Verzierungen, nach dem darin befindlichen Loche zu schliessen ebenfalls zum Anhängen bestimmt. Auch ein Armband mit dem Zeichen des Tierkreises und kleine elfenbeinerne Marken in Gestalt eines Hasen mögen hierher gehören.[2])

Endlich ist von diesen Funden in den Katakomben noch einer zu erwähnen, der als besondere Eigentümlichkeit gerade der christlichen Gräber erscheint, nämlich die sog. Goldgläser. Es sind kleine, gewöhnliche Trinkgefässe aus Glas, aber in ihrem Boden ist ein dünnes Goldplättchen eingelötet, in welchem Figuren oder Szenen durch eingeritzte Konturen oder Entfernung des Goldes eingezeichnet sind, und zwar so, dass sie sich dem in das Glas Hineinschauenden präsentieren. Fast ohne Ausnahme ist von den aufgefundenen Gläsern dieser Art nur noch der Boden erhalten,[3]) denn sie waren fast alle aussen an den Loculi in den Zement eingedrückt, welcher sich verhärtend als schützende Hülle um den Boden des Gefässes legte, während der obere Teil mit der Zeit zerbrach. Es ist kein Zweifel, dass die Christen diese Art der Glasdekoration zwar nicht erfunden — denn sie war auch der antiken Welt bekannt — aber doch in bedeutendem Umfange gepflegt haben. Die uns bekannten Gläser dieser Art stammen fast ansnahmslos aus den römischen Katakomben; was man ausserhalb derselben fand, ist so geringfügig, dass es dagegen kaum in Betracht kommt.

In den auf den Goldplättchen befindlichen Zeichnungen ist der bekannte Bilderkreis der römischen Katakomben bedeutend erweitert. Wir finden hier wohl auch einige der sonst häufigsten Darstellungen, wie die Szenen der Jonasgeschichte, Moses am Felsen, die Auferweckung des Lazarus, der gute Hirte, Adam und Eva, Noah in der Arche, die drei Jünglinge im Feuerofen, die wunderbare Speisung, die Hochzeit zu

---

[1]) cf. Marquardt: Privatleben der Römer I, S. 83. Raoul-Rochette trois. mém., S. 207.

[2]) cf. Boldetti ib., S. 501. 506, tav. IV, 41.

[3]) Garrucci, welcher in seiner Schrift: Vetri ornati di figure in oro trovati nei cimiteri cristiani di Roma (2. Aufl. 1864) die reichhaltigste Zusammenstellung der Goldgläser (340 Stück) giebt, hat nur eins mitgeteilt, das ganz erhalten ist (tav. 29, 7a). Ueber die seitdem erfolgten Funde cf. de Rossi bullet. 1880, S. 104. Rom. sott. III, S. 601.

Kana. Dazu treten aber die Figuren der Maria (als solche ist die Gestalt einer Orans bezeichnet), Lukas, Judas, Timotheus, besonders aber Petrus und Paulus, meist vereinigt, seltener einzeln, stehend oder sitzend, öfter, von einem Kranze, dem Zeichen des Martyriums gekrönt, manchmal in Begleitung einer dritten Person, die zwischen ihnen steht, nämlich Christi oder des heiligen Laurentius oder der heiligen Agnes. Die Köpfe der Apostelfürsten zeigen schon den später traditionell gewordenen bärtigen Typus, nur auf einer Anzahl von Gläsern sind die Köpfe nur dürftig gezeichnet, lang und dünn mit Strichen hingeworfen, so dass man diese Darstellungen leicht als Produkte der letzten gesunkensten altchristlichen Kunstthätigkeit erkennt. Sodann finden wir Szenen, welche noch enger als die Darstellungen der Malereien oder Sarkophage an den antiken Gräberschmuck sich anschliessen, nämlich zahlreiche Familienszenen, sei es Gatte und Gattin, oder Eltern mit Kindern, manche sehr sinnig und von innigem Elternglück zeugend; sodann Szenen aus dem Berufsleben — Wechsler- und Trinkstube, Schiffsbauer bei ihrer Arbeit — und Genrebilder, wie die zahlreichen Darstellungen aus der Arena, Wagenlenker, Faust- und Tierkämpfer, auch Hahnenkämpfe und Jagdszenen. Besonders erweitert erscheint der altchristliche Bilderkreis auch durch Figuren von Bischöfen, Heiligen, Märtyrern, wie St. Agnes, Laurentius, Hippolytus, Callistus, Sixtus, Marcellinus. Endlich zeigen die Gläser aber auch entschieden nichtchristliche Darstellungen, wie solche von Amor und Psyche, Herkules, Achilles, die drei Grazien, Venus. Von diesen ist freilich nicht mit Sicherheit zu konstatieren, dass Christen sie angefertigt haben, aber sie haben sie jedenfalls in Benützung gehabt.

Fast alle diese Gläser tragen um die bildliche Darstellung eine Inschrift, entweder einfach nur den Namen der dargestellten Person oder irgend ein christliches Votum, sei es in einfacher Formel: vivas, vivatis, pie zeses, oder in erweiterter, oft in Beziehung auf die dargestellten Szenen, wie z. B. dignitas amicorum pie zeses cum tuis omnibus bibe et propina — Orfitus et Constantia in numine Herculis Acerentino (?) felices bibatis (= vivatis, um das Bild eines Ehepaares, vor welchem Herkules steht)[1]) — Coca vivas parentibus tuis (um das Bild einer Mutter mit ihrem Knaben). Der ästhetische Wert dieser Bilder auf den Goldplättchen ist im Allgemeinen ebensowenig hoch anzuschlagen, als derjenige der Malereien und Skulpturen der altchristlichen Cömeterien, wenn es auch hier wie dort bedeutende Unterschiede giebt. Für

---

[1]) cf. Garrucci t. XXXV, 1.

die Entwickelung der altchristlichen Kunstthätigkeit sind diese Gläser
aber insofern wichtig, als sie eine bedeutende Erweiterung der Gegenstände des altchristlichen Gräberschmuckes darstellen.

Man hat die sämtlichen Funde aus den Katakomben in die Museen
gebracht. Die reichste Sammlung der kleinen Gegenstände besitzt der
Vatikan. Die römischen Sarkophage befinden sich zumeist im Lateran.
Nur die Malereien, die man nicht entfernen konnte, befinden sich noch
an ihrer ursprünglichen Stelle, mehr oder weniger gut erhalten, manche
leider sehr stark lädiert. Die Gräber selbst sind mit ganz vereinzelten
Ausnahmen leer, die Verschlussplatten zerbrochen, die architektonische
Verzierung in Marmor oder Stuck verfallen, die Gänge mit Erde an-
gefüllt, welche jetzt mühselig herausgeschafft wird. Wie die Katakomben
in diesen Zustand geraten sind, darauf giebt die Geschichte derselben
die Antwort. Aus derselben, die uns hier nicht näher berührt, wollen
wir in Kürze nur folgendes erwähnen. Der Sieg der Kirche unter Konstantin bedeutete für die Katakomben eine ziemlich rasch eintretende
Vernachlässigung und einen Verfall. Man fing alsbald an, über denselben
oberirdische Begräbnisplätze zu errichten und Kapellen und Kirchen zu
erbauen, wodurch der Zusammensturz mancher Grüfte veranlasst wurde.
Da man ferner möglichst in der Nähe von Märtyrergräbern beigesetzt
sein wollte, so hat man in rücksichtslosester Weise durch Einbrechen
von Arkosolien und Loculi Malereien und andere Verzierungen zerstört.
Schon der Papst Damasus (366—384) hat daher die Grüfte restauriert,
sowohl in baulicher als ornamentaler Beziehung, hat insbesondere auch
hervorragende Gräber durch Inschriften verherrlicht, welche in schönen
charakteristischen Lettern von Dionysius Philokalus ausgeführt wurden.
Manche derselben sind noch im Original vorhanden, andere kennen wir
nur aus Handschriften. Die Stürme der Völkerwanderung, welche über
Rom hinbrausten, haben auch in jener Totenstadt grosse Verheerungen
angerichtet.

Mit Beginn des fünften Jahrhunderts hörte die Bestattung in
den Katakomben auf, sie wurden jetzt zu Andachtsstätten, die man um
der Märtyrergräber willen besuchte. Bald aber bildeten sich über diese
Märtyrer fabelhafte Vorstellungen aus. Man sah schliesslich fast in jedem
Leib, der dort bestattet war, den eines Märtyrers oder Heiligen. Die
Kirche selbst hat infolge dessen das Meiste zur Zerstörung der Gräber
beigetragen. Im Laufe des achten und neunten Jahrhunderts wurden
durch die Päpste massenhafte Überführungen von Leichen nach Kirchen
der Stadt, speziell nach dem Pantheon — welches darum S. Maria ad
martyres genannt wurde — vorgenommen, viele Leiber auch nach aus-

wärts verschickt. Nach dieser gründlichen Plünderung der Grüfte ging
das Interesse an denselben verloren, sie gerieten in Vergessenheit, im
Mittelalter war nur die Gruft von S. Sebastian noch bekannt, diejenige,
welche speziell ad Catacumbas hiess und den gesamten altchristlichen
Grabstätten den Namen gegeben hat. Die zufällige Entdeckung einer
Gruft an der via Salaria am 31. Mai 1578, bezeichnet den Anfang einer
Wiedererforschung der Katakomben, deren wissenschaftliche Behandlung durch Bosio (in seinem grossen Werke Roma sotteranea 1632)
begründet wurde. Eine gründliche Durchforschung hat aber erst unser
Jahrhundert aufzuweisen, insbesondere durch den genialen Archäologen
de Rossi, welchem es in Anwendung der topographischen Methode mit
Zuhilfenahme älterer litterarischer Hilfsmittel gelang, die Örtlichkeit der
einzelnen in alten Verzeichnissen aufgeführten Cömeterien zu konstatieren,
womit dann eine sichere Grundlage für alles Weitere geschaffen war.[1])

Nach diesen neuesten Forschungen unterliegt es jetzt keinem Zweifel
mehr, dass jene Grüfte wirklich von Christen angelegt wurden. Auch
die früher vielfach gehegte Meinung, dass dieselben verlassene Arenarien
oder Puzzolanagruben benutzt hätten, ist jetzt aufgegeben. Es ist dies
in der ersten Zeit vereinzelt vorgekommen — wie ein kleiner Teil der
Priscillakatakombe zeigt —, wobei man dann durch massives Mauerwerk Stützen schaffen musste. Die Katakomben sind aber in einer ganz
andern Bodenschicht angelegt, nämlich nicht in der für Mörtel ver-
wendeten Puzzolanaerde, sondern in der tufa granulare, welche weich
genug war, um leicht bearbeitet werden zu können, aber auch fest
genug, um ohne Beihilfe von stützendem Mauerwerk zu bestehen. Die
Anlage der Arenarien zeigt allein schon, dass sie um des hinauszuschaffen-
den Materials willen angelegt waren, denn die Gänge sind breit, laufen
in Kurven und die Ecken sind abgerundet, während die Gänge der
Katakomben ganz schmal sind und in scharfen Winkeln aufeinander
stossen. Dazu zeigen letztere einen ganz bestimmten Plan. Es ist in
dieser Beziehung durch eine genaue Untersuchung der Callistkatakombe
konstatiert worden, dass die Christen in der Anlage ihrer Grabstätten
genau nach den Bestimmungen des römischen Gesetzes verfahren sind.
Die Ausdehnung des für die Begräbnisse bestimmten Grundstückes —
der area — war in fronte und in agrum genau bestimmt. So bestand
die Callistkatakombe ursprünglich aus vier verschiedenen areae; jede

---

[1]) Über die Geschichte der Katakombenerforschung cf. Kraus Realencykl.
unter Archäologie und Katakomben, sowie die Eingangkapitel in dessen Roma
Sotteranea und V. Schultze's Katakomben.

derselben bildete für sich ein Cömeterium und der Umfang der Gänge blieb genau innerhalb der Grenzen, welche auf der Erdoberfläche abgemessen waren. Mit der Zeit wurden diese areae miteinander verbunden und schliesslich, als die Christen den Schutz des Gesetzes nicht mehr so nötig hatten, ging man auch über die abgesteckten Grenzen hinaus. Über die spezielle technische Ausführung hat der Ingenieur Michele Stefano de Rossi, ein Bruder des grossen Archäologen, eingehende Untersuchungen angestellt (im III. Bande von de Rossi's Rom. sott. S. 699 ff.).

Wir haben endlich noch auf die Chronologie der Katakomben und ihrer Ornamentik zu achten. In Bezug auf die Gesamtanlage ist dieselbe ziemlich einfach, wenn auch der terminus a quo, wie leicht begreiflich, sich nicht genau fixieren lässt. Selbstverständlich konnte die römische Christengemeinde nicht sofort die Anlage solcher umfangreichen Begräbnisstätten vornehmen. Die ältesten Grüfte sind daher ohne Zweifel Familiengräber gewesen, welche von wohlhabenderen Gemeindegliedern ihren Glaubensgenossen zum Begräbnis überlassen und dementsprechend erweitert wurden. Solches geschah aber schon am Ende des ersten, mindestens Anfang des zweiten Jahrhunderts. Später mag auch die Anlage einzelner Katakomben ohne Anschluss an Familiengräber von der Gemeinde unternommen worden sein. Wie erwähnt, hörte man mit Beginn des fünften Jahrhunderts auf, Leichen in den Katakomben beizusetzen. Wie aber zwischen diesen beiden Termini das Einzelne in der Anlage wie in der Ornamentik chronologisch anzusetzen ist, bietet grosse Schwierigkeiten. Im Allgemeinen ist die früher verbreitete Anschauung, dass die Anfänge der römischen Katakomben ärmlich und schmucklos seien, völlig aufgegeben. Vielmehr gilt der Grundsatz, dass wir gerade in denjenigen Grüften·die ältesten Anlagen zu sehen haben, welche den kunstvollendetsten Schmuck aufweisen und sich dadurch wie auch durch die Nomenklatur der Inschriften von den antikrömischen kaum unterscheiden. Dahin gehören besonders die Cömeterien der Priscilla an der via Salaria, der Domitilla an der via Ardeatina, sowie einzelne Teile der Katakomben des Callistus — die Lucinagruft — und des Prätextatus, in letzterer besonders die crypta quadrata, deren christlicher Ursprung daher schon geleugnet wurde.[1]) Ueber andere Cömeterien, welche sogar noch in das apostolische Zeitalter fallen, wie die Grabstätte Pauli an der via Ostiensis und diejenige Petri und seiner nächsten Nachfolger im Vatikan, liegen nur

---

[1]) cf. bullet. 1863, S. 22 ff.

legendare Nachrichten vor, und auch die monumentalen Funde haben der Annahme dieser Gräber keine historische Grundlage geben können.[1]) Die Chronologie der einzelnen Malereien lässt sich nur im Zusammenhange mit dem architektonischen und epigraphischen Material lösen. Manchmal wird das Alter der Grüfte, wie bei jenen ältesten, durch die Malereien bestimmt, manchmal müssen umgekehrt die architektonischen und epigraphischen Monumente zur Bestimmung des Alters der Malereien dienen. Die Anhaltspunkte, welche man aus dem Stil und dem künstlerischen Wert derselben gewinnen will, lassen nur die allgemeine Unterscheidung der früheren oder späteren Jahrhunderte zu, für genauere Datierung sind sie kaum zu verwerten, da alles dasjenige, was nicht der Zeit bis gegen Ende des zweiten Jahrhunderts angehört und der guten Zeit der römischen Kunstthätigkeit noch nahe steht, ziemlich gleich wenig künstlerischen Wert besitzt. Von einem Stil kann in einer Kunstthätigkeit, welche wesentlich vielmehr Handwerk war und die einmal geschaffenen Typen immer wiederholte, überhaupt kaum die Rede sein. Genauere Anhaltspunkte geben nur einzelne bestimmt datierbare Zeichen, wie vor allem das Monogramm Christi, dass niemals vorkonstantinisch ist, und der Nimbus, dessen Entstehung in eine Zeit fällt, als das Anlegen von Katakomben schon beendigt war. Für einzelne Gräber bietet auch die Benutzung heidnischer Grabsteine zum Verschlusse der Loculi insofern einen chronologischen Anhaltspunkt, als diese Benutzung schwerlich in die Zeit vor Konstantin fallen kann, denn in dieser Zeit wäre eine solche Beraubung antiker Grabmäler kaum denkbar. Wo Malereien von Loculi durchbrochen sind, sind jene natürlich älter als diese. In den historisch bedeutsamen Grüften wird die Chronologie der Bildwerke noch schwieriger, denn da sie auch nach Aufhören des Begräbnisses in den Katakomben noch am meisten besucht und immer wieder ausgeschmückt wurden, so finden sich hier oft zwei, ja drei Schichten von Bildwerken übereinander; dieselben reichen dann zuweilen bis in die Zeit des Einflusses des byzantinischen Stils.[2])

Sicherer als die Chronologie der einzelnen Malereien ist diejenige der altchristlichen Skulpturwerke zu bestimmen. Dieselben bestehen fast

---

[1]) cf. Schultze Archäolog. Studien, S. 220 ff.

[2]) Solche Versuche einer genaueren Datierung der einzelnen Malereien, wie z. B. derjenige von Louis Lefort (Revue archéol. Juni bis Dez. 1880), basieren grossen Teils auf Phantasie und Willkür. Auch die Modifikation, welche Lefort in diesem Aufsatz bei dessen Aufnahme in seine Études sur les monuments primitifs de la peinture chrét. en Italie (Paris 1885) vorgenommen hat, ändern daran nichts.

ausschliesslich aus den Sarkophagen. Diese sind, wie schon erwähnt, vor Konstantin ganz vereinzelt und dann mit dem eigentlich christlichen Bilderschmuck noch nicht bedeckt. Letzterer gehört also dem vierten und fünften Jahrhundert an.

Bezüglich der Goldgläser endlich gehen die Ansichten dann wieder ziemlich auseinander. De Rossi und seine Schule lassen die Goldgläser vorwiegend im dritten Jahrhundert entstanden sein,[1]) während neuerdings V. Schultze die Entstehung der Mehrzahl in die Zeit zwischen 350—450 ansetzt. Er giebt nur zu, dass einzelne Exemplare früher fallen mögen, vielleicht auch noch ins dritte Jahrhundert. Wir können uns den Gründen, welche er geltend gemacht hat,[2]) nur anschliessen. Ein Hauptgrund, welchen de Rossi für seine Datierung anführte, dass nämlich die Goldgläser, weil sie sich ausschliesslich in römischen Cömeterien finden, auch in einer Zeit entstanden sein müssten, als in denselben noch Leichen beigesetzt wurden, dieser Grund wird hinfällig durch Erwägung des unten näher zu erwähnenden Zwecks, welchem diese Gläser dienten und der auch in einer Zeit erfüllt werden konnte, als man keine Leichen mehr in den Katakomben beisetzte, sondern sie nur noch als Andachtsstätten besuchte. Begräbnisse fanden doch aber auch im vierten Jahrhundert dort noch statt. Ausserdem fanden sich Goldgläser auch in überirdischen Grabstätten, ja in nicht-cömeterialen Monumenten.[3])

Von Bedeutung für die Zeitbestimmung der Grabanlagen und ihres Schmuckes sind sodann noch die Inschriften. Eine Darlegung der altchristlichen Epigraphik gehört jedoch nicht in den Rahmen dieser Arbeit. Wir müssen dafür auf de Rossis Inscriptiones Christianae[4]) und die eine bequeme Übersicht über die einschlägigen Materialien gebenden Abschnitte in Kraus' Roma sotterana (S. 430 ff.) und seiner Realencyklopädie (II, S. 39), sowie in V. Schultzes Katakomben (S. 235 ff.) verweisen. Was aus den Inschriften für unsern speziellen Zweck von Wichtigkeit ist, wird in dem entsprechenden Zusammenhang erwähnt werden.

---

[1]) cf. bullet. 1868, S. 1 ff. Rom. s. III, S. 602.
[2]) cf. Archäolog. Studien S. 204 ff. Katak. S. 195.
[3]) cf. de Rossi R. s. III, S. 601. Bullet. 1880, S. 104.
[4]) Bis jetzt ein Band erschienen (Rom 1861). Viele Inschriften sind facsimiliert wiedergegeben durch alle Jahrgänge des bulletino und in den Beilagen der drei Bände der Roma sotterana.

3. Die Ergänzung der litterarischen und monumentalen Quellen.

Wir sind an demjenigen Punkte unserer Arbeit angelangt, wo wir mit der Darlegung der aus dem Bisherigen sich ergebenden Resultate beginnen können. Wir haben darzulegen gesucht, was aus den litterarischen und monumentalen Quellen über das altchristliche Begräbniswesen bekannt ist, sehen wir zunächst, wie diese beiderseitigen Quellen sich zu einander verhalten und sich ergänzen.

Der durch keinerlei noch so genaue und eingehende litterarische Nachrichten zu ersetzende Wert der Monumente liegt vor Allem darin, dass sie eine direkte Anschauung ermöglichen, uns bis zu einem gewissen Grade eine Autopsie der alten Zeit gestatten. Aber speziell in Bezug auf das altchristliche Begräbniswesen geht der Wert der Monumente noch weiter, indem sie über dieses Begräbniswesen Nachricht geben sowohl aus einer Zeit als über gewisse Verhältnisse desselben, aus welcher und über welche die litterarischen Nachrichten sehr wenig oder gar nichts berichten. Dieselben bieten uns darüber, wie die Christen der drei bis vier ersten Jahrhunderte ihre Toten begruben, so dürftige Berichte, dass wir uns jedenfalls ohne die Monumente kein Bild davon zu machen im Stande wären. Fast Alles, was wir über das altchristliche Sepukralwesen aus den litterarischen Quellen mitgeteilt haben, gehört der nachkonstantinischen Zeit an, nur aus Afrika sind wir durch Tertullian etwas genauer unterrichtet, aber auch nur über einzelne Punkte. Die Monumente dagegen führen uns bis ins erste Jahrhundert zurück. Sie geben uns klaren Aufschluss über die Anlage und Bauart der Gräber, worüber uns die Schriftsteller so gut wie nichts berichten. Auch über die Frage, deren Beantwortung einen charakteristischen Unterschied zwischen den antiken und altchristlichen Grabanlagen ausmacht, nämlich ob Einzelgräber oder zusammenhängende Gemeindefriedhöfe, darüber lassen sich aus den litterarischen Quellen nur mehr oder wenige sichere Schlüsse ziehen, die Monumente haben uns da einen Unterschied zwischen den orientalischen und occidentalischen Grabanlagen aufgezeigt, für letztere, speziell die römischen Katakomben, die dem Geist des Christentums so homogene Anlage von Gemeindefriedhöfen.

Sehen wir auf die Einzelheiten der Grabanlagen, so lassen uns da die litterarischen Nachrichten vollends im Stich. Die Kenntnis des Details ist nur aus den Monumenten zu erhalten. Ohne sie wären uns Dinge wie Loculus, Arkosolien, Cubicula u. dergl. gänzlich unbekannt.

Mag das freilich für unsere Beurteilung altchristlicher Zustände nicht so wichtig erscheinen, so doch andere Punkte umsomehr, wie die Inschriften, der Inhalt der Gräber und die Ausschmückung derselben. Wir erfahren aus den litterarischen Quellen gar nichts über die interessante Frage, wie die alten Christen inschriftlich ihre Toten ehrten, ebensowenig über die tausenderlei Dinge, welche sie neben den Leichen in den Gräbern niederlegten. Ohne die monumentalen Funde bliebe uns damit eine ganz bedeutende Seite altchristlicher Anschauungen und Gebräuche verschlossen, welche speziell für die Beurteilung des Verhältnisses der christlichen Gesellschaft zu der heidnischen, für Beurteilung der Stellung der Christen zu der antiken Ueberlieferung, sowie für Kenntnis des mannigfachen volkstümlichen von der Kirche geduldeten Aberglaubens von höchster Wichtigkeit sind. Unsere Kenntnis des altchristlichen Privatlebens hat damit eine Bereicherung erfahren, welche um so wertvoller erscheinen muss, als uns hier eine direkte Anschauung gestattet ist. Vor Allem hat das Urteil über die Stellung der alten Christen zur bildenden Kunst eine vollständige Umwandlung erfahren. Das Gerede von dem „Kunsthass" der alten Christen hat durch die Erforschung der sepulkralen Monumente den Todesstoss erhalten. Wir können zwar, wie wir früher ausführten, schon aus der altchristlichen Litteratur entnehmen, dass es mit diesem Kunsthasse nicht so schlimm bestellt war, dass die Abneigung vieler Christen gegen die bildende Kunst des Altertums wesentlich auf dem mythologischen, dem christlichen Bewusstsein vielfach sittlichen Anstoss bereitenden Inhalte der letzteren beruhte, dass gehässige Äusserungen gegen die Kunst an sich doch vereinzelt sind und weniger die Gesamtanschauung der altchristlichen Kirchengemeinschaft als die persönliche Ansicht einzelner Schriftsteller bekunden — alles dies, was sich aus der Litteratur doch nur erschliessen lässt, ist uns durch die Monumente als Thatsache vor Augen gestellt. Das Bild, welches wir uns aus der Litteratur von einer altchristlichen Kunstthätigkeit machen können, zeigt uns dieselbe für die drei ersten Jahrhunderte sehr beschränkt: wir erfahren nur, dass die Christen Schmuckgegenstände und häusliche Geräte, welche durch die Anwesenheit mythologischer Gegenstände nicht anstössig waren, beibehielten und wohl auch selbst anfertigten, dass sie auch kirchliche Geräte, wie Kelche, mit Bildern aus der evangelischen Geschichte ausstatteten — die Monumente zeigen uns eine reiche malerische Verzierung der Grabstätten, zeigen uns eine Beibehaltung auch von Gegenständen aus der antiken Mythologie und Heroensage. Da die Grabstätten, wenn sie auch nicht eigentliche Kultusräume waren, ja doch

unzweifelhaft zur Ausübung der kirchlichen Funktionen der Begräbnisriten dienten, so sehen wir, dass auch religiös geweihte Räume unbedenklich künstlerisch ausgeschmückt wurden, wo es möglich war.
Wir können daraus entnehmen, dass die Christen auch Kirchengebäude,
wenn sie solche hätten bauen können, schon in den drei ersten Jahrhunderten ebensogut künstlerisch ausgeschmückt hätten, wie nachher im
vierten Jahrhundert, da sie es thaten, sobald die Verhältnisse es ihnen
gestatteten. Ebenso können wir mit Sicherheit aus der reichen Ausschmückung der Grabstätten schliessen, dass auch das christliche Haus
der drei ersten Jahrhunderte sich in seinem künstlerischen Schmucke
nur dadurch von dem heidnischen unterschieden haben wird, dass man
die eigentlichen Götterbilder entfernte, und auch das jedenfalls in be-
schränktem Umfang, nämlich wohl nur die eigentlichen Statuen, während man als Verzierung von Schmuckgegenständen und häuslichen
Gerätschaften auch mythologische Szenen beibehielt, denn wir finden
solche ja auch an den Gräbern. So haben die Monumente über die
Stellung der alten Christen zur bildenden Kunst ein helles Licht verbreitet: sie zeigen, dass diese Christen durchaus nicht die finsteren Leute
waren, welche Urheber des Pessimismus sind und deren Glaube zur
Askese und Weltflucht führt, dass sie vielmehr die Bedeutung der
ästhetischen Gaben im menschlichen Geistesleben wohl zu würdigen und
dieselben mit ihren religiösen Ideen alsbald wohl zu vereinigen verstanden. Mochten auch einzelne Kirchenlehrer in Wort und Schrift
einseitige Urteile über die bildende Kunst aussprechen, wir haben oben
gesehen, dass das, gegenüber dem Wesen der antiken Kunst, wie sie
das Urchristentum vor Augen hatte, und aus der ganzen Lage der
Christen wie der persönlichen Gemütsanlage der einzelnen Autoren
wohl erklärlich ist, aber in der praktischen Wirklichkeit des Volks-
lebens lag die Sache doch anders, das zeigen uns die Monumente un-
widerleglich. Das Volksleben hat auch den Blumenschmuck an den
Gräbern nicht aufgegeben, gegen welchen verschiedene Kirchenlehrer
so heftig eifern. Und ist es nicht deutlich, dass statt der Askese
vielmehr ein Element der erhabensten Lebensfreude an jenen dunkeln
Stätten des Todes uns entgegentritt? Treffend sagt in dieser Beziehung Raoul-Rochette (prem. mém., S. 165): Occupés seulement de
la récompense céleste qui les attendait, au milien des répreuves d'une
vie si agitée et souvent d'une mort si horrible, les chrétiens ne voyaient
dans la mort et même dans le supplice qu'une voie pour arriver à ce
bonheur éternel; et loin d'associer à cet image celle des tortures ou des
privations qui leur ouvraient le ciel, ils se plaisaient à l'égayer de

riants couleurs, à la présenter sous des symboles aimables, à l'orner de
fleurs et de pampres. — Mais il y a là aussi un trait qui caractérise
éminemment le christianisme, et qui est bien fait pour honorer son
génie: c'est que, pendant un si longue période de persécutions, sous
l'influence habituelle d'impressions si douloureuses, le christianisme —
n'ait cependant laissé dans ses cimétières, parmi tant d'objets sinistres,
aucune image de deuil, aucun signe de ressentiment, aucune expression
de vengeance, et que tout, au contraire, respire, dans les monuments,
qu'il y a produits, des sentiments de douceur, de bienveillance et de
charité.

Die Erforschung der römischen Katakomben hat ferner zu den
interessantesten Fragen über die römische Gemeindeorganisation Anlass
gegeben. Hierher gehört vor allem die von de Rossi mit Zustimmung
bedeutender Gelehrter[1]) aufgestellte Behauptung, dass die Christen die
früher erwähnte römische Einrichtung der Begräbnissodalitäten sich zu
Nutzen gemacht, sich als solche konstituiert und damit einen Rechtsschutz vor dem römischen Gesetze sich verschafft hätten. Man stützt
sich besonders auf zwei Inschriften aus Afrika.[2]) Aus ihnen suchte
de Rossi nachzuweisen, dass der Ausdruck cultor dei analog sei den
heidnischen Sodalitäten der cultores Jovis Herculis Apollinis et Dianae,
dass Ausdrücke wie cultor, area, cella ganz die nämlichen sind, wie
in dem von Kissling entdeckten epigrapischen Testament von Langres,
welches, einst durch einen Schüler Alcuins abgeschrieben, sich hand-
schriftlich in der Basler Bibliothek erhalten hat.[3]) Neuerdings ist
V. Schultze dieser fast allgemein angenommenen Ansicht entgegen-
getreten und bestreitet die Einfügung der Christengemeinde Roms in den
Rahmen eines Funeralkollegiums.[4])

---

[1]) cf. de Rossi Rom. sott. I, S. 101 ff. II, S. 370 ff. III, S. 37, 507 ff.
Bullet. 1864, S. 25. 1865. S. 89 ff. 1877, S. 47. Boissier, la religion rom.
S. 300. Mommsen, Im neuen Reich I, S. 310. Holtzmann in Sybels
Histor. Zeitschrift 1880, I, S. 113. Harnack, Prakt. Theol. I, S. 310,
Löning, Geschichte des Röm. Kirchenrechts I, S. 207, 210. Weingarten·
Die Umwandlung der ursprüngl. christl. Gemeindeorganisation, in Sybels Hist.
Zeitschrift 1881, S. 454. Marquardt, Röm. Alterth. III, 138. Overbeck,
Studien I, 99. Rénan, les apôtres 360. Aubé, hist. des persécutions 250 ff.
[2]) cf. Rénier, inscriptions de l'Algérie No. 4025. 4026. De Rossi R.
s. I, S. 96, 106. Kraus R. s., S. 58. Bullet. 1864, S. 28.
[3]) Abgedruckt bei de Rossi bullet. 1863. S. 94.
[4]) cf. dessen Dissertation de christianorum veterum rebus sepulcralibus
S. 5 ff. (Katak. S. 28). Dagegen Kraus in der Theol. Quartalschrift 1879,
S. 662.

Die Beweiskraft jener Inschriften weist er zurück, da dieselben erst dem vierten Jahrhundert angehören. Sodann meint er, dass jene Annahme auf die Christen ein schlechtes Licht werfe, da sie danu mit einer molesta improbaque simulatio die Obrigkeit hätten hintergehen wollen, und dass andererseits die letztere mit der Zulassung jener Kollegien sich in einen juristischen Selbstwiderspruch verwickelt hätte, da das Christentum für sie doch religio illicita war. Wir sind der Ansicht, dass sich freilich kein strikter Beweis, wohl aber ein solcher der Wahrscheinlichkeit für diese christlichen Funeralkollegien führen lässt, und zwar für die Provinzen sowohl, als für Rom. Jene Inschriften sind allerdings von wenig Beweiskraft, denn sie gehören in der That erst der nachkonstantinischen Zeit an, in welcher die Christen nicht mehr nötig hatten, nach einem Rechtstitel für ihre Existenz zu suchen. Und was besagen denn diese Inschriften? einfach nur, dass das eine Cömeterium von Euelpius, das andere von einem Presbyter Victor gestiftet worden sind. Dass die Ausdrücke cultor, verbi, area, cella übereinstimmen mit denjenigen, wie sie in den Statuten der Kollegia üblich sind, darauf hat man am meisten Gewicht gelegt. Aber die Christen nannten sich auch sonst coltores dei[1]) und die anderen Ausdrücke haben sie einfach aus dem antiken Sprachgebrauche beibehalten. Von der Gründung eines Kollegiums oder dessen Statuten sagen diese Inschriften nichts, wie wir solches in der erwähnten Inschrift von Langres, oder in der bekannten lanuvischen Inschrift lesen.[2]) Nur mit der M ö g l i c h - k e i t einer Sodalität würden diese Inschriften stimmen. Die Wahrscheinlichkeit einer solchen aber wird viel grösser durch die merkwürdige Übereinstimmung des früher citierten Tertullianischen Berichts (apol. 39) mit jener lanuvischen Inschrift. Denn wenn wir in letzterer die Worte lesen: qui stipem menstruam conferre volent (in fune) ra in id collegium coeant nec sub specie ejus collegii nisi semel in mense (coeant) (con-) ferendi causa unde defuncti sepeliantur, so klingt dies doch merkwürdig überein mit den Worten Tertullians, dass jeder freiwillig modicam stipem menstrua die — egenis alendis humandisque beigesteuert habe. Man darf wohl annehmen, wenn sich auch kein strikter Beweis dafür führen lässt, dass Tertullian eine den collegia tenuiorum analoge Sodalität hier vor Augen hat.

Das aber war in Afrika, wie stehts damit in Rom? Nun, ein Schluss der Analogie liegt hier nicht so fern und könnte schon eine gewisse

---

[1]) cf. Lact. instit. div. V, 11.

[2]) Orelli-Henzen No. 6086.

Wahrscheinlichkeit auch für Rom beweisen. Aber das Christentum war
doch religio illicita, kann man annehmen, dass die römischen Behörden
sich hätten hinter das Licht führen lassen? Gewiss nicht. Sie hätten
es gewiss bald herausgefunden, wenn sie wieder einmal zugegriffen
hätten und die Christen hätten ihnen erwidert: was wollt ihr? wir sind
eine harmlose Gesellschaft, seht hier unsere Statuten als collegium
tenuiorum! Das würde in der That, hätte der Staat sich mit solchem
Bescheid begnügt, einen juristischen Selbstwiderspruch in sich schliessen,
würde in der That auch ein wenig ehrenvolles Licht auf die Christengemeinde werfen. Man kann darum nicht einfach sagen wie R o l l e r ,
welcher hier der Ansicht de Rossi's beistimmt: la lettre de la loi était
sauvée, l'esprit ne l'était pas (Catac. I, S. XXI). Wenn ich trotzdem
eine gewisse Wahrscheinlichkeit christlicher Funeralkollegien für Rom
zugebe, so leiten mich dazu folgende Erwägungen. Wir dürfen nicht
vergessen, dass die Kollegien zum Zwecke der Totenbestattung gestiftet
waren. Wenn in den justinianischen Rechtsbestimmungen dies nicht
mehr besonders erwähnt wird, so geschah es jedenfalls, weil zu dieser
Zeit schon durch kirchliche Einrichtungen hinreichend für die Bestattung
der Armen gesorgt war.[1]) Man muss die Meinung aufgeben, als ob die
Christen mit der Gründung eines solchen Kollegiums für ihre Gemeinschaft einen Rechtstitel der Existenz vor dem römischen Gesetz hätten
schaffen wollen, denn die Behörden hätten sich gewiss nicht so täuschen
lassen. Aber besteht, wie S c h u l t z e behauptet, der juristische Selbstwiderspruch auch schon darin, dass die G r ä b e r der Christen geschützt
waren, während die christliche Religion selbst unerlaubt war? So wenig,
dass wegen des Schutzes ihrer Gräber an sich die Christen nicht einmal
nötig gehabt hätten Kollegien zu gründen, da sie darin schon durch
das gemeine römische Recht über das Sepulkralwesen geschützt waren.
Wenn der Staat Christen verfolgte, so verfolgte er die Lebenden, nicht
die Toten. Wenn zuweilen, wie in jener gallischen Verfolgung, auch die
Leichname der Christen noch durch Henkershand vernichtet wurden, so
zeigt schon die besondere Hervorhebung dieser Grausamkeit, dass das
Ausnahmen waren. Es lässt sich kein Fall nachweisen, dass römische
Staatsbehörden gegen christliche Gräber zum Zwecke ihrer Vernichtung
eingeschritten wären. Was laut dem Bericht Tertullians (ad Scap. 3.
Apolog 37) in Afrika geschah, geschah vom Pöbel, nicht von den Behörden. Das Edikt Valerians bezieht sich auf das Betreten der Grab-

---

[1]) cf. H u s c h k e , Zeitschrift für geschichtliche Rechtswissenschaft XII,
S. 215 ff.

stätten zum Zwecke von Kultusverrichtungen, es verbietet weder die
Existenz dieser Gräber, noch das Begräbnis in denselben. Und wenn
der Bischof Sixtus in den Katakomben ermordet wurde, so drangen die
Soldaten dort ein, um die Lebenden zu fahen, nicht um die Toten in
ihrer Ruhe zu stören. Also die Gräber waren wohl gesetzlich geschützt,
wenn auch die Lebenden einer gesetzlich verbotenen Religionsgemein-
schaft angehörten. Darum auch nicht direkt wegen des gesetzlichen
Schutzes der Grabstätten an sich scheinen mir die Funeralkollegien
wahrscheinlich, sondern vor allem wegen des Rechtstitels des Besitzes
dieser Grabstätten, und in zweiter Linie wegen der Mühe und Kosten
der Anlage derselben. V. Schultze behauptet, die Christen hätten die
Katakomben wohl de facto, aber nicht de jure besessen. Warum denn
nicht? Haben die Christen nicht thatsächlich vor Konstantin Eigentum
besessen? Das Mailänder Edikt von 313 sagt ja ausdrücklich, dass
Grundstücke, welche rechtlich der Gemeinschaft, nicht einzelnen Gemeindegliedern gehörten, den Christen zurückgegeben wurden. „Es kann",
sagt Löning,[1] „keinem Zweifel mehr unterworfen werden, dass in den
Christengemeinden auch schon vor der Anerkennung der christlichen
Religion durch Konstantin kirchliches Vermögen vorhanden war, das
auch von dem weltlichen Recht als Gut der Gemeinschaft, nicht als
Privatvermögen der einzelnen Mitglieder der Christengemeinde anerkannt
wurde". Wenn die Christen aber Korporations-Eigentum besitzen konnten,
mussten sie auch eine Korporation bilden, und da sie als religiöse Korporation unmöglich waren, konnten sie eine solche nur als Funeralkollegium bilden. Und ferner, wenn die Christen die Grabstätten nicht
de jure besessen haben, dann konnten sie dieselben auch nicht de jure
anlegen. Wie aber liesse sich letzteres behaupten? Man konnte doch
diese umfassenden Ausgrabungen unmöglich heimlich vornehmen. Die
Katakomben liegen an den grossen Heerstrassen der Campagna, ihre
Eingänge sind architektonisch verziert und lagen vor aller Blicken dar,
die christlichen areae befinden sich neben und zwischen antiken Gräbern,
darum bezeugt schon die einfache Thatsache der Existenz der Katakombenanlagen, dass die Christen sie auch de jure besessen haben müssen.
War dies aber der Fall, dann musste auch jemand rechtlich als Besitzer
gelten. Wer aber war dies? Die Christengemeinde als religiöse Genossenschaft gewiss nicht, denn eine solche gab es nicht vor dem
römischen Gesetz. Zur Zeit der Entstehung der Katakomben, als einzelne
wohlhabendere Gemeindeglieder Begräbnisfelder der Gemeinde schenkten,

---

[1] Geschichte des röm. Kirchenrechts I, S. 195 ff.

galt der Stifter selbstverständlich als Eigentümer. Als aber die Katakombenanlagen sich ins Ungeheuere erweiterten und die ursprünglich einzelnen areae zusammengezogen und verbunden wurden, da war es unvermeidlich, dass die Leute, welche hier so streng von den Heiden abgesondert ihre Toten begruben, sich auch als Eigentümer legitimieren mussten, und da sie dies als Kultusgenossenschaft nicht konnten, so ist es das Wahrscheinlichste, dass sie es als Funeralkollegium thaten. Damit haben sie keine täuschende Existenz für die Gemeinde errungen, denn es handelt sich bei dem Kollegium nicht um den Rechtstitel der Existenz für die Lebenden, sondern um eine solche des Erwerbs und Besitzes für die Begräbnisstätten der Toten.

Übrigens brauchte die römische Christengemeinde gar nicht in corpore ein einziges Funeralkollegium zu bilden. Monumentale Zeugnisse machen es wenigstens wahrscheinlich, dass innerhalb derselben ganz wie bei ihren heidnischen Mitbürgern Begräbnissodalitäten bestanden, die zunächst nur den Kreis der Familie umfassten und einen besonderen Namen trugen. De Rossi hat (R. s. III, S. 38 ff.) aus profanen Grabinschriften nachgewiesen, dass die Genitive Pancratiorum oder Syncratiorum, die am Kopfe oder Fuss derselben stehen, nichts andres bedeuten als den Namen der Sodalität, für welche die Grabstätte bestimmt war. Das Gleiche wird also von Bezeichnungen gelten wie Eutychiorum, Eusebiorum und Andrer, die sich auf Steinplatten in christlichen Gräbern fanden. Es sind dies allem Anscheine nach auch Namen von Sodalitäten, die sich zunächst wohl nur auf den kleinen Kreis der Familie erstreckten, aber deren Grabstätten dann unzweifelhaft auch andern Glaubensgenossen offen standen. Die Innigkeit der Glaubensgemeinschaft und die Scheu einer Beisetzung mit Heiden zusammen hat dann diese kleinen Sodalitäten natürlich doch dazu vermocht, ihre areae neben einander anzulegen und damit einen Gemeindefriedhof zu schaffen. Wenn aber so der Umfang des Funeralkollegiums sich gar nicht zu decken braucht mit demjenigen der römischen Christengemeinde, so war dadurch letztere erst recht vor dem Vorwurf einer Hintergehung der Staatsbehörden bewahrt.

Sodann handelt es sich um die jedenfalls sehr beträchtlichen Kosten dieser Grabanlagen. Es ist kein Zweifel, dass die römische Christengemeinde so gut wie andere in den zwei ersten Jahrhunderten sich im grossen und ganzen aus Leuten der niederen Stände zusammensetzte, wenn es auch einzelne Ausnahmen gab. War auch der Aufwand für die aus Familiengräbern bestehenden Anfänge der Katakomben durch die Donatoren derselben gedeckt, bald musste doch unzweifelhaft die Gemeinschaft der Gläubigen für die Kosten aufkommen. S c h u l t z e meint zwar (Katak. S. 32), dass man die Kosten der Grabanlagen durch Kauf der Gräber bestritten habe, während für die Armen die Kasse der Gemeinschaft eingetreten sei. Aber es ist durchaus nicht erwiesen, dass für alle Gräber eine Summe bezahlt werden musste. Die Inschriften, welche von einem Kauf der Gräber reden, beweisen hier gar nichts, denn sie sind selten und stammen ausnahmslos aus der nachkonstantinischen Zeit, in welcher die Katakomben selbst schon angelegt waren. Es handelt sich daher allem Anscheine nach in diesen Inschriften vielmehr um das Bestreben, in der Nähe eines Märtyrergrabes beigesetzt zu werden; dies Recht hat man sich durch Einlage einer gewissen Summe erworben. Dass von eigentlichen Formalitäten des Grabkaufs vor dem vierten Jahrhundert nichts berichtet ist, giebt Schultze selbst zu. Von da an aber scheint der Gräberkauf eine Unsitte geworden zu sein, da die Kirche bald Veranlassung nahm, denselben zu verbieten.[1]) Jedenfalls können die Grabkäufe, die aus einer Zeit bekannt sind, in welcher die Katakomben schon längst angelegt waren, nicht erklären, aus welchem Aufwand diese Anlage selbst bestritten wurde. Und da liegt nichts näher, als dass die Christen, die ja in tausend anderen Dingen sich eng an die antike Überlieferung anschlossen, sich ebenso zur Ermöglichung des ihrem Glauben angemessenen Begräbnisses ihrer Verstorbenen vereinigten, wie dies andere bürgerliche und religiöse Genossenschaften auch thaten. Warum sollen sie eine solche durch das bürgerliche Gesetz ihnen ermöglichte Weise, ihre Gräber zu erbauen und zu sichern, nicht benutzt haben? Und das führt uns nochmals auf das Verhältnis der Christengemeinde zur Staatsgewalt. Warum soll diese einen juristischen Selbstwiderspruch und jene eine Täuschung begehen, da die Christen mit der Gründung eines Funeralkollegiums ganz innerhalb der Schranken des Gesetzes sich bewegten? Damit genoss die christliche Gemeinschaft freilich einen gewissen Rechtsschutz. Aber genossen den die Christen nicht überhaupt, so lange sie innerhalb der Schranken der Gesetze blieben? Der Staat hat doch in der Zeit, um welche es sich handelt, überhaupt nicht die Kirche als solche verfolgt, — das geschah erst im dritten Jahrhundert, — sondern nur einzelne Christen, und diese nicht wegen ihrer Glaubensgrundsätze an sich, sondern nur sofern diese Grundsätze sie in Konflikt mit der römischen Staatsreligion brachten, und vor allem bildete das O p f e r die Klippe, an welcher die Christen

---

[1]) cf. D a n i e l Cod. liturg. I, S. 338, Anmerk. 4.

zu Fall kamen.[1]) Wenn der Staat die christliche Religion als solche hätte ausrotten wollen, er wäre gewiss damit fertig geworden. Dass er das nicht wollte, beweist gerade die römische Gemeinde. Man bedenke doch, welch ungeheuren Umfang die Katakomben haben! Es lässt sich doch daraus ersehen, dass die römische Gemeinde ungeheuer rasch gewachsen sein muss, dass sie ganz gewiss viel grösser war, als man gewöhnlich annimmt. Wenn dies in der Hauptstadt des Reichs unter den Augen der höchsten Staatsgewalt geschieht, so beweist das, dass die Christen als römische Bürger ruhig dahin lebten, bis dann und wann der Fall eintrat, dass sie der Staatsreligion die geforderte Leistung nach ihrer Überzeugung versagen mussten. Wenn sie aber Funeralkollegien bildeten, so thaten sie damit etwas, was allen römischen Bürgern gesetzlich zustand, wie konnte es dem Staat einfallen, sie darin zu behelligen? So wenig, als wenn ein christlicher Bürger in den gesetzlichen Formen ein Testament machte oder einen Prozess führte, so wenig, als wenn ein christlicher Handwerker oder Gemüsehändler seine Waren auf dem Marktplatze feil bot und damit den Schutz der Marktpolizei genoss und nötigenfalls in Anspruch nahm. Das Ziel der Apologeten geht ja hauptsächlich gerade dahin, zu beweisen, dass die Christen in bürgerlichen Dingen sich in nichts von den Heiden unterscheiden, dass sie die Gesetze treu hielten, wenn dieselben nicht gerade eine Idolatrie von ihnen verlangten. Warum sollen sie da nicht eine gesetzliche Einrichtung benutzt haben, welche, weit entfernt, sie in Konflikt zu bringen mit ihrem Glauben, ihnen vielmehr den Vorteil einer gewissen Sicherheit verschaffte? Wir meinen also, dass die Bildung von Funeralkollegien seitens der Christengemeinde in Rom und anderwärts nicht strikte zu beweisen ist, aber sehr grosse Wahrscheinlichkeit für sich hat.

Auch zu andern Punkten des altchristlichen Sepulkralwesens bieten die Monumente eine aufklärende Ergänzung. Wir haben oben die Klagen der Kirchenlehrer gehört über die ausschweifenden Genüsse in Speise und Trank gelegentlich der Gedächtnistage der Verstorbenen, speziell an den Festen der Märtyrer. Diese Klagen erschallen am lautesten im vierten Jahrhundert. Der Gegenstand derselben wird uns durch die Goldgläser deutlich illustriert. Die Mehrzahl derselben stammt aus dem vierten Jahrhundert und diente unzweifelhaft den üppigen Trinkgelagen und den Libationen, welche nach jenen litterarischen Be-

---

[1]) cf. die in dieser Beziehung mit wenigen Worten klar und überzeugend orientierende Inaugurationsrede des Professors M a a s s e n in Wien: Über die Gründe des Kampfes zwischen dem heidnisch-römischen Staat und dem Christentum. Wien 1882.

richten an und über den Gräbern stattfanden. Nach den Inschriften hat
man sich sehr oft gegenseitig mit diesen Gläsern beschenkt; die sehr
häufigen Bilder Petri und Pauli, wie solche der Jungfrau Maria, der
heiligen Agnes, des heiligen Laurentius u. A. weisen darauf hin, dass
sie an den Gedächtnistagen dieser Heiligen benutzt wurden, und das
überwiegende Vorkommen der Bilder der Apostelfürsten stimmt zu dem
Bericht des Prudentius über die glänzende Gedächtnisfeier derselben
(perist. XII, 1—6). Auch die andern Gläser, welche Szenen aus dem
Berufsleben oder dem häuslichen Leben aufweisen, werden zu Libationen
an den Gräbern von Familienangehörigen benutzt worden sein, womit
nicht ausgeschlossen ist, dass sie vorher als Geschenke bei Hoch-
zeiten oder ähnlichen Anlässen oder zum häuslichen Gebrauche gedient hatten. Auf letzteres weisen auch die Gläser mit heidnischen
Emblemen hin. Man hat dann die Gläser, die man, der antiken Sitte
folgend, nach den Libationen zu profanem Gebrauch nicht mehr benutzen wollte, an den Gräbern aufgestellt, gewiss oft mit geweihtem
Wasser oder Wein gefüllt. Für die Gläser, die man in den Gräbern
fand, wohl aber auch für manche der aussen angebrachten, liegt die
einfache Erklärung in der Sitte, das Grab mit häuslichen Gerätschaften
auszustatten. In einzelnen Fällen mag auch die von de Rossi und
seiner Schule aufgestellte Annahme, dass die Gläser, vielfach schon als
Scherben, als Erkennungszeichen an den Gräbern angebracht worden
seien, zutreffen, dass dies aber im Ganzen die Bestimmung dieser Gläser
gewesen sei, dem kann ich nicht beistimmen. Dass die Gläser ursprünglich
dem häuslichen Gebrauche gedient haben werden, nimmt der grosse ·
Forscher auch an; an den heidnischen Darstellungen, erklärt er mit
Recht, brauchten die Christen darum keinen Anstoss zu nehmen, weil
sie darin nichts als Verzierungen erblickten. Nur wenn er die Anfertigung dieser also geschmückten Gläser durch die Christen bestreitet,
so scheint mir dies zuviel gesagt; es werden gewiss manche derselben
in den Familien geblieben sein, nachdem sie zum Christentum über-
getreten waren, aber es ist gewiss nicht ausgeschlossen, dass auch
Christen solche Gläser mit Gegenständen des alten Götterglaubens anfertigten, da sie solche ja auch sonst in ihrem Gräberschmuck anwandten.[1]
Neben die Goldgläser sind die sogenannten Blutampullen einzureihen, deren angebliche Bedeutung für die römische Märtyrer-
verehrung eine ganze Litteratur hervorgerufen hat.[2] Für uns fragt es

---

[1] cf. Rom. sott. III, S. 579.
[2] cf. de Rossi R. s. III, S. 707. Kraus R. S., S. 507. Schultze
Katak., S. 225.

sich hier zunächst, welche Ergänzung dieselben den litterarischen Nachrichten bieten. Diese Gläser — bald Schalen mit aufgebogenem Rand, bald Fläschchen von verschiedener Höhe — fanden sich innerhalb und ausserhalb der Gräber, im letzteren Falle, wie die Goldgläser, im Mörtel befestigt. Ihre Bedeutung haben sie erlangt durch einen roten Niederschlag, der sich auf dem Boden mancher dieser Gläser befindet. Nach offizieller römischer Auffassung, wie solche durch zwei päpstliche Erlasse von 1668 und 1863 konstatiert ist, sei in diesem roten Niederschlag Blut zu sehen, nämlich das Blut derjenigen, welche in den betreffenden Gräbern beigesetzt waren und damit als Märtyrer gekennzeichnet werden sollten. Obwohl der römische Stuhl dies entschieden hat, so halten doch auch gut katholische Archäologen, wenn auch mit mehr oder weniger Reserve, jene These für unhaltbar. Auch der im Jahre 1872 durch eine päpstliche Kommission angestellten chemischen Analyse — welcher schon andere ohne Resultat vorausgegangen waren — wird von Archäologen, die sonst treue Söhne ihrer Kirche sind, wenig Wert beigelegt.[1]) So darf man sagen, dass mit absoluter Sicherheit noch in keinem Glase Blut nachgewiesen ist.

Auch die Annahme, dass die rote Farbe in den Gläsern von Wein herrühre, ist chemisch nicht bewiesen. Das Wahrscheinlichste bleibt bezüglich dieser rötlichen Färbung immer noch, dass es Eisenoxyd sei, das Resultat eines physikalischen Prozesses in der Materie des Glases, wie dies auch von zwei englischen Chemikern nachgewiesen wurde. Die ganze Sache scheint uns nicht des Aufhebens wert, das daraus gemacht wurde. Wenn wir erwägen, dass hunderterlei Gegenstände des häuslichen Gebrauchs in den Gräbern niedergelegt wurden, darunter auch Glasgefässe aller Art, dass solche mit wohlriechenden Salben oder Ölen oft vorkommen, dass ferner der Gebrauch, aromatische Flüssigkeiten über die Gräber auszugiessen, ebenso gewöhnlich war wie derselbe, Abendmahlswein in die Gräber mitzuzugeben, so haben wir in alldem einen hinreichenden Erklärungsgrund für das Vorhandensein jener Gläser; sie haben gewiss dem Einen oder Andern dieser Zwecke gedient. Es ist auch nicht ausgeschlossen, dass sie zu den Libationen an den Gräbern ebenso benutzt werden konnten, wie die Gläser mit

---

[1]) Das Protokoll dieser chemischen Untersuchung ist von Michele de Rossi im zweiten Anhang zum III. Bande der Roma sotterranea mitgeteilt. Aber schon die Geschichte der Auffindung des betreffenden Glases ist sehr dunkel, wie auch Kraus· zugibt (R. s., S. 515). Andere Chemiker halten jene Analyse für gänzlich ungenügend und erklären das Dasein von Blutkrystallen in dem Sedimente für nicht bewiesen; cf. Schultze Kat., S. 229.

dem Goldboden. Auch de Rossi neigt der Ansicht zu, dass die Gläser, in welchen nicht wirklich Blut nachgewiesen sei, Balsame und aromatische Öle enthalten haben (Rom. sott. III, S. 505), aber er bestreitet entschieden, dass dieselben Abendmahlselemente enthalten haben könnten, denn der Missbrauch, solche dem Toten mit in das Grab zu geben, sei erst bezeugt in einer Zeit, als die Katakomben nicht mehr als Begräbnisstätten dienten; auch sei laut der von verschiedenen Konzilien gegen diesen Missbrauch erlassenen Verbote bloss Brot mitgegeben worden. Wir haben schon früher erwähnt, dass der letztere Einwand angesichts der literarischen Bezeugungen dieses Missbrauches nicht stichhaltig ist. Bezüglich des ersteren Einwandes müsste aber erst nachgewiesen sein, dass die betreffenden Gläser vor das vierte Jahrhundert fallen, ein Beweis, der sich schwer führen lässt. Und wenn de Rossi ferner an die Scheu der alten Christen erinnert, dass auch nur ein Tropfen vom Abendmahlswein könne verloren gehen, wenn er meint, dass man in Rom einen solchen Missbrauch schwerlich geduldet hätte, so ist dagegen zu erinnern, dass in tausenderlei Fällen die offizielle Kirche das wirkliche Volksleben in seinen Gebräuchen gewähren liess. Übrigens behauptet auch niemand, dass diese Gefässe a u s - s c h l i e s s l i c h Abendmahlswein enthalten hätten; für ihr Vorhandensein sind die oben erwähnten verschiedenen Möglichkeiten alle offen zu halten. Dass in einzelnen Gläsern wirklich Blut vorhanden gewesen, hält auch de Rossi als unbestrittene Thatsache fest (ib.; S. 620), aber selbst wenn dies der Fall wäre, so wäre das Martyrium desjenigen, in dessen Grab man das Glas fand, dadurch ebensowenig konstatiert als durch die Palme oder andere Zeichen, welche man früher dafür geltend machte. Denn wenn wir uns jener Stelle aus Prudentius erinnern, wonach man Märtyrerblut mit Tüchern und Schwämmen aufgefangen habe, um es zu Hause als tutamen zu bewähren,[1] so hindert nichts an der Annahme, dass man in einzelnen Fällen dies also gewonnene Märtyrerblut auch als tutamen an den Gräbern seiner Angehörigen aufstellte. Dies schiene uns unter allen Umständen für ein wirkliches Blutglas noch viel wahrscheinlicher als dass es das Blut des hier Bestatteten enthalten sollte. Wir hätten damit nichts Anderes als eine monumentale Bestätigung

---

[1] cf. peristeph. V, 341:

Plerique vestem linteam
stillante tingunt sanguine,
tutamen ut sacrum suis
domi reservent posteris.

eines auch in den litterarischen Nachrichten erwähnten altchristlichen Volksaberglaubens.

So geben uns die Monumente eine anschauliche Ergänzung der litterarischen Nachrichten über das altchristliche Begräbniswesen. Die Aufschlüsse über kirchengeschichtliche oder dogmatische Punkte, welche wir wirklich oder nur angeblich aus den Monumenten gewinnen, berühren uns hier nicht. In ersterer Beziehung haben sie speziell Anlass gegeben zu mancherlei interessanten Erörterungen über die Zusammensetzung der christlichen Gemeinde in Rom, über die Beteiligung der einzelnen Stände an derselben,[1] über das frühe Eindringen des Christentums auch in die höheren Stände, ja sogar in die kaiserliche Familie der Flavier. Ich habe mich über diese Dinge anderwärts näher ausgesprochen.[2] Ebenso über die Frage nach dem theologischen Ertrag der Katakombenforschung,[3] worüber vor einigen Jahren ein heftiger Streit zwischen den Professoren H a r n a c k in Giessen und S c h u l t z e in Greifswald entbrannt ist.[4] Es ist gewiss verkehrt, für die L e h r e Aufschlüsse aus den Katakomben zu erwarten; das liegt nicht in der Natur der Monumente, zumal dieselben aus dem christlichen Volke hervorgingen, und dies in einer Zeit, als dasselbe von theologischen und kirchlichen Händeln noch wenig berührt wurde. In das Volk sind dieselben doch erst mit dem Arianismus wirklich eingedrungen. Dagegen bieten die Monumente wichtige nach vielen Seiten zu verwertende und aufschlussgebende Zeugnisse für das christliche Leben. Aber auch der Glaubensgehalt der christlichen Gemeinde leuchtet aus ihnen hervor, wenn man ihn nur nicht als dogmatisch fixierte Lehre suchen will. Darin hat die römische Forschung weit über das Ziel hinausgeschossen. Zur Prüfung der Wahrheit und Falschheit ihrer Auffassungen und Aussagen haben wir die Monumente besonders zu untersuchen, aus welchen man dogmatische und ethische Lehren des Urchristentums herauslesen will, nämlich die Bildwerke. Doch zuvor haben wir zu sehen, wie sich das gesamte altchristliche Begräbniswesen, das wir nun aus der Litteratur und den Monumenten kennen gelernt haben, sich zum antiken verhält.

---

[1] Worüber besonders die Inschriften und die bildlichen Darstellungen aus dem Berufsleben Zeugnis ablegen. Auch das christliche Sklavenwesen hat dadurch eine interessante Beleuchtung erfahren, cf. S c h u l t z e Kat., S. 258 ff.

[2] cf. Jahrbücher f. protest. Theologie, 1882, Heft 1 u. 2.

[3] cf. Protest. Kirchenzeitung, 1883, No. 22.

[4] cf. Theol. Litteraturzeitung, 1882, No. 16 u. 26. Dazu die Broschüre von S c h u l t z e : Der theol. Ertrag der Katakombenforschung. Leipzig, 1882.

4. Das antike und das altchristliche Sepulkralwesen.

Wir haben im Eingange die Vorausssetzung ausgesprochen, dass die Christen die Volkssitten der einzelnen Völker, in deren Mitte sie lebten, sowie die Verhältnisse des bürgerlichen und häuslichen Lebens weiter fortführten, sobald sie selbst nicht in die Lage kamen, damit gegen ihre religiöse Überzeugung verstossen zu müssen. Dass dies auch von dem Begräbniswesen gilt, kann uns jetzt, wenn wir das antike mit dem altchristlichen vergleichen, keinem Zweifel unterliegen. Und dies vor Allem bezüglich der Begräbnisriten. Wir haben gesehen, dass eigentlich christliche Begräbnisriten vor dem 4. Jahrhundert nicht vorkommen, und auch da finden wir weiter noch nichts als die Anfänge kirchlich liturgischer Formen bei der Beerdigungsfeier. Die Behandlung der Toten dagegen vom Augenblick des Todes an bis zur Bestattung ist durch das christliche Altertum von derjenigen der heidnischen Volksgemeinschaft, in deren Mitte die Christen lebten, nicht unterschieden. Das ehrliche Begräbnis galt ihnen wegen der Seelenruhe des Verstorbenen für nothwendig. Die Versagung desselben galt als eine Schmach und Schande, die glänzende Gestaltung als eine Ehrenbezeugung, die Besorgung der Leichen als ein Liebesdienst, alles wie in der antiken Welt auch. In Agypten haben die Christen ihre Toten mumifiziert; überall, wo dies bisher beobachtet worden war, haben sie wie ihre heidnischen Mitbürger dem Verstorbenen die Augen zugedrückt, den Leichnam gewaschen, gesalbt, in reine Gewänder von besseren Stoffen gehüllt, auch mit den Insignien seiner Lebensstellung ihn bekleidet, ihn aufgebahrt und, sobald ihre Stellung dem Staate gegenüber es ermöglichte, mit demselben Pomp wie dies in dem betreffenden Volke üblich war, begraben.

Als charakteristischer Unterschied in der Behandlung der Leichen seitens der vorchristlichen und christlichen Welt tritt uns nur Weniges entgegen. Die Christen haben die Bekränzung der Leiche mit Blumen abgelehnt, da die Kränze sie an die Idololatrie der Götterfeste erinnerte. Sie haben auch in der gesamten Behandlung der Leichen die jüdische wie antik-heidnische Auffassung von einer durch die Leiche geschehenden Verunreinigung der Person und des Hauses zurück gewiesen. Wir haben dafür freilich keine direkten Aussprüche, was sich leicht daraus erklärt, dass dies für die Christen selbstverständlich war. Der Leib war ihnen ein Gefäss des Geistes, er hatte an der Vollendung Teil durch die Auferstehung, darum konnten sie die Leiche nicht als verunreinigend betrachten. Die Hauptposition aber der Christen, wodurch sie in den Begräbnisriten der antiken Welt am schroffsten entgegen traten, war die entschiedene und unbedingte Verwerfung der Leichenverbrennung. Sie konnten sich darin ja auch, wie es bei Minucius Felix heisst, an die ältere und bessere Weise der Bestattung anlehnen, aber die unbedingte Verwerfung der Verbrennung hat ihren Ursprung in dem Glaubenssatz der Christen von der Auferstehung.

Dagegen sehen wir wieder in den zum Gedächtnis der Verstorbenen getroffenen Maassregeln die hergebrachten Gebräuche von den Christen fortgesetzt. Das Novemdial beobachteten sie ebenso wie die christlich gestalteten, aber von Ausschweifungen durchaus nicht freien silicernia und parentalia. Wenn de Rossi (R. s. III, 500) den Anschluss der christlichen Schmausereien in den Gräbern an die silicernia und parentalia bestreitet mit dem Hinweis auf dem Unterschied gegenüber den christlichen Versammlungen — dort seien es Zusammenkünfte nur der Angehörigen und Freunde gewesen, hier solche der ganzen Gemeinde mit dem Zwecke einer Fürsorge für arme Gemeindeglieder —, so ist dieser Unterschied ganz richtig, aber das beweist gegen jenen Zusammenhang christlicher und heidnischer Gebräuche gar nichts. Die Christen haben die überkommenen Gewohnheiten eben vielfach christlich gestaltet. Ausserdem ist aber kein Zweifel, dass an den Gedächtnistagen der Verstorbenen auch bei den Christen doch in erster Linie die Angehörigen und Freunde sich an den Gräbern einfanden.

Auch das Anzünden von Lichtern in den Grüften an den Gedächtnistagen, die Libationen, die Ausschmückung der Gräber mit Blumen und ihre Besprengung mit Wohlgerüchen haben die Christen weiter geübt. Die Gedächtnisfeste der Apostel und Märtyrer treten an Stelle der paganen Volksfeste, ebenso wie die Gestalten der Heiligen zu einem christlichen Olymp sich zusammenschliessen. Die Opfer, welche die antike Welt an den Gedächtnistagen der Verstorbenen darbrachte, werden in der christlichen Welt zu dem Opfer am Altar. Wenn etwas sein Hervorwachsen aus antiken Gebräuchen verrät, so ist es die Seelenmesse.

Bezüglich der Bauart der Gräber sehen wir bei den Christen nur im Abendlande, speziell in den römischen Katakomben, eine dem Geiste des Christentums entsprechende Abweichung von der antiken Grabanlage. Das gesamte Altertum betrachtet das Grab als die Wohnstätte des Verstorbenen. Es begnügte sich daher nicht damit, denselben einfach in eine Grube zu senken und mit Erde zuzudecken, sondern schuf überall die Grabkammer, die man wohnlich einrichtete, in welche die Überlebenden hinabsteigen, um den Verstorbenen zu besuchen. Auch die Christen haben dies Prinzip durchweg festgehalten. Und zwar im Orient in nicht der geringsten Abweichung von den üblichen Grabbauten des Landes, also dass die christlichen Gräber nur an oft sehr geringen Indizien der Verzierung (wie das Monogramm oder α — ω) zu erkennen sind. Dasselbe finden wir laut den litterarischen Nachrichten auch in Nordafrika. Nur lassen, wie wir sahen, vereinzelte Stellen schliessen, dass dort auch das System gemeinsamer christlicher Begräbnisäcker schon vorhanden war. Letztere finden wir dann speziell in Rom als eine dem christlichen Geiste entsprechende Ausbilduug der antiken Grabanlage. Deren Prinzip, der unterirdische Raum, in den man hinabsteigt zum Besuch der Toten, ist auch hier festgehalten, aber die Thatsache, dass in der ursprünglich jedenfalls einem einzelnen Gemeindeglied und seiner Familie gehörenden area auch die übrigen Gemeindeglieder beigesetzt werden sollten, ergab von selbst das System der Gänge und Galerien, der Loculi und für auszuzeichnende Gräber die Arkosolien und Grabkammern. Das antike Prinzip erscheint also hier nur in der Konstruktion modifiziert, und diese Modifikation ist gewiss nicht zufällig, sondern offenbar dem Geiste und der religiösen Anschauung des Christenthums entwachsen. Auch die Ursprünge der Katakomben sind Einzelgräber, aber wenn diese, wie es in Inschriften heisst, eingeräumt werden nicht bloss wie in antik heidnischen Gräbern den libertis libertabusque posterisque eorum, sondern auch „suis fidentibus in domino", oder denjenigen, welche „ad religionem pertinentes meam",[1]) oder wenn eine kaiserliche Prinzessin, Flavia Domitilla, die Enkelin Vespasians, eine Grabstätte stiftete, in welcher auch Sklaven und allerlei Volk neben ihr ruhen konnten,[2]) so lässt uns das einen Blick thun in die inneren Motive, welchen jene gemeinsamen umfassenden Grabanlagen entsprungen sind. Die antike Welt in Rom kannte, wie wir früher zu erwähnen Gelegenheit hatten, ein commune sepulcrum nur für die misera plebs, dagegen die Welt der Reichen und Vornehmen suchte in den streng von einander abgesonderten Einzelgräbern an der appischen Strasse sich gegenseitig an Prunk und Üppigkeit zu übertreffen. In bedeutsamem Gegensatze zu dieser Trennung und Scheidung, die sich auch über den Tod hinaus erstreckte, sehen wir in den christlichen Gräbern Leute der höchsten und niedrigsten Stände friedlich neben einander gebettet. Die römischen Katakomben sind ein monumentales Zeugnis von der Bewährung jenes paulinischen Wortes: Hier ist

---

[1]) cf. de Rossi bullet. 1865, S. 54. Rom. sott. I, S. 109.
[2]) cf. die Inschrift bei de Rossi R. S. I, 207. — Orelli-Henzen No. 5422.

nicht Jude noch Grieche, nicht Knecht noch Freier, nicht Mann noch
Weib, ihr seid allzumal einer in Christo!

Einen direkten Anschluss an die überkommene Sitte sehen wir
sodann in der Niederlegung der verschiedensten Gegenstände aus dem
Privatbesitze und dem häuslichen Leben der Verstorbenen in und an
den Gräbern. Wir haben oben diese Gegenstände summarisch aufgezählt.
Wenn sie nicht durch Inschrift oder Zeichen direkt als .christlich gekennzeichnet sind, so könnten sie ebenso gut paganen Gräbern angehören, darum bei vielen der Ursprung ja streitig ist. Durch das gesamte
Altertum geht, wie wir sahen, das Bestreben, das Grab wohnlich auszustatten und dem Verstorbenen die Gegenstände, welche ihm während
seines Lebens wert und teuer waren, in das Grab mitzugeben. Auch die
Christen haben nichts anderes gethan. Sie haben ohne weitere Reflexion
über den Zweck solcher Ausstattung des Grabes einfach das weiter ausgeübt, was sie bisher in ihrer Volkssitte gewohnt waren, denn diese
Sitte verstiess nicht direkt gegen ihren Glauben. Ich kann daher der
von de Rossi im Anschluss an die früheren Behauptungen Buonarottis[1])
ausgesprochenen Ansicht nicht beitreten, wonach diese Gegenstände
wesentlich Zeichen gewesen seien, an welchen man die Gräber seiner
Angehörigen erkennen wollte. [2]) De Rossi stützt sich hauptsächlich
darauf, dass die meisten Gegenstände aussen an den Einzelgräbern
angebracht gewesen seien. Auch führt er zwei Inschriften an, welche
auf diese Bestimmung der Gegenstände hindeuten sollen: ZINNVM
(signum) loci und SIGNVm NABE. Bei der letzteren ist ein Schiff abgebildet.[8]) Doch legt de Rossi selbst auf die erste Inschrift wenig
Gewicht, denn signum loci könne ebenso gut titulus loci = locus bedeuten.[4]) Aber auch die zweite Inschrift kann unseres Erachtens nicht
beweisen, dass die Christen mit jenen Gegenständen vorzugsweise
die Absicht einer Erkennung der Gräber verfolgt hätten, denn der Ausdruck Nabe ist allem Anscheine nach Eigenname, und das Schiff ein
phonetisches Zeichen. Es ·ist zuzugeben, dass bei einzelnen Gegenständen, die aussen an den Gräbern in den Kalk eingedrückt oder sonst
angebracht waren, wie Scherben aus Glas und anderen Stoffen, Zähne von
Tieren, Mosaiksteinchen, Münzen, Ringe aus Knochen und Metall u. dgl.,
dass bei diesen zuweilen die Absicht, das Grab kenntlich zu machen, vor-

---

[1]) cf. vetri p. VIII. XI.
[2]) cf. Rom. s. III, S. 576.
[3]) Buonarotti vetri p. X.
[4]) de Rossi ib. Anmerk. 1.

handen war, aber im Allgemeinen dies von den in den Katakomben
niedergelegten Gegenständen zu sagen, ist doch schwerlich richtig. Man
hatte doch die besten Erkennungszeichen der einzelnen Gräber an den
Inschriften, und jene Gegenstände hätten sich erst selbst wieder besonders von einander unterscheiden müssen, um als Erkennungszeichen
zu dienen, aber sie sind sich selbst wieder so ähnlich, dass nach ihnen
allein die Gräber gewiss leicht hätten verwechselt werden können. Mag
also in einzelnen Fällen dieser Zweck einer Kenntlichmachung des
Grabes bestanden haben, im Allgemeinen ist das Vorhandensein dieser
Gegenstände in den Gräbern ein Zeichen von der Beibehaltung der überlieferten Volkssitte. Gänzlich weist auch de Rossi dies nicht zurück, aber
er will es nur für diejenigen Gegenstände gelten lassen, welche innerhalb der Gräber sich befanden. Mir scheint diese Unterscheidung von
wenig Bedeutung. In den paganen Gräbern standen die Gegenstände
ja auch nicht in den Sarkophagen oder Aschenkisten, sondern um dieselben herum in der Grabkammer. Letztere wurde von den Christen
baulich modifiziert in zusammenhängende Galerien und Kammern mit
Loculi und Arkosolgräbern, die ganze area war ihnen ein einziges Grab-
gemach, und in demselben haben sie diese Gegenstände aufgestellt, so
gut es bei der baulichen Beschaffenheit der Grabanlagen möglich war,
das Eine in die Einzelgräber, Anderes ausserhalb derselben. Es ist unter
allen Umständen an der von Raoul-Rochette[1]) zum ersten Male entschieden vertretenen Ansicht einer einfachen Beibehaltung vorchristlicher
Sitte festzuhalten. Nur wird man nicht sagen dürfen, dass die Christen
dabei mit klar bewusster Absicht und Reflexion verfahren sind. Wären
sie das, so hätte ihr Unsterblichkeits- und Auferstehungsglauben sie vielmehr von dieser an das irdische Dasein so energisch sich anklammern-
den heidnischen Sitte leicht abbringen müssen. Und dies um so mehr,
wenn sie über die abergläubische Anwendung so mancher Dinge, von
deren Beibehaltung bei den Christen uns ihre Gräber Zeugnis geben,
nachgedacht hätten. Dahin gehören die Bullen und vielfachen Amulette,
die sich in christlichen Gräbern finden. Sie haben diese Dinge entweder
direkt beibehalten oder nur dahin geändert, dass sie die heidnischen
Gegenstände aus den Kapseln entfernten und dafür Stückchen von
Reliquien, Täfelchen oder Bänder mit biblischen Sprüchen und ähnliche
Dinge christlichen Charakters hinein schlossen.[2]) Mochten auch die tiefer

---

[1]) trois. mém. (mém. de l'inst. royal t. XIII, 1838).
[2]) cf. de Rossi R. s. III, S. 584.

denkenden Lehrer der Kirche an diesen Dingen Anstoss nehmen,[1]) das Volk hat einfach fortgesetzt, was es vor seinem Übertritt zum Christentum gewöhnt war.

Mit der Auffassung, als ob die in den Grabkammern niedergelegten Gegenstände Erkennungszeichen gewesen seien, ist auch diejenige zurückzuweisen, welche in manchen dieser Gegenstände noch eine besondere Bedeutung sehen will, sei es ein Symbol oder eine Andeutung des Märtyrertodes. Wir haben gesehen, wie solch eine symbolische Beziehung in den gleichzeitigen römischen Gräbern unzulässig und heute wohl allgemein aufgegeben ist, sie geht daher auch in den christlichen Gräbern nicht an. Bei Buonarotti trat ein Suchen nach symbolischen Beziehungen oder Andeutungen des Märtyrertodes noch stark hervor, aber selbst Raoul-Rochette und de Rossi wie seine Nachfolger sind davon nicht frei. So sah der französische Gelehrte in den Fischen, die sich aus Glas, Elfenbein, Perlmutter und anderen Stoffen in den christlichen Gräbern finden, eine Beziehung auf die Schiffahrt nach dem Sitze der Seligen.[2]) Diese Fischchen sind aber gewiss nichts anderes als Schmuck- oder Spielsachen, in einzelnen Fällen unzweifelhaft auch Amulette. Auch in den Lampen hat Raoul-Rochette, wie wir früher zu erwähnen Gelegenheit hatten, eine symbolische Beziehung erkennen wollen und die Schule de Rossis ist ihm darin nachgefolgt. „Es soll das Anzünden dieser Lichter hindeuten auf das Licht des Glaubens, das dem Dahingeschiedenen in die andere Welt hinüber leuchtet, und auf das ewige Licht der himmlischen Herrlichkeit" — sagt Kraus (R. s. S. 499). Er beruft sich dabei auf zwei patristische Stellen, eine aus Hieronymus (c. Vigil. 8) und eine andere aus Augustin (serm. XVII. in dedic. eccles.). Aber es ist auch hier der eingangs charakterisierte Gebrauch solcher patristischer Stellen gemacht. In keiner derselben handelt es sich um Lampen in den Gräbern. Hieronymus kämpft in jener Stelle gegen Vigilantius, welcher den Gebrauch der Fackeln bei Beerdigungen als heidnisch verworfen hatte. Da liegt es sehr nahe, wenn er in Verteidigung dieses Gebrauchs von einem lumen fidei und lumen gloriae der Heiligen redet. Und was soll es vollends für den symbolischen Gebrauch

---

[1]) Wir haben früher solche Stellen erwähnt. Gegen die Amulette, die vor Krankheiten schützen sollen, spricht sich auch Chrysostomus wiederholt in seinen Predigten aus. cf. Neander Chrysost. I, S. 275 ff. Für die vielen im Abendlande noch im fünften Jahrhundert heidnischen Gebräuche der Christen sind besonders die Homilien und Sermone des Maximus von Turin sehr instruktiv.

[2]) II, mém. 60. III, 219.

der Grablampen beweisen, wenn Augustin gelegentlich den homo, qui bene operatur, eine lucerna nennt? Wir haben früher an dem Beispiel jener schönen, in den Ufficien befindlichen Bronzelampe gesehen, dass ein erfindungsreicher christlicher Kopf auf den Gedanken kommen konnte, die — übrigens nicht von den Christen erfundene, sondern vorher auch schon vorhandene[1]) — Schiffsform der Lampe zu einer sinnigen Verwertung des Gedankens zu benutzen, dass Christus der Steuermann ist im Lebensschifflein. Aber hier ist ja nur die Schiffsform, nicht die Lampe als Trägerin des Lichtes verwertet zum Ausdruck einer religiösen Idee. Eine unbefangene Betrachtung wird nur zu dem Urteil kommen, dass die Christen auch hier eine Fortsetzung überlieferter Gebräuche ausübten. Die meisten Lampen haben gewiss einfach dem praktischen Bedürfnis einer Erleuchtung der unterirdischen Gänge und Kammern gedient. Andere wurden an den Gedächtnistagen dort aufgestellt, wieder andere, vor allem die in den Einzelngräbern, einfach als häusliche Gegenstände zur wohnlichen Einrichtung des Grabes. Dies erhellt sonder Zweifel bei denjenigen, welche gar nicht zum praktischen Gebrauche bestimmt waren, denn es fehlen die Öffnungen für den Docht und das Eingiessen des Öls.

Früher wollte man in den in den Katakomben aufgefundenen Kämmen, Messern, eisernen Haken und Spitzen Märtyrerwerkzeuge erblicken.[2]) Diese Auffassung ist heute aufgegeben. Auch die Nägel — wenn es überhaupt solche und nicht viel mehr Haarnadeln sind —, in welchen noch Raul-Rochette (III mém., S. 144, 257) ein Symbol der dira necessitas des Todes erblicken wollte, sind heute allgemein erkannt als in der Reihe der vielen ohne besonderen Zweck in den Gräbern niedergelegten Gegenstände stehend. Übrigens hat auch de Rossi die Suche nach Märtyrerwerkzeugen noch nicht völlig aufgegeben. In einer Bleikugel, welche jetzt im vatikanischen Museum liegt, ist er nicht abgeneigt ein solches zu erblicken.[3]) Mit dieser Kugel hätte man freilich einem Menschen den Schädel einschlagen können, aber dass sie wirklich zur Tötung von Christen gedient habe, dafür ist auch nicht der geringste Anhaltspunkt vorhanden. So lässt sich weder eine symbolische Beziehung noch eine Hindeutung auf den Zeugentod der Bestatteten in solchen Gegenständen erweisen, sie sind nichts anderes als was sie in den antiken Gräbern auch waren.

---

[1]) cf. R.-Roch. II mém., S. 222.
[2]) cf. Boldetti osservaz., S. 502, tav. III, 22—24, S. 509, t. V. 59, 60. Bottari scult. e pitt. prefaz., p. XII. II, S. 33.
[3]) cf. R. S. II, S. 164.

Aber auch selbst in den christlichen Grabinschriften sehen wir
eine in den ersten Jahrhunderten nur wenig abweichende Fortsetzung des
Alten, ja in einzelnen Momenten sogar eine völlig gedankenlose Beibehaltung von Formeln, welche direkt an die antike Mythologie erinnern.
Es giebt daher eine Menge von Inschriften, bei welchen die christliche
oder pagane Abstammung zweifelhaft und weder nach der einen noch
nach der anderen Seite klar zu erweisen ist. Bei vielen steht der
christliche Charakter nur fest durch den Fundort, an welchem das
Vorhandensein heidnischer tituli schwer zu erklären oder völlig ausgeschlossen ist. Andere sind nur durch einzelne Zeichen oder Formeln
von den antiken zu unterscheiden, in der vorkonstantinischen Zeit
besonders durch die Formeln in pace, εν ειρηνη, — diese christliche
Grabformeln κατ' ἐξοχήν, bald als Wunsch gebraucht für die Seelenruhe des Verstorbenen, bald als Ausdruck der Gewissheit, dass er dieselbe erlangt habe —, oder durch die Akklamation vivas in deo, vivas
in aeternum, nach Konstantin durch das Monogramm Christi oder α—ω.
In dieser Epoche finden wir auch erst eine selbständige Ausbildung des
Formulars der christlichen Grabinschriften. Aber noch durch das
ganze christliche Altertum setzen sich wesentliche Bestandteile der
antiken Grabepigraphik fort. Das Grab heisst auch bei den Christen
domus aeterna, perpetua sedes, οἶκος αἰώνιος. Sie bemerken, dass sie
das Grab für sich und für die Ihrigen noch bei Lebzeiten haben her-
richten lassen. Sie bitten wie bisher in den Grabinschriften um Schutz
der Grabstätten und sprechen Verwünschungen aus und Drohungen
gegen deren Schänder.[1]) Die christlichen Inschriften reden von den
liberti und posteri, sie zeigen antike Bezeichnungen wie memoriae
aeternae, somnus aeternalis, tartarus furens, nemus Aelysium, stygis ira,
Lachesis acerba.[2]) Sie setzen ferner dieselben Epitheta, die in den
antiken Grabinschriften gewöhnlich waren, den Namen des Verstorbenen
bei, wie benemerens, dulcis, dulcissimus, incomparabilis, ἀγαθός,
ἀξιώτατος, γλυκύτατος; oder anima dulcis, anima meleia, νεκτάριον,
φυχάριον, φῶς, lux mea, delicium. Übereinstimmend mit dem Alten
sind dann auch Ausdrücke wie defunctus, recessit, decessit; die Aufschriften hic quiescit (oder requiescit), somno aeternali und quieti
aeternae; die Zurufe an die Verstorbenen: have, salve, vale, feliciter,
oder: χαῖρε, θάρρεῖ, εὐψυχεῖ, oder der zur Tröstung der Überlebenden
dienende Beisatz: nemo immortalis, οὐδεὶς ἀθάνατός. Zuweilen sind

---

[1]) Beispiele bei Schultze, Kat. S. 11, 15 (Anmerk. 9).
[2]) cf. Le Blant: inscript. chrét. de la Gaule 293. 594. 676b. 421. 486. 657.

christliche Akklamationen aus heidnischen herausgewachsen und entsprechend modifiziert. Die heidnischen Formeln, mit welchen der Verstorbene dem Überlebenden einen Abschied zuruft, wie optime valeas
qui legis, bene valeas, valeas viator, viatores salvete und dgl. werden
auf christlichen Epitaphien zu εἰρήνη πᾶσιν oder εἰρήνη ὑμῖν πᾶσιν.
Auch die Anempfehlung des Verstorbenen an die Gottheiten wird
christlich modifiziert. So lesen wir auf heidnischen Grabsteinen: peto vos
mannes sanctissimae commendatum habeatis meum conjugem.[1]) Ähnlich
heisst auf christlichen Grabsteinen: tibi commendamus oder μνησθῆτι
κύριε τῆς κοιμήσεως. Auch die Formel domus aeterna haben Christen,
die darüber reflektirten, christlich aufgefasst, indem sie diese aeternitas
nur in finem saeculi dauern liessen.[2]) Es ist klar, dass die Christen mit
den Ausdrücken, wie sie in antiken Grabinschriften sich befanden, bei
einigem Nachdenken vielfach religiöse Begriffe verbanden. Sie konnten
die Worte stehen lassen und einen ihrem Gedankenkreise entsprechenden
Sinn hineinlegen. Auch das Formelle ist in der christlichen Epigraphik
nicht unterschieden von der heidnischen. Das herzförmige Blatt,
welchem man früher auch gerne eine symbolische Bedeutung beilegte,
ist jetzt allgemein auch als ein aus den profanen Inschriften beibehal-
tenes Interpunktionszeichen erkannt.

Das schlagendste Beispiel, wie die alten Christen überkommene
Gebräuche völlig gedankenlos beibehielten, ist die F o r m e l D. M. auf
christlichen Grabsteinen. Es ist heute nicht mehr notwendig, die
früher wohl versuchte Erklärung[3]) Deo Magno zu bekämpfen, denn sie
ist allgemein als unhaltbar erkannt und es ist allseitig zugegeben, dass
diese Buchstaben auf christlichen Grabsteinen nichts anderes bedeuten
als auf antiken, nämlich Dis Manibus, entsprechend dem griechischen
Θ. Κ. De Rossi neigt der Ansicht zu, dass man wenigstens da, wo die
Formel D. M. in Verbindung mit dem Monogramm Christi vorkommt,
auch wohl Deo Magno oder vielmehr Deo Magno Christo gelesen habe.
Aber wer will das beweisen? Die Möglichkeit ist ja nicht ausgeschlossen, dass einmal im Kopfe eines Christen der Einfall erwachte,
diese Buchstaben könnten auch zu einer christlichen Formel ergänzt
werden. Aber dies auch zugegeben, so verschlägt dies gegen die
völlig gedankenlose Beibehaltung einer auf den paganen Grabsteinen
durchweg vorkommenden Formel gar nichts. Ebenso scheint uns die

---

[1]) Orelli-Henzen No. 4775.
[2]) cf. die Inschrift aus St. Agnese bei de Rossi III, S. 456.
[3]) cf. die Monographie von F e r d i n a n d B e c k e r: Die heidnische
Weiheformel D. M. auf altchristlichen Grabsteinen. Gera 1881.

Frage, welche auch B e c k e r in dem Resultate seiner Schrift noch besonders zu konstatieren für nötig hielt (ib. S. 66), nämlich ob die Grabsteine fertig mit dem Siglen D. M. gekauft worden seien oder nicht, von keinem Belang. In Wirklichkeit wird beides vorgekommen seien. So gut wie die Sarkophage fertig in den Magazinen standen und man eventuell nur noch die Porträts der Verstorbenen anzubringen nötig hatte, so waren gewiss auch Grabplatten vorhanden, welche die allgemein übliche Formel D. M an der Spitze trugen und sie wurden auch von Christen gekauft. Auf anderen mögen christliche Hände die Formel beigesetzt haben, was unzweifelhaft da der Fall ist, wo dieselben mit dem Monogramm oder α—ω auftreten. Es ist dabei durchaus nicht notwendig, mit S c h u l t z e anzunehmen (Kat. S. 250), dass man durch Beisetzung dieser christlichen Zeichen gewissermassen gegen die idololatrische Beziehung von D. M. habe protestieren wollen. Das wäre doch ein sonderbares Verfahren, erst die heidnische Formel hinzusetzen und dann mit einer christlichen dagegen Verwahrung einzulegen! Hätte man bei jener überhaupt daran gedacht, dass sie für Christen ungehörig sei, so hätte man sie gewiss überhaupt weggelassen. Sie lässt sich darum nur erklären als eine völlig gedankenlose Fortsetzung dessen, was man bisher gewohnt war, ein Nachdenken über die Bedeutung dieser Buchstaben hätte die Christen von ihrer Beibehaltung abhalten müssen. Hat doch selbst Prudentius die antike Bezeichnung der Verstorbenen als dii manes verspottet,[1]) obwol ihm schwerlich unbekannt gewesen sein wird, dass die Formel auch auf den Grabsteinen seiner Glaubensgenossen sich befand. Freilich ist die Zahl der christlichen Grabsteine, welche dieselbe aufweisen, nach der jetzigen Kenntnis der Sache nicht gross, nämlich nur etwa 100, während die Zahl der bekannten christlichen Grabinschriften über 12000 beträgt. Übrigens kommen die manes nicht nur in dieser Formel auf christlichen Grabsteinen vor, sie werden auch sonst ganz direkt genannt, ja angerufen. Ein instruktives Beispiel giebt de Rossi (R. s. III, S. 499) in einer Inschrift aus Umbrien, welche, wenn nicht von Psalmengesängen darin die Rede wäre, von Niemandem für christlich gehalten würde: Sanctique tui manes nobis petentibus semper adsint ut semper libenterque salmos tibique dicamus. De Rossi meint freilich nach dem Vorgange Fabrettis,

---

[1]) cf. contra Symm. I, 402—405:

ecce deos Manes cur inficiaris haberi?

ipsa patrum monumenta probant, dis Manibus illic

marmora secta lego, quacunque Latina vetustos

custodit cineres densisque Salaria bustis.

das Wort manes sei hier als licentia poetica gebraucht. Aber wir haben in ihm wie in der Formel D. M. das eklatanteste Beispiel einer völlig gedankenlosen Beibehaltung heidnischer sepulkraler Volkssitte.

Dasselbe sehen wir in der Thatsache, dass in christlichen Inschriften die Zeit des Todes oft bis auf die Stunde und Minute angegeben ist. Das war in der antiken Welt üblich, weil darauf astrologische Berechnungen basierten. Es ist wahrscheinlich, dass solcher Aberglaube auch bei den Christen sich erhielt. Hatten sie ihn aber abgelegt, dann geschah solche detaillierte Angabe des Datums des Todes auch ganz zwecklos und war nur eine Fortsetzung der bisherigen Übung. Zum Ausdrucke der christlichen Anschauung vom Tode als der Geburt zu einem neuen Leben hätte die Fixierung des Tages genügt.

Bei solch vielfacher Übereinstimmung der christlichen mit den antiken Grabinschriften ist dasjenige, was die ersteren spezifisch neu geschaffen, im Ganzen geringfügig. In der vorkonstantinischen Zeit sind es, wie oben erwähnt, meist nur ganz vereinzelte Ausdrücke, welche den christlichen Charakter der Inschrift ausmachen, nämlich in pace oder Akklamationen wie vivas in deo und ähnliche.[1]) Eine eigentlich christliche Epigraphik auf den Gräbern zeigt sich erst vom 4. Jahrhundert an. Biblische Namen, christliche Epitheta (innocens, innocentissimus, θεοσεβής, σεμνότατος), christliche Ausdrücke für „Sterben" (ire ad deum u. a. werden) jetzt häufiger; Stand und kirchliche Stellung des Verstorbenen werden betont, die Lobpreisungen des Toten wie die Ausdrücke der Trauer um ihn werden umfangreicher und schwulstiger; die Versicherungen des Glaubens an Auferstehung, an Unsterblichkeit und Seligkeit im Jenseits treten schärfer hervor. Ja wir finden analog dem früher erwähnten von Mommsen publizierten antiken Beispiele, förmliche laudationes funebres eingemeisselt.[2]) Auch die jetzt häufiger vorkommende Erwähnung des Sterbetages hängt mit der ausgebildeteren christlichen Wertschätzung des Todes als der Geburt zu einem neuen Leben zusammen. Die Formel in pace gewinnt jetzt häufig die Bedeutung, dass der Verstorbene im Frieden mit der Kirche und im orthodoxen Glauben abgeschieden sei; und zwar findet sich in diesem Sinne die Formel viel häufiger als in Rom, in Afrika und Gallien, wo

---

[1]) Raoul-Rochette hat auch die Formel in pace aus antiken Inschriften ableiten wollen. Aber in dieser Prägnanz findet sie sich dort nirgends. Die Idee eines friedlichen Schlummers ist freilich auch dem Altertum geläufig, wie zahlreiche Inschriften beweisen. Auch Bildwerke wie Endymion oder Ariadne weisen darauf hin. cf. mém. S. 194 ff.

[2]) Beispiele bei de Rossi R. s. III, 244 ff. Bullet. 1864, S. 34 ff.

die Ausdrücke vixit in pace oder processit in pace wohl als Hinweis
auf die Nichtzugehörigkeit des Verstorbenen, sei es zum Donatismus
oder zum Arianismus, gefasst werden können.[1]) Endlich ist auch die
Bezeichnung des Begräbnistages ein Zeichen der späteren altchristlichen
Jahrhunderte. Der Zusatz depositus (welcher übrigens auch auf
heidnischen Epitaphien vorkommt, z. B. Orelli-Henzen No. 4555. 6694)
beginnt erst mit dem Ende des dritten Jahrhunderts und wird im vierten
ganz allgemein.[2])

Eine genauere Vergleichung der altchristlichen und gleichzeitigen
profanen Inschriften zeigt jedenfalls, dass sich beide nicht in dem Maasse
von einander unterscheiden, als man gewöhnlich annimmt, das Formular
ist im Grossen und Ganzen dasselbe. Erst nach Konstantin wird es
spezifisch christlich. Gleichwohl atmen die christlichen Inschriften
gegenüber den antiken einen Geist der Hoffnung und der Freudigkeit.
Es ist bezeichnend, dass in den christlichen Inschriften die Anrede
überwiegend von den Lebenden an die Toten gerichtet ist, in den
paganen umgekehrt. Wäre es freilich auch ungerecht, die Letzteren
lediglich nach einzelnen schroffen Ausdrücken der Hoffnungslosigkeit
zu beurteilen, zeigen sie auch vielfach einen menschlich schönen und
rührenden Ausdruck des Schmerzes, eine oft ergreifende Betonung der
ehelichen Liebe auch über das Grab hinaus, wehmütige Versicherungen
der Eltern-, Kindes- und Freundesliebe, so fehlt doch, wie nicht anders
zu erwarten, durchweg das Licht eines himmlischen Trostes über den
Gräbern. In dieser Beziehung ist es bezeichnend, dass die christlichen
Gräber höchst selten Ausdrücke des Schmerzes zeigen, dass Erinnerungen
an Martyrium und die irdischen Trübsale, welche die Christen doch reichlich genossen hatten, nicht vorhanden sind. Die Worte in pace oder vivas
in deo reden laut genug. Was menschlich schön und edel war in den
antiken Grabinschriften, was dem Ausdruck des Abschieds von den Verstorbenen diente, das abzuändern hatten sie keinen Grund, sie konnten
auch das ruhig weiter thun, was sie bisher gewöhnt waren, konnten
möglicher Weise in die üblichen Ausdrücke auch ihre christlichen
Gedanken hineinlegen, wie wir ja sahen, dass sie einzelne Formeln in
leiser Abänderung christlich gestalteten. So haben sie im Ganzen ohne
weitere Reflexion das Überkommene weiter geübt.

Wenn hier die Reflexion nicht einmal bei solchen Formeln sich
einstellte, die wie D. M. durch ihre Bedeutung auf den Götterkult sie

---

[1]) Solche Inschriften bei de Rossi inscript. christ. 505—537, Le
Blant inscr. 384. 598. 601. 602. manuel d'épigr. chrét. 77.

[2]) cf. de Rossi inscript. proleg. CIX ff.

hätte hinführen müssen, so war das eben hier um so eher möglich, als solche Buchstaben doch nicht in dem Maasse direkt wie etwa bildliche Darstellungen die Gedanken auf den alten Götterkult hinlenkten. So erklärt sich der geringe Unterschied zwischen den antiken und altchristlichen Grabinschriften.

Was aber von ihnen gilt, gilt, wie wir schliesslich nach den bisherigen Auseinandersetzungen wohl konstatieren dürfen, von dem gesamten beiderseitigen Sepulkralwesen. Der Glaube an die Auferstehung des Leibes hat die Christen dazu geführt, die Anschauung von der Verunreinigung der Leichen wie deren Verbrennung zu verwerfen; das Bewusstsein ihrer Glaubensgemeinschaft hat sie in Rom dazu gebracht, das bauliche Prinzip des antiken Grabes zur Ermöglichung einer gemeinsamen Begräbnisstätte einigermassen zu ändern, im Übrigen jedoch entfernt sich das altchristliche Begräbniswesen kaum etwas von demjenigen, das auch die Anhänger des alten Götterglaubens in dem betreffenden Lande ausübten. Es ist mutatis mutandis — und letzteres ist sehr wenig — dasselbe wie das ihrer heidnischen Mitbürger.

Sollte es mit dem künstlerischen Schmuck des Grabes anders sein? Der Beantwortung dieser Frage müssen wir ein besonderes Kapitel widmen.

---

5. Die Bedeutung der einzelnen Bildwerke des altchristlichen Gräberschmuckes.

Eine unbefangene geschichtliche Betrachtung wird nach den bisherigen Auseinandersetzungen notwendig zu dem Schlusse gelangen: wenn die alten Christen in ihrem Begräbniswesen der Sitte des Landes folgten, in welchem sie lebten und nur das verwarfen, was dem oder jenem Punkte ihres Glaubens widersprach, so werden sie in der Ausschmückung der Gräber eben auch nicht anders verfahren sein. So weit der antike Gräberschmuck lediglich Pflanzen- und Tierornamentik war, hatten die Christen ebenso wenig wie in der Verzierung ihrer Häuser und häuslichen Geräte oder Schmucksachen Ursache, ihn zu unterlassen. Auch was auf den Gräbern von Beziehungen auf Namen, Stand und Gewerbe des Verstorbenen bildlich dargestellt war, konnten sie unbedenklich weiter fortsetzen. Die mythologischen Figuren und Szenen, die sich in dem antiken Gräberschmucke befanden, mussten ihnen natürlich anstössiger sein. Aber wie man in den Inschriften manche an die Mythologie erinnernde Formeln infolge bisheriger Gewöhnung beibehielt, die man bei einigem Nachdenken wohl hätte entfernen müssen, wie man andere Formeln christlich deuten konnte, so wird es eben auch bei den Bildwerken gegangen sein. Dann aber lag es doch für die Christen sehr nahe, die mythologischen Szenen des antiken Gräberschmuckes zu ersetzen durch solche aus der heiligen Geschichte. Der antike Gräberschmuck ist nun aber wesentlich Ornamentik, nicht Symbolik. Es ist also nach der ganzen Sachlage von vornherein unwahrscheinlich, dass die Christen durch den Schmuck ihrer Gräber eine geheimnisvolle Bildersprache hätten reden wollen. Der antike Gräberschmuck und speziell der römische — und nur um diesen handelt es sich hier — trug bei dem reproduzierenden Wesen der gesamten römischen Kunst einen stereotypen Charakter, die einmal geschaffenen Formen werden immer wiederholt, die ganze Thätigkeit war dazu mehr Handwerk als Kunst. Auch bei den Christen ist es nicht anders, und das widerspricht einer planmässigen Leitung des christlichen Gräberschmuckes durch die kirchlichen Oberen ebenso sehr wie einer bewussten Niederlegung christlicher Lehren in den Figuren und Szenen dieser Ausschmückung.

Diese Schlüsse ergeben sich für eine geschichtliche Betrachtung der Dinge von selbst. Die Position, welche dadurch gewonnen wird, ist bei der Beurteilung der einzelnen Bildwerke wohl festzuhalten. Die Untersuchung über Letztere muss zeigen, ob eine einfache Fortsetzung der bisherigen Übung vorliegt, ob man die überkommenen Figuren gedankenlos oder mit Hineinlegung eines christlichen Inhaltes beibehielt, ob man neue Formen schuf, ob man endlich die ausgeführten Darstellungen rein ornamental oder vielleicht mit symbolischer oder lehrhafter Beziehung auffasste.

Die Reihenfolge, welche man dabei einschlägt, ist an sich ziemlich gleichgültig. Wie schon eingangs erwähnt, kann man nicht einfach einteilen: symbolische, allegorische, historische Bilder u. s. w., da die Zugehörigkeit des einzelnen Bildwerkes zu dieser oder jener Klasse sich ja erst aus der Untersuchung ergeben kann. Eine Gliederung des Stoffes ergiebt sich schon daraus, dass man die malerische Ausschmückung der Grüfte sondert von den Skulpturarbeiten der Sarkophage. Eine historische Betrachtung wird sodann, von dem Sicheren ausgehend, das ins Auge fassen, was unbestritten dem antiken und dem altchristlichen Gräberschmucke gemeinsam ist. Sodann wird man am besten Einzelfiguren, wie Tiere und anderes, sich vorführen, um nachher biblische Figuren und Szenen wie die ikonographischen Darstellungen zu besprechen.

Wenn wir sehen, wie in Inschriften und in der Ausschmückung der bei den Toten in den Gräbern niedergelegten Gegenstände ganz direkt Beziehungen auf die antike Mythologie vorhanden sind, so werden wir uns nicht wundern, wenn wir solche auch in den Gemälden der Katakomben finden. Sie sind hier nicht so häufig als auf Sarkophagen; dies erklärt sich einfach aus der Thatsache, da dies in der Ausschmückung der antik römischen Gräber ebenso der Fall ist. Die Letzteren weisen in der Dekoration ihrer Wandflächen viel mehr Pflanzen- und Tierornamentik und Beziehungen auf Namen, Stand und Leben des Verstorbenen auf als mythologische Figuren und Szenen. Darum sind Letztere auch bei den Christen auf Sarkophagen häufiger vorhanden, als auf Wandgemälden der Katakomben. Gleichwohl fehlen sie auch hier nicht völlig. Wir haben sie oben in der Beschreibung der Monumente genannt. Wir sehen, wie manche dieser Szenen, wie Eros und Psyche, Sol und Luna oder das Gorgoneion wohl ursprünglich mit Beziehung auf Gedanken des Todes und Grabes benutzt worden sein mochten, wie aber unzweifelhaft durch die Gewöhnung und die immer neue Wiederholung diese Gegenstände rein ornamental gebraucht wurden. Sie sind denn auch in christlichen Gräbern nichts anderes · als eine ohne weiteres Nachdenken fortgesetzte Übung dessen, was man bisher gewöhnt war, denn hätte man über diese Darstellungen weiter nachgedacht, so hätte man sie als Gegenstände der heidnischen Mythologie unmöglich so naiv mitten unter christliche Figuren und biblische Szenen setzen können. Insofern ist es ganz richtig, was K r a u s in seiner Roma sotterranea wiederholt ausführt, dass nämlich diese mythologischen Gegenstände ihres eigentlich religiösen Charakters entkleidet waren. Aber man kann auch nicht einmal annehmen, dass die Christen durch dieselben allgemein menschliche Ideen über Grab und Tod und Unsterblichkeit hätten ausdrücken wollen, denn, wie gesagt, bei einigem Nachdenken hätten sie diese Gegenstände zur Darstellung ihrer Ideen doch nicht wählen können. Diese Bilder sind darum rein ornamental aufzufassen.

Es ist auch nur eine dieser mythologischen Figuren, an welche sich eine traditionell symbolische Beziehung angeknüpft hat, nämlich das Bild des O r p h e u s. Derselbe ist auf Wandgemälden bisher dreimal nachgewiesen, zweimal in St. Domitilla und einmal in St. Callisto.[1]) Auf dem letzteren Bilde ist der Sänger nur von zwei Schafen umgeben und erinnert damit an die Gestalt des guten Hirten. Gegen die traditionelle Auffassung des Bildes, dass in Orpheus die Gestalt Christi verhüllt dargestellt sei, zum

---

[1]) De Rossi Rom. sott. II, 246, 356. t. 18. R o l l e r pl. 36. Garr. t. XXV, t. XXX, t. IV, 1.

Zeichen der Vereinigung aller Gegensätze im Reiche Gottes, ist zuerst
Schultze aufgetreten.[1]) Er hält es für undenkbar, dass die ersten
christlichen Jahrhunderte die Gestalt Christi unter der eines heidnischen
Heros dargestellt hätten und will in dem Bilde nur den Träger der
wahren Gotteserkenntnis im Heidentum, den Prophet auf das Christentum erkennen. Merz[2]) will darin einen Hinweis auf die Paradiesesfreuden im ewigen Leben sehen. Dieser Gedanke liegt eigentlich sehr
nahe; einem christlichen Beschauer mochte wohl der Gedanke an
Jes. 11, 6 ff. aufsteigen, aber wir haben dafür keinen Beweis, dass solche
Erwägungen die Wahl des Bildes als christlichen Grabschmuck hervorgerufen hätten. Die Auffassung Schultze's aber ist schliesslich von der
traditionellen nicht sehr verschieden. Die zur Erklärung herbeigezogenen
Stellen der Väter[3]) geben allerdings durchaus keinen Anlass, in den
Gemälden des Orpheus eine verhüllte Darstellung der Person Christi zu
sehen, aber wenn Schultze bestreitet, dass sie die beiden Persönlichkeiten in Vergleich gestellt hätten und dass überhaupt zu einer Beziehung der Christusbilder auf Orpheus keinerlei Veranlassung vorliege,
so ist diese Behauptung angesichts der Stellen in Clemens Alexandrinus
(cohort. ad gent. I, p. 2—4 ed. Paris) und Eusebius (vita Const., 14)
unhaltbar. Dieselben setzen die Beiden allerdings in Vergleich, aber
freilich in einen antithetischen, und führen aus, wie viel unwiderstehl-
licher noch als der Gesang des Orpheus die Worte Christi seien. Clemens sagt speziell, Orpheus, Arion und Amphien seien ἀπατηλοί, welche
unter dem Vorwande der musikalischen Ergötzung die Menschen zu
Götzendienst und schlechtem Leben verleitet hätten. Christus, „ὁ ᾠδὸς
ὁ ἐμὸς,“ habe die wildesten Tiere bezähmt, nämlich die Menschen, und
zwar näher auch Vögel, d. h. die Leichtfertigen, auch Schlangen, nämlich
die Betrüger, auch Löwen, nämlich die Zornigen, auch Schweine, nämlich die Wollüstigen, auch Wölfe, nämlich die Habgierigen.[4]) Eusebius
bezieht den Vergleich nicht nur auf das Werk, sondern auch auf die
Person Christi, denn wie der thracische Sänger die Leier als Instrument

---

[1]) Katak., S. 105. Christl. Kunstblatt, 1882, S. 38.
[2]) Christliches Kunstblatt ib.
[3]) Sie sind zusammengestellt von Martigny dict. unter Orphée.
[4]) Diese Stelle ist auch eine solche, die man nach der traditionellen Aus-
legungsweise zu einer symbolischen Erklärung der betreffenden Tiere benutzen
könnte. Aber sie zeigt auch, wie ungerechtfertigt eine solche Symbolisierung
wäre: Clemens stellt einfach eine Vergleichung an, die sich aus dem Zusammenhang ergiebt, nicht aber macht er diese Tiere zu symbolischen Figuren
der einzelnen Laster.

gebraucht habe, so sei bei Christus die menschliche Natur das Organ gewesen, wodurch er unter den Menschen gewirkt. Die Weiterspinnung dieses Vergleiches ist freilich eine theologische Schrulle des Eusebius, aber der allgemeine Gedanke, dass Christus in der Geisterwelt gewirkt, was Orpheus in der Natur, konnte wohl in der Gemeinde vorhanden sein. Und nimmt man noch dazu, dass man, wie uns durch die Kirchenschrift-steller bezeugt ist, Orpheus so gut wie Virgil und die Sibyllen in Parallele stellte mit den alttestamentlichen Propheten, so erklärt sich wohl, wie aus der Heroensage gerade die Gestalt des Orpheus in den christlichen Gräber-schmuck eindringen konnte. Ob aber bloss als Weissager auf die Wahr-heit des Evangeliums oder als Typus Christi oder gar als Symbol der Person Christi, das lässt sich absolut nicht sicher feststellen, denn man darf nicht vergessen, wenn man das Bild durch die Schriftsteller erklären will, dass jenes viel älter ist als alle die Stellen, die man aus letzteren herbeizieht. Und das führt uns noch auf einen äusseren Anlass, der vielleicht jene Orpheusbilder hervorrief. Sie sind im Ganzen ja selten und kommen als Gemälde alle drei nur an hervorragendem Platze vor, nämlich in Cubicula. Es ist möglich, ja wahrscheinlich, dass letztere angelegt waren von und für reichere oder vornehmere Gemeindeglieder, welche vorher Mitglieder der orphischen Mysterien waren. Was sie, Christen geworden, von Orpheus erfuhren, konnte ihnen leicht Veranlassung geben, seine Gestalt zwischen biblischen Figuren und Szenen zum Schmucke ihrer Grabstätten anzuwenden. In den stereotypen Bildercyklus der altchristlichen Gräber ist die Figur nicht eingedrungen, und das legt die Annahme um so näher, dass die wenigen Beispiele ihres Vorkommens einer konkreten Veranlassung ent-sprungen sind. Ihre Beziehung auf Christus, welcher Art diese denn auch sein möge, bleibt als innerer Grund, sie zur Ausschmückung christ-licher Gräber zu verwenden, damit doch bestehen, denn rein sepulkrale Beziehungen liegen hier ferne. Hätte man solche andeuten wollen, so wäre die Darstellung von Orpheus in der Unterwelt oder der Rück-führung der Eurydice näher gelegen, wie solche sowohl auf Vasenbildern Grossgriechenlands, wie auf antiken Reliefs und Wandgemälden vor-kommen.[1]) Aber im Übrigen bilden auch in der antiken Kunst die Orpheusbilder keinen Gegenstand sepulkralen Schmuckes. Sie finden sich vielmehr wie auf Vasen, so auf Münzen, Mosaiken, Gemmen, Reliefs und Wandgemälden, also auf nichtsepulkralen Monumenten. So hat unsere Katakombendarstellung in der antiken Kunst ihre genauen Vorbilder.

---

[1]) cf. Bendorf-Schöne, No. 484. 590.

Pausanias erwähnt solche Bilder des Orpheus als Tierbezähmers und Friedensstifters (IX 30, 3), besonders aber auch Philostratus der Jüngere,[1]) dessen Beschreibung ziemlich genau mit unseren Katakombenbildern übereinstimmt.[2]) So hatte es keine Schwierigkeit, wenn einzelne wohlhabende Gemeindeglieder das Orpheusbild ausführen lassen wollten. Auch sein verhältnismässig hoher künstlerischer Wert, den es mit der Gesamtdarstellung der betreffenden Denkgemälde teilt, zeigt, dass das Ganze nach antiken Vorbildern ausgearbeitet ist.

Personifikationen finden sich auf den Grabgemälden im Ganzen selten. Wir sehen, wie früher erwähnt, den Sonnengott sowohl auf den Wagen wie als Kopf mit Strahlennimbus in Jonasszenen,[3]) die Erde als ein auf den Boden hingestrecktes Weib mit dem Füllhorn,[4]) die Jahreszeiten als Figuren von Erwachsenen oder Kindern mit den entsprechenden Arbeiten beschäftigt.[5]) Alle diese Darstellungen haben ihre Parallelen in der antiken Kunst.[6]) Es liegt nicht der geringste Grund vor, sie anders als dekorativ aufzufassen. Die Stelle bei Minuc. Felix ˙XVII, welche K r a u s zur symbolischen Erklärung der Jahreszeiten herbeizieht,[7]) passt hier ganz und gar nicht. Denn sie enthält nur den Gedanken, dass die göttliche Vernunft wie in der gesamten Natur, so auch in der Ordnung der Jahreszeiten sich zeige. Was soll aber dieser Gedanke als Schmuck eines Grabes? Näher läge es doch, wenn man einmal symbolisieren will, an den Lauf des Menschenlebens zu

---

[1]) cf. Imag. VI ed. Jakobs u. Welker. cf. Philostr. vit. Apoll. I, 25. Lucian de astrol. § 10, t. V, p. 220 ed. Bip. Bottari II, S. 30.

[2]) Auch ein bei Matz u. Duhn No. 2906 (2907) aufgeführtes Sarkophagrelief ist ganz ähnlich dem Hauptbilde in Domitilla (cf. Ann. d. inst. 1867, 180, 1). Besonders scheint aber ein pompejanisches Wandgemälde ein direktes Vorbild der christlichen Orpheusdarstellung zu sein, cf. dessen Besprechung von Boissier in der Revue des deux mondes. Okt. 1878.

[3]) cf. Aringhi I, S. 311. Bottari II, t. 65. Garrucci 27. 56, 5. Auch auf Lampen cf. Bartoli luc. III, t. 29.

[4]) Garr. t. 308, 2. 309, 1, 2, 4. 321, 3. 331, 3.

[5]) Garr. t. 21, 1. 37, 2. 88. Aringhi I, 389. Bottari I, t. 48. Das Bild t. 32, 1, welches auch von Kraus (Encykl. II, S. 2) als Darstellung der Jahreszeiten aufgeführt wird, ist vielmehr eine von Knaben ausgeführte Weinlese. Auch von de Rossi werden geflügelte Putti und Figuren mit Blumen fälschlich auf die Jahreszeiten bezogen, cf. R. s. II, t. 25. II, S. 330. t. 18, 1. 24. 27. 28. Ebensowenig sind die bei Gar. II, 65, t. 60 abgebildeten Putti als Jahreszeiten zu bezeichnen.

[6]) z. B. in den Nasonengräbern cf. Bellori t. XXII. Bottari I, t. 48. Boldetti lib. II, cap. 12, S. 466. Buon. vetri I. cf. Piper Myth. u. Symb. II, S. 313 ff.

[7]) R. sott. S. 90. cf. de Rossi bullet. 1863, S. 4.

denken. Mehrfach wird ja von kirchlichen Schriftstellern, wie von Tertullian (resur. carn. 12) und Minucius Felix (Oct. 34) und anderen, Begräbnis und Auferstehung mit dem Ersterben und Wiedererwachen der Natur verglichen, aber schon Winkelmann (W. W. II, S. 628) hat mit Recht bemerkt, dass diese Ausführungen als „zu gelehrt gedacht" nicht auf jene Bilder anzuwenden seien. Auch mag vielleicht die Ernteszene, die man über einen Arkosolium in der sog. Crypta quadrata findet, mit dem Gedanken an die Ernte in der Ewigkeit dargestellt worden sein.[1]) Aber auch nur solch eine Möglichkeit ist zuzugeben, denn da die übrige Ausschmückung der in lange Felder eingeteilten Wandfläche rein dekorativ ist, so spricht wenigstens die Analogie nicht dafür, das eine Feld symbolisch aufzufassen; die anderen Felder zeigen das eine Gewinde von Rosen, das andere von Kornähren, das dritte von Weinreben, das oberste von Lorbeerzweigen. In allen diesen Gewinden befinden sich Vogelnester mit Jungen, denen die zufliegenden Alten Futter bringen. Es ist doch sehr gesucht, wenn man wie Kraus in dieser Anordnung auch eine Darstellung der Jahreszeiten sehen will, zumal wenn man von dem Symbol des Winters im Stich gelassen wird und den Lorbeer plötzlich als ein solches des Sieges erklären muss. Die ganze Darstellung ist rein dekorativ und könnte, so kunstvollendet wie sie ist, ebenso gut ein Werk heidnischer Hände sein.

Die so häufige Verbindung der sei es wirklich, sei es fälschlich also gefassten Figuren der Jahreszeiten mit dem guten Hirten erklärt sich einfach aus dem naheliegenden Bestreben, die Hirtenszenen mit weiteren Dekorationen des ländlichen Lebens zu umgeben, ist aber nicht mit Martigny (S. 709) und anderen auf den neuen Psychopompos zu beziehen, der von den Symbolen des wechselnden Lebens umgeben ist. Dass die Pflanzen- und Tierornamentik der christlichen Gräber von der antiken kaum verschieden ist, wird auch von de Rossi und seiner Schule zugegeben. Warum hat man aber trotzdem auch hier nach symbolischen Beziehungen gesucht? die Darstellungen dieser Art sind so zahlreich, dass wir sie unmöglich alle aufzählen können. Wer den antiken Gräberschmuck kennt und dann die Katakomben besucht oder etwa das Werk Garruccis durchsieht, wird überrascht sein, wie viel Übereinstimmung er hier findet. Könnten Gemälde wie die am Eingange der Domitillakatakombe, wie das an der Decke im unteren Vorsaale der Katakomben in Neapel, oder in der Crypta quadrata, Gemälde, wie sie bei Garrucci auf einer Menge seiner Tafeln verzeichnet sind,

---

[1]) Eine allegorische Beziehung auf das Martyrium, wie Garrucci will (storia I, S. 187), ist ganz unhaltbar.

nicht ebenso gut in heidnischen Gräbern sich befinden? Wir sehen die
Decken der Cubicula wie die Bogen der Arkosolien architektonisch
durch Linien, Blumen- und Fruchtschnüre gegliedert; wir sehen in
grosser Mannigfaltigkeit Blumen und Rebgewinde mit oder ohne Trauben,
mit und ohne traubenlesende Genien, dazu Mohn- und Granatäpfel;
wir sehen dazwischen Tauben, Pfauen und andere Vögel, oft an
Blättern oder Trauben pickend, dazu Steinböcke, Ziegen und Panther;
endlich Schalen oder Vasen mit Blumen und Früchten, Masken und
Köpfe, Nereiden, Seepferdchen und Delphine. Letztere sowie auch
Vasen, Blumenkörbe, Pfauen und andere Vögel finden sich auch häufig
einzeln an Arkosolien oder Wandflächen. Eine unbefangene Betrachtung
wird in dem Allem nichts anderes als Dekoration sehen. Manches,
wie die Tiere aus dem bachischen Kreis, Mohn- und Granatäpfel hatte
in der antiken Welt seine sepulkralen Beziehungen. Wie hätten aber
die Christen mit bewusster Absicht auf Symbolik diese Dinge an ihren
Gräbern anbringen können? Man denke doch: das Symbol eines ewigen
hoffnungslosen Todesschlafs oder die Darstellung bachischer Freuden
auf christlichen Gräbern! diese Dinge zeigen von einer reflexionslosen
Fortsetzung dessen, was man bisher gewohnt war. Was hat man aber
in die anderen Gegenstände dieser Ornamentik alles hineingeheimnisst!
die Blumen sollen auf den Garten des Paradieses hindeuten, in welchem
sich die Märtyrer und die sonstigen Gläubigen des himmlischen Ruhmes
erfreuen, und insbesondere die Rosen sollen in dieser Beziehung eine
mystische Bedeutung haben.[1]) Aber ihr häufiges Vorkommen erklärt
sich einfach aus dem antiken Gebrauch, der von diesen Blumen zu
sepulkralen Zwecken gemacht wurde. Gewiss ist es, wie früher schon
erwähnt, ein Zeichen des christlichen Geistes, dass man die Grüfte und
Gräber so freundlich ausschmückte, und es ist ja nicht ausgeschlossen,
dass die christlichen Beschauer eines Bildes, wie jenes grossen schönen
Gemäldes aus St. Soteris,[2]) an die Herrlichkeit des Paradieses dachten,
aber dass die bewusste Absicht, solche darzustellen, diese Ausschmückung der Grüfte hervorgerufen habe, wird man doch nicht behaupten können. Es ist vielmehr derselbe sepulkrale Schmuck wie in
der antiken Welt. Dasselbe gilt von den Weinranken und der Trauben-
lese. Die symbolische Beziehung wird hier in Joh. 15, 1 gesucht. Auch
Kraus setzt diese Dekoration unter die allegorischen Bilder, wiewohl
er zugeben muss, dass dies nicht überall zutrifft, sondern jene Orna-

---

[1]) cf. Martigny dict. unter fleurs und paradis.
[2]) cf. de Rossi R. s. III, t. 1.

mentik eine „Reminiscenz aus der klassischen Schule" sei. Aber warum soll diese Reminiscenz nicht auch in anderen Beispielen vorliegen? Garrucci geht natürlich weiter, zieht Jes. 5 und Math. 20 herbei und erklärt einfach: la vigna e il campo di spighe simboleggiano la chiesa e in essa i fideli ricchi di buone opere.[1]) Als Beweis wird eine Stelle aus dem carmen paschale des Sedulius angeführt. Also ein Gedicht aus dem 5. Jahrhundert zur Erklärung von Bildwerken, welche bis an die Grenze zwischen dem ersten und zweiten hinaufgehen! Die Vasen werden mit Beziehung bald auf Röm. 9, 12 und I. Thess. 4, 4, bald auf Act. 9, 15 erklärt; sogar die Erinnerung an den Kampfespreis wird herbeigezogen;[2]) sind zwei Tauben dabei, so heisst das: „Le vase vide simbolise le corps renfermé dans le sépulcre et les colombes l'âme, qui s'en échappe."[3]) Tauben, welche aus einer Vase trinken, bedeuten andererseits wieder die Paradiesesfreuden, und doch hat das schönste Beispiel, auf dem erwähnter Gemälde in St. Soteris, merkwürdige Ähnlichkeit mit jenem bekannten Mosaik im kapitolinischen Museum. Aber bei solcher symbolischer Erklärung sind der phantastischen Willkür keine Schranken gesetzt, diese Erklärungen haben gerade so viel Wert wie jene andere eines englischen Gelehrten, welcher jene Gefässe mit wassertrinkenden Tauben als uralten Beweis gegen die Entziehung des Laienkelches hinstellen wollte.[4]) Diese Dekoration, wie auch Blumenkörbe u. dgl., kommen ja in grosser Anzahl anf antiken Wandmalereien vor.

Auch die erwähnten Tiergestalten,[5]) welche zumeist in Verbindung mit dieser Pflanzen- und Tierornamentik vorkommen, aber auch einzeln sich finden, hat man symbolisch zu erklären versucht. Die Vögel, die so überaus häufig abgebildet sind, sei es im Fluge oder ruhend, sei es mit oder ohne Laub und Blumengewinde, erklärt man für Bilder der menschlichen Seelen, die dem Gefängnis des Körpers entronnen sind. Und dies insbesondere, wenn sie einzeln auf Grabplatten vorkommen, wie auf jener mit der Inschrift der hier bestatteten Personen: Benera et Sabbatia, welche de Rossi (Inscript. I, No. 937) zu den ältesten zählt. Es ist ganz unerfindlich, warum Martigny (S. 543) und Garrucci (I, S. 239) gerade diese Grabplatte für den evidentesten Beweis jener symbolischen Auffassung erklären. Wer sagt ihnen denn, dass man die

---

[1]) storia I, S. 188.
[2]) cf. de Rossi R. s. III, S. 185.
[3]) Martigny dict. S. 771.
[4]) Nach Kraus R. sott., S. 275.
[5]) cf. Raoul-Rochette II mém., S. 202 ff.

Gestalten der Vögel hier so verstanden habe? Es liegt auch nicht der geringste Anhaltspunkt zu einer solchen Auffassung vor. Man hat willkürlich viele der abgebildeten Vögel für Tauben erklärt, ohne dafür einen anderen Grund zu haben, als den der Symbolisierung. Es mögen auch manche der Vögel in den Gemälden der Decken und Wände Tauben sein, ohne dass sie dadurch etwas von ihrem rein ornamentalen Charakter einbüssten. Gleichwohl ist nicht zu leugnen, dass sich die Taube schon in den Katakomben zu einem wirklich christlichen Symbol ausgebildet hat. Man braucht dabei keineswegs mit Schultze [1]) anzunehmen, dass die Taube ursprünglich nur der Arche Noahs angehört und erst von dieser sich losgelöst habe und zu einem Symbol geworden sei, welches dann selbst wieder durch den häufigen Gebrauch zu einem blossen Ornament herabsank. Vielmehr sind die dekorativen Darstellungen die älteren und aus dem antiken Gräberschmuck beibehalten. Das Bild dieses Tieres war aber den Christen aus der Bibel so geläufig, dass wir uns nicht wundern können, wenn, wie wir sahen, bei den kirchlichen Schriftstellern der ersten Jahrhunderte die verschiedenen Beziehungen hervorgehoben und nach den verschiedensten Seiten symbolisch verwertet werden bis zur symbolischen Darstellung der Apostel und der Trinität bei Paulinus von Nola. Davon kann freilich in den Katakomben keine Rede sein, vielmehr tritt hier die an einem Grabe auch nächstliegende Beziehung als ein Zeichen des Friedens in den Vordergrund. Wir finden hauptsächlich auf Grabplatten die fliegende Taube mit dem Zweige im Schnabel, unzweifelhaft eine Erinnerung an die Friedenstaube Noahs, eine bildliche Darstellung des Gedankens der einfachsten und doch beredesten christlichen Grabschrift: in pace. Von demselben Gedanken war der Künstler offenbar geleitet, wenn er ein einzelnes Mal (auf einem Gemälde in St. Priscilla, bei Gar. t. 77, 3) über den drei Jünglingen im Feuerofen die Taube mit dem Ölblatte schweben lässt. Aber auch wo der Zweig oder das Blatt im Schnabel fehlt, bleibt die Symbolik doch dieselbe, nach der Regel der Abkürzung in künstlerischen und besonders symbolischen Darstellungen. Möglicherweise — denn evident beweisen lässt es sich nicht — kann zuweilen auch der Gedanke an die Taubenreinheit mit hineingespielt haben, [2]) nicht minder aber auch die Erinnerung an die Taube bei der Taufe Christi, denn der Ausdruck spiritus sanctus findet sich in Inschriften

---

[1]) Katak. S. 121.

[2]) Dabei ist es jedoch falsch, wenn man zum Erweise dieser Auffassung behauptete, dass es hauptsächlich auf den Gräbern von Kindern vorkomme (cf. Wansdorf bei Volbeding thesaur. I, S. 287).

auch bei den hingeschiedenen Seelen der Gerechten gebraucht.[1]) Wenn
auf einigen Inschriften die Verstorbenen palumba sine fel oder palumbus
sine fel genannt werden, so ist das freilich nur eine einfache Vergleichung und beweist für die symbolische Auffassung des Taubenbildes
noch nichts.[2]) Wenn ferner A r i n g h i (R. s. I, S. 180) und ihm nachfolgend M a r t i g n y (Dict. unter colombe) und M ü n t e r (Sinnbilder
und Kunstvorstellungen, S. 108) meinen,[3]) in dem Taubenpaar auch ein
Symbol der ehelichen Liebe und Treue erblicken zu müssen, so ist das
gar nicht so ungerechtfertigt, denn in der antiken Kunst ist die Taube
der Vogel der Liebesgöttin und findet sich häufig auf Grabsteinen von
Ehegatten. Im Übrigen muss man sich auch hier vor willkürlichen
symbolischen Spielereien hüten. So meint K r a u s, in den Tauben,
welche auf einer Grabplatte an Trauben pickend abgebildet sind, ein
Sinnbild der an den Früchten der ewigen Seligkeit sich labenden Seele
erblicken zu müssen.[4]) Es ist in Wirklichkeit eine Verzierung, die von
Fresken der Wand auf die Grabplatte übertragen ist. Martigny (S. 187)
und Garrucci (I, S. 239) wissen natürlich auch hier wieder für ihre sym-
bolisierende Phantasie keine Grenzen; sogar das Hohelied (2, 10 ff. 5,
2. 6. 8) muss herhalten, weil ein Sardonix existirt, der eine Taube
trägt mit der Umschrift: veni si amas. Der Stein trägt auch keine
Spur einer christlichen Abstammung an sich, scheint vielmehr einem
sehr profanen Zwecke gedient zu haben, denn die Taube ist der Vogel
der Venus. Die symbolischen Beziehungen der Taube waren den
Christen aus der Bibel so geläufig, dass sie wahrlich nicht zu solchen
entlegenen Deutungen zu greifen brauchten. Sie haben ihren nüchternen
Sinn darin gezeigt, dass sie wesentlich nur diejenige symbolische Beziehung hier ausdrückten, die an Gräbern die natürlichste und nächst-
liegenste war, die Taube als Sinnbild des Friedens. Hier haben wir
ein wirklich christliches Symbol. Die Figur wurde bei den Christen
so beliebt, dass sie dieselbe jedenfalls vielfach auch ohne weitere Reflexion über die symbolische Beziehung auch auf nichtsepulkralen Monumenten finden, wie auf Lampen — die zuweilen die Gestalt einer

---

[1]) cf. de Rossi inscript. I, proleg., pag. CXI.
[2]) cf. de Rossi R. s. II, t. 27, 19. Inscript. I, No. 938. Bullet. 1864,
S. 12. 1868, S. 7.
[3]) Übrigens ist nur der bei Aringhi II, S. 151 abgebildete Grabstein
hierher zu ziehen, nicht auch, wie Münter thut, die daselbst S. 12 und 119
abgebildeten, welche von dem Vater resp. den Eltern dem Sohne gesetzt sind.
[4]) R. s., S. 238.

Taube annehmen [1]), — Mosaiken und geschnittenen Steinen. Letztere
liess ja Clemens Alexandrinus ausdrücklich als für die Christen passend
zu, wohl, wie früher erwähnt, weil der Gegenstand durch Ideenassociation
biblische Gedanken in ihm wachrief. Dies spricht auch gegen die Annahme Schultze's, als ob die Taube erst von den Noahbildern in die christliche Kunst eingedrungen sei.

Sehen wir somit in der Taube unzweifelhaft die Symbolisierung
einer ursprünglich ornamentalen Figur vorgenommen, so ist dies inbezug auf den Pfau, den man gemeinhin als Symbol der Unsterblichkeit
zu fassen pflegt, zurückzuweisen. Der Pfau erscheint seit den Antoninen
auf Münzen als Zeichen der Kaiserinnen, [2]) mit sepulkraler Beziehung
finden wir ihn in der antiken Kunst überhaupt nicht. Auch auf dem
Sarkophage der Konstantia hat er eine solche ebenso wenig wie die
traubenlesenden und kelternden Genien, sondern ist rein dekorativ.
Und nicht anders ist er auch an den christlichen Gräbern zu fassen.
Er erscheint stets mit anderen Dekorationsstücken auf den gegliederten
Gewölbedecken oder der Rückseite der Arkosolien.[3]) Es lässt sich
auch nicht eine einzige Stelle der Kirchenväter anführen, dass man in
dem Pfau ein Sinnbild der Unsterblichkeit gesehen habe. Der Umstand,
dass nach Ennius (bei Tert. de an. 33) die Seele Homers bei der
Seelenwanderung in einen Pfau gekommen sei, kann hier doch nicht
in Betracht kommen. Ebenso wenig beweist die Stelle aus Augustin
(civit. dei XXI, 4), die man gewöhnlich herbeizieht: sie beruft sich
nur auf die alte Sage, dass das Fleisch des Pfauen unverweslich sei,
um damit zu beweisen, wie die Verdammten im höllischen Feuer erhalten
bleiben könnten. Wie kann man daraus folgern, dass der Pfau, den
man zwischen Blumen und Laubgewinden und anderen Vögeln im
2. und 3. Jahrhundert zur Verzierung christlicher Gräber anbrachte, ein
Sinnbild der Unsterblichkeit sei? Die spätere christliche Symbolik sah
in diesem Vogel wegen seines Stolzes vielmehr ein Bild des Teufels,[4])
wie auch Tertullian in der eben citierten Stelle verächtlich von dem
Tiere spricht: damnatus est Homerus in pavum, non honoratus. Seine
Auffassung als Symbol der Unsterblichkeit ist daher ganz grundlos. Die
Figur ist wie diejenige anderer Vögel rein dekorativ und hat wie sie

---

[1]) cf. Bartoli loc. III, t. 26. Aringhi II, S. 325.
[2]) cf. Ekkel doct. num. VIII, 468. — Raoul-Rochette II mém., S. 207.
[3]) Garr. II, t. 3, 3. 4, 2. 6, 1. 13, 1. 14. 15, 2. 24. 41, 2. 50, 2. 72, 3.
76, 2. 79, 1 u. A.
[4]) cf. Aringhi II, S. 323.

ihr Vorbild in antiken Wandmalereien. Auch auf antiken Sarkophagen ist der Pfau dekorativ verwertet worden.[1]) Nur der Merkwürdigkeit halber sei erwähnt, dass de Waal (Kraus, Realencykl. II, S. 616) den Pfau auch als Symbol der Taufgnade ansieht, weil Honorius I (!) in einer Inschrift am Triumphbogen von St. Agnese den Glanz der von ihm mit Mosaiken geschmückten Kirche mit dem Morgenrot und dem Glanze des Pfauen vergleicht. Aus einem solchen poetischen Diktum des 7. Jahrhunderts wird dann ein Schluss gemacht auf Grabmalereien des 2. und 3. Jahrhunderts!

Zu den Tiergestalten, welche zumeist auch im Zusammenhang der gegliederten Flächendekoration vorkommen, gehören noch die Dekorationsstücke aus dem Seeleben, wie Seepferdchen und Delphine; ferner bald mit bald ohne landschaftliche Zuthaten Gestalten von Steinböcken, Ziegen, Lämmern und Rindern. Es sind alles bekannte und gewöhnliche Stücke der antiken Dekorationsmalerei. Trotzdem hat man in einigen dieser Figuren symbolische Anspielungen gesucht. So ist der Delphin in der traditionellen römischen Auslegung, wie Kraus (R. s., S. 263) sagt, ein Sinnbild „der Schnelligkeit und des Eifers in Aneignung des Seelenheils". Ebenso Münz in der Kraus'schen Realencyklopädie (I, S. 352), welcher sogar noch einen Unterschied in der Symbolisierung machen will, ob die Flossen des Tieres ausgebreitet sind oder nicht: in jenem Falle wäre der Eifer in der Erlangung des Seelenheils ausgedrückt, in diesem sei das Tier ein Symbol für die Erlangung des Paradieses. Aber es fehlt für solche Künsteleien auch jeder Anhaltspunkt. Dasselbe gilt von der Ansicht de Rossi's, welcher in dem Delphin ein Symbol Christi sehen will; er meinte, in einem im Grabe des Bischofs Ademar von Angoulême gefundenen Onyx, auf welchen ein um dem Dreizack sich windender Delphin nebst einem Fisch abgebildet ist, die älteste Darstellung dieser Art zu erkennen. Es ist aber sehr fraglich, ob der Stein ein Werk christlicher Hände ist, er kann ebenso gut eine antike Arbeit sein und würde dann nur eine Beziehung auf das Seeleben enthalten.[2]) Der Delphin findet sich als gewöhnliches Dekorationsstück auf nicht sepulkralen Monumenten des Altertums,[3]) auch auf Lampen und Ringen, häufig gewiss in Bezug auf das Seeleben und die Berufsarten

---

[1]) cf. Matz u. Duhn, No. 2522, 2557, 2826, 3012.

[2]) cf. Bullet. 1870, S. 42, tav. 4, 6.

[3]) Die Zusammenstellung solcher antiken Monumente bei Stephani in den Comptes rend. de la commission imp. archéol. 1864, S. 204 ff.

desselben. Und dies besonders, wo er mit dem Dreizack oder Anker
verbunden ist. Auch in den Katakomben kommt der Fisch mit und
ohne Dreizack als dekorative Einzeldarstellung auf Wandflächen vor.[1])
Wo er auf Grabplatten abgebildet ist, hat gewiss lediglich die Beziehung
auf Stand und Gewerbe oder den Namen des Verstorbenen die Beisetzung veranlasst. Jedenfalls ist für eine symbolische Erklärung kein
Beweis zu erbringen, denn auch die Stelle bei Clemens sagt, wie wir
früher sahen, davon nicht das Geringste.

Auch die Figur des Ochsen wollte man symbolisch erklären. Die
ältere Auslegung sa hdarin merkwürdigerweise ein Bild sowohl Christi als
der Apostel, dann der Verkündiger des Evangeliums und des Evangelisten
Matthäus.[2]) Die neuere Erklärung blieb bei einem Ausspruche des
Cassiodorus (!) stehen und meint, es seien darunter die Prediger zu ver-
stehn, „welche die Brust des Menschen glücklich pflügen und in ihr
Gemüt den fruchtbaren Samen des Wortes ausstreuen".[3]) Die Figur
gehört zu landschaftlichen Darstellungen, wie in einigen Feldern jenes
schönen Orpheus - Deckengemäldes in St. Domitilla, kommt auch auf
Szenen der Geburt Christi vor, und wenn sie zuweilen — es sind nur
ganz wenige Beispiele bekannt[4]) — auch auf Grabplatten gesetzt ist, so
wird sie wie anderes inbezug auf den Namen oder das Gewerbe des
Verstorbenen stehen.

Mit der Gestalt von Schaf und Lamm ist es ähnlich ergangen
wie mit derjenigen der Taube: aus einem ursprünglichen Ornamentstück
ist durch die leichte naheliegende Verknüpfung mit biblischen Aus-
sprüchen und Gedanken ein Symbol geworden, das als solches selbst
wieder einen gewissen Gang durchgemacht hat. Man kann nicht einfach
sagen weder mit Garrucci: l'agnello e simbolo di Christo crocifisso
(II, S. 233), noch mit Schultze (Kat., S. 122): „das Lamm und das
Schaf überhaupt ist Sinnbild des Gläubigen als eines Gliedes der Herde
Christi", denn es giebt Bilder genug, wo weder das eine noch andere
zutrifft. Schafe, Lämmer und Ziegen sind Figuren aus den Szenen des
Hirtenlebens, wie sie in der antiken Flächendekoration, auch in derjenigen der Gräber, ungemein häufig vorkommen. Ganz gewiss haben
die Christen diese Figuren zunächst auch nur dekorativ gebraucht. Die

---

[1]) cf. Garr. t. 2, 4. 5, 6. 7. 13, 1, 2. 28. 40.
[2]) cf. Aringhi II, S. 320 ff.
[3]) cf. Kraus R. s., S 263. Sehr verschiedene Deutungen von Heuser
in der Realencykl. II, S. 518.
[4]) Aringhi I, S. 571. II, S 333. Bottari tab. 63. Auf Goldgläsern cf.
Garr. vetri 17 ff. t. I, 6.

ältesten Darstellungen, wie jene zwei Lämmer in St. Lucina,[1]) zwischen welchen auf einem Steine ein Eimer oder Topf steht, oder die Lämmer auf landschaftlichem Hintergrund in einigen Feldern des mehrfach erwähnten Orpheus-Deckengemäldes in Domitilla, sind einfache der antiken Kunst entlehnte Ornamentstücke. Auch der Widder mit dem an einem Hirtenstab hängenden Milcheimer in Domitilla ist nicht anders aufzufassen. Die Beziehung auf die Eucharistie, welche durch die Milch dargestellt sein soll,[2]) ist ganz willkürlich und entbehrt jeder Begründung. Es ist aber natürlich, dass die Figur eines Schafes oder Lammes ganz unwillkürlich zu den biblischen Gedanken, die sich an diese Figur anknüpfen, hinführen musste. Das Nächste war aber nach Ausweis der Monumente nicht das Opferlamm, das Christum darstellt, sondern eine symbolische Auffassung der Figur knüpft offenbar an die Gestalt des guten Hirten an. Wenn letzterer der Retter ist, so das Lamm von selbst der Gerettete, und in dieser Bedeutung, nicht als Symbol der Unschuld, ist ganz gewiss, weil es das Einfachste und Natürlichste ist, zuerst eine symbolische Auffassung der Lammesgestalt erfolgt. Das stimmt ja auch allein mit dem, was, wie wir früher sahen, Tertullian über die auf Kelchen angebrachten Bilder des guten Hirten ausführt: mochte der gelehrte theologische Beschauer die subtile Frage aufwerfen, ob mit dem Lamm der zum Christentum gerettete Heide oder der abgefallene und wiederbekehrte Sünder gemeint sei — für das christliche Volk war das Lamm bei dem guten Hirten von selbst die gerettete Menschenseele. Es ist nun freilich nicht in jedem einzelnen Bilde der Katakombenmalerei zu bestimmen, ob man die Figur mit besonderer Reflexion über ihre symbolische Bedeutung angebracht habe. Oft sollte es gewiss auch nichts anderes sein als Dekoration mit einer Figur, die man aus der antiken Malerei um so lieber beibehielt, weil sie in der Bildersprache der Bibel häufig vorkommt. Zuweilen aber hat der Künstler wohl auch eine symbolische Beziehung andeuten wollen. So wenn er den Lämmern in den Eckfeldern eines Deckengemäldes in St. Pietro e Marcellino Palmenzweige beigiebt.[3]) Die Apostel in

---

[1]) Garr. t. 1, 7. Es ist mir unbegreiflich, wie man diese Erhöhung, auf welcher das Gefäss steht, für einen Altar ansehen und behaupten mag: è manifesto l'ara del vaso eucaristico essere qui sostituita nel luogo del pastore, che è Cristo; e quest' ara è l'altare della mistica oblazione, nella quale non il pane e il vino, ma la carne e il sangue del pastore medesimo sono offerti e distribuiti ai fideli in cibo e bevanda (de Rossi R. s. I, S. 348.)

[2]) cf. Kraus R. s. I, S. 254. De Rossi R. s. I, S. 349. Garr. storia II, S. 34, vetri S. 62 ff.

[3]) Garr. t. 48.

Gestalt von Lämmern oder Christus als Lamm kommen in den Malereien
der Katakomben überhaupt nicht vor, sie erscheinen erst im 4. Jahrhundert auf Sarkophagen. Christus als Lamm steht dabei gewöhnlich
auf einem Hügel, von welchem vier Ströme ausgehen, zuweilen auch
mit dem Kreuze oder dem Nimbus.[1]) Wir sahen, wie dann schon bei
Paulinus von Nola dieselbe Gestalt in der kirchlichen Malerei angewandt
wird. Es ist gewiss bezeichnend, dass in der ältesten Grabmalerei· der
Christen das Symbol Christi als Lamm nicht vorkommt. Uns würde
gewiss zuerst das Lamm, das der Welt Sünde trägt, einfallen, aber
wenn die altchristliche Kunst zur Darstellung dieser biblischen Gedanken
erst spät kam, so beweist das von Neuem, dass nicht priesterliche
Leitung und biblische Einflüsse die Gestalten des Gräberschmuckes
geschaffen haben, sondern wesentlich die antike Kunst, deren Gestalten
aber dann leicht die Gedanken an biblische Aussprüche wachrufen
konnten.

Wir können hier die übrigen Tiergestalten anreihen, welche in
dem altchristlichen Bilderkreis gewöhnlich noch aufgezählt zu werden
pflegen. Bei manchen derselben haben auch die römischen Archäologen
die symbolischen Beziehungen einschränken müssen oder sind wenigstens vorsichtiger geworden, da sich herausgestellt hat, dass oft nur
Beziehungen auf Namen, Stand und Lebensthätigkeit des Verstorbenen
vorhanden sind. Wir haben gesehen, wie der antike Gräberschmuck
überall von diesen Beziehungen den reichsten Gebrauch macht. Warum
sollten die Christen diesen Gebrauch, der ja ihrem Glauben nicht den
geringsten Anstoss bieten konnte, unterlassen haben? Es ist jedenfalls
stets die einfachere Erklärung der schwierigeren und entfernter liegenden
vorzuziehen und daher vor Allem zu untersuchen, ob nicht Beziehungen
auf Namen oder Gewerbe vorliegen. Und dies vor Allem auf den
Grabplatten und den Sarkophagen, da hier diese persönlichen Beziehungen näher lagen und eher verstanden werden konnten, als in
der Ausschmückung der Wand- und Deckenflächen. Solche Beziehungen liegen unzweifelhaft vor, wenn bei dem Namen Leo ein
Löwe, bei Dracontius ein Drache, bei Aquilinus (oder Aquilina) ein
Adler, bei Capriola ein Böcklein, bei Porcella ein Schwein, bei Onager
ein Esel abgebildet sind.[2]) Die getreue Fortsetzung des bisherigen Grab-

---

[1]) cf. Garr. 472, 2. 355, 1. 290. 430, 5. 415, 2.
[2]) cf. de Rossi R. s. I, t. 22, 12. II, t. 45, 73. Roller pl. IX, 44. Boldetti osserv., S. 376, 386, 397, 428. Le Blant inscr. chrét. de la Gaule I, 157.
Eine grössere Zahl derartiger Namen bei Martigny, S. 510, und Raoul-
Rochette II mém., 237 ff.

schmucks zeigen ferner Grabplatten wie jene im Kircher'schen Museum mit einem Hunde oder der Darstellung eines sitzenden Mädchens, das in der Rechten einen Vogel hält, welcher an einer ihm dargebotenen Traube pickt. Beide Gegenstände kommen schon auf griechischen Grabsteinen vor.[1]) Die römischen Archäologen wissen auch für den A d l e r eine Anzahl symbolischer Erklärungen.[2]) In den Malereien der Katakomben ist die Figur bis jetzt nur ein einziges Mal nachgewiesen, nämlich in einem Bilde des Coemeteriums Priscillae, auf welchem zwei Adler in die Luft emporschweben.[3]) Ein bibelfester Christ mochte dabei wohl an Worte wie Ps. 102, 5 oder Jes. 40, 31 denken, aber die Darstellung selbst ist von dem Verfertiger unzweifelhaft nur als Dekoration gemeint. Das Nämliche gilt von dem Bildwerke eines lateranischen Sarkophags: wir sehen hier einen als Adler bezeichneten Vogel — was freilich durchaus nicht sicher zu konstatieren ist, — welcher einen das Monogramm einschliessenden Kranz, von dessen Früchten zwei seitwärts sitzende Tauben essen, im Schnabel hält. Nimmt man das Monogramm heraus, so haben wir ein ganz gewöhnliches Stück antiken Gräberschmucks.[4])

In dem H a s e n , welcher einige Male auf christlichen Epitaphien vorkommt, will man sogar ein dreifaches Symbol erblicken, nämlich das der Vergänglichkeit und Flüchtigkeit des menschlichen Lebens, ferner wegen der Furchtsamkeit des Tieres eine Illustration zu den Worten des Herrn: Schaffet euer Heil mit Furcht und Zittern, endlich sogar ein Bild der Wachsamkeit, weil der Hase mit offenen Augen schlafen soll.[5]) Jedenfalls eine merkwürdige Vereinigung: ein Bild der Wachsamkeit und Furchtsamkeit zugleich! Erstere Beziehung soll das Tier vornehmlich auf Lampen haben, ja sogar in der Verwertung der Figur als Fibula. Als ob nicht auf Lampen alles mögliche Getier zur Verzierung abgebildet wäre und die Fibulae als ein Hauptgegenstand des antiken Kunstgewerbes nicht in allen möglichen Figuren erschienen! Auch zur symbolischen Erklärung der auf Grabplatten abgebildeten Hasen liegt durchaus kein Grund vor. Wo keine Beziehung auf den Namen zu konstatieren ist, da mag eine Anspielung auf die Jagd oder dergleichen vorliegen. Bei der von M ü n z angeführten Grabplatte eines Kindes mit

---

[1]) cf. S c h u l t z e, Archäolog. Studien, S. 275, No. 40. 41. S. 276, No. 46. Matz und Duhn, No. 3784, 3825, 3844.

[2]) cf. M ü n z in Kraus' Realencykl. I, S. 20.

[3]) cf. Bottari pitt. e scult., t. 160.

[4]) Beispiele finden sich bei Matz und Duhn in Menge. cf. Raoul-Rochette II mém., S. 207.

[5]) K r a u s R. s., S. 263. M ü n z in der Realencykl. I, S. 651.

der Figur des Hasen mag, wie S c h u l t z e richtig bemerkt, die Anspielung auf einen Kosenamen vorliegen. In der antiken Kunst war
der Hase ein Tier des Aphroditekultus, kommt aber dann wie andere
Jagdtiere als Gegenstand der Dekorationsmalerei vor, auch als Verzierung an Gräbern.[1])

Auch das P f e r d findet sich wie auf antiken Grabmälern, so einige
Male auf christlichen, sei es in seiner Eigenschaft als Haustier, sei es in
Bezug auf die Lebensstellung des Verstorbenen. Auf dem Grabstein
eines Knaben, Namens Victor, steht es augenscheinlich mit Beziehung
auf diesen Namen, ähnlich wie auf einem Goldglase, wo wir bei der
Inschrift Vincenti pie zeses ein Dreigespann erblicken.[2]) Andere Darstellungen, wie besonders ein Gemälde in einem Arkosolium des Coemeteriums Thrasonis et Saturnini (Bottari S. 160. Garr. t. 68, 2), weisen
deutlich auf die von dem Verstorbenen geübten oder auch nur ver-
anstalteten Zirkusspiele hin, wie sie im antiken Gräberschmucke so beliebt waren. In der Mitte befindet sich das sehr realistisch gehaltene
Porträt des Verstorbenen, in den Feldern der schön gegliederten Fläche
sehen wir die Quadriga mit dem Palmen und Kränze tragenden Sieger,
ferner Genien mit demselben Zeichen des Sieges, endlich oben in der
Mitte einen Mann mit einem Fische in der Hand, begleitet von einem
springenden Hund. Letztere Darstellung wird fälschlich auf Tobias bezogen; aber wie soll plötzlich eine biblische Darstellung in ein Gemälde
kommen, das, wie auch de Rossi (R. s. I, S. 23) zugiebt, nicht das
geringste Zeichen eines christlichen Ursprungs an sich trägt und sich
ebenso gut in einem heidnischen Grabe befinden könnte? Hund und Fisch
sind hier einfach Hindeutungen auf den Sport, den der Verstorbene in
Jagd und Fischerei betrieben hat. Von symbolischen Beziehungen, etwa
mit dem Gedanken auf I. Cor. 9, 24, kann also auch hier keine Rede
sein. S c h u l t z e hat dazu (Arch. St. 299) mit Recht darauf aufmerksam
gemacht, dass die Abbildungen von Pferden in den Katakomben das
Tier nie im Rennen zeigen, sondern immer ruhig stehend oder langsam
fortschreitend, gesattelt und gezäumt.[3])

Die Figur des H a h n s ist bis jetzt unter den Wandmalereien nur

---

[1]) cf. Matz u. Duhn, No. 2415, 2475, 2496, 3947, 3981, 3982.
[2]) Boldetti esserv. S. 215. Buonarotti vetri t. 29, 2.
[3]) Kraus bestreitet (Realencykl. II, 618) die Beziehung auf die Zirkusspiele, weil diese im christlichen Altertum verpönt gewesen seien. Aber er
führt doch selbst eine Inschrift an, wo ein cursor erwähnt ist (bei de Rossi
bullet. 1873. 136). Die offizielle Anschauung der Kirche stimmt eben nicht
immer mit der Wirklichkeit, es gab ja auch christliche Gladiatoren.

vereinzelt nachgewiesen, dagegen auf Grabplatten als Zeichnung oder
Mosaik öfter, und zwar sind es hier fast durchweg Kampfhähne. Auch
auf einem im Garten der Villa Ludovisi stehenden Sarkophage ist ein
Hahnenkampf abgebildet, während das Tier sonst auf Sarkophagen ziemlich häufig in der Szene der Verläugnung Petri vorkommt, meist zu
Füssen des Apostels stehend, zuweilen aber auch auf einer Säule sitzend,
letzteres offenbar Nachahmung antiker Bilder, denn die Säule mit dem
Hahn findet sich genau so auf pompejanischen Wandgemälden. So auch
auf einem Wandgemälde in St. Ciriaca (Gar. t. 59, 2), welches jedoch
erst dem vierten Jahrhundert angehört. Für die Deutung dieser Hahnenkämpfe als Symbol des Lebenskampfes [1]) fehlt jeder Nachweis. Die
Väter haben, der antiken Sitte folgend, häufig den Hahn als Rufer der
Stunden bildlich verwertet,[2]) sodann aber auch mit Rücksicht auf die
Geschichte des Petrus, so dass auch de Waal (Realencykl. I, S. 642)
bekennen muss: „Im Unterschiede von den Vätern ist auf den Denkmälern gerade die Kampfeslust des Hahnes das am meisten hervor-
tretende Moment, während die Väter diese Eigenschaft des Tieres kaum
berücksichtigen". Aber man sucht nun auch hier wieder die fernliegende
Erklärung statt der nächstliegenden. Die Hahnenkämpfe gehören auf
antiken Grabmonumenten in die Reihe derjenigen Darstellungen, welche
Lieblingsbeschäftigungen des Verstorbenen vorführen.[3]) Auch auf den
christlichen Grabdenkmälern ist dies nicht anders. Nur beim Anblick
des Tieres in der Verläugnungsszene des Petrus mochte für den christlichen Beschauer eine gewisse lehrhaft-paränetische Anregung gegeben
sein. Garrucci zeigt auch da wieder eine recht haltlose Auffassung: er
hält den Hahn für ein Symbol der Auferstehung, und zwar aus keinem
anderen Grunde, als weil Prudentius in der eben erwähnten Hymne
singt (v. 65):

> Inde est quod omnes credimus,
> illo quietis tempore,
> quo gallus exultans canit,
> Christum redisse inferis.

---

[1]) cf. bullet. 1868, S. 83.

[2]) cf. Bes. Ambrosius im hexaemer. V, 24. Prud. cathemer. I (hymn. ad
galli cantum).

[3]) cf. Jahn Archäol. Beiträge S. 437 ff. Archäol. Zeitung 1866, S. 146.
Matz und Duhn No. 2534. 3929. 3946. Vereinzelt kommt auch der Hahn als
Hinweis auf das dem Toten dargebrachte Opfer vor. cf. Gerhard Antike
Bildwerke Taf. 110. Zuweilen ist der Hahnenkampf auch lediglich Ornament,
wie auf jener lateranischen Aschenkiste (bei Bendorf-Schöne No. 189), auf

Die Entwickelung von einem Ornament zu einem durch die Erinnerung an biblische Ausdrücke hervorgerufenen Symbol sehen wir auch in der Figur des Hirschen. Man kann auch hier nicht ohne Weiteres sagen, dass der Hirsch ein Sinnbild sei der Schnelligkeit und des Eifers in Aneignung des Seelenheils, sondern man muss doch auch da wieder genau zusehen, wo die Figur sich befindet. Die einfache Gestalt des Hirschen ist bis jetzt auf Wandgemälden nur zweimal nachgewiesen, einmal über der Thüre eines Cubiculums in St. Agnese, zwischen Genien mit Blumenkörben (die man fälschlich als Jahreszeiten auslegt), und sodann in den Eckfeldern eines Deckengemäldes in St. Pietro e Marcellino.[1]) Beide Darstellungen sind unverkennbar rein ornamental, das zeigt der erste Blick. Wie Garrucci (I, S. 238) dazu kommt, sie für ein Symbol Christi zu erklären, ist unbegreiflich. Eine solche Bedeutung hat die Figur auch da nicht, wo sie unzweifelhaft symbolisch wird. Wenn wir nämlich später auf Sarkophagen Darstellungen finden wie die, dass zwei Hirsche aus den Strömen trinken, welche dem Hügel entspringen, auf dem ein Lamm steht, so sieht man deutlich, wie inzwischen die Reflexion gearbeitet hat. Ist hier die Erinnerung an Ps. 41, 2 unverkennbar, so bleibt es im Übrigen ganz überflüssig, die Stellen der Väter zusammen zu tragen, in denen zufällig einmal im Zusammenhange einer bildlichen Redeweise oder einer Vergleichung der Hirsch erwähnt ist.

Einen recht auffallenden Kontrast zwischen der theologischen Redeweise der Väter und der Darstellung christlicher Ideen in den Bildwerken der Grabstätten zeigt sich bezüglich des Phönix. Es ist bekannt, welch reichlichen Gebrauch die Väter, der antiken Tradition folgend, von der Phönixsage machen zum Erweise der Auferstehung des Leibes, und es hätte, wenn der Gräberschmuck von dem theologischen Gedankenkreis der Kirche beeinflusst gewesen wäre, nichts näher gelegen als die recht häufige Verwertung des Phönix zur Darstellung der Auferstehungshoffnung. Aber er kommt an den christlichen Gräbern nur ganz vereinzelt vor, und zwar nur an nachkonstantinischen Skulpturwerken.[2]) In den Malereien der Katakomben findet er sich gar nicht. Von dem mit Nimbus versehenen Phönix, der auf Kaisermünzen häufig vorkommt, sind nur zwei sepulkrale Beispiele bekannt.[3]) Ausdrücklich

---

welcher die Inschriftentafel leer ist bis auf die Buchstaben D. M., ein Beweis, dass die Kiste auf Vorrat zum Verkauf gearbeitet war. Der Hahnenkampf scheint daher lediglich Ornament.

[1]) cf. Gar. t. 60, 1. 42, 1.
[2]) Garr. t. 327, 2. 333, 1. 334, 2, 3. 335, 2. 341, 1.
[3]) cf de Rossi inscript. I, S. 155. R. S. II, S. 313.

wird erwähnt, dass die heilige Cäcilia das Grab des Märtyrers Maximus
zum Ausdrucke ihres Glaubens an die Auferstehung mit dem Bilde des
Phönix geschmückt habe. Wie es sich auch mit der historischen Glaub-
würdigkeit der Cäcilienakten verhalten möge, diese Nachricht weist
jedenfalls darauf hin, dass solcher Schmuck an Gräbern vorkam. Aber
er war jedenfalls nur vereinzelt, wie aus allem hervorgeht. Wäre die
Ausschmückung der Gräber unter dem Einflusse der theologischen Gedankenwelt entstanden, dann wäre gewiss der Phönix das allerhäufigste
Symbol geworden.[1])

Die Figur des F i s c h e s, welchem in der altchristlichen Gräber-
symbolik eine so grosse Bedeutung beigelegt wird, müssen wir i n
e i n e m a n d e r e n Z u s a m m e n h a n g e betrachten.

Ebenso wie bei den Tiergestalten, sehen wir dann eine Weiter-
führung der bisherigen Übung in der Anbringung der mannigfachen Embleme, welche an S t a n d u n d B e r u f des Verstorbenen erinnern sollen.
Vergleichen wir, was in dieser Beziehung die antike Welt und die alten
Christen in Rom gethan, so tritt uns auch nicht der geringste Unterschied entgegen, also dass viele solche Gegenstände enthaltenden Grabplatten oder Goldgläser nur durch das beigesetzte Monogramm Christi,
eine Akklamation oder vielleicht auch durch einen Namen spezifisch
christlichen Charakters als christlich gekennzeichnet sind.

Es sind jedoch auch von diesen Gegenständen manche symbolisch
erklärt worden. So sollen Bäume, Pilaster und Leuchter die Pforten des
Paradieses bedeuten.[2]) In Wirklichkeit ist dies Dekoration, Andeutungen
eines landschaftlichen Hintergrundes, wie auch auf antiken Bildwerken.
Wenn Schultze (Arch. Stud., S. 70) hier den dekorativen Charakter
leugnet und fragt, warum man gerade den guten Hirten mit vegetativem
Beiwerk ausgestattet habe und nicht Szenen wie Adam und Eva oder
die Opferung Isaaks, so liegt der Grund doch auf der Hand: die Szenen
des guten Hirten sind eine getreue Fortsetzung der antiken Szenen
aus dem Hirten- und Landleben, haben also an sich landschaftliches
Beiwerk.

Die Abbildungen von F u s s s o h l e n sollen die Nachfolge Christi
symbolisieren und das selige Scheiden aus dieser Zeitlichkeit.[3]) Aber
sie kommen als Votive auch auf antiken Inschriften vor, sei es in Bezug

---

[1]) Wohin symbolische Spielerei führt, hat Paulus Cassel gezeigt in
seiner Schrift: „Der Phönix und seine Aera“, worin er die Figur für ein Symbol
Christi erklärt.

[2]) cf. die Abbildungen bei Garr. t. 100, 1, 2. 102, 2 und viele andere.

[3]) So M ü n z in dem betr. Artikel der Kraus'schen Realencykl.

auf eine glücklich zurückgelegte Reise (pro itu et reditu felice, was von
Münz ganz willkürlich auf die Lebensreise bezogen wird), sei es auf
eine glückliche Heilung, und gehören dann in dieselbe Kategorie mit
den anderen Gliedmaassen aus Terracotta oder edlen Metallen, die man
im Altertum als Votive in den Tempeln niederlegte, eine Übung, die
sich bekanntlich in der römischen Kirche bis heute erhalten hat.

Ferner wurden von Schultze (Kat. S. 122) mit Recht Gegenstände
wie das Haus, der Wagen, das Fass, die Lyra, das Dreieck
und die Wage aus der Reihe der altchristlichen Symbole gestrichen.
Was speziell Wagen und Fässer betrifft, so deuten sie ebenso wie die
Wage [1]) auf den Beruf des Verstorbenen hin. [2]) Die Bedeutung des
thönernen Weingeschirrs als vas electionis ist dadurch noch nicht bewiesen, dass Paulus und einige Väter diese bildliche Redeweise anwenden.
Das hierfür beigezogene Gemälde bei Garr. tav. 88, 2, welches ein mit
Ruderern besetztes Schiff darstellt, auf welchem einige Amphoren liegen,
ist doch ganz augenscheinlich eine realistische Darstellung aus dem
Leben, so dass die Behauptung, die Gefässe seien die Gläubigen, welche
im Schiffe der Kirche dem Hafen der Seligkeit zueilen, hinfällig wird. [3])
Dass zuweilen die Abbildung des Fasses auf Grabplatten nur ein Wortspiel ist zwischen dolium und der beigesetzten Inschrift doliens, hat
schon Raoul-Rochette (II mém., S. 241) klar nachgewiesen, und wird
auch von Martigny anerkannt. Es ist also wohl möglich, dass das
Wortspiel auch da gelten sollte, wo das Wort doliens nicht besonders
beigesetzt ist.

Die Leier wurde, wie früher erwähnt, von Clemens Alexandrinus
als für Siegelringe der Christen statthaft erklärt, aber zu einer symbolischen Beziehung geben seine Worte keinen Anlass. In dem Grabschmuck

---

[1]) Nur ein einziges Mal auf einem altchristl. Grabsteine nachgewiesen,
cf. Aringhi II, S. 357. Der Grabstein ist wegen des beigesetzten Monogramms
nachkonstantinisch. Die Wage und ein Verkaufstisch bezeichnen den hier beigesetzten Calevius als Kaufmann, das Haus soll demnach wohl Abbildung seines
Ladens sein.

[2]) Fässer auch auf antiken Grabplatten, z. B. bei Bendorf-Schöne S. 245
No. 61. Ein Katakombenbild (bei Garr. t. 79, 2) zeigt ein Fass, welches von
einigen Männern geschleppt wird, daneben liegen zwei andere Fässer. Eine
sehr realistische Darstellung aus dem Arbeitskreise der hier Beigesetzten, dem
gegenüber sich die Erklärung Garrucci's fast komisch ausnimmt: das Fass sei
ein Bild der Gläubigen, welche in den Weinkeller des himmlischen Vaters gebracht werden, und der Wein bedeute die guten Werke. cf. storia I, S. 43. 189.

[3]) cf. Kraus in der Realencykl. unter Fass. De Rossi R. s. II, S. 326,
bullet. 1871, S. 128.

der Katakomben kommt die Figur selbständig überhaupt nicht vor, sie findet sich nur in der Hand des Orpheus und auf einem Sarkophag,[1]) wo das Instrument von einer jungen Frau im Kreise der Ihrigen gespielt wird, eine Szene aus dem häuslichen Leben, wie sie in der antiken Sepulkralkunst gewöhnlich ist.

Das D r e i e c k, welches man früher gern als ein Symbol betrachtete, ist als solches in den Katakomben allgemein aufgegeben. Nur auf Grabtiteln aus Nordafrika meint de Rossi in dem Dreieck ein Bekenntnis der Dreieinigkeit gegenüber dem Arianismus der Vandalen und damit ein Zeichen der Zugehörigkeit des Verstorbenen zu der orthodoxen Kirche erblicken zu müssen.[2]) Aber diese Meinung wird durch die Nachricht Augustins (c. Faust XVIII, 23), dass die Kirche die bei den Manichäern beliebte Figur des Dreiecks verworfen habe, sehr unwahrscheinlich.

Wie unter den Tiergestalten, so finden wir dann auch unter den Bildern von Gegenständen einige, welche die Christen wohl auch in dem antiken Gräberschmucke schon vorfanden, aber durch die naheliegende biblische Erinnerung dann zu einem eigentlichen Symbol schufen. Dahin gehören vor Allem P a l m e, K r a n z und K r o n e. Erstere gehört zu den Zeichen, welche die ältesten christlichen Grabdenkmäler schmücken. Dies antike Zeichen des Sieges[3]) auf ihren Gräbern anzubringen, musste für die Christen nahe genug liegen. Als Zeichen des Martyriums ist die Palme jetzt allgemein aufgegeben, sie findet sich ja auch zahlreich genug auf nachkonstantinischen Denkmälern. Kranz und Krone dagegen kommen als Sinnbilder in den ersten Jahrhunderten nicht vor, sie sind zu solchen erst geworden durch die Arbeit der Reflexion, und man hat sie dann in einer Zeit, da die christliche Kunst schon einen kirchlich-hieratischen Charakter annahm, den Personen zugeteilt, die man für Märtyrer hielt.

Der Ö l z w e i g kommt einzeln für sich in den Katakomben niemals vor, wir sehen ihn vielmehr nur im Schnabel der Taube. Solche Tauben mit Zweigen im Schnabel finden sich auch in den antiken Dekorationsmalereien. Für die Christen lag die Erinnerung an die Taube Noahs nahe genug.

Eine symbolische Erklärung des A n k e r s lässt sich aus den Worten des Clemens Alexandrinus, wenn er dies Zeichen für die Ringe der Christen gestattet, nicht konstatieren. Nur die Möglichkeit, dass bei Clemens irgend eine christliche Idee a n g e r e g t worden sei, ist zuzu-

---

[1]) cf. Garr. t. 296, 4.
[2]) Specileg. Solesm. IV, 497 ff.
[3]) cf. Raoul-Rochette II mém., S. 211 ff.

geben, beweisen lässt es sich aber nicht. In den Katakomben findet sich der Anker niemals unter den Wandmalereien, sondern nur auf Grab- platten. Dieser Umstand würde an sich die individuelle Beziehung der Figur auf den Verstorbenen begünstigen, und sie mag in einzelnen Fällen auch eine phonetische Darstellung des Namens sein[1]) oder eine Be- ziehung anf Stand und Gewerbe des Verstorbenen enthalten. Aber die Figur findet sich doch so häufig auf Grabsteinen, die keine derartige Beziehung zulassen, dann auch auf solchen, die mit den Inschriften Spes, Elpis, Elpidius, Elpisusa versehen sind, dass wir hier unzweifelhaft ein uraltes Symbol der christlichen Hoffnung vor uns haben. Der Anblick des ursprünglich maritimen Zeichens der antiken Zeit hat bei den Christen die Reflexion wachgerufen, und dies Zeichen wurde dann so beliebt, dass man es stereotyp wiederholte und auch da anbrachte, wo der Ausdruck der Hoffnung auf die ewige Seligkeit nicht mehr direkt nahe lag, wie auf Schmuckgegenständen und häuslichen Gerätschaften. Dass, wie die römischen Gelehrten behaupten, der Anker in der Zeit vor Konstantin zur versteckten Andeutung des Kreuzes benutzt worden sei, sollte jedenfalls nicht mit dieser Zuversichtlichkeit immer wieder- holt werden, denn es ist doch nur eine Vermutnng, die durch nichts be- wiesen werden kann.

In der Reihe maritimer Zeichen, meist mit Bezug auf das Gewerbe, stand in dem antiken Sepulkralschmuck auch das S c h i f f. Dass die alte Welt es symbolisch aufgefasst habe, haben wir früher als unrichtig nachgewiesen. Clemens hat auch das segelgeschwellte Schiff als für Ringe der Christen geeignet bezeichnet, aber auch hier kann man nicht annehmen, dass er es aus Gründen symbolischer Auffassung gethan habe. Es lässt sich auch hier nur die M ö g l i c h k e i t einer Erinnerung an biblische Verhältnisse, vielleicht die Arche Noahs, annehmen. Die- selbe wurde ja von den Kirchenschriftstellern schon früh als Vorbild der Kirche gebraucht. Da jedoch die Arche mit Noah selbst direkt in dem altchristlichen Bilderkreise sich findet, so geht es nicht wohl an, das Schiff mit der Darstellung der Arche in Verbindung zu bringen oder gar zu identifizieren. Diese beiden Bildwerke sind jedenfalls auseinander zu halten. Auf altchristlichen Grabsteinen kommt das Schiff nur vereinzelt vor, einmal mit einem Leuchtturm.[2]) Eine symbolische Deutung auf die

---

[1]) Wie auf den Grabsteinen einer Maritima und einer Pelagia, cf. Raoul- Rochette II mém., S. 225. Boldetti, S. 370.

[2]) cf. B o l d e t t i 346. 362. 363. 365. 367. 368. 372. 373. Solche Leucht- türme, auf welche ein Schiff lossteuert, auch im antiken Grabschmuck, wohl mit Bezug auf das Gewerbe, z. B. bei B e n d o r f - S c h ö n e No. 465.

Lebensfahrt, wie sie herkömmlich ist, ist unseres Erachtens nicht bewiesen. Weder die Stellen aus den Vätern, noch die betreffenden Grabinschriften geben dafür einen Anlass. Wohl aber kommt es vor, dass letztere, wenn ein Schiff dabei abgebildet ist, direkt auf das Gewerbe des Verstorbenen als Schiffer oder Seemann deuten, andere, wie die Grabschrift einer Nabira, das Schiff als phonetisches Zeichen tragen.[1] Aus dieser Analogie lässt sich wohl ein Schluss auf die anderen Darstellungen machen. Wir haben früher an passender Stelle zahlreiche Beispiele von Schiffen in dem antiken Gräberschmuck angeführt. Die Christen haben diese Übung einfach fortgesetzt.

Ganz abweichend von den übrigen Bildern des Schiffes ist jenes bei Beschreibung der Monumente genannte Bild eines mit Sturm und Wellen kämpfenden und anscheinend im Untergang begriffenen Schiffes in einer der sogenannten Sakramentskapellen. Ein solches Schiff kann allerdings, wie Schultze richtig bemerkt,[2] schwerlich die Kirche symbolisieren. Er deutet es als den Schiffbruch des Paulus bei Malta. Die Vermutung ist nicht übel, obwohl sie ja nicht zu beweisen ist. Warum sollte aber ein christlicher Künstler den stereotypen Bildercyklus nicht einmal verlassen haben? Auch darin hat Schultze gewiss recht, wenn er dann die Darstellung nicht um ihrer selbst willen, sondern zum Ausdrucke eines schristlichen Gedankens geschaffen sein lässt. Nur scheint es mir doch zu weit hergeholt, wenn er (ib. S. 65) die Auffassung des Wunders als Hinweis auf die Möglichkeit der Auferstehung herbeizieht. Das Bild selbst zeigt doch deutlich genug, auf was es dem Künstler wesentlich ankam: das Schiff ist von Wellen überflutet, nur einer steht fest und sicher mit aufgehobenen Händen, und auf sein Haupt legt der aus den Wolken ragende Genius seine Hand schützend nieder. Es ist also offenbar der Gedanke des Schutzes in einer Not und Gefahr, was dem Künstler vorschwebte. Ob er dabei jedoch eine bestimmte biblische Szene vor Augen hatte, oder überhaupt nur bei dem Beschauer die Erinnerung an den Schutz, den die Gläubigen von Oben geniessen, hervorrufen wollte, muss dahingestellt bleiben. Höchst interessant ist das Bild noch durch die direkt aus der antiken Kunst[3] beibehaltene Darstellung des himmlischen Genius mit dem Strahlennimbus. Es ist wohl möglich, dass der Anblick eines solchen antiken Bildwerks dem christlichen Künstler die Idee unseres Bildes eingab.

---

[1] cf. Boldetti 373. Schultze Kat. 103.
[2] Archäol. Studien, S. 62.
[3] cf. die zahlreichen antiken Vorbilder zusammengestellt bei Schultze Arch. Stud., S. 64.

Unter den auf Grabplatten vorkommenden figürlichen Zeichen ist eines offenbar ebenso gedankenlos wie unter dem Inschriftenmaterial die Formeln D. M. von den Christen beibehalten worden, nämlich das sogenannte Svastika ⊔⊓, welches bis nach Japan und Indien, nicht minder im Occident aus der vorchristlichen Zeit nachweisbar ist[1]) und als glückverheissendes Zeichen galt. Die Christen bringen dasselbe, wenn auch nicht sehr häufig, auch auf Grabplatten oder am Saume von Gewändern an. Hätten sie darüber nachgedacht, so hätten sie solch ein abergläubisches Zeichen wohl entfernen müssen. Aber sie haben eben weiter geübt, was sie bisher gewohnt waren, wobei ja nicht ausgeschlossen ist, dass Einzelne mit vollem Bewusstsein den alten Aberglauben beibehielten. — In geradem Gegensatze zu diesem Zeichen stehen dann diejenigen, welche das eigentliche Eigentum der Christen sind: das Monogramm Christi in seinen verschiedenen Formen, meist ☧, teils mit, teils ohne $\alpha - \omega$, und das Kreuzeszeichen. Wir können es uns hier versagen, auf das Nähere einzugehen, und konstatieren nur das allgemein anerkannte Resultat, dass diese Zeichen der nachkonstantinischen Zeit angehören und somit durch dieselben ein bestimmter chronologischer Anhaltspunkt (wenigstens der terminus a quo)[2]) gewonnen wird. Die Annahme der crux dissimulata in der vorkonstantinischen Zeit — nämlich in dem Anker, dem Svastika oder dem Buchstaben T, — wie solches von den einen mit Sicherheit behauptet und von anderen ebenso entschieden geläugnet wird, muss dahingestellt bleiben. Sicher beweisen lässt sich weder das eine noch das andere. Es wäre ja immerhin möglich, dass bei den betreffenden Zeichen einzelne an das Kreuz erinnert wurden, so gut wie dies laut den literarischen Nachrichten durch die Raen am Schiffsmast und anderes geschah, zumal ein ähnliches Zeichen schon im Altertum auf ägyptischen Inschriften, auf attischen sowie auf Ptolemäermünzen sich findet.[3])

Wie wir früher in der Beschreibung der Monumente darlegten, haben die Christen zur Ausschmückung ihrer Gabstätten dann auch eine Reihe biblischer Szenen benutzt. Für eine historische Betrachtung muss diese Thatsache ebenso erklärlich erscheinen wie die Ausschmückung

---

[1]) Die Literatur bei S c h u l t z e Kat., S. 127.

[2]) Nach de Rossi bullet. 1863, S. 22, stammt die älteste italische Inschrift, welche das Monogramm trägt, aus dem Jahre 323. — Das älteste Datum für Gallien ist das Jahr 347; cf. le Blant sarcoph. d'Arles S. V, Anmerk. 1.

[3]) cf. den Piper'schen Artikel „Monogramm" in Herzog's Realencyklopädie.

mit Pflanzen- und Tierornamentik oder der Hinweis auf Name, Stand oder Beruf des Verstorbenen. Die antike Welt schmückte die Grabstätten mit mythologischen Szenen, die Christen ersetzten dieselben durch solche aus dem Kreise ihrer heiligen Geschichte. Das ist ebenso einfach und natürlich wie der weitere Umstand, dass für die Ausschmückung von Grabstätten solche biblische Erzählungen, welche von Tod und Auferstehung handeln, den nächstliegenden Stoff bieten mussten. Wie aber in der antiken Sepulkralkunst eine Menge von Darstellungen nicht sepulkraler Beziehung vorkommen, so auch in derjenigen der alten Christen. Wie sie zu diesen einzelnen Darstellungen gekommen sind, mag nicht jedesmal mit Sicherheit zu konstatieren sein, aber man muss diese Frage doch aufwerfen und nach Möglichkeit zu beantworten suchen. Mögen hier nicht immer oder nicht so häufig wie in dem Bisherigen Vorbilder in der antiken Kunst nachzuweisen sein, so ist das ganz natürlich: wollten die Christen mythologische Szenen des Gräberschmucks durch biblische ersetzen, so musste von selbst ein Nachdenken und eine Überlegung erwachsen, und man musste eben aus eigner Phantasie die Szenen komponieren. Gleichwohl hat unseres Erachtens aber auch hier die antike Kunst nicht nur zur formalen Bildung, sondern auch zur Auswahl der Szenen sehr stark eingewirkt. Die Ideenassociation hat auch hier gearbeitet. Ganz gewiss hat oft der Anblick irgend eines Gemäldes die Erinnerung an biblische Erzählungen wachgerufen, oft hat gewiss auch persönliche Liebhaberei sich für diese oder jene Darstellung entschieden. Bei dem reproduktiven Charakter der ganzen zeitgenössischen Kunst wurde dann die Darstellung, die einmal beliebt geworden war, ohne weitere besondere Reflexion wiederholt. — Unter den Wandgemälden der Katakomben sind die häufigsten: „der gute Hirte, die Auferweckung des Lazarus, die Szenen aus der Geschichte des Jonas, Daniel zwischen den Löwen, das Quellwunder des Moses und die drei Jünglinge im Feuerofen". Sehr einfach liegt unseres Erachtens die Sache bei dem erstgenannten Bilde. Wenn Schultze (Kat. S. 113) behauptet, es fehle jeder Grund, den guten Hirten anders als eine durch die christliche Kunst selbständig geschaffene Figur vorzustellen, so muss ich vielmehr sagen, die Christen brauchten diese Figur überhaupt gar nicht zu schaffen, denn sie war längst da. Man braucht freilich nicht an den fernliegenden und nicht häufig vorkommenden Hermes Kriophoros[1]) als Vorbild für die Kata-

---

[1]) Eine berühmte Darstellung desselben aus Tanagra erwähnt bei Pausanias IX, 22, 2. cf. M. A. Veyriers: les figures criophores dans l'art grec, l'art romain et l'art chrétien (Mél. d'arch. et d'hist. I, serie XXXIX).

kombenmalerei zu denken, die Figur des Hirten mit dem Lamme oder
dem Böcklein auf der Schulter, mit oder ohne den Stab und die Syrinx,
allein stehend oder von Schafen begleitet, ist so gewöhnlich in der
antiken Wandmalerei, findet sich auch so häufig im antiken Gräberschmuck, dass die Christen nur einfach fortzusetzen brauchten, was
bisher geschehen war. Solche Hirtenszenen wie in den Nasonengräbern [1])
und anderwärts könnten ebenso gut in den christlichen Katakomben,
Bilder der letzteren ebenso gut in den heidnischen Gräbern sich finden.
Wie man häufig ohne jedes weitere Nachdenken einfach die gewohnte
Dekoration an den Grabwänden anbrachte, zeigt der Umstand, dass der
Hirte zuweilen statt des Lammes ein Böcklein auf den Schultern trägt. [2])
Das hätte doch unmöglich sein können, hätte man diese Figur erst aus
dem eigenen christlichen Gedankenkreise heraus geschaffen. Sie war
längst da, aber liegt es so ferne, wenn bei ihrem Anblick die Christen
an den guten Hirten der Bibel dachten, wenn ihnen das Gleichnis vom
verlorenen Schaf in den Sinn kam? Eine Figur, welche so als eine
direkte Illustration eines Wortes Jesu erscheinen musste, musste damit
auch natürlich beliebt werden wie keine andere. Das Tragen der
Lämmer auf den Schultern oder auf den Armen an die Brust gelegt
war ja auch bei den Römern ein Bild liebender Fürsorge. [3]) Ob bei
dem Bilde des guten Hirten die Reflexion in der Weise weiter gearbeitet
hat, dass derselbe für die Christen an Stelle des Hermes Psychopompos
trat, ist ja möglich, lässt sich aber nicht beweisen. Ist diese Beziehung
jedenfalls auch nicht, wie Schultze will, das Erste und Nächstliegende,
so schloss die in diesem Bilde dargestellte Wahrheit: Jesus der gute
Hirte, ja einen weiten Kreis christlicher Heilsgedanken in sich. Daher
ist diese Figur auch schon früh ausserhalb des sepulkralen Schmuckes gebraucht worden zur Verzierung von Ringen, Lampen, kirchlichen Gerätschaften wie Kelchen. Die Entstehung des Bildes des guten Hirten erklärt sich so einfach und natürlich wie kaum irgend ein anderes der
altchristlichen Bildwerke. [4])

Nicht gleicherweise direkt als christliche Übersetzung antiker

---

[1]) cf. Bellori sepulcr. Nas. tab. XXII, append. tab. III, 6.
[2]) z. B. bei Garr. t. 44, 1. 76, 1. Aringhi II, 33.
[3]) cf. Tibull. eleg. I, 1, 11. Calpurnius eclog. V, 39. Ein Sarkophag aus
Afrika zeigt den guten Hirten, wie er das Lamm auf dem linken Arme an die
Brust gedrückt trägt (nach Kraus Realencykl. II, S. 591).
[4]) Dies lässt Grousset in seinem Aufsatz: le bon pasteur et les scènes
pastorales dans la sculpture funéraire des chrétiens (Mél. d'arch. et d'hist.
Mars 1885, S. 161 ff.) für die Skulptur wohl auch gelten, sonderbarer Weise
aber nicht für die Malerei.

Gräberdekoration können die anderen soeben genannten Bildwerke erscheinen. Bei einigen von ihnen mag die Wahl des Gegenstandes auffallend sein, man sieht nicht leicht, warum man nicht andere Gegenstände auswählte, welche zur Ausschmückung von Gräbern gewiss viel näher gelegen hätten. Auch lassen sich nicht überall direkte Typen in der antiken Kunst aufweisen. Da giebt wohl die Thatsache, dass es lauter Wundergeschichten sind, einen Fingerzeig. Schultze hat (Arch. Stud., S. 15) mit Recht darauf aufmerksam gemacht, wie in der gesamten Litteratur der alten Kirche gerade von diesen Wundern die Beweismittel für die Möglichkeit einer zukünftigen Auferstehung entnommen, wie sie vorzugsweise unter diesem Gesichtspunkt betrachtet wurden. Ist auch jener Stelle aus den apostolischen Konstitutionen, welche diese Wunder aufzählt, kein grosses Gewicht beizulegen für die Entstehung dieses Gräberschmucks, da dieselben im Abendlande der Gemeinde nicht bekannt waren und viel jünger sind als die fraglichen Bildwerke, so geht doch so viel aus diesen litterarischen Nachrichten hervor, dass eine solche Wertschätzung der Wunder wohl auch in Predigt und Unterricht der Gemeinde mitgeteilt werden und somit in ihrer Mitte bekannt sein konnte. Jedenfalls sind auch hier alle gekünstelten Deutungen zurück zu weisen. Und wenn in jenen literarischen Nachrichten auch noch viele andere biblischen Wunder unter diesem Gesichtspunkt einer Bürgschaft für die Auferstehung betrachtet werden, welche in dem Bilderkreis der Katakomben nicht vorkommen, so hat zur Auswahl derjenigen, welche wirklich vorkommen, jedenfalls bis zu einem gewissen Grade auch die vorliegende antike Kunst das Ihre beigetragen.

In der stereotyp gewordenen Darstellung der aus selbstverständlichen Gründen an den Gräbern beliebt gewordenen Auferweckung des Lazarus ist das Grabhaus nicht als die Felsenhöhle der evangelischen Erzählung gebildet, sondern als freistehendes, tempelartiges, häufig von zwei Säulen getragenes, mit dem dreieckigen Giebel und dem Fries verziertes Grabgebäude, ohne Zweifel die Nachahmung zahlreicher Abbildungen auf griechischen und römischen Grabsteinen.[1] Haben die Christen diese Übung weiter fortgesetzt, so war die Beziehung auf das Grab des Lazarus leicht gegeben, denn bei keinem anderen der Totenerweckungswunder hat Jesus den Verstorbenen aus dem Grabe hervorgeführt. Es lag für die Christen natürlich nahe, gerade die Darstellung

---

[1] cf. Overbeck Gallerie histor. heroischer Bildwerke Taf. 33, 20. Matz und Duhn No. 2695 ff.

14*

von Totenerweckungen an ihren Gräbern anzubringen, aber wenn von allen solchen Wundern, die das Neue Testament erzählt, gerade das Lazaruswunder zur Darstellung kam, so hat das seinen Grund darin, weil dafür die antike Kunst die Formen darbot. Auch der thaumaturgische Stab, welchen Christus hier wie in anderen Darstellungen von Wundergeschichten führt, ist antik heidnischen Ursprungs, denn diese virgula divina findet sich bei den Wunderthätern der vorchristlichen Zeit fast überall. Dass auch der caduceus des Hermes Psychopompos hier eingewirkt habe, wie Schultze (Arch. Stud., S. 59) will, ist wohl möglich.

Lediglich sepulkrale Beziehungen liegen unzweifelhaft auch in den Darstellungen aus der Geschichte des Jonas vor. Dieselben wurden so beliebt, dass sie ohne weitere Reflexion auf ihren Inhalt auch auf einer grossen Zahl nichtsepulkraler Denkmäler, wie auf Medaillen, Lampen, geschnittenen Steinen und Goldgläsern angebracht wurden.[1]) Die christlichen Künstler konnten in der Ausführung ihrer Bilder leicht an antike Darstellungen anknüpfen. Die Seeungeheuer finden sich in Bildern der Befreiung der Hesione durch Herakles und der Andromeda durch Perseus.[2]) Die Verwandtschaft dieser letzteren Sage mit der Geschichte des Jonas fiel schon dem Hieronymus in seinem Kommentar zum Buche Jonas auf.[3]) Die Lokalität ist in beiden dieselbe, nämlich die Küste bei Joppe, von wo ein dort aufbewahrter Knochen des Meerungeheuers, welchem Andromeda ausgesetzt war, von Skaurus nach Rom gebracht wurde.[4]) Es wäre nicht unmöglich, dass zu den wunderhaften Bestandteilen der Jonasgeschichte eine uralte Lokalsage, die mit der griechischen der Andromeda identisch ist, beigetragen hat. Auch in der Sage des Jason kommen diese Meerungeheuer vor; er selbst, von einem Drachen ausgeworfen, fand sich auf Vasenbildern.[5]) Nicht minder konnten die Tritonengestalten, die zur Andeutung von Verhältnissen des Seelebens, des Handels und der Schiffahrt ja auch in dem antiken Sepulkralschmuck nicht selten sind, so wie Bilder der

---

[1]) cf. die Zusammenstellung dieser Denkmäler bei Kraus Realencykl. II, S. 67.

[2]) cf. Welker antike Denkmäler II, S. 301. 307. Matz und Duhn No. 2894. Drache auch auf römischen Sarkophagen zur Kennzeichnung des Seewesens, cf. Bendorf-Schöne No. 102. 296.

[3]) Die betreffenden Stellen gesammelt bei Bottari II, S. 152.

[4]) cf. Plin. h. n. IX, 11.

[5]) cf. Gerhard: Jason des Drachen Beute (Berlin 1835) S. 1—12, ergänzt von Welker, Rhein. Museum III, S. 503. K. O. Müller Kunst archäologie, S. 695.

Scylla zur Ausführung der Jonasszenen anleiten.[1]) Der Drache findet
sich auch als Attribut des bärtigen Wassergottes neben der Gäa, eine
liegende weibliche Figur, über welche der Wagen der Selene auf den
Endymionsarkophagen hinfährt.[2]) Auf die Figur des schlafenden
Endymion hat Schultze (Arch. Stud., S. 81) treffend hingewiesen als
das antike Vorbild für die Gestalt des unter der Kürbislaube ruhenden
Jonas. Die Ähnlichkeit ist in der That unverkennbar, und auch die
verhältnismässig treffliche Ausführung des nackten Jonaskörpers, welche
sich vorteilhaft vor den sonstigen Werken der altchristlichen Kunst
auszeichnet, führt auf antike Vorbilder hin.[3]) Was jedoch Schultze
weiter ausführt von der Entwicklung und Ausbildung dieser Jonasszenen
und von der Bedeutung des ruhenden Jonas — dessen Gesicht sogar
„den Ausdruck milder Heiterkeit und hinträumender Selbstzufriedenheit"
zeigen soll — scheint mir doch gar zu sehr gekünstelt und gedeutelt
und ein Produkt der Phantasie. Letztere hat ja da einen weiten Spielraum. Darum sind die Ausführungen Schultze's ebenso wenig begründet
als die gekünstelten Auslegungen der römischen Archäologen, welche
in den Jonasszenen unter anderm auch den Gedanken einer Berufung
aller Völker durch den Phropheten der Heiden wie einen Protest gegen
die Engherzigkeit des Judentums erblicken wollen.[4]) Was mutet man
da einem einfachen Dekorationsmaler alles zu! Die nächstliegende
Beziehung kann doch wahrhaftig genügen und war der Gemeinde aus
dem Munde Jesu selbst bekannt.

Was die Christen bewogen hat, aus den zahlreichen Wundergeschichten der Bibel gerade die Rettung des Daniel, das
Quellwunder des Moses und die Bewahrung der drei
Jünglinge im Feuerofen auszuwählen, ist kaum festzustellen.
Direkte Typen der antiken Kunst liegen nicht vor. Doch ist ihre
Einwirkung bei einer Gestalt wie derjenigen des Daniel unverkennbar,
denn die Bildung des Nackten ist in den Gemälden meist vortreff-
lich. Dass Daniel überhaupt nackt dargestellt wurde, deutet an sich
schon darauf hin, dass der Künstler nach Vorbildern gearbeitet hat,

---

[1]) cf. K. O. Müller ib., S. 528 ff. Ernst Vinet i. d. Annal. d. i. XV, S. 145 ff.
[2]) cf. Jahn Archäol. Beiträge S. 60.
[3]) Auf einem Terracottarelief (bei Campana ant. op. pl. 32) sehen wir
Endymion gelagert in einer Laube von Weinreben, die sich von zwei Seiten
über ihm zusammenranken. Auch sonst kommen solche schlafende Figuren
vor, cf. Matz und Duhn No 2860. Der auf einem Felsen sitzende Jonas hat
auch seine Vorbilder auf antiken Adonissarkophagen, cf. ib. No. 2216. 2218. V.
[4]) cf. Martigny unter Jonas. Kraus R. s., S. 280. 326.

und auch der Umstand, dass immer zwei in sitzender Haltung angebrachte Löwen vorhanden sind, während in der biblischen Erzählung
deren Zahl nicht beschränkt ist, hat wohl seinen Grund in bestimmten
Reminiszenzen an antike Malereien. Zur Wahl des einen oder andern
dieser Bilder mag persönliche Vorliebe, auch Beziehung auf einen
Namen oder sonstige Verhältnisse, die Veranlassung gegeben haben.
Wenn die Darstellung Daniels zwischen den Löwen in einer so hervorragenden Gruft der Domitillakatakombe — ein Bild, das vielleicht noch
bis ins erste Jahrhundert zurückgeht — angebracht wurde, so konnte
es leicht kommen, dass die anderen es nachahmten, ohne weiter darüber
zu reflektieren. Jedenfalls sind auch diese Darstellungen wie viele andere
mit der Zeit rein dekorativ geworden, denn sie sind auch auf nichtsepulkrale Monumente übergegangen. Wenn aber auch — und das ist bei biblischen Darstellungen ja wohl anzunehmen — christliche Gedanken in diesen
Bildern zum Ausdruck kommen sollen, so sind es keine anderen als die
vorhin erwähnten, und der Gedanke eines durch die göttliche Allmacht
in den Nöten und Gefahren gewährten Schutzes mag bei diesen drei
Darstellungen noch näher liegen, als die Betrachtung dieser Wunder
mit Rücksicht auf die Gewähr der Auferstehung. Immerhin ist ja auch
das letztere nicht ausgeschlossen. Bei den Vätern werden die Geschichten des Daniel und der drei Jünglinge im Feuerofen in beiderlei
Beziehung verwertet, so von Tertullian (Scorp. c. Gnost. 8), Irenäus
(adv. haer. V, 5, 2), Cyprian (de laps. p. 187, ep. 56 ad Luc. pap.),
Hieronymus (in Zach. II, 9, 864) und Chrysostomus (in Predigten, nach
Neander I, S. 141 ff.). Dass derselbe Gedankenkreis schon früh in der
Predigt verwandt wurde und dadurch der Gemeinde schon bekannt war,
ist möglich, ja wahrscheinlich, nur direkt lässt sich die Wahl dieser bestimmten Gegenstände aus jenen Stellen der Väter nicht erweisen, da
die letzteren jünger sind als die Bilder. Am allerwenigsten ist auch hier
die betreffende Stelle aus den apostolischen Konstitutionen zu verwerten.
Ganz willkürlich und grundlos interpretiert auch hier wieder Garrucci,
wenn er (storia I, 353) in der Figur des Daniel zwischen den Löwen
einen Hinweis auf Christi blutiges Opfer erblicken will.

Mit Wahrscheinlichkeit lässt sich eine typologische Auffassung in der
römischen Christengemeinde voraussetzen bei dem Quellwunder des
Moses, da diese Szene in diesem Sinne schon von Paulus I. Cor. 10, 4
verwertet wird. Man wird nicht umhin können anzunehmen, dass diese
Darstellung solcher biblischen Anregung, mit welcher die Gemeinde
aus der Predigt wohl vertraut sein konnte, ihr Dasein verdankt. Möglicherweise hat auch hier eine bestimmte einzelne Veranlassung das

Bild geschaffen, welches dann von anderen wiederholt wurde. Ob dabei, wie die traditionelle Auslegung will,[1] an das Wasser der Taufe gedacht worden sei, mit welcher Tertullian, Cyprian und Hieronymus das Wasser aus dem Mosesfelsen in Verbindung bringen, ist jedoch fraglich. Warum sagt man bei dieser Weise der Auslegung nicht lieber gleich, die Rute bedeute das Kreuz, wie Augustin und Isidor von Sevilla interpretieren?[2] Paulus weiss von alledem nichts, ihm ist nur die Wolke und der Durchgang durch das rote Meer typologisch für die Taufe, nicht aber das Wasser aus dem Felsen. Wahrscheinlich wird man mit der allgemeinen Beziehung, in Moses den alttestamentlichen Typus auf Christum zu sehen, sich begnügt haben. Doch darf dies nicht dahin ausgedehnt werden, dass Christus direkt durch Moses dargestellt sei, weil es vorkomme, dass statt des bärtigen Mannes ein bartloser. Jüngling das Wasser aus dem Felsen schlägt.[3] Die Typen der einzelnen Personen sind in der ganzen altchristlichen Kunst nirgends unwandelbar, und auch Moses ist in zwei Szenen dicht neben einander verschieden abgebildet, wie wir gleich zu erwähnen haben werden. Die einfache Beziehung des Moses auf Christus geht auch daraus hervor, dass sehr häufig in den Bildwerken der Katakomben die Szene des wasserweckenden Moses dicht neben diejenige der Auferweckung des Lazarus gestellt wird. Moses wie Christus tragen dabei den thaumaturgischen Stab. Diese Gegenüberstellung der Stifter des alten und des neuen Bundes konnte wohl auf Grund der der Gemeinde geläufigen biblischen Gedankenwelt die Beschauer zu religiöser Erbauung anregen.

Eine merkwürdige Exegese, welcher man den Vorwurf einer dogmatischen kirchlichen Voreingenommenheit nicht wird ersparen können, ist für diese Szene des Quellwunders von den römischen Archäologen noch versucht worden: man will nämlich in der bärtigen Mosesgestalt am Felsen einen mystischen Hinweis auf Petrus sehen und hat die Zwittergestalt „Mosè-Pietro" in die altchristliche Kunst eingeführt.[4] Und warum dies? weil auf drei Exemplaren von Goldgläsern, zwei vatikanischen und einem in Podgoritza gefundenen, jetzt in Paris befindlichen, über der Szene des Quellwunders die Inschrift „Petrus" steht.[5] Einer unbefangenen Betrachtung kann nicht zweifelhaft sein, dass nichts

---

[1] cf. de Rossi bullet. 1863, S. 80. 1865, S. 71. Kraus' R. s., S. 285.
[2] cf. bei Bottari I, S. 171. II, S. 55.
[3] de Rossi R. s. III, 332.
[4] cf. de Rossi R. s. III, 448.
[5] cf. Garr. vetri X, 5. Kraus' R. s., S. 340, Taf. VI, 2. Bullet. 1877, t. 5. Le Blant Sarc. d'Arles pl. XXXV.

anderes als Unkenntnis oder Verwechselung von Seiten des Glasarbeiters diese Inschrift geschaffen hat. Bei dem letztgenannten Exemplar, einer rohen, der letzten Phase altchristlicher Kunstthätigkeit angehörenden Arbeit, ist dies ganz unzweifelhaft, denn man liest hier auch über der Figur Adams, welcher mit Eva abgebildet ist, die Inschrift ABRAM. Nichts anderes als solche Unkenntnis wird man auch bei den zwei vatikanischen Exemplaren, die gleichfalls sehr roh gearbeitet sind, annehmen müssen. Es sind ja eine ganze Masse von Goldgläsern mit der Darstellung des Quellwunders ohne jene Petrusbezeichnung vorhanden. Somit ist die Grundlage für das stolze Gebäude apologetischer Ausführungen, welche man auf römischer Seite an jene drei Goldgläser angeknüpft hat, sehr schwach und dürftig. Vollends willkürlich aber ist es, aus solchen vereinzelten Ausnahmen nun einen Schluss auf alle Darstellungen des Quellwunders zu machen. Wären diese drei Goldgläser zufällig nicht erhalten geblieben, so würden auch die römischen Archäologen gewiss nicht auf jene Exegese verfallen sein, denn bei den Vätern ist eine solche Beziehung zwischen Moses und Petrus ganz unbekannt.

Einigemal findet sich neben der Darstellung des Quellwunders Moses, wie er seine Schuhe auszieht, im Begriff, sich Gott zu nahen, welcher durch eine aus den Wolken ragende Hand angedeutet wird. Das bekannteste und interessanteste Gemälde dieser Art zeigt eine Gruft der Callistkatakombe (bei Garr. t. 18, 4). Dasselbe ist noch besonders dadurch merkwürdig, dass der Typus der beiden Mosesgestalten ganz verschieden ist: der seine Schuhe ausziehende Moses ist bartlos und jugendlich, der andere dicht daneben bärtig. Wahrscheinlich sollen nach der antiken Weise die Figuren Porträts der Verstorbenen sein. Will man das nicht annehmen, so wäre die Verschiedenheit der Typen nur ein Beweis, wie harmlos und sonder Reflexion so ein altchristlicher Dekorationsmaler gearbeitet hat. Bezüglich der Absicht in der Wahl dieses Gegenstandes lässt sich nichts feststellen. Wahrscheinlich hat die Darstellung der einen Szene aus der Geschichte des Moses die andere hervorgerufen. Eine sepulkrale Beziehung ist nicht zu entdecken, auch eine symbolische Beziehung, wie sie zum Beispiel Martigny giebt,[1]) ganz willkürlich und unbegründet.

Es erübrigt uns noch eine Besprechung der anderen in der Ausschmückung der Gräber vorkommenden biblischen Szenen. Es sind aus

---

[1]) d'attester que, regénéré par le baptême, le fidèle était mort dans la grâce de l'esprit saint et que, pour se rendre digne de paraître devant dieu, il s'était dépouillé de ses péchés et de ses vices. Dict. S. 473.

dem Alten Testamente noch vorzugsweise der Sündenfall, Noah in der Arche, die Opferung Isaaks. Auch diesen Darstellungen werden von der traditionellen römischen Auslegung dogmatisch lehrhafte Beziehungen beigelegt. Aber das ist ebenso verkehrt, wie wenn Schultze dieselben in die Schablone sepulkraler Beziehungen einpressen will, wo dann Gedanken durch die Bilder ausgedrückt sein sollen, die doch noch viel ferner liegen. So gleich in der Szene des Sündenfalls, dargestellt durch Adam und Eva, dazwischen der Baum, um den die Schlange sich windet, in den meisten Fällen mit dem Apfel im Maule. Die römischen Archäologen sehen darin die ganze dogmatische Lehre der katholischen Kirche von dem Sündenfall der Stammeltern dargestellt, ja selbst eine Opposition gegen die Lehre des Gnosticismus, dass die Schöpfung des Menschen ein Werk des bösen Prinzips sei, wird darin erblickt. Dem gegenüber meint Schultze (Kat. 115), diese Gruppe habe daran erinnern sollen, „dass der Gott, welcher das erste Menschenpaar bildete, auch vermöge, aus Staub und Verwesung einen neuen himmlischen Leib zu bilden". Das ist doch in der That sehr gekünstelt und liegt doch noch viel ferner als die Annahme, dass man diese Szene gewählt habe mit der Absicht, um durch den Anblick derer, durch welche die Sünde in die Welt gekommen, erinnert zu werden an den zweiten Adam, der die Erlösung brachte. Ist die Möglichkeit zuzugeben, dass solche Gedanken, die der Gemeinde aus der heiligen Schrift und damit auch durch Predigt und Unterricht geläufig waren, dazu beitrugen, diese Darstellung in der Reihe der Gegenstände des Gräberschmucks zu befestigen, — hervorgerufen wurde sie unseres Erachtens viel eher durch eine Übersetzung des antiken Gräberschmucks in das Christliche. Die Schlange spielt als Agathodämon im häuslichen Kult des Altertums eine grosse Rolle und findet sich infolge dessen, wie wir sahen, auch auf Grabsteinen. Die um den Baum gewundene Schlange sehen wir auf Darstellungen des Abschieds, auf solchen des Endymion, des Jason und des Hesperidenbaumes.[1]) Solche Darstellungen des antiken Sepulkralschmucks mussten daher unwillkürlich an die Schlange erinnern, die in der Erlösungsgeschichte so bedeutungsvoll ward, an die Schlange der Erzählung vom Sündenfall. Zur Darstellung der Erzählung vom Sündenfall brauchte die Phantasie des Künstlers nur die Gestalten des ersten Menschenpaares beizusetzen, und zu deren Bildung als nackter Gestalten bedurfte es auch keines neuen künstlerischen Schaffens, dafür bot die antike Kunst

---

[1]) cf. Gerhard, Ant. Bildwerke t. 76, 1. Jahn, Arch. Beitr., S. 53. K. O. Müller, Kunstarch., S. 694. Matz u. Duhn, No. 4055.

der Vorbilder die Fülle. So erklärt sich die Aufnahme des Sündenfalls
in den altchristlichen Bilderkreis; sepulkrale Beziehungen sind darin
nur durch gekünstelte Deutungen zu finden, dogmatische Beziehungen
vollends zurückzuweisen. Damit ist nicht ausgeschlossen, dass in dem
Beschauer des einmal vorhandenen Bildwerks die religiösen und sittlichen Wahrheiten, die in der Geschichte des Sündenfalls liegen, wachgerufen wurden.

Zur Erklärung der Entstehung der eigentümlichen N o a h b i l d e r —
Noah in einem einfachen Kasten stehend, nach einer ihm zufliegenden
Taube die Hand ausstreckend — hat Raoul-Rochette auf die antiken
Darstellungen der Danaë mit Perseus, begleitet von einer Kiste oder in
einer solchen stehend, hingewiesen, ebenso auf jene unter Septimius
Severus und Philippus Arabs geprägten Münzen der kleinasiatischen
Stadt Apamea, welche fast genau dieselbe Darstellung zeigen, mit der
Legende NΩ oder NΩE.[1]) Er bestreitet zwar die Beziehung dieser
Legende auf Noah, behauptet aber doch eine direkte Einwirkung dieser
Münzbilder auf diejenigen der Katakomben, während die römischen
Archäologen vielmehr umgekehrt die Beziehung der Legende auf Noah
festhalten, aber eine Nachbildung jener Münzen durch die christlichen
Grabkünstler zurückweisen.[2]) Die Frage der Legende dahingestellt, so
scheitert eine Abhängigkeit der Katakombenbilder von denjenigen der
Münzen an dem Umstande, dass die ersteren älter sind als die letzteren.[3])
Da aber die Übereinstimmung doch eine sehr merkwürdige ist, so ist
höchst wahrscheinlich, dass beide auf ein uns unbekanntes gemeinsames
Vorbild zurückgehen, und es wäre möglich, dass letzteres in einer Darstellung der Danaë mit Perseus vorhanden war. Immerhin weichen aber
die bekannten Darstellungen dieser Sage von denjenigen der Noahbilder
so sehr ab, dass sie für eine Entstehung der letzteren schwerlich aus-
reichend sind. Uns scheint die Entstehung derselben vielmehr durch
die Deutung der Taube als Sinnbild des Friedens hervorgegangen zu
sein, und wir kehren die früher erwähnte Behauptung Schultze's, dass
die Taube sich loslösend von den Noahbildern zum Sinnbilde des Friedens
ward, vielmehr um und sagen, dass die Taube, welche aus einem einfachen Ornament zum Sinnbilde wurde, die Gedanken wachrief an jene
biblische Erzählung, wo sie zuerst als Friedensverkündigerin vorkommt.
Es ist ja doch kein Zweifel, dass der Künstler nicht einen historischen

---

[1]) I mém. S. 115 ff. 181. 191. pl. XIV. cf. H e l b i g, Wandgemälde der
vom Vesuv verschütteten Städte Campaniens, No. 119. 120. 121.

[2]) cf. G a r r. vetri, S. 27 ff. K r a u s' R. s. S. 278.

[3]) D e R o s s i bullet. 1865, S. 43.

Vorgang schaffen, sondern nur ein ganz bestimmtes Moment aus jener Erzählung hervorheben wollte, und das ist augenscheinlich kein anderes als das Zufliegen und Aufnehmen der Taube mit dem Ölzweige im Schnabel. Darum hat man die Szene so primitiv als möglich dargestellt und alles andere Beiwerk ferngehalten; darum kommt es vor, dass die Arche nicht schwimmt, sondern feststeht, sogar auf Füssen[1]), dass nicht ein Mann, sondern eine Frau (d. i. die hier Bestattete) in derselben an Stelle Noahs sich befindet,[2]) kommt es vor, dass die Taube mit dem Ölzweige auf dem Kasten sitzt (bei Bottari t. 172) oder dass in dem letzteren ein Ölbaum steht (nach Aringhi I, 335). Es handelt sich in allen diesen Bildern also wesentlich nur um die Taube, um die Darstellung des Friedenszweckes, und insofern hat Kraus ganz recht, wenn er sagt, dass dies Bild gleichbedeutend sei mit dem sonst stereotypen in pace. Damit sind aber auch alle die dogmatischen Beziehungen auf Taufe und Kirche hinfällig; so gekünstelte typologische Deuteleien, wie wir sie bei Tertullian (de bapt. 8) und Cyprian der Arche Noahs beigelegt finden, können ein solches Produkt einer durchaus volkstümlichen Kunst unmöglich hervorgerufen haben.

Die Szene der Opferung Isaaks durch Abraham, welche sich weit häufiger auf Sarkophagen als in den Wandmalereien findet, wird von den römischen Archäologen als Typus sowohl für Christi Opfer am Kreuz, wie auf das unblutige Opfer der Messe erklärt. Letztere Auffassung wurde besonders durch de Rossi in die Erklärung der Bildwerke eingeführt,[3]) und besonders mit Rücksicht auf jene Bilder, welche von der gewöhnlichen Darstellung dadurch abweichen, dass Abraham und Isaak betend erscheinen. So besonders jenes Wandgemälde in St. Callisto.[4]) Aber man mutet da einem christlichen Kunsthandwerker typologische Deuteleien alttestamentlicher Erzählungen zu, die unmöglich in der Gemeinde vorhanden sein könnten. Für ihre Gedankenwelt liegt es doch wohl näher, auf die biblische Verwertung dieser Erzählung im N. T. zu achten, wo Abraham wiederholt als Vorbild der Standhaftigkeit im Glauben, ja Hebr. 11, 17—19 des Glaubens an die Möglichkeit der Auferstehung gepriesen wird. Damit ist eine einfache sepulkrale Beziehung des Bildes gegeben, und es mag zu seiner Beliebtheit noch be-

---

[1]) In einem Deckengemälde aus St. Pietro e Marcellino bei Garr. t. 52, 1.
[2]) Aringhi I, 551. 565. II, 71. 105. 109. 315. De Rossi R. s. II, 327 t. 47, 42.
[3]) De Rossi R. s. II, S. 343. Aber selbst Garrucci hat solche Bedenken gegen diese Auffassung, dass er sie für unhaltbar erklärt. cf. storia III, S. 127.
[4]) De Rossi ib. t. XVI. Garr. stor. t. 7, 4.

sonders beigetragen haben, dass die aus den Wolken ragende Hand
Gottes auf den Schutz hinwies, welchen die Gläubigen von Oben er-
fuhren. Ob freilich diese Gedanken, welche die Christen jedenfalls am
Ehesten aus diesen Bildern herauslesen konnten, auch direkt dessen
Aufnahme in den Bilderkreis der Grabmalerei veranlasst haben, muss
dahingestellt bleiben. Es wäre möglich, dass irgend eine individuelle
Beziehung das Bild geschaffen hat, welches dann stereotyp wurde, möglich auch, dass Jemand durch den Anblick des Bildes der Opferung der
Iphigenia zu diesem biblischen Pendant jener antiken Erzählung angeregt wurde. Antiker Einfluss ist ja nicht zu verkennen, so besonders
auch in dem Festbinden der Hände auf dem Rücken, einer antiken Gewohnheit bei Opfern. Bei den Kirchenvätern haben wir wohl mannichfache
Nachrichten, dass das Bild sehr verbreitet war,[1]) aber sie geben uns
über die Entstehung desselben keinen Aufschluss.

Unter den übrigen Darstellungen des A. T., welche nur vereinzelt
vorkommen, sehen wir einmal auf der Rückseite eines Arkosoliums in
St. Callisto die **Himmelfahrt des Elias**.[2]) Der Prophet steht nicht
wie in den Sarkophagdarstellungen auf dem Wagen, sondern auf den
Wolken, auf welchen er mit seinen vier Rossen dahinfährt; er wirft dem
hinter ihm stehenden Elisa seinen Mantel zu, vor dem Wagen erhebt
sich der schilfbedeckte Flussgott, hier der Jordan. Dass wir es hier
mit einer christlichen Übersetzung des Helios zu thun haben, liegt so
sehr auf der Hand, dass darüber weiter kein Wort zu verlieren ist. Es
ist daher auch in diesen Bildern weiter nichts zu finden als die Thatsache, dass die Christen — und dies vor Allem auf den Sarkophagen, wo
diese Heliosbilder am häufigsten vorkamen — eine Szene der antiken
Mythologie als eine solche der Bibel ansahen. Was daher von den
römischen Archäologen alles in diese Darstellung hineingeheimnisst
wird, ist haltlose Vermutung. Das Bild soll ein Symbol sein der Auferstehung sowohl wie des glorreichen Triumphzugs der Gläubigen in
den Himmel, ja der Mantel, welchen Elias seinem Schüler zuwirft, wird
gedeutet auf das Pallium, welches Christus dem Petrus zum Zeichen
seiner Herrschaft überwiesen habe, wird gedeutet sogar als „ein Symbol
der heiligen Gabe, die Christus uns hinterlassen hat, nämlich seines
heiligen Leibes im heiligen Sakramente."[3]) Man stützt diese Deutung
auf eine Stelle aus einer Homilie des Chrysostomus (homil. II ad. pop.

---

[1]) Diese Stellen sind zusammengestellt von **Münter**, Sinnbilder etc. II,
S. 54.

[2]) Garr. st. t. 31, 1.

[3]) **Heuser** in Kraus' Realencykl. I, S. 412.

Antioch.), welcher nach seiner Art einmal Elias und Christus in Parallele
stellt und sagt, jener habe seinem Schüler seinen Schafpelz, dieser der
Welt sein Fleisch hinterlassen. Also was so einmal ein Prediger des
Orients geredet, das soll ein Dekorationsmaler oder ein Steinmetz in
Rom (letzterer war vielleicht noch nicht einmal Christ!) in seinem Bild-
werke ausgedrückt haben.[1])

Man hat in einigen Katakombenbildern, welche einen einsam auf
einem Stein sitzenden, nur mit einer Tunika bekleideten jungen bart-
losen Mann darstellen, H i o b sehen wollen. Wir glauben mit Unrecht.
Die Figur[2]) findet sich auch im antiken Sepulkralschmuck. Bei den
Griechen wurden besonders die Porträts derjenigen, welche auf dem
Meere umgekommen waren, also auf ihrem Kenotaphium abgebildet.
Es finden sich aber auch die Verstorbenen überhaupt also in dem
antiken Gräberschmuck dargestellt, somit werden diese Figuren auch
nichts anderes als Abbildungen des Verstorbenen sein sollen. Sie als
Hiob zu fassen ist eine Vermutung, welcher jede Begründung fehlt.
Damit sind auch alle Erörterungen über typologische oder symbolische
Beziehungen des Bildes hinfällig. Die Figur des Hiob ist mit Sicher-
heit nur auf dem bekannten Sarkophag des Junius Bassus zu konstatieren.

Ähnlich verhält es sich mit der F i g u r d e s T o b i a s, die man in drei
Bildern, einem in St. Callisto und zweien in St. Thrasone e Saturnino
erblicken wollte. Man hat aber weiter keine Anhaltspunkte dafür
als den Fisch, welchen die Figuren in der Hand tragen. Bei dem
erstgenannten Bilde[3]) wäre die Beziehung auf Tobias an sich immerhin noch möglich: es stellt einen nackten Jüngling dar, welcher in
der Linken einen langen Stab, in der Rechten an einer Schnur
einen Fisch trägt. Das Bild füllt ein Seitenfeld eines gegliederten
Deckengemäldes: das Mittelfeld enthält die Noahszene, die anderen
Seitenfelder Jonasszenen. Da somit im Übrigen lauter biblische Darstellungen die Felder füllen, so möchte es wohl die Analogie erfordern,
dass auch der Mann mit dem Fische ein biblisches Subjekt bildet.
Man könnte dabei wohl an Tobias denken, aber mit demselben
Rechte auch an andere biblische Scenen, wo Fische vorkommen,
z. B. an die Geschichte vom Stater (Matth. 17, 24 ff.). Allem Anscheine

---

[1]) B o t t a r i (I, S. 103) reflektirt sogar darüber, warum in einigen Darstellungen Elias bartlos sei und Elisa bärtig: bei jenem soll die ewige Jugend
angedeutet werden!

[2]) Garr. stor. t. 31, 3. 46, 1.

[3]) ib. t. 27.

nach haben die übrigen dem stereotypen Bilderkreis angehörenden Darstellungen, die alle maritime Beziehungen enthalten, es veranlasst, auch das letzte Bild mit einer Szene maritimer Art auszufüllen. Dagegen die Deutung der beiden anderen Bilder auf Tobias ist sicherlich unrichtig. Das eine (bei Garr. t. 68, 2) zeigt einen im Laufen begriffenen Knaben, welcher in der Rechten einen Fisch trägt, während ein Hund neben ihm herspringt. Hier spricht die Analogie entschieden gegen Tobias, da in der ganzen Dekoration des Arkosoliums, in welcher dies Bild vorkommt, kein biblisches Bild sich findet, vielmehr nur Darstellungen des Wettkampfs und Sieges, welche wohl auf die Lebensbeschäftigung des hier Bestatteten, dessen sehr realistisches Porträt hier abgebildet ist, hinweisen sollen. Es ist somit das Wahrscheinlichste, dass auch dieser Knabe mit dem Hunde nur eine Andeutung ist von Jagd und Fischfang, einem Lieblingssport des Verstorbenen.

Das dritte angebliche Tobiasbild endlich (ib. 73, 2) zeigt eine nur um die Hüfte bekleidete Gestalt, welche eilig einem ihr winkenden Manne einen Fisch darreicht. Das Bild liesse sich auch wohl leicht auf Matth. 17, 24 ff. deuten, ist aber augenscheinlich, da der Flussgott in Gestalt eines bärtigen Mannes daneben liegt, einem antiken Bilde nachgeahmt. Figuren, welche Fische in der Hand tragen, — wohl Szenen aus dem Fischhandel — finden sich auch in dem antiken Gräberschmuck.[1]) Der Kuriosität halber sei noch erwähnt, dass Roller (II, 28) von dem angeblichen Tobias behauptet: il modèle les ensevelisseurs!

Gehen wir nun über zu den Szenen des N. T., welche sich auf den Grabgemälden finden, so haben wir die am häufigsten vorkommenden, die Gestalt des guten Hirten und die Auferweckung des Lazarus, oben schon besprochen. Wir reihen hier die Übrigen an, deren es im Ganzen nicht viele sind. Ihr Kreis ist erst in dem Schmuck der Sarkophage erweitert worden. Nach der Zeitfolge des Lebens Jesu werden wir zuerst auf die Darstellung der Anbetung der Magier zu achten haben. Dieselben werden in orientalischer Kleidung dargestellt, einer mit der phrygischen Mütze auf dem Haupte. Wir sehen sie nie in anbetender Haltung, sondern stets zu dem Kinde, das auf dem Schooss der Mutter sitzt, hinschreitend und ihm die Geschenke darbringend. Letztere bestehen nicht, wie es die Schrift angiebt, in Gold, Weihrauch und Myrrhen, sondern in verschiedenen Gegenständen

---

[1]) cf. Matz u. Duhn No. 3380. Bendorf-Schöne, S. 245 No. 66.

(wie Laubgewinde, Kinderspielzeug, Speisen), welche auf Schüsseln dargereicht werden. Die Zahl der Magier ist fast durchweg drei, einmal in St. Pietro e Marcellino sind es zwei,[1] einmal in St. Domitilla vier.[2] Was die christliche Gemeinde bewogen hat, mit diesen Szenen ihre Gräber zu schmücken, lässt sich kaum entscheiden. Eine sepulkrale Beziehung ist nicht zu erkennen. Gewöhnlich sagt man, dass in der Darstellung der Magier die Erstlinge der Heiden, welche in das Reich Gottes eintraten, erblickt wurden. De Waal will noch eine weitere Belehrung darin erkennen: „So erinnerten diese Bilder den Christen an die ihm zu Teil gewordene Gnade, dass er oder seine Eltern aus der Mitte der Heiden auserkoren worden.“ Aber wenn man einmal nach lehrhaften Beziehungen suchen will, wer könnte einem verwehren, auch die Geschenke der Magier noch mystisch auszulegen nach jenem Wort des Hilarius:

Thura deum monstrant, designat myrrha sepultum![3]

Sucht man einmal symbolische Beziehungen, dann giebt es keine Grenzen für die Willkür der Auslegung. Es mögen wohl vielleicht solche Gedanken wie die der Offenbarung des Heils an die Heidenwelt in dem oder jenem Beschauer dieser Bilder wachgerufen worden sein, aber sie erklären nicht die Schöpfung derselben. Wahrscheinlich haben auch hier antike Vorbilder eingewirkt. Die Mutter mit dem Kinde stand in den Bildwerken der Demeter, welche den Knaben Jacchos trägt, vor Augen.[4] Ausserdem finden sich in der antiken Kunst mannichfache Votivsteine, welche ganz ähnliche Szenen, wie die der Anbetung durch die Magier darstellen, besonders solche der Demeter, welche hinzuschreitende Figuren Fruchtkörbe, Schaalen oder Kästchen darbringen.[5] Opfernde Personen, welche die auf einen runden Teller gesetzten Kästchen mit Rauchwerk zum Altar hintragen, sehen wir auch auf pompejanischen Wandgemälden.[6] Es wäre wohl möglich, dass solche Bilder die Erinnerung an die ähnliche Szene der evangelischen Geschichte wachgerufen und deren künstlerische Darstellung veranlasst haben.

Auffallend mag erscheinen, dass die Christen den Parabelkreis des Neuen Testaments in ihren Bildern gar nicht verwertet hatten, denn die einzige Ausnahme, die Darstellung der klugen und thörichten Jung-

---

[1] Garr. t. 58.
[2] ib. t. 37.
[3] cf. Specileg. Solesm. I, p. 167 v. 23.
[4] cf. Gerhard, antike Bildwerke, Taf. 96.
[5] ib. Taf. 98.
[6] cf. Welker IV, S. 185.

frauen, ist wegen des Nimbus, den Christus auf diesem Bilde trägt, so spät, dass es wenigstens für den vorkonstantinischen Gräberschmuck nicht in Betracht kommt.[1]) Man hat allerdings auch ein älteres Bild in einem Arkosolium in St. Agnese hierher gezogen,[2]) aber es ist doch nicht zu erweisen, dass die fünf fackeltragenden Gestalten jenes Gleichnis darstellen sollen, die thörichten Jungfrauen, so wie Christus fehlen gänzlich. Dass es dieser Gestalten grade fünf sind, scheint zufällig und durch den Raum, der ganz ausgenutzt ist, bedingt zu sein. Das Grab ist allem Anscheine nach das einer jungen Frau — die Inschrift nennt sie Laurentia, das Mittelbild trägt ihr Porträt —, das beigesetzte Mahl mag auf die Hochzeit, die sie eben gefeiert, und die fünf Gestalten auf die Brautjungfern, die sie dabei geleitet, hindeuten. Was Münz von „Gott geweihten Jungfrauen" u. dgl. redet,[3]) ist bare Willkür und hat in dem Bilde selbst nicht den geringsten Anhaltspunkt.

Aus der Leidensgeschichte Jesu findet sich unter den Gemälden nur die Verläugnung Petri in St. Cyriaka neben dem vorhin erwähnten Bilde, das angeblich das Gleichnis von den zehn Jungfrauen darstellen soll. Christus trägt auch hier den Nimbus, so dass dies Bild wohl von den Sarkophagen, auf welchen im Übrigen ja allein Szenen aus der Leidensgeschichte vorkommen, herübergenommen ist.

In einem Bilde aus der Prätextatkatakombe (bei Garr. t. 35, 1) wollen manche eine Dornenkrönung sehen. Mir scheint dies wenig wahrscheinlich. Wir sehen hier eine männliche Figur, welche, so weit sich dies aus dem Fragment beurteilen lässt, einen Kranz auf dem Haupte trägt. Von rechts strecken zwei Männer Zweige (ähnlich dem Schilfrohr) über sie aus, von der anderen Seite fliegt eine Taube herzu. Für eine Dornenkrönung liegt auch nicht das geringste Indicium vor. Da könnte man eher noch mit Garrucci (II, S. 46) darin eine Taufe Christi erblicken: die eine Figur, die den Zweig über das Haupt ausstreckt, sei Johannes der Täufer, die andere repräsentiere das zuschauende Volk. Aber wie soll letzteres auch Zweige über Jesu Haupt ausstreken? das Wahrscheinlichste dünkt mir, dass hier auf den Märtyrertod des Begrabenen hingedeutet sein soll. Dazu stimmt die Darreichung des grünen Zweiges wie die Taube des Friedens.

Von den Wundern Jesu finden wir zunächst die Heilung des Blinden und diejenige des Gichtbrüchigen, beide allerdings in den

---

[1]) cf. de Rossi bullet. 1863, 76. Garr. t. 64, 2.
[2]) Garr. t. 64, 2.
[3]) cf. Kraus' Realencykl. II, 83.

Malereien bei weitem nicht so häufig als in den Skulpturen der Sarkophage. Von jenem ist überhaupt nur ein Bild unter den Malereien der
Gräber bekannt, aus St. Callisto (bei Garr. t. 29, 3): Christus, eine
bartlose jugendliche Gestalt, in schönem Gewand, das er mit der Linken
fasst, berührt mit der Rechten dem vor ihm knieenden Blinden die
Augen. Das Pendant dazu, auf der anderen Seite der Wand (ib. 29, 4)
zeigt eine ähnliche Szene: ein bärtiger Mann kniet wie hülfeflehend
vor einem Jüngling, welcher offenbar auch Christum vorstellen soll.
Aringhi sah darin den Paralytischen, Garrucci meint (II, S. 34), das
Bild auf Petrus mit Bezug auf Luk. 5, 8 deuten zu sollen. Aber als
Pendant zu der Blindenheilung stellt das Bild wohl auch eine Wundergeschichte dar, und man mag am Ersten an den Paralytischen denken,
da dessen Bild, eine Gestalt, welche das Lager davon trägt, auch sonst
in den Gemälden der Katakomben vorkommt. Sonst hätte man auch
an andere Erzählungen, in welchen ein Hülfesuchender vor Jesus erscheint, denken können, z. B. an den Hauptmann von Capernaum. Die
sinnbildliche Deutung dieser Bilder auf das Licht der Welt und den Arzt
für die Heilung der Sündenschäden mochte in den Beschauern wohl er-
weckt werden, geschaffen wurden diese vereinzelten Darstellungen
möglicherweise durch individuelle Verhältnisse: vielleicht haben wir
hier ein Beispiel von der Entstehung eines Grabbildes durch den
Umstand, dass diese Bilder wie die antiken Votivbilder gewählt wurden,
weil Christen für die bezüglichen Gebrechen Heilung durch ihr Gebet
zum Herrn gefunden zu haben glaubten. Auch mag die hier begrabene
Person vielleicht blind gewesen sein. Die Beziehung, welche de Rossi
(R. s. II, 334) und ihm nachfolgend Münz (Realenc. I, 604) dem Bilde
von der Heilung des Gichtbrüchigen geben, als sei derselbe gemäss
Tertullian de bapt. 9 ein symbolischer Hinweis auf die Taufe, scheitert
— wenn anders man die allegorische Redeweise eines kirchlichen
Gelehrten für den volkstümlichen Gräberschmuck verwerten dürfte —
an dem Umstand, dass Tertullian an dieser Stelle die Heilung des
Kranken am Teiche Bethesda im Auge hat, während auf den Gräbern
immer die Erzählung Matth. 9, 1—8 dargestellt ist. Für letztere hat
jene symbolische Beziehung gar keinen Sinn.

Weitaus die eingehendsten Erörterungen und verschiedensten Erklärungen hat die Darstellung des Mahles hervorgerufen. In Verbindung mit demselben müssen auch die Wunder von der Hochzeit
zu Kanaan wie der Brodvermehrung zur Sprache kommen, in
derselben Verbindung aber auch die Frage nach der Bedeutung des
Fisches sich beantworten.

In die Auffassung der Bilder der Mahlzeiten ist durch die symbolischen Beziehungen, die man darin suchte, viel Verwirrung hinein getragen worden. Wenn man auch hier den historischen Zusammenhang des christlichen mit dem vorchristlichen Gräberschmuck festhält und unbefangen die Sache betrachtet, so liegt dieselbe unseres Erachtens doch ziemlich einfach.

Die Bilder, die hier in Betracht kommen, haben wir oben in der Aufzählung der Monumente beschrieben. Es sind sieben Bilder in St. Pietro e Marcellino, zwei in St. Agnese, eines in St. Domitilla und vier in den sogenannten Sakramentskapellen.

Es kann keine Frage sein, dass alle diese Darstellungen in christlichen Gräbern aus dem antiken Grabschmuck des Totenmahles erwachsen sind und eine Fortsetzung dieses antiken Gebrauches bilden. Vorweg die Bilder in St. Pietro e Marcellino und diejenigen in St. Agnese könnten ebenso gut in antik heidnischen Grabstätten sich befinden. Sie tragen keine Spur eines christlichen Charakters an sich, es würde ganz gewiss keinem Menschen einfallen, sie für Werke christlicher Hände zu halten, wenn sie sich nicht eben in christlichen Grabstätten befänden.[1]) Wir sehen also hier bis auf die Inschriften (Irene da calda etc.), die wir ja auch ebenso auf ähnlichen antiken Grabgemälden fanden, eine einfache Fortsetzung des überlieferten Gebrauches. Man hat diesen Gebrauch jedenfalls ohne weitere Reflexion beibehalten, so wenig als in den antiken Darstellungen haben wir auch hier irgend welche symbolische mystiche Beziehungen zu suchen. Die Bilder haben keine andere Bedeutung als ihre antiken Vorbilder auch, es sind entweder Darstellungen des Totenmahles oder häusliche Szenen aus dem Leben des Verstorbenen, eine Erinnerung an das Familienglück, das der Tod zerstört hat. Letztere Bedeutung liegt ganz gewiss vor, wenn, wie auf dem einen Bilde, auch Kinder zwischen den Erwachsenen sitzen. Das eine Bild in St. Agnese scheint durch seine Zusammenstellung mit den fackeltragenden Jungfrauen auf eine Hochzeit hinzuweisen, wie schon früher erwähnt. Auf dem einen Gemälde, auf welchem die dreifüssige Cibilla mit dem daneben stehenden aufwartenden Knaben noch deutlich zu erkennen ist, will man die eine Speise, die da aufliegt, als Fisch ansehn. Andere fassen sie als Lamm oder Böcklein. Es ist nicht klar zu erkennen, hat aber auch gar keine Bedeutung, und mag es ein Fisch sein oder sonst eine Speise, das kommt für die Bedeutung des Bildes als eine häusliche Szene gar nicht in Betracht.

---

[1]) Daher hat Münter gezweifelt, ob diese Gemälde wirklich alle christlich seien, cf. Sinnbilder etc. II, S. 118.

Ob, wie Raoul-Rochette nach dem Vorgang älterer Erklärer will (I Mém. S. 136), diese Bilder mit den Agapen in Zusammenhang zu bringen seien, muss dahin gestellt bleiben. Jedenfalls darf man die Gemälde nicht direkt als bildliche Darstellung der Agapen betrachten, als ob sie durch diese hervorgerufen worden wären, aber die Christen konnten bei diesen Bildern immerhin an ihre Liebesmahle erinnert werden.

Für das eine Bild in St. Pietro e Marcellino (bei Garr. t. 57) lässt Kraus auch diese Beziehung als Familien- oder Totenmahl gelten (Realenc. I, S. 450), warum nicht für die übrigen Bilder, die noch viel deutlichere Analoga in dem antiken Wandschmuck haben? Auch Lefort[1]) macht sich derselben Inkonsequenz schuldig. Auch ist es unbegreiflich, wie Roller (II, S. 12) von diesen Bildern, die zum Teil ziemlich wilde Gelage darstellen, bemerken kann: un souffle de charité et de paix avait sanctifié ces moeurs romaines!

Was von den übrigen Bildern gilt, gilt aber dann auch von demjenigen in St. Domitilla. Man sehe doch ganz unbefangen: Mann und Frau auf dem sophaähnlichen Sitz, davor die Cibilla mit einigen Broden und einem anderen länglichen Ding, das wahrscheinlich eine Schüssel darstellen soll, möglicherweise auch einen Fisch, ein hinzuschreitender Diener, der wohl ein Getränk darreicht — was ist denn hier, das nicht auf antiken Grabgemälden auch wäre? Was berechtigt uns denn, hier geheimnisvolle Andeutungen, sei es auf die Eucharistie oder sonst etwas, zu suchen? Gerade wenn das Bild, wie man mit de Rossi annimmt, sehr alt ist und vielleicht noch dem 1. Jahrhundert angehört, liegt sein Zusammenhang mit dem antiken Sepulkralschmuck um so näher. Und dagegen verschlägt auch nichts, wenn der Gegenstand auf dem Tische wirklich ein Fisch ist. Das kommt ja auf analogen antiken Denkmälern auch vor.[2]) Der Fisch ist dem Altertum das Zeichen eines gewissen Tafelluxus, nach Plutarch (Symp. IV, 4, 2) die Speise κατ' ἐξοχήν.[3]) Der Fisch hindert also nicht, in dem Bilde lediglich eine Szene stillen häuslichen Glücks zu sehen, wie sie Griechen sowohl als Römer auf ihren Gräbern darzustellen liebten.

Auch das Bruchstück eines Gemäldes aus St. Pietro e Marcellino (Garr. t. 56, 4), ein speisender junger Mann, zu welchem jedenfalls noch andere Personen gesellt waren, gehört in dieselbe Kategorie von Darstellungen.

---

[1]) Études sur les monuments primitifs etc., S. 145 ff.
[2]) cf. Matz u. Duhn No. 3882. 3887.
[3]) cf. Garrucci vetri, S. 53. Le Blant in Gaz. arch. 1880, S. 83.

Mit diesen Szenen des Gastmahls liegt die Sache unseres Erachtens also sehr einfach. Der Inhalt dieser Darstellungen ist so schön und menschlich natürlich, dass die Christen keinen Grund haben konnten, solchen Gräberschmuck ihrer heidnischen Vorfahren zu unterlassen. In diesen Bildern eine Darstellung der kommenden Paradiesesfreude zu sehen, wie es gemeinhin geschieht, stimmt nicht mit der Analogie des antiken Grabschmucks, aus dem man sie beibehalten. Eher konnte ein bibelkundiger Beschauer an das Gleichnis von der königlichen Hochzeit erinnert werden, ja mochte ein solcher selbst an die himmlische Paradiesesfreude denken, das sind doch nur möglicherweise Anregungen, die aus der Betrachtung des vorhandenen Bildes sich erst ergeben, nicht aber Motive, die es geschaffen haben. Auch der Ansicht de Rossi's (bull. 1882, S. 126), dass die Namen Irene und Agape in den Inschriften einen idealen und symbolischen Charakter hätten, kann ich nicht beistimmen. Auch Roller (II, S. 11) meint: ils (les noms) symbolisent bien le repas de charité et de paix quelles surveillent. Elles sont donc deux types de servantes intentionellement désignées d'une façon mystique. Sogar das „misce", welches Garrucci auf die Durchtränkung des Brotes mit Wein bezieht, sieht Roller (ib. S. 12) adressé comme recommendation à la préqustratrice des convives. Die Worte sind einfach Anreden an die Dienerinnen und fast wörtlich übereinstimmend mit antiken Inschriften.

Wir brauchen weiter auf diese Bilder des Gastmahls nicht zurück zu kommen, insbesondere sind sie für die Erklärung des Fischsymbols von keinem Belang.

Anders liegt es mit den vier Darstellungen des Gastmahls in den sogenannten Sakramentskapellen. Hier haben wir augenscheinlich eine christliche Modifikation des antiken Mahles vor uns. Dieselbe erkennen wir in der Thatsache, dass die Speisenden immer nach Fischen greifen, die auf dem Tische vor ihnen stehn und dass vor respektive einmal neben den Tischen Körbe mit Broten, sieben oder acht oder zwölf, aufgestellt sind. Damit gelangen wir zu dem viel erörterten „Fischsymbol" der altchristlichen Kunst.

Wir haben in der Beschreibung der Monumente erwähnt, dass auf christlichen Grabplatten sich häufig Fische abgebildet finden, bald mit, bald ohne andere Gegenstände des christlichen Grabschmucks (besonders der Taube mit dem Ölblatt, dem Lamm oder Szenen des guten Hirten), dass auch nichtsepulkrale Gegenstände, wie Ringe und andere Schmucksachen, Lampen und Becher den Fisch tragen, auch manche andere, die offenbar als Amulette gedient haben, in Fischform gebildet sind. Von dem, was augenscheinlich nur Ornament ist, kann man füglich absehen, ebenso von solchen Beispielen der Anwendung des Fisches, die auf den Beruf hindeuten, oder eine Anspielung auf den Namen (z. B. Pelagia oder Maritima) enthalten. Für die Erklärung der übrigen Darstellungen aber ergeben sich für eine geschichtliche Betrachtung zunächst negative Resultate. Vor allem ist zu konstatieren, dass mit den litterarischen Nachrichten zur Erklärung der Bedeutung des Fisches nicht viel anzufangen ist. In dem gelehrtesten Aufsatz über diesen Gegenstand, der Abhandlung in Pitras Specilegium Solesmense (III, S. 499 ff.: IXΘΥΣ sive de pisce allegorico et symbolico) geht der Verfasser mit einer geradezu staunenswerten Belesenheit den Fischgestaltungen nach bei den alten Völkern, Assyrern, Syrern, Ägyptern, Juden, Griechen und Römern, bei einzelnen religiösen Genossenschaften und christlichen häretischen Sekten. Aber er kommt zu dem Schluss, mit Petrus sagen zu müssen: Wir haben die ganze Nacht gearbeitet und nichts gefangen. Was aber die Stellen bei den Kirchenvätern betrifft, so verfährt man in deren Anwendung ganz einseitig. Sie treiben ja allerhand symbolische Spielereien mit den zwei Fischen im Speisungswunder, beziehen diese Fische bald auf die doppelte vorchristliche Propädeutik im Judentum und Heidentum, bald auf die beiden Testamente, bald auf die Propheten und Johannes. Sodann werden mit Bezug auf den Auftrag Christi, dass die Jünger Menschenfischer werden sollen, auch die Gläubigen häufig Fische genannt. Endlich treibt man weiter seine Spielerei mit den 153 Fischen aus dem Schlusse des Johannesevangeliums, ja interpretiert die Fische in malam partem als die Unreinen, die Sünder, die Häretiker. Was könnte man, wenn man das Zeichen des Fisches aus den Kirchenvätern erklären will, nicht alles von Bedeutung hineinlegen! Erscheint es da nicht ganz willkürlich, wenn man sich nur an diejenigen Stellen hält, welche Christum selbst als Fisch bezeichnen? Um aber noch einige der hauptsächlich angezogenen Stellen näher ins Auge zu fassen, so fragen wir, was ist mit derjenigen bei Clemens Alexandrinus anzufangen? Er sagt nur, dass die Figur des Fisches, wie sie unzweifelhaft viele mit Schiffahrt und Fischerei sich beschäftigenden Personen in Alexandria auf ihren Siegelringen trugen, auch von Christen hier wohl getragen werden konnten, weil dies ihrem Glauben nichts Anstössiges biete. Von einer symbolischen Bedeutung der Figur sagt Clemens nicht das Geringste. Will man eine solche suchen, so wäre höchstens die Möglichkeit zuzugeben, dass in Clemens vielleicht eine Erinnerung an die gerettete Menschenseele wachgerufen worden sei. Aber der Wortlaut der Stelle giebt gar keine symbolische Beziehung an, und dass Clemens gar ein Symbol Christi darin gesehen habe, vollends in der

Form des Akrostichons der Sibyllinen — ἰησοῦς χριστὸς θεοῦ υἱὸς σωτήρ — kann doch nur derjenige behaupten, der eben nicht sehen will. Wir behaupten aber, auch von einer Verwertung dieses Akrostichons muss man für eine Erklärung der Fischfiguren auf den Gräbern der Katakomben absehen. Die populär gewordene Auffassung, dass der Fisch zum Grabschmuck gewählt worden sei, weil ἰχθύς die Anfangsbuchstaben der Worte jener Formel enthalte und also ein verstecktes Bekenntnis zu Christus und dem Christentum, eine „sacra tessera" sei, ist unhaltbar. Man kann unmöglich annehmen, dass in der christlichen Gemeinde Roms jenes Akrostichon bekannt war, es wird zuerst, wie früher erwähnt, von Lactanz citiert, und von ihm noch nicht einmal in der bekannten Form. Diese Form findet sich erst bei Eusebius und anderen Schriftstellern des 4. Jahrhunderts. Wie mag man also annehmen, dass das christliche Volk in Rom jene alexandrinische Spielerei gekannt habe, dass diese Spielerei die Fischfigur an den Gräbern, welche daselbst unzweifelhaft schon in der ersten Hälfte des 3. Jahrhunderts vorkommt, geschaffen habe? Am allerwenigsten geht es an, diese Erklärung schon auf ein Bild wie dasjenige des Mahles der Ehegatten in St. Domitilla, das noch ins erste Jahrhundert fallen soll, anzuwenden, wie auch Becker thut.[1]) Man muss zur Erklärung des Fisches auf den Katakombenbildern von dem Akrostichon der Sibyllinen ganz absehen.

Damit aber auch von allen jenen citierten Stellen der Kirchenväter des 4. Jahrhunderts, welche in all den Erzählungen des Alten oder Neuen Testaments, in welchen Fische vorkommen, eine typologische oder allegorische Hindeutung auf Christum erblicken wollen, wie in dem Fisch des Tobias oder der Geschichte vom Stater. Man kann diese Erklärungen nicht herbeiziehen für die Entstehung eines viel früher geschaffenen Bildwerks.

Aus der Litteratur können für die Erklärung des Fischbildes nur die Stellen bei Origenes und Tertullian in Betracht kommen, da diese der Entstehung des Bildes etwa gleichzeitig sind. Aber ob sie für diese Entstehung selbst sichere Anhaltspunkte bieten? Das lässt sich schwerlich behaupten. Origenes sagt wohl, Christus sei τροπικῶς Fisch genannt worden.[2]) Ich gestehe, diese Bemerkung kommt so hereingeschneit und ist so wenig durch den Zusammenhang des betreffenden Textes veranlasst, dass sie mir als späteres Einschiebsel eines Abschreibers sehr verdächtig erscheint. Die Stelle steht im Zusammenhang der Er-

---

[1]) Die Darstellung Jesu Christi unter dem Bild des Fisches, 2. Aufl., S. 8. 14.
[2]) Die Stelle ist im Kommentar zu Matthäus, t. XIII, 584 (bei Migne Orig., op. III, p. 1119).

klärung des Wortes Matth. 17, 27. Origenes setzt da auseinander, dass Jesus völlig diese Art des Dienens, dem Kaiser Steuer zu zahlen, auf sich genommen habe, obwohl er der Herr war und nicht der Diener. Dann heisst es weiter: „Diese Münze war aber nicht in dem Hause Jesu, sondern in dem Meere, nämlich in dem Maule des Meerfisches, welcher, wie ich glaube, bestimmt war emporzusteigen, gefangen an der Angel des zum Fischer der Menschen gewordenen Petrus — ἐν ᾧ ἦν ὁ τροπικῶς λεγόμενος ἰχθύς —, damit die das Bild des Kaisers tragende Münze von ihm weggetragen würde, und sie gehöre zu denen, welche gefischt worden waren von jenen, die Menschen zu fischen gelernt hatten". Die Worte sind klar bis auf die im Urtext angeführten, welche im Zusammenhang des Ganzen völlig entbehrlich sind. Auch schwanken die Handschriften zwischen den Lesarten ἐν ᾧ und ἐν οἷς. Ersteres bezöge sich auf den Fisch, letzteres auf die Menschen. Aber der ganze Satz kommt sehr abrupt herein. Die Hinweisung auf das Fischsymbol Christi passt um so weniger, als der Fisch mit dem Stater nachher[1]) von Origenes gedeutet wird auf den Geizigen, welcher in den Worten des Mundes, in allen Affekten und Geschäften den Geiz bekunde und aus dessen Bande durch das Evangelium erlöst werde. Aber auch die Echtheit der Worte vorausgesetzt, so sagt Origenes leider nicht, worin die Bedeutung der Trope, die Christum als Fisch bezeichnet, liegt, die Vermutung hat da also einen weiten Spielraum. Möglich, dass ihm jene Spielerei des Akrostichons, das ja unzweifelhaft in Alexandria seinen Ursprung hat, schon bekannt war. Aber deswegen braucht sie zu seiner Zeit noch nicht im Abendland bekannt gewesen zu sein, am Wenigsten in einer christlichen Volksgemeinde, die in harmloser Weise, in strikter oder nur wenig modifizierter Fortsetzung der bisherigen Übung ihre Gräber schmückte. Jener Ausspruch des Origenes kann somit für die Entstehung des Fisches auf den Katakombenbildern auch nicht in Betracht kommen.

Aber für die Entstehung, glaube ich, auch nicht jene Stelle aus Tertullians de baptismo. Es lag ja, wie wir früher sahen, nach dem Zusammenhang für ihn nahe, Christus als Fisch zu bezeichnen: er redet von dem Wasser der Taufe, in welchem die Gläubigen als pisciculi wiedergeboren werden, da passte es gut, auf Christum als den ἰχθύς, der ja auch durch das Wasser der Taufe hindurchgegangen, hinzuweisen. Aber die feierliche griechische Bezeichnung scheint auf einen in der Gemeinde schon vorhandenen Gebrauch hinzudeuten. Welcher aber war dies und

---

[1]) ib. XIII 586, Migne III, p. 1125.

wie ist dieser Gebrauch entstanden? Darüber können uns keine litterarischen Nachrichten, sondern nur die Monumente selbst Aufschluss
geben.

Ich glaube, dass der Fisch, der sich in dem Gräberschmuck der
Katakomben findet, in nichts Anderem seinen Ursprung hat, als in der
Geschichte von der Speisung der Tausende mit den wenigen Broten und
Fischen, eine Geschichte, deren verschiedene Relation in den Evange-
lien hier gleichgültig ist, welche aber unzweifelhaft die antiken Totenmahle, wie sie an den Gräbern abgebildet waren, umgeändert hat.
Wir haben davon die deutlichsten Beispiele in den vier Gemälden der
Mahlzeiten in den sog. Sakramentskapellen. Es ist mir unbegreiflich,
wie man dieselben mit dem Mahle am Galiläischen See in Verbindung
bringen mag. [1]) Deutlich weisen die Körbe mit Broten, die niemals
fehlen, wenn auch ihre Zahl wechselt, sowie die zwei Fische auf das
Speisungswunder hin. Man könnte nun einwenden, wie denn diese Darstellung stimmt mit der biblischen Erzählung, die Tausende von Speisenden nennt, während hier sieben Personen am Tische sitzen. Aber
die Verfertiger dieser Malereien halten sich zugestandenermassen überhaupt nicht an die Berichte der Bibel. Dass das Speisungswunder
gerade in dieser Form dargestellt ist, das hat aber keinen anderen
Grund, als weil in dem antiken Sepulkralschmuck das Mahl also vorhanden war. Die Speisung, die man in demselben vor sich sah, erinnerte die Christen ganz unwillkürlich an diejenige Speisung, welche
durch Christum erfolgte. Da konnte einer leicht auf den Gedanken kommen, durch Beisetzung der Körbe mit Broten und den zwei Fischen dieser
Darstellung die Bedeutung des Mahles der wunderbaren Speisung zu
verleihen. Wir haben aber dann ferner eine ganze Anzahl Darstellungen, die als nichts anderes denn als abgekürzte Darstellungen
des Speisungswunders erscheinen. So ein Bild auf einem Arkosolium
in St. Callisto, wo wir das dreifüssige Tischchen sehen mit einigen
Broten und zwei Fischen, daneben stehen sieben Körbe mit Broten.[2])
So die fünf Brote und zwei Fische, welche man auf einer Grabplatte von der Katakombe des Hermes in Rom, sowie auf einer
solchen in Modena sieht, auf welch letzterer die Fische je eines der
äussersten der sieben zwischen ihnen liegenden Brote im Maule tragen.[3])
Bei einer Grabinschrift aus St. Lucina sieht man zwei Fische und

---

[1]) So die römischen Archäologen und V. Schultze Archäol. Stud., S. 50.
Becker ib., S. 120 ff.

[2]) Garr. t. 7, 3. Becker, S. 110.

[3]) Kraus R. s., S. 253. Becker, S. 74. Bullet. 1865, S. 75.

darüber zwei Brote,[1]) in zwei anderen Bildern derselben Katakombe trägt der Fisch den Korb mit den Broten auf dem Rücken[2]) — die Darstellung ist individuell verschieden aufgefasst, aber der Gegenstand ist immer derselbe, Fische und Brote, eine abgekürzte Darstellung des Speisungswunders. Ist es zu verwundern, wenn dann auch einmal die Brote weggelassen werden und der Fisch allein übrig bleibt, zumal ganz gewiss dann oft auch die Beisetzung eines einmal beliebt gewordenen Bildwerkes in gedankenloser gewohnheitsmässiger Weise erfolgte?[3])

Wenn also die Christen durch die antiken sepulkralen Familienmahle auf das Speisungswunder geführt wurden und der Fisch nur als eine Abkürzung desselben erscheint, so erhebt sich die Frage, haben sie diese Geschichte um ihrer selbst willen also dargestellt oder wollten sie damit irgend einen Gedanken ausdrücken, der hier an der Grabstätte wohl am Platze war? Es ist wohl möglich, dass ein Künstler, der das antike Mahl zur Darstellung einer neutestam. Erzählung modifizierte, dabei weiter keine Absicht hatte, als eben ein antik heidnisches in ein christliches Gemälde umzugestalten. Aber angesichts dessen, was wir aus den litterarischen Nachrichten über eine Auffassung des

---

[1]) De Rossi R. s. I., 186. Becker, S. 75. Übrigens ist die Zeichnung der Fische und Brote so dürftig, dass sie nur durch Vermutung als solche zu erkennen sind.

[2]) De Rossi R. s. I, t. VIII. Garr. t. 2, 1. Ich muss gestehen, dass ich mich von der Berechtigung der allgemeinen Annahme, in dem Korbe zugleich ein Fläschchen mit Wein zu sehen, nicht überzeugen kann. Man sieht in der Mitte des Korbes einen kleinen roten Fleck, der an sich gar nichts beweist. Aber die Analogie sämtlicher übrigen Bilder, welche Fisch und Brotkorb zeigen, spricht dagegen, hier den Wein zu sehen. Selbst Garrucci stimmt der herkömmlichen Auffassung nicht direkt zu (cf. storia II, S. 8). Und was soll vollends die Erklärung dieses Bildes, das man in das 2. Jahrhundert setzt, durch eine Stelle aus Hieronymus, der einmal sagt (ep. 125 ad Rust. c. 20 ed Migne I, 1085): Niemand könne reicher sein als der, welcher Christi Leib in einem geflochtenen Korbe, sein Blut in einem gläsernen Becher bei sich trage? Er sagt diese Worte mit Bezug auf den Bischof Exuperius von Toulouse, der sein ganzes Vermögen an die Armen gegeben hatte und, nicht mehr im Stande, kostbare Gefässe zum Abendmahl zu benutzen, das Brot wie die antike Welt ihre Opfergabe in einem Weidenkorb und den Wein in einem gläsernen Gefässe herbeibrachte. Hieronymus tröstet ihn darüber mit dem Gedanken, dass der Reichtum, der uns in diesen Gaben gereicht wird, durch solch ärmliche Gefässe nicht beeinträchtigt werde. Wie mag man solch eine ad hoc gemachte Äusserung herbeiziehen zur Erklärung eines Bildwerkes, das vielleicht 200 Jahre älter ist?

[3]) cf. die Zusammenstellung von Grabplatten mit dem Fischbilde bei Becker ib., S. 38 ff.

Speisungswunders in der altchristlichen Kirche wissen, ist es nicht
wahrscheinlich, dass die Christen dort in Rom gar keine sinnbildliche
Beziehung in der Darstellung des Speisungswunders gesucht hätten.
Nur wie B e c k e r (ib., S. 120) die Freude des Mahles im Allgemeinen
ausgedrückt zu sehen, scheint mir zu inhaltlos, daher de Rossi mit Recht
dieser Ansicht entgegen getreten ist.[1]) Es lag doch wahrhaftig sehr nahe,
dass beim Anblick des Familienmahles, welches die Christen auf den
Gräbern sahen, sie sich desjenigen Mahles erinnerten, das sie als eine
gemeinsame Familie feierten. Was sie dabei genossen, war aber nicht
eine gewöhnliche Speise, sondern der Leib des Herrn, das Brot, das vom
Himmel gekommen ist. Und wenn sie diesen Gedanken sich vergegenwärtigen konnten beim Anblick eines Mahles, welches das Speisungswunder darstellte, eines Mahles, bei welchem nicht direkt Brot und
Wein, sondern Fische und Brote gegessen wurden, nun so ist das ein
monumentales Zeugnis dafür, wie lebendig in dem Bewusstsein der Gemeinde die Beziehung des Speisungswunders auf das Abendmahl war.
Das ist nicht verwunderlich. Das Johannesevangelium ist ja darin
schon vorangegangen: die Reden, die sich im sechsten Kapitel desselben an das dort erzählte Speisungswunder anknüpfen, sind ja nichts
anderes als ein Hinweis darauf, wie eben Christus selbst die rechte
Speise sei, also dass jene Wundererzählung gewissermassen nur die
Illustration zu diesen Reden bildet. Wir finden dann fast in der ganzen
patristischen Litteratur das Speisungswunder in Beziehung auf das
Abendmahl gesetzt.[2]) Diese Beziehung war gewiss auch in der Gemeinde durch die Predigt und Katachese über jene Wundergeschichte
bekannt, also konnte man leicht in der bildlichen Darstellung derselben
das eucharistische Mahl sehen. Dasselbe wurde dann verkürzt bis auf
den Fisch allein. Letzterer bedeutet also ursprünglich gewiss nicht die
Person Christi, sondern ist eine Erinnerung an den L e i b C h r i s t i ,
den die Verstorbenen im A b e n d m a h l genossen hatten. Diese Bedeutung finden wir ja auch in jenen zwei berühmten Grabinschriften,
derjenigen des Abercius, Bischofs von Hierapolis in Phrygien, aus dem
Anfange des 3. Jahrhunderts und der anderen aus Autun, dem sog.
Ichthysmonument, aus dem 4. oder 5. Jahrhundert.[3]) In beiden wird
die Speise, die man im Abendmahl genossen, als Fisch bezeichnet.

---

[1]) R. s. II, S. 341. Bullet. 1865, S. 45.

[2]) cf. die zahlreich gesammelten Stellen bei Pitra Specilog. Solesm. III,
525. De Rossi R. s. I, 349. II, 340. Bullet. 1865, S. 75.

[3]) Beide sind abgedruckt bei K r a u s R. s., S. 248 ff., und S c h u l t z e
Kat., S. 47 ff.

Derselbe bedeutet also, wie gesagt, nach seinem Ursprung gewiss nichts
anderes als den Leib Christi, konnte also, wenn er mit oder ohne Brote
auf Grabplatten gesetzt wurde, zunächst nichts anderes besagen, als dass
der Verstorbene im Genusse des Fleisches Christi, in der Vereinigung
mit ihm, aus dieser Welt geschieden sei. Die Väter betrachten ja den
Genuss des heiligen Mahles als φάρμαχον ἀθανασίας, als ἀντίδοτος
τοῦ μὴ ἀποθανεῖν.[1]) Solche Gedanken mussten die Erinnerung an das
Abendmahl an den Stätten der Toten um so beliebter machen. War
aber so ein Zeichen einmal geschaffen — ja dann konnte die Phantasie
der Einzelnen den wilden Wassern der Exegese freien Spielraum gewähren, dann konnte es sich festsetzen, dass Christus, den man sich ja
im heiligen Mahle gegenwärtig dachte, in dem Fische geschaut wurde.
Man sagte sich ja, dass man in dem Abendmahl Christum selbst genoss,
also konnte man ihn selbst auch in der Abbildung seines Fleisches, in
dem Bilde des Fisches schauen, konnte ihn selbst Fisch nennen, konnte
endlich auch das geheimnisvolle Akrostichon darin lesen, wenn es einmal in der Gemeinde bekannt geworden war, was in Rom vielleicht
schon am Ende des 3., jedenfalls aber im 4. Jahrhundert geschah.
Dann war aber auch die Möglichkeit gegeben, dass es mit dem
Fischbild erging wie mit vielen andern Zeichen, dass es nämlich auch
ohne weitere Reflexion und gedankenlos als ein einmal beliebt ge-
wordenes Bildwerk auf die Grabsteine gesetzt wurde, so wie auch auf
Lampen und Gemmen und häusliche Geräte. Man kann jedenfalls nicht
in jedem einzelnen Falle feststellen, was derjenige, der das Bild des
Fisches auf einer Grabplatte oder sonst wo anbrachte, gerade damit
sagen wollte, aber der Ursprung desselben und damit der ursprüngliche
Sinn einer Beziehung auf den im Abendmahl genossenen Leib Christi
ergiebt sich aus den Monumenten selbst. Auch die litterarischen Nachrichten stehen dem nicht entgegen. Von diesem Ursprung muss man
die Deutungen, die in das einmal geschaffene Bild möglicherweise hineingelegt werden konnten, wohl unterscheiden.

Diese eucharistische Beziehung des Fischbildes wird auch von
keinem der Forscher auf unserem Gebiete geläugnet, nur geben sie uns
keinen genügenden Aufschluss über die Entstehung dieses Bildwerkes,
legen andererseits aber auch, weil sie diese Entstehung ausser Acht
lassen, Beziehungen hinein, die undenkbar sind. So hat Schultze (Kat.
S. 117) das Fischsymbol aus Matth. 7, 9 abgeleitet: „Da die Schlange
in der altchristlichen Symbolik den Teufel bezeichnet, so musste es nahe

---

[1]) cf. Ign. ad Eph. 20. Iren. adv. haer. V. 2, 2., IV. 18, 4.

liegen, in dem Fische Christum zu finden." Welch ein salto mortale! Und untreu seinem in der Vorrede seiner archäologischen Studien ausgesprochenen Prinzip, keine lehrhaft dogmatischen Elemente in den Bildwerken der Katakomben zu lesen, macht er gleichwohl Fisch und Brot für die Lehre von der realen Präsenz Christi im Abendmahl geltend.[1]) Unhistorischer noch verfahren freilich die römischen Gelehrten, welche in dem Fische den vollständigen Inbegriff des Credo, ja sogar ein Bekenntnis zu den beiden Naturen Christi und selbst zu der Transsubstantiation erblicken wollen.[2]) Dass solche Beziehungen unmöglich sind, liegt für jeden, der die Kirchen‑ und Dogmengeschichte kennt, doch auf der Hand. Eine merkwürdige Befangenheit zeigen die römischen Archäologen auch in der Erklärung eines Bildes aus einer der Sakramentskapellen, welches wir hier noch erwähnen müssen.[3]) Es stellt einen Mann und eine Frau, unzweifelhaft ein Ehepaar, dar. Ersterer, mit halb entblösstem Oberkörper, streckt die Hände aus nach Fisch und Brot, welche auf dem dreifüssigen Tische zwischen den beiden Personen stehen. Die Frau hat nach antiker Weise die Hände betend zum Himmel erhoben. Die römischen Archäologen und ihnen folgend auch Becker sehen darin die Konsekration der Abendmahlselemente durch einen Priester, während die betende Frau als Symbol der Kirche aufgefasst wird. Eine nüchterne Betrachtung der Sache kann dem nicht beistimmen. Von der Gestalt der betenden Frau, soweit sie symbolisch gefasst wird, werden wir später noch zu reden haben. Was aber den angeblich konsekrierenden Priester betrifft, so haben die römischen Archäologen selbst es eigentümlich gefunden, dass ein solcher bei dieser Handlung halb nackt dargestellt wird. Das Bild ist meines Erachtens nichts anderes als eine abgekürzte Darstellung des Speisungswunders resp. der Mahle in den Sakramentskapellen. Die Frau betet nach altchristlicher Sitte, ehe sie die Speisen zu sich nimmt. Wahrscheinlich stellen die Beiden ein Ehepaar vor, deren Bildnis nach bekanntem Usus in die Szene hineingesetzt ist.[4])

Die Szene des Mahles wie der Fisch sind meines Erachtens auch die einzigen Gestalten des altchristlichen Gräberschmucks, welche Beziehungen auf das Abendmahl enthalten. Ich kann auch nicht beistimmen, solche in der Abbildung des Hochzeitwunders von Kana zu sehen. Dies

---

[1]) Archäol. Stud., S. 53.
[2]) Kraus R. s., S. 242, 252. Realencykl. unter Eucharistie.
[3]) cf. Garr. t. 7, 4.
[4]) cf. Schultze Arch. Stud., S. 86, und die dagegen erneute Verteidigung der römischen Ansicht von Kraus in der Litterar. Rundschau 1881, S. 48.

Bild kommt in den Grabmalereien der Katakomben gar nicht vor, dagegen häufig auf Sarkophagen und einigemal auf Goldgläsern. Ich begreife nicht, wie Schultze jenes Gemälde in St. Pietro e Marcellino,[1]) welches ein ziemlich wildes Trinkgelage von sechs Personen darstellt — vor dem halbrunden Tisch stehen vier gewaltige Mischkrüge — direkt für eine Darstellung der Hochzeit zu Kana erklären mag.[2]) Das Bild ist so völlig analog antiken Darstellungen, dass es, fände es sich nicht in einer christlichen Grabstätte, gewiss von Niemanden für christlich gehalten würde. Wohl aber mögen solche Bilder dazu beigetragen haben, die Erinnerung an die Hochzeit zu Kana wachzurufen. Die Darstellung auf den Sarkophagen scheint jedoch im Anschluss an diejenige des Speisungswunders entstanden zu sein. Sie ist ganz analog dem letzteren gebildet: wie dort die Körbe mit den Broten, so sind hier — in verschiedener Zahl — die ihnen ganz ähnlichen Krüge auf dem Boden aufgestellt, welche Christus mit der virgula divina berührt. Die Zusammenstellung mit dem Speisungswunder betrachten die römischen Archäologen als eine Anspielung auf die beiden Gestalten im Altarsakrament! In der Hochzeit sehen sie zugleich die verschiedensten Gedanken, wie sie die Kirchenväter an diese Geschichte anknüpfen, speziell auch eine Erinnerung an jenes Wort des Cyrill von Jerusalem (Cat. myst. XXII, 11): Er hat zu Kana Wasser in Wein verwandelt, wie sollte er nicht Glauben verdienen, wenn er Wein in sein Blut verwandelt hat? Wir können der Annahme eines Ideenkonnexes der verschiedenen Darstellungen auf den Sarkophagen, wie wir nachher noch zu erwähnen haben werden, überhaupt nicht beistimmen. Und für den Versuch, in der Darstellung des Hochzeitwunders von Kana dogmatische Aussprüche der Kirchenväter zu lesen, für solchen Versuch, einfachen Steinmetzen zu Rom die Gedanken der Kirchengelehrten unterzuschieben, gilt speziell, was gegen solche Art der Auslegung überhaupt zu sagen ist.

Einen solchen Ideenkonnex können wir auch für die verschiedenen Bilder der sog. Sakramentskapellen nicht zugeben. Es lässt sich ja nicht verkennen, dass diese Kammern eine eigenartige Stellung in den Grüften der Katakomben einnehmen. Es geschah allem Anscheine nach aus einer bestimmten Absicht, dass diese sechs Räume, fast alle von gleicher Ausdehnung, in jenem einen Gange der Callistkatakombe neben einander angelegt wurden. Aber dass dieselben als kirchliche Kultus-

---

[1]) Bei Garr. t. 47, 1.
[2]) Katakomb., S. 111. Auch Lefort (études etc., S. 146) wird von dem Bilde: représente indubitablement le miracle des noces de Canaan.

räume, besonders für die Feier der Eucharistie, vielleicht auch der
Taufe gedient hätten, wie die römischen Archäologen annehmen, ist
schon wegen des geringen Umfangs (7,46 □m) und der Niedrigkeit
(2,45 m) der Räume höchst unwahrscheinlich. Warum sollen diese
Kammern nicht auch wie alle anderen als Begräbnisstätten gedient
haben? Und zwar waren sie als solche allem Anscheine nach für irgend
welche hervorragende Personen der Gemeinde bestimmt, die man durch
diese Grabstätten auszeichnen wollte. Der Umstand, dass von realistischen
Darstellungen des alltäglichen Lebens gerade nur die Thätigkeit der
Fossoren hier wiederholt abgebildet ist, legt die Vermutung nahe, dass
diese Kammern vielleicht zu Begräbnisräumen für dieselben bestimmt
waren. Sie mögen allerdings nicht zu den hervorragenden Personen der
Gemeinde gezählt haben, aber sie hatten doch ein so wichtiges Amt,
dass der Gedanke an sich doch sehr nahe liegen musste, den Schöpfern
dieser Grüfte auch eine besondere gemeinsame Ruhestätte in denselben
anzuweisen. Wie dem auch sei, dass die Malerei dieser Grüfte aber
gewissermassen ein theologisches System darstellen solle, ist doch ganz
und gar nicht zu beweisen, stimmt überhaupt von vornherein nicht mit
dem Charakter des altchristlichen Gräberschmucks überein. Ein Konnex
der Bilder lässt sich nur mit Willkür konstruieren. Abgesehen davon,
dass überhaupt nicht alle Darstellungen mehr vorhanden sind, so stehen
die Bilder, gerade wie es im altchristlichen Gräberschmuck durchweg der
Fall ist, ganz planlos durcheinander. Man sehe doch: in dem einen
Cubiculum finden wir, rechts von dem Eingange an, eine männliche
Figur, sodann Lazarus, eine zweite männliche Figur, daneben eine Taufe
und darüber ein Schiff im Sturm; dann weiter das Mahl, den Fischer,
Moses am Felsen und einen Fossor. Da ist doch nicht im entferntesten
irgend eine bestimmte Ordnung der Bilder wahrzunehmen. Ebenso wenig
aber in den anderen Kammern, wo neben jenen Bildern noch Szenen
aus der Geschichte des Jonas, die Opferung Isaaks, das — abgekürzt
dargestellte — Speisungswunder, die Auferweckung des Lazarus und
mehrere gleich zu erwähnende Einzelfiguren ganz bunt durcheinander
stehen. Die Mehrzahl dieser Bilder gehört dem gewöhnlichen Cyklus
des Gräberschmucks an. Von dem aber, was jetzt diesen Räumen allein
angehört, können wir ja nicht wissen, ob es nicht auch sonst wo verwertet war. Wir können ja nur bei dem allerkleinsten Teile der Katakomben uns eine Vorstellung machen von ihrem ursprünglichen Zustand,
die Mehrzahl der Grüfte ist ihres Schmuckes jetzt völlig beraubt. Ist
es nach der Analogie des übrigen Gräberschmuckes, der sich immer
wiederholt, nicht im höchsten Grade unwahrscheinlich, dass diese ein-

zelnen Bilder hier allein vorgekommen seien? Aber selbst wenn dies
der Fall war, so würde das nur beweisen — was ja doch niemals auszuschliessen ist —, dass individuelle Liebhaberei auch einmal Figuren
schaffen konnte, die aus dem traditionellen Cyklus herausfallen. Dazu
sind diese Bilder, die hier vereinzelt vorkommen, in ihrer Bedeutung
so wenig zu bestimmen, ihre Auffassung ist so schwankend, dass daraus
vollends für einen Ideenkonnex der Bilder nichts zu entnehmen ist.
Solche Darstellungen sind das Schiff im Sturm, Taufszenen, dann zweimal ein Fischer, welcher sitzend durch eine Angel einen Fisch aus dem
Wasser zieht, ferner männliche Figuren, eine stehend mit der Geste
eines Redners, eine andere sitzend und in einer aufgeschlagenen Rolle
lesend. Eine andere Figur schöpft mit dem Eimer Wasser aus einem
überquellenden Brunnen. Auch weibliche Köpfe sind in schöner Ausführung an die Wand gemalt. Dieselben sind offenbar Dekoration. Über
das Schiff im Sturm haben wir früher schon geredet. Die Taufszenen
sind realistische Darstellungen aus dem kirchlichen Leben, denen man
vielleicht noch öfter begegnen würde, wenn der Schmuck der Katakomben
uns besser erhalten wäre. Die Figuren des stehenden und sitzenden
Mannes hat de Rossi (R. s. II, 346) für Lehrer erklärt, welche für den
ausführenden Künstler den Gemäldecyklus entworfen hätten. Diese Erklärung beruht auf der an sich unhaltbaren Voraussetzung, dass die
Künstler unmittelbar unter Aufsicht der kirchlichen Behörden gearbeitet
hätten. Schultze erklärt (Arch. Stud., S. 57) die Figuren für den Besitzer des Grabes, welcher dem Fossor für die Anlage desselben Anleitung giebt. Es mag sein, dass diese Figuren mit der Anlage der
Grüfte in Zusammenhang stehn. Vielleicht sind es auch Porträts von
Fossoren, die hier beigesetzt waren, denn um so ihr Andenken festzuhalten, konnten sie auch ohne ihre Werkzeuge abgebildet werden.
Bestimmtes lässt sich darüber nichts sagen. Die Sache ist auch von so
wenig Belang, dass man sie ruhig kann dahingestellt sein lassen. Das
Nämliche gilt von der sitzenden Figur, die eine aufgeschlagene Rolle
vor sich hinhält, so wie von der andern, welche aus einem überströmen-
den Brunnen Wasser schöpft. Der Auffassung Garruccis,[1] dass die
wasserschöpfende Figur eine Frau sei, nämlich die Samariterin, während
der Mann mit der Rolle den Propheten Maleachi vorstellen soll, welcher
nach Kap. 1, 11 das Wort Christi von der Anbetung Gottes im Geist und
in der Wahrheit geweissagt habe, dieser Auffassung wird sonst schwerlich jemand zustimmen. Aber auch die Erklärung de Rossi's und seiner

---

[1] Storia II, S. 18 ff.

Anhänger kann nicht befriedigen. Sie sehen in dem Manne mit der Rolle denjenigen, welcher den Plan zur Anlage dieser Kammern entworfen habe — möglicherweise Callistus selbst —, während der Mann am Brunnen symbolisch erklärt wird mit Bezug auf eine Stelle aus Origenes, wo von jenem Brunnen die Rede ist, aus welchem man die geistlichen Wasser zur Erfrischung des gläubigen Volkes zu schöpfen hat. Es ist doch sehr willkürlich, die eine Figur realistisch zu erklären und die andere symbolisch. Mit Recht bringt Schultze (Arch. Stud., S. 95) auch diese beiden Figuren mit den Ausgrabungsarbeiten in Verbindung. Mag der sitzende Mann eine Aufsichtsperson sein, welche den Plan einer Katakombenanlage in der Hand hält und in der anderen Szene ein wirklicher Vorgang aus den Ausgrabungsarbeiten — die Anlagen hatten ja stets unter eindringendem Wasser zu leiden — abgebildet sein, so bestätigt das wiederum die Vermutung, dass diese Kammern als Grabstätten für das Ausgrabungspersonal bestimmt waren.

Weitere Erörterungen knüpfen sich an die in zwei Kammern vorkommenden Szenen des Fischfangs. Einmal wird der Fisch aus demselben Wasser gezogen, welches aus dem Mosesfelsen fliesst, das andere Mal aus demjenigen, in welchem ein Jüngling getauft wird. Man ist auch bei diesen Bildern nur auf Vermutungen angewiesen und kann nur Wahrscheinlichkeitsbeweise führen. De Rossi und seine Schule interpretieren den Fischfang — indem sie denselben mit der Szene des Quellwunders resp. der Taufe im Zusammenhang stehen lassen — dahin, dass derselbe die Wiedergeburt des Menschen durch das Taufwasser bedeute. Die Bilder wären also eine Darstellung des Gedankens, welchen Tertullian in der früher erwähnten Stelle von den Christen als pisciculi ausspricht. Aber es wäre doch fast komisch, die Handlungen der Taufe neben einander zugleich sinnbildlich und in ihrem eigentlichen Vorgang der Gemeinde vor die Augen zu malen. Ein Zusammenhang der einzelnen neben einander befindlichen Bilder widerspricht überhaupt aller Analogie des altchristlichen Gräberschmucks. Trotzdem kann ich auch Schultze nicht ganz zustimmen, wenn er (Arch. Stud., S. 50) die Szene als eine Darstellung der Geschichte mit dem Stater auffasst und die Errettung der Seele aus dem Reiche der Gewalt und des Todes darin symbolisiert findet. Er widerspricht mit dieser Erklärung seiner kurz vorher ausgesprochenen Ansicht, dass der Fisch in der altchristlichen Kunst immer nur Christum bedeute. Jene Auffassung, welche Schultze von dem Bilde des Fischers hegt, scheint mir aber zu gesucht und der Schablone, lediglich sepulkrale Beziehungen in den Bildern zu suchen, gewaltsam angepasst. Wohl wird man bei diesen Bildern kaum an eine realistische

Szene des Lebens zu denken haben,[1]) denn es ist schwer einzusehen, wie eine solche gerade hierher kommen sollte, sondern man wird wohl, analog den übrigen Darstellungen, eiue biblische Szene annehmen müssen. Und da liegt es doch weit näher, an den Fischfang des Petrus zu denken. Die Darstellung ist in naiver Weise abgekürzt. Dachte man dabei an den Beruf des Apostels als Menschenfischer, so war es nicht unmöglich, wenn bei dem einen oder anderen Beschauer des Bildes ähnliche Gedanken, wie sie Tertullian von dem *pisciculus* ausspricht, wachgerufen wurden. Sah man in dem Fischer den Menschenfischer, so war eben konsequenter Weise der Fisch der Mensch. Einer Gemeinde, welcher jene Erzählung der Evangelien und die daran sich knüpfende Mahnung Jesu bekannt war, konnten solche Erwägungen nicht ferne liegen. Scheint mir solche Auffassung des Bildes die wahrscheinlichste, so lässt sie sich doch ebenso wenig wie irgend eine andere zur Evidenz beweisen. Antike Anknüpfungspunkte liegen übrigens für dieses Bild eines Fischers vor.[2])

Wir haben endlich in der Beschreibung der Monumente noch diejenigen Darstellungen erwähnt, welche unter den ikonographischen aufgezählt zu werden pflegen. Es zeigt entschieden von der Abhängigkeit des altchristlichen Gräberschmucks von dem antiken, dass ersterer solche Bilder, die ihm bei einer originalen Kunstthätigkeit so nahe gelegen hätten, wie diejenigen Jesu oder der Jungfrau Maria, nicht geschaffen hat. Weder für die Entstehung des Typus der Christusbilder, noch andererseits für die Verehrung der Jungfrau Maria, lässt sich aus dem ältesten christlichen Gräberschmuck irgend ein Anhaltspunkt gewinnen. Die Jungfrau Maria kommt immer nur in Verbindung mit dem Kinde vor, ein selbständiges Einzelbild gibts von ihr weder in der Malerei noch in der Skulptur. Erst auf Goldgläsern kommt sie allein vor und da ziemlich selten.[3]) Man will zwar auf römischer Seite in den Figuren

---

[1]) Wie auf einem Bruchstück einer kleinasiatischen Stele (bei Garr. 393, 4), daher von dieser Darstellung in der Erörterung des Fischbildes ganz abzusehen ist, zumal der christliche Ursprung des Bildwerks durchaus nicht gesichert ist.

[2]) Fischer auf einem Landschaftsbilde bei M a t z und D u h n III, S. 241. Ein auf einem Baumstumpf sitzender angelnder Fischer, ganz ähnlich wie unsere Katakombendarstellung, auf einem Wandgemälde in Pompeji, cf. O v e r b e c k, Pompeji, S. 494.

[3]) Die eingehendste Zusammenstellung altchristlicher Marienbilder giebt F. A. v o n L e h n e r, Die Marienverehrung in den ersten Jahrhunderten, S. 283 ff. Er giebt 87 Nummern, von welchen jedoch diejenigen auszuscheiden sind, die jenseits der altchristlichen Epoche fallen oder fälschlicher Weise als Marienbilder betrachtet werden. cf. auch den trefflichen Aufsatz von V. S c h u l t z e,

der sog. Oranten wie Symbole der Kirche, so auch Darstellungen der Jungfrau Maria erblicken. Beiderlei Auffassungen können vor einer unbefangenen Prüfung nicht bestehen. Es ist ja allgemein zugegeben, dass die betende Frauengestalt sehr oft die Bestattete darstellen soll, und dies vor allem, wenn sie, wie so häufig, auf der Rückseite der Arkosolien abgebildet ist. Werden doch auch Männer, die in den betreffenden Gräbern beigesetzt waren, in dieser betenden Haltung abgebildet.[1]) Geht man von dieser sicheren Position aus, so wird daraus ein Schluss auf viele andere Orantenfiguren zu ziehen sein. Wo aber die Bedeutung derselben als Porträt der Verstorbenen allem Anscheine nach ausgeschlossen ist, da haben diese Figuren offenbar keine andere Bedeutung, als die eines Ornamentstücks. Und dies besonders in den Deckengemälden. Ist auch da, was S c h u l t z e (Arch. Stud., S. 180) gegen K r a u s bemerkt, die Möglichkeit nicht ausgeschlossen, dass die Oranten Glieder der Familie, die in dem betreffenden Cubiculum ihre Begräbnisstätte hatte, darstellen sollen, im Ganzen sind diese Figuren hier doch lediglich als Ornamentik zu betrachten. Und zwar sind sie allem Anscheine nach an Stelle der antiken Genien oder der Tänzerinnen getreten. Letztere haben die Christen begreiflicherweise ganz aus der Ornamentmalerei entfernt, erstere nur spärlich angewendet. Während sie die antike Pflanzen- und Tierornamentik unbedenklich fortsetzten, haben sie die menschlichen Gestalten in betende Figuren umgewandelt und dieselben, die vielleicht von einem Maler individuell geschaffen waren, dann ohne weitere Reflexion wiederholt. Es ist bezeichnend, dass eines der ältesten Katakombenbilder, jenes schöne Deckengemälde aus St. Lucina (bei Garr. t. 2, 5), abwechselnd antike geflügelte Genien, Oranten und den guten Hirten als Dekoration aufzeigt. Es sind dann aber auch männliche Oranten in die Deckenfelder eingesetzt worden (z. B. Garr. 42, 1. 46, 2. 49, 2), zuweilen abwechselnd mit weiblichen (ib. 54, 1). Eine Erklärung dieser Figuren als Marienbilder ist also ausgeschlossen.

Aber es sind auch noch einige andere zurückzuweisen, die herkömmlich als solche betrachtet werden. Im Mittelfeld eines Deckengemäldes aus St. Priscilla (bei G a r r. t. 75, 1; L e h n e r, Taf. 1, 4)

Marienbilder der altchristlichen Kunst, in seinen Archäolog. Studien, S. 177 ff., wo auch die ältere Litteratur angegeben ist. Für die Goldgläser mit Marienbildern cf. Garr. vetri t. IX, 6, 7. 10, 11. t. XXII, 2.

[1]) cf. Garr. t. 26, 2. 51, 2. 52, 2. Im Übrigen verweisen wir bezügl. der Abbildungen auf die eingehende Zusammenstellung bei K r a u s, Realencykl. II, S. 538 ff.

sieht man eine Frau auf einem Lehnstuhle sitzen, mit traurig nieder-
gewandtem Gesicht; vor ihr steht ein Mann, welcher die rechte Hand
zu ihr erhebt. Die römischen Archäologen erklären diese Szene einmütig für eine Verkündigung Mariä.[1]) Aber es wäre ein eigentümlicher
Engel, dieser sehr realistisch gebildete Mann! Ausserdem ist die Szene
der Verkündigung sonst vor dem fünften Jahrhundert nicht nachzuweisen.
Das Mosaik in St. Maria Maggiore ist das älteste sichere Beispiel. Jenes
Bild in St. Priscilla ist höchst wahrscheinlich nichts anderes, als eine
Szene des Abschieds, wie sie in dem antiken Gräberschmuck so ungemein häufig vorkommt. Warum sollen die Christen Szenen von solch
menschlich rührendem Inhalt nicht weiter fortgesetzt haben?[2])

Auch nicht j e d e Darstellung einer Frau mit einem Kinde ist so
ohne Weiteres, wie es von den römischen Archäologen geschieht, für
die Jungfrau Maria mit dem Jesusknaben zu erklären. Insbesondere ist
ein Bild aus St. Agnese[3]) aus der Reihe der Marienbilder zu streichen.
Es befindet sich auf der Rückwand eines Arkosoliums und stellt eine
mit reicher Haarfrisur und goldener Halskette geschmückte Frau dar;
vor ihr steht ein Knabe. Der untere Teil des Bildes ward später
durch einen Loculus durchbrochen. Das hätte man schwerlich gethan,
wenn man das Bild damals für ein Marienbild gehalten hätte. Aber es
sind auf dem Bogen des Arkosoliums noch drei Porträts abgebildet.
Warum soll also das innere Bild etwas Anderes bedeuten als ebenfalls
Porträts Verstorbener? In Widerlegung der Einwendungen, welche
dagegen erhoben werden, kann ich S c h u l t z e (Arch. Stud., S. 185)
nur völlig beistimmen. Auch R o l l e r hat (II, 204) die Deutung des
Bildes auf Maria zurückgewiesen.

Auch ein anderes Bild in St. Priscilla[4]) können wir für nichts
Andres als eine Familienszene halten. Die Meinung Garrucci's (II,
S. 83) und Martigny's (S. 794), als ob hier die liturgische Handlung
der Konsekration einer Jungfrau dargestellt sei, überträgt nach ge-
wohnter unhistorischer Weise dieser Ausleger weit spätere kirchliche Zustände in das 2. Jahrhundert, dessen Ende das Bild noch angehören mag.

Ich muss gestehen, dass auch das bekannte schöne Bild in

---

[1]) cf. Garr. II, S. 81. Martigny, dict. S. 50. Kraus, R. s. S. 306.
Rahoul de Fleury, la sainte vierge (Paris 1878) I, S. 77.

[2]) Zu demselben Resultat kommt Theodor Hach in seinem Aufsatz: Die
Darstellung der Verkündigung Mariä im christlichen Altertum. (Zeitschrift für
kirchl. Wissensch. und kirchl. Leben, 1885. S. 425 ff.).

[3]) Garr. t. 66, 1. Lehner Taf. 1, 18. Kraus R. s., S. 303.

[4]) Garr t. 78, 1. Lehner Taf. 1, 3. Schultze Arch. Stud., S. 184.

St. Priscilla[1]) mir als Darstellung der Maria mit dem Jesuskinde
einigermaassen zweifelhaft ist. Das Fresko, eines der kunstvollendetsten der Katakomben und unzweifelhaft noch dem zweiten Jahrhundert angehörend, zeigt eine ziemlich reich gekleidete Mutter, welche
ein in lebhafter Bewegung begriffenes nacktes Kind auf dem Schoosse
trägt. Vor ihnen steht ein noch junger bartloser Mann mit sehr
realistischer Gesichtsbildung; in der Linken trägt er eine Rolle, die
Rechte deutet allem Anscheine nach nach oben auf einen Stern, welcher
über der ganzen Gruppe schwebt. Dass hier Maria mit dem Kinde
dargestellt sei, ist allgemeine Annahme, nur über die Figur des Mannes
gehen die Ansichten auseinander. Die Meisten wollen nach dem Vorgange de Rossi's den Propheten Jesaias darin erkennen; Garrucci
(II, S. 87) fasste ihn auf Grund von Num. 24, 17 als Bileam und
Schultze als Joseph (Arch. Stud., S. 190). Letzteres dünkt mir,
wenn man die Gruppe als Madonnenbild auffasst, doch das Unwahr-
scheinlichste: die Figur scheint mir allerdings, was Schultze bestreitet,
auf den Stern zu deuten, und die Rolle in der Hand weist doch auf
eine irgendwie lehrende Eigenschaft der Person hin, könnte also doch
eher ein Prophet sein, wenn auch eine bestimmte biblische Person
schwer zu fixieren sein wird. Aber ein zwingender Grund, die Gruppe
für ein Marienbild zu halten, scheint mir überhaupt nicht vorzuliegen.
Schultze hat mit Recht darauf hingewiesen, dass das Bild unter den
Malereien des betreffenden Grabes an einer untergeordneten Stelle angebracht sei. Würde man ihm diese Stelle angewiesen haben, wenn
man ein kirchlich religiöses Bild aus dem Motiv einer Verehrung für
die Jungfrau und zur Verherrlichung derselben hätte schaffen wollen?
Die übrigen dabei stehenden Bilder sind, abgesehen von Moses am
Felsen und den drei Jünglingen im Feuerofen, offenbar Darstellungen
Verstorbener, die hier beigesetzt waren, wäre dies mit dem angeblichen
Marienbild nicht auch möglich, ja ist es nicht in dieser Umgebung wahrscheinlich? Ohne den Stern würde gewiss Jeder das Bild für eine der
Familienszenen halten, wie solche im antiken Gräberschmuck so häufig
vorkommen. Das Bild ist wegen seiner Stellung in einem Winkel allem
Anscheine nach später als die anderen Bilder dieses Grabes gemalt und
verdankt seine Existenz vielleicht dem Umstande, dass nachträglich
noch ein Kindlein hier beigesetzt wurde. Wäre es so undenkbar, dass
ein Christ auf den Gedanken kam, ein solches im antiken Gräberschmuck
so häufiges Bild dadurch christlich zu modifizieren, dass er durch den

---

[1]) Garr. t. 81, 2. Lehner Taf. 1, 1.

Vater oder einen Lehrer der Gemeinde die trauernde Mutter auf den Stern des Trostes hinweisen liess, der von Oben strahlt? Das sind ja freilich nur Vermutungen, aber sie sind nicht mehr oder weniger fest-begründet wie die über hundert andere Katakombenbilder. Auch die Auffassung als Marienbild ist ja nichts anderes als eine Vermutung. Die Möglichkeit ist jedenfalls für die eine Erklärung ebenso berechtigt wie für die andere, aber die Auffassung als Familienszene wird durch die Analogie mit dem antiken Gräberschmuck, sowie durch die Umgebung des Bildes doch viel wahrscheinlicher.

Völlig sicher sind in dem malerischen Schmuck der Grabstätten Marienbilder nur in der früher besprochenen Szene der Huldigung durch die Magier. Für den Marienkultus beweisen diese Bilder aber rein gar nichts, denn nicht die Mutter, sondern das Kind ist hier die Hauptsache, und diesem, nicht jener, gilt die Verehrung.[1]) Einzelbilder der Jungfrau Maria, die irgendwie von einer ihr erwiesenen besonderen Verehrung Zeugnis ablegten, kommen weder in dem malerischen noch plastischen Schmuck der Katakomben vor, auf eine solche Verehrung lassen erst Abbildungen auf Goldgläsern schliessen.

Betrachtet man als den eigentlich altchristlichen Gräberschmuck denjenigen, welcher in der Zeit geschaffen wurde, da die Katakomben noch als Begräbnisstätten benutzt wurden, so müssen wir konstatieren, dass sich auch ein Einzelbild von Christus in demselben nicht vorfindet. Was man herkömmlich als Christusbilder betrachtet, können wir nicht als solche gelten lassen. So vor Allem jenes Mittelbild aus S. Domitilla, welches leider nicht mehr vorhanden ist, aber von Bosio mitgeteilt wurde und als der eigentliche sogn. callistinische Urtypus betrachtet wird. Dass man dieses Bild für eine Darstellung Christi hielt, geschah offenbar durch einen Rückschluss von dem bekannten traditionellen Christustypus: weil jenes Bild einige Ähnlichkeit damit hat, deswegen hielt man es für ein Christusbild. Aber es liegt dazu nicht der geringste Grund vor. Derartige imagines clypeatae kommen auch sonst in dem altchristlichem Gräberschmuck, analog dem antiken, vor. Das Bild ist daher als Porträt eines Mannes zu betrachten, wohl des Verstorbenen, der hier beigesetzt war, vielleicht dessen, der jene Gruft anlegte. Gegen die Auffassung als Christusbild spricht auch schon das sehr sorgfältig gescheitelte und in langen Locken herab-fallende Haar, das in jener Zeit bei den Römern nur von Sklaven

---

[1]) Est ist gegenüber dem Wortlaut der biblischen Erzählung unbegreiflich, wie Kraus (R. s. 304) behaupten mag, dass in diesen Darstellungen Maria den „Mittelpunkt oder wenigstens die Hauptfigur" bildet!!

getragen wurde, während von Mark Aurel an das ganz kurz geschorene
Haar bei den Männern Mode war.[1]) Wird man annehmen können,
dass die römischen Christen vor Konstantin einem Christusbild — das
sie ja doch nur als ein ideales schaffen konnten — grade eine solche
Frisur gegeben hätten, die noch dazu in der Kirche als weibisch und
unpassend verpönt war?[2])

Auch ähnliche Brustbilder, welche Kraus in seinem Verzeichnis
(Realencykl. II, S. 26 ff.; cf. Garr. t. 28. 68, 2. 69, 1) aufführt, sind
aus der Reihe der Christusbilder zu streichen. Wie insbesondere das
bei Garr. t. 68,2 angeführte Bild einer derben athletischen Figur für
Christus gehalten werden mag, ist unbegreiflich. War doch de Rossi
selbst geneigt (R. s. I, S. 23), jene ganze Darstellung für ein Werk
heidnischer Hände zu halten.

Das Bild Christi kommt in dem altchristlichen Gräberschmuck
niemals einzeln vor, sondern nur in Gruppenbildern, in jenen Szenen
nämlich, zu deren Darstellung seine Anwesenheit erforderlich war.
Keine einzige aber dieser Darstellungen zeigt die Züge des später
traditionell gewordenen Christustypus. Wir finden Christum vielmehr
in den ältesten Darstellungen jugendlich bartlos, eine Auffassung, zu
welcher allem Anscheine nach die Gestalt des guten Hirten den Anlass
gegeben hat. In dem jüngeren Katakombenschmuck gewahren wir die
Umwandlung dieses Typus — der aber auch dann noch nicht ausstirbt
— in denjenigen eines bärtigen ernsten Mannes. Aber wenn man diese
Bilder durchmustert, wird man auch in ihnen den traditionellen Christustypus nicht finden, sie sind vielmehr nach der Individualität des
Künstlers oder vielmehr Handwerkers verschieden, zeugen ohne Ausnahme von einer sehr gesunkenen Kunstthätigkeit, die nicht mehr im
Stande war, eine Idealgestalt zu schaffen, die Gesichter sind alt, ein-
gefallen, welk. Die Christusdarstellungen haben das Schicksal der gesamten zeitgenössischen Kunst durchgemacht. Die Kunst der Katakomben bietet also keinerlei Aufklärung über die Entstehung des Ideal-
kopfes, welcher den traditionellen Christustypus herbeiführte, die Entstehung des letzteren liegt ausserhalb der Sepulkralkunst. Wir können
daher hier nicht näher auf diese Frage eingehen und wollen nur
konstatieren, dass auch in diesem Punkte erfreulicher Weise eine ge-
sunde historische Betrachtungsweise sich angebahnt hat, welche den
Zusammenhang mit der antiken Kunst festzustellen sucht. Mag die

---

[1]) cf. Marquardt Privatleben der Römer II, S. 583.
[2]) cf. Clem. Alex. Paedag. III, 11. Prudent. peristeph. hymn. 13, 30.

Einzelfrage noch einer endgültigen Lösung harren, ob mit **S t a r k** und
H o l t z m a n n [1]) eher auf die Äskulapbilder oder mit **R o s s m a n n** [2]) und
dem Norweger **D i e t r i c h s o n** [3]) eher auf Jupiter — Serapis zurück-
zugehen sei, mag der letztgenannte Gelehrte, worin ihm schon seiner
Zeit Raoul-Rochette [4]) vorausging, auch in der Ableitung der bartlosen
Christusfigur von appollinischen und dionysischen Vorbildern zu weit
gegangen sein — wir sind überzeugt, dass auch auf diesem Gebiete
die historische Auffassung mit der Zeit siegreich durchdringen wird.
Was **H a u c k** in seiner Schrift: „Die Entstehung des Christustypus in
der abendländischen Kunst" [5]) dagegen vorbringt, beruht auf der irrigen
Voraussetzung, die ja auch Niemand hegt, als sei die Entstehung der
altchristlichen Kunsttypen aus der Antike mit klarem Bewusstsein und
voller Reflexion vollzogen worden. Wäre das der Fall, dann liesse sich
eine solche Ableitung aus einem antiken Idealkopf freilich schwer erklären. Die eigne Erklärung **H a u c k ' s** aber, dass die dogmatische
Einwirkung seit dem Nicaenum den Christustypus verändert habe, weil
man seine **G o t t h e i t** darstellen wollte, stimmt nicht mit den Denkmälern, denn der bartlose Typus geht auch dann noch lange fort und
zeigt sich gerade in solchen Darstellungen, in welchen man am ehesten
seine Gottheit hätte andeuten können, in den Szenen der Wunderthaten.
Auch **K r a u s** giebt dies zu (Realencykl. II, S. 28); wenn er aber
gleichzeitig meint, dass der Wechsel im Christustypus auf einen allmählichen Wechsel in der Phantasie zurückzuführen sei, wie solcher
seit dem 4. Jahrhundert in dem alternden Römertum sich vollzog, so
trifft das vollständig zu für die Entstehung des auch in der späteren
altchristlichen Gräberkunst noch vorhandenen greisenhaften Typus, aber
es erklärt nicht die Entstehung des traditionell gewordenen Idealtypus,
und gerade um diesen handelt es sich doch in jenen Ableitungsversuchen.

Wie das Christusbild, so haben auch die Bilder der beiden Apostelfürsten die Entwickelung vom bartlosen zum bärtigen und greisenhaften
Typus durchgemacht. Selbständige Einzelbilder derselben finden sich
wie solche der Mutter Jesu erst auf Goldgläsern.

---

[1]) Jahrb. für protest. Theol. 1877, S. 189 ff.; 1884, S. 71 ff. Repert. für
Kunstwissenschaft 1882, V 436.

[2]) Vom Gestade der Cyklopen und Sirenen 1869, S. 60. Eine protestant.
Osterandacht in Rom 1871, S. 12. 99.

[3]) Nach Kraus Realencykl. II, S. 28 und Holtzmann a. a. O. Das Buch
von Dietrichson selbst kenne ich nicht.

[4]) Discours sur l'origine — des types imitatifs 1834.

[5]) Frommel-Pfaff'sche Sammlung von Vorträgen III, 2, 1880.

Wenden wir uns nunmehr von den Malereien des christlichen Grabschmucks zu seinen Produkten der S k u l p t u r , so finden wir dieselbe, wie früher dargelegt, wesentlich an S a r k o p h a g e n . Bezüglich ihrer liegt aber für eine historische Betrachtung die Sache bedeutend einfacher als bei der Malerei. Vergleichen wir das, was wir früher über die römische und altchristliche Sarkophagbildnerei dargelegt haben, so muss man sich fragen: ist es wirklich eine so bedeutende Veränderung, welche die Christen in diesem Zweige des Kunsthandwerks vorgenommen haben? Man vergegenwärtige sich doch auch hier die geschichtliche Lage. In der langen Friedenszeit, welche die Kirche im dritten Jahrhundert genoss, noch mehr mit dem endgültigen Sieg der Kirche unter Konstantin drangen nicht nur breite Volksmassen in die Kirche ein, sondern sie gewann auch solche Gemeindeglieder, welche im Stande waren, die kostbaren Marmorsärge sich zu beschaffen. Wir haben gesehen, es sind der Exemplare aus der Zeit vor Konstantin so wenige, dass man ihre Produktion im Ganzen in die nachkonstantinische Epoche setzen darf. Diese Sarkophage waren ein Produkt des Kunsthandwerks; sie wurden von Steinmetzen bearbeitet und zum Verkauf in Magazinen ausgestellt. Als nun der alte Glaube verpönt war, da war die Aufgabe dieser Steinmetzen doch eine sehr einfache: sie mussten eben statt der Szenen aus der antiken Mythologie und Heroensage solche des christlichen Glaubens auf die Wände der Sarkophage einmeisseln. Gleichzeitig war aber die Kunstthätigkeit überhaupt gesunken, so dass diese christlichen Sarkophage sich sowohl durch die dargestellten Gegenstände als durch ihren bedeutend geringeren Kunstwert von den römischen unterscheiden. Im Übrigen aber gelten die Grundsätze, welche für die A u f f a s s u n g und A u s l e g u n g der letzteren festzuhalten sind, ganz gewiss auch für die christlichen. Die Skulptur der römischen Sarkophage diente wesentlich der Ornamentik, nicht der Darstellung mystischer Lehren. Das Gleiche wird also von der christlichen Sarkophagbildnerei zu gelten haben. Und noch weniger wird man bei ihr annehmen können, dass sie in diejenigen Szenen, welche sie ganz naiv aus der antiken Mythologie und Heroensage auf ihren Sarkophagen beibehielt, einen symbolisch mystischen Sinn hineingelegt habe. Wenn das die Römer nicht thaten, wie sollten es die Christen thun? Dazu kam der reproduzierende Charakter der ganzen römischen Kunstthätigkeit, die beliebt gewordenen Szenen wurden ohne weitere Reflexion auf ihren Inhalt gedankenlos immer wiederholt. Auch die Verfertiger der christlichen Sarkophage haben es nicht anders gemacht. Es ist also von vornherein ausgeschlossen, dass sie mit besonderem

Nachdenken und einer bestimmten Absicht in der Auswahl wie in der Anordnung der Gegenstände verfahren seien.

Welche Gegenstände sie zur Darstellung bringen sollten, lag für die christlichen Sarkophagbildner doch ziemlich nahe: sie schöpften ihrerseits aus zwei Quellen, der antiken Sarkophagbildnerei und dem malerischen Schmuck der christlichen Gräber. Aus der ersteren behielten die Christen alles bei, was nicht für ihren Glauben anstössig war. Eine ganze Anzahl Sarkophage[1]) wäre gar nicht als christlich zu erkennen, wenn nicht die Inschrift dies feststellte. Auch solche menschlich anziehende Szenen, wie die der conjunctio manuum der Ehegatten oder des Abschieds, hatten sie keinen Grund zurückzuweisen.[2]) Aber auch eine grössere Anzahl direkt heidnischer Gegenstände haben sie, wie wir früher darlegten, beibehalten und zwar in noch grösserem Umfange als in den Malereien. Der Grund liegt darin, dass eben auch bei den Römern auf den Sarkophagen mehr als in der Grabmalerei Gegenstände aus der Mythologie und Heroensage verwertet waren. Auch die dort so häufigen Szenen der Weinlese oder des Hirtenlebens finden sich auf den christlichen Sarkophagen viel genauer nachgebildet als in Werken der Malerei. Dasselbe gilt z. B. von der so beliebten Darstellung der Eberjagd des Meleager.[3]) Im Übrigen haben wir diese den antiken Sarkophagen entlehnten Bildwerke früher aufgezählt. Sie sind offenbar ohne weitere Reflexion über ihren Inhalt in mehr oder weniger gedankenloser Weise beibehalten worden. Und dies besonders da, wo eigentlich christlich biblische Szenen direkt damit verbunden sind. Bei anderen bleiben die Bildwerke formell stehen, aber ihr Inhalt wird christlich umgedeutet. So wird Helios auf seinem Sonnenwagen zum himmelfahrenden Elias, und Cölus mit dem über das Haupt gespannten Tuche (wie auf dem Sarkophag des Junius Bassus) zum Thronsitz Christi; Hirtenszenen werden umgedeutet als Darstellungen des guten Hirten Jesu Christi. Wenn diese Darstellung hier eine viel grössere Mannigfaltigkeit besitzt als in den Malereien, so liegt der Grund lediglich in den Vorbildern, die man auf antiken Sarkophagen — speziell auch solchen mit Szenen des Hirtenjünglings Endymion — besass, wie auch Grousset (Étude S. 21) anerkennt.

Manche dieser aus der antiken Kunst beibehaltenen Darstellungen wollen die römischen Archäologen noch bis heute symbolisch deuten. So vor Allem die auf zwei Sarkophagen (oder vielmehr Bruchstücken

---

[1]) Grousset zählt S. 47 ff. 12 solcher Sarkophage auf.
[2]) Beispiele bei Garr. t. 362, 1—3. 327, 1.
[3]) Garr. t. 387, 9. 373, 3. 328, 2, 3. Grousset No. 12, S. 51.

von solchen) sich findenden Szenen von Odysseus, welcher, an den Mast
gebunden, an den am Ufer sitzenden Sirenen vorüberfährt. Man will
darin ein Bild des Christen erkennen, der unbekümmert um die ver-
lockenden Stimmen der Versuchungen der Welt durch das Meer des
Lebens dahinfährt.[1]) Man führt zu Gunsten dieser Auslegung zwei
Stellen aus der altchristlichen Literatur an, nämlich eine aus den
Philosophumena (VII, 1 ed. Clarke I, 267) und eine aus Maximus Turo-
nensis (homil. I de cruce dom.). Beide können aber nichts beweisen.
Die letztgenannte Stelle ist von vornherein auszuschliessen, da sie erst
in das fünfte Jahrhundert fällt. Das Wort aus den Philosophumena aber
kommt auf die Geschichte des Odysseus mit den Sirenen in einem Zusammenhang zu sprechen, der deutlich zeigt, dass ihre Erwähnung dem
momentanen Einfall des Schriftstellers entsprungen sei; er warnt seine
Leser vor den Häretikern und ihren verführerischen Stimmen; letztere
nennt er, wie wir dies noch heute thun, Sirenen; und da rät er, man
solle es machen wie Odysseus, sich die Ohren mit Wachs verstopfen
und sich an das Kreuzesholz Christi binden lassen, dann würde man in
seinem Glauben unbehelligt bleiben.[2]) Wie kann man annehmen, dass
ein in solch bildlicher Weise von einem gelehrten Schriftsteller ausge-
sprochener Gedanke von einem Steinmetzen auf der Wand eines Sarkophags
dargestellt worden sei? Diese Sarkophage mit Odysseus und den Sirenen
sind keine anderen, als wie sie nichtchristliche Römer auch benutzt haben,[3])
und wahrscheinlicher, als dass die Hände eines Christen sie angefertigt
haben, ist es, dass Christen sie in den Magazinen fertig gekauft hatten,
ohne dass sie an dem Gegenstand des Schmuckes Anstoss nahmen, gewiss
aber nicht, wie Martigny meint (Dict., S. 769), mit der Absicht, „pour
se rappeler sans cesse la croix du Sauveur et la redemption par le Crucifié“.

Weitaus die meisten Gegenstände der Sarkophagbildnerei sind,
wie begreiflich, dem malerischen Schmuck der Grüfte entnommen. Die-
jenigen Szenen, welche hier die häufigsten sind — Jonas, Lazarus,
Quellwunder des Moses, Noah in der Arche —, sind es auch auf den
Sarkophagen. Nur das Wunder der Brotvermehrung und dasjenige von
Kana werden in der Skulptur häufiger und gelangen zu einer stereo-

---

[1]) cf. de Rossi, R. s. I, 344. III, 345. Garr. t. 395, 1, 2. Brun in den
Annal. d. inst., 1859, S. 416 ff.

[2]) Auch die Stelle aus Justinus Martyr, welche neuerdings von de Waal
(Realencykl. II, S. 520) noch herbeigezogen wird, spricht sich ganz ähnlich aus.

[3]) Ausser den zwei in den Katakomben gefundenen sind noch einige
andere Sarkophagreliefs mit diesem Gegenstande bekannt. cf. Matz u. Duhn,
No. 3363—3366. 3272.

typen Darstellung. Es wurde dies, wie auch die gegenüber der Malerei erfolgte Erweiterung mancher Szenen, jedenfalls durch das bestimmte Material und die Technik der Sarkophagbildnerei bedingt. Die Deutlichkeit hätte jedenfalls gelitten, hätte man wie in der Malerei manche Szenen nur durch eine einzelne Figur andeuten wollen, denn hier auf den Sarkophagen wurden die Szenen, fast immer ohne jegliche Einteilung der Fläche, bunt neben einander gereiht. Daher werden manche Szenen zu Gruppen erweitert: das Speisungswunder zeigt immer eine Anzahl Körbe und um den Herrn die Jünger oder Leute aus dem Volke gruppiert; bei der Auferweckung des Lazarus treten dessen Schwestern hinzu, von welchen die eine stets vor Jesu auf dem Boden kniet; in dem Quellwunder des Moses werden wassertrinkende Juden beigesetzt, welche immer eine ganz bestimmte Kopfbedeckung tragen; bei Daniel in der Löwengrube — der im Unterschiede von den Malereien hier zuweilen bekleidet erscheint — tritt zuweilen der speisetragende Habakuk hinzu; die Erweiterung derselben Geschichte durch die Szene der Fütterung der Schlange hat ihren Grund unzweifelhaft in den antiken Vorbildern des Äskulap und der Hygieia; [1]) die Magier erscheinen mit ihren Kameelen; in der Szene der Opferung Isaaks sehen wir die aus den Wolken ragende Hand Gottes und den Widder beigesetzt.

Neben solchen Erweiterungen der Szenen der Grabmalerei schreiten die christlichen Steinmetzen aber auch, wie wir in der Beschreibung der Monumente sahen, dazu fort, den Cyklus der Katakombenbilder durch eine Anzahl biblischer Szenen zu erweitern, wenn auch grade nicht in bedeutendem Umfange. Solche Szenen sind aus dem Alten Testamente die Darbringung der Opfergaben — Lamm und Ähren — durch Kain und Abel; [2]) die Übergabe des Gesetzes an Moses durch die aus den Wolken hervorragende Hand Gottes; der Durchgang Pharaos durch das rote Meer; Hiob in Trauer mit seinen Freunden und seinem Weibe. Dazu treten aus dem Neuen Testamente als das allerhäufigste das Hochzeitswunder von Kana, [3]) die Geburt Christi im Stalle — das Kind in der Wiege liegend, daneben Ochse und Esel —; ferner die Auferweckung der Tochter Jairi und des Jünglings von Nain, Jesus und die Samariterin, das blutflüssige Weib, Jesu Einzug in Jerusalem und aus der Leidensgeschichte die Kreuztragung, die Dornenkrönung, Jesus

---

[1]) cf. Grousset, S. 37.

[2]) Ganz wie die Huldigung der Magier gebildet, unzweifelhaft nach antiken Votivsteinen.

[3]) In einer sehr einfachen, dem Speisungswunder analogen Darstellung, an Stelle der Körbe treten einfach die Mischkrüge.

vor Pilatus und letzterer, wie er sich die Hände wäscht. Ganz vereinzelt finden sich noch die Szenen der Fusswaschung (Garr. t. 325, 2, 3, 4) und des Bethlehemitischen Kindermords (ib. t. 334, 3).

Was die Verfertiger der Sarkophage zur Wahl dieser Gegenstände bewogen hat, ist kaum festzustellen. Sepulkrale Beziehungen sind bei den wenigsten Szenen zu erkennen, nur etwa die Auferweckungswunder mögen durch solche Beziehungen eingegeben sein. Manche mögen einer Anknüpfung an antike Bildwerke ihr Dasein verdanken, wie wir das bei anderen früher schon sahen. So liegt eine Umdeutung der Darstellung der Schöpfung des Menschen auf den Promotheus-Sarkophagen in eine solche der biblischen Schöpfungsgeschichte sehr nahe. Möglicherweise haben zur Auswahl der Bilder, die bei den Begräbnissen vorgelesenen Lektionen mitgewirkt, aber da uns diese letzteren unbekannt sind, so bleibt dies immerhin nur eine Vermutung. Übrigens sind auch hier in dieser Erweiterung des Bildercyklus meistens Wundergeschichten gewählt und es mag dazu dieselbe Betrachtung des Wunders, wie wir sie bei den Malereien erwähnten, als eine Gewähr für das Wunder der Auferstehung, mitgewirkt haben. Damit ist freilich noch nicht gesagt, dass nun auch in jedem Falle der einzelne Steinmetze mit bewusster Reflexion auf ihren Inhalt diese Bildwerke geschaffen hat.

Man hat wie in den Malereien der Grüfte, so auch in dem Schmuck der Sarkophage allerhand Andeutungen für kirchliche Lehren sehen wollen. Ja man meinte (wie Martigny, S. 715), die symbolischen Beziehungen seien auf den Sarkophagen noch viel komplizierter und versteckter, als in den Malereien, weil jene den Augen der Heiden eher zugänglich waren und also eher eine Verspottung der heiligen Lehren hätte stattfinden können. Diese Meinung beruht auf den falschen Voraussetzungen, welche wir in der Einleitung erwähnt haben. Wir glauben im Gegenteil, dass die Erklärung der Bildwerke auf den Sarkophagen im Allgemeinen klarer liegt, als die der Malereien. Von der römischen Auslegung aber wollen wir nur einige Beispiele erwähnen. Die Darbringung der Opfergaben durch Kain und Abel soll den symbolischen Sinn haben, welchen Ambrosius (exhort. virg. I, 6) ausspricht, dass nämlich im Opfer Kains das Opfer des Teufels und der Fall der Welt dargestellt sei, in demjenigen Abels die Erlösung der Welt und das Opfer Christi. Der Durchgang Pharaos durch das rote Meer soll nach Stellen der Väter[1] ein Hinweis sein auf die Taufe Christi, wie auch ein Typus der Erlösung. In beiden Fällen werden ganz grundlos

[1] Deren Verzeichnis bei Kraus R. s., S. 288.

solche typologische Spielereien und Schrullen, wie sie bei den Vätern beliebt waren, christlichen Handwerkern beigelegt. Das Nämliche gilt von der Auffassung des Kanawunders, in welchem man eine Beziehung auf die Eucharistie sehen will. Aber wenn die christliche Exegese der alten Zeit dies gelegentlich gethan hat, braucht es noch nicht ein Steinmetze gethan zu haben. Das Hochzeitswunder, welches in den Grabmalereien gar nicht vorkommt, ist augenscheinlich durch die innere und äussere Ähnlichkeit mit dem Speisungswunder unter die Ornamentstücke der Sarkophage gekommen. Als das instruktivste Beispiel für solche willkürliche dogmatische Exegese der Bildwerke wollen wir nur jene Erklärung anführen, welche Garrucci, der ja stets auf diesem Gebiet das Stärkste leistet, über den grossen aus St. Paolo fuori le mura stammenden und im Lateran aufgestellten Sarkophag giebt. Dieselbe zeigt uns zugleich die Willkür, mit welcher man einen Ideenkonnex zwischen den einzelnen in Wirklichkeit planlos aneinander gereihten Szenen herzustellen gesucht hat. Die Vorderwand des Sarkophags ist durch eine Horizontalleiste in zwei Felder, ein oberes und ein unteres eingeteilt. Es sind also zwei Reihen von Bildwerken, doch ist die obere durch das Medaillon mit den — übrigens nicht fertig ausgemeisselten — Brustbildern der Verstorbenen durchbrochen. Garrucci sagt über diesen Sarkophag: [1] „Der erste Teil stellt die Schöpfung des Menschen dar und seine Erhebung zu einem supranaturalen Zustande. In der folgenden Gruppe werden die ersten Menschen vorgeführt als solche, welche schon aus der Gnade und der justitia originalis herausgefallen sind. Bei ihnen aber steht der verheissene Erlöser, welcher in seinen Händen Lamm und Ährenbündel trägt, die Symbole seines Fleisches und des zweifachen Opfers, denn das blutige Opfer wird durch das Lamm, das unblutige durch die Ähren symbolisiert. In der unteren Reihe ist der zweite Teil dieses „discorso" dargestellt. Die Verheissung des Sohnes Gottes, des zukünftigen Erlösers, ist bereits erfüllt, die Jungfrau und ihr göttlicher Sohn haben der Schlange den Kopf zertreten. Der durch die drei Magier dargestellte gefallene Mensch kehrt von seinen bösen Wegen um und huldigt dem Erlöser. Der Glaube, welcher die Völker erleuchtet, ist dargestellt in dem Blinden, welcher das Licht seiner Augen aus den Händen des errettenden Messias empfängt. Der Erlöser offenbart sich der Welt durch die Zeichen, welche schon von den Propheten geweissagt wurden, nämlich seine Wunder. Das ist der zweite Teil dieser bewundernswerten Zu-

[1] Storia I, S. 46. t. 365, 2.

sammenstellung. Wie es scheint, hat man aus den Wundern diejenigen ausgesucht, welche den Anfang, die Mitte und das Ende der Predigt Christi andeuten. Das erste ist das Wunder zu Kana, das letzte jenes in Bethanien, das mittlere das in der Wüste vollbrachte. Auch scheint bei dieser Auswahl der Künstler von der edlen Absicht geleitet gewesen zu sein, an die Auferstehung und die Eucharistie, als Opfer oder als Sakrament, zu erinnern, denn diese beiden Dogmen sind die Hauptpunkte, an welchen unser Glaube und das Leben der Kirche hängt. Die Kirche wird deutlich repräsentiert durch die drei Darstellungen des vierten Teiles dieser dogmatischen Exposition. Dieselben beziehen sich alle auf Petrus, dessen Primat in der von Christo gestifteten Kirche das Hauptdogma der Kirche grade in jener Zeit war, in welcher die donatistischen Schismatiker fabelten, dass nur bei ihnen die wahre Kirche sich finde."

Diese Erklärung, welcher im Wesentlichen alle römischen Archäologen zustimmen,[1]) ist ein ganzes Sammelsurium von Ungeschichtlichkeiten und Unmöglichkeiten. Was zunächst den angeblichen Ideenkonnex betrifft, so lässt sich wohl bei einzelnen Szenen erkennen, warum der Steinmetze sie gerade an die betreffende Stelle gesetzt hat, aber diese Gründe sind lediglich technischer Natur. Es ist nämlich unschwer zu merken, dass der Steinmetze links den Sessel, auf welchem in der oberen Reihe Gott Vater, und in der unteren Maria sitzt, sowie auf der oberen rechten Seite den Felsen des Lazarusgrabes und unten denjenigen des Moses deswegen ans Ende stellte, weil durch Beides ein günstiger Abschluss am Rande des Sarkophags erzielt wurde. Die Steinmetzen, so wenig Kunstwert ihre Produkte besitzen, wussten ja doch den Raum gut auszunutzen. So sind die häufig vorkommenden Szenen der Gesetzgebung auf dem Sinai und der Opferung Isaak's fast regelmässig neben das in der Mitte angebrachte und die Bilder der Verstorbenen enthaltende Medaillon gesetzt, weil der dreieckige Raum, der durch das letztere mit dem Rande des Sarkophags entsteht, für die in beiden Szenen aus den Wolken ragende Hand Gottes sehr geeignet war. Nicht minder lässt sich bei vielen Sarkophagen deutlich erkennen, dass die Aneinanderreihung der Szenen von der Absicht, in geschickter Weise den vollen Raum auszunutzen, geleitet war. Aber von einem bewussten Ideenkonnex kann keine Rede sein. Und gar der Inhalt jener Erklärung Garrucci's! Da werden die Lehren der römischen

---

[1]) De Rossi bullet. 1865, S. 68 ff. Kraus R. s., S. 354 ff. Dagegen Schultze, Archäolog. Stud., S. 145 ff.

Kirche von dem donum supranaturale, von dem Messopfer und der Transsubstantiation, sowie dem Primate Petri einem Steinmetzen des 4. oder 5. Jahrhunderts beigelegt! Der Mann hatte den Sarkophag ausgemeisselt und in seinem Magazin aufgestellt, dass ihn Jemand kaufen solle, denn die Köpfe in dem Medaillon, welches die Bilder der im Sarkophag Ruhenden enthalten sollte, sind nicht fertig; sie sollten die Porträtähnlichkeit erst erhalten, wenn der Sarkophag gekauft wurde. Der Steinmetze hatte also unter keinerlei Anleitung gearbeitet, und trotzdem soll er Lehren haben darstellen wollen, deren Entstehung zum Teil noch diesseits der altchristlichen Epoche fällt. Eine nüchterne Betrachtung sieht auf dem Sarkophag eine Anzahl Szenen behufs Schmuckes desselben angebracht, welche zum grössten Teile schon in der Malerei der Grüfte vorhanden waren, teilweise auch zu den durch die Skulptur neu geschaffenen gehören. In der Reihe der letzteren steht gleich das erste Bild, das wir ins Auge zu fassen haben, indem wir in der oberen Reihe links beginnen. Das Bild stellt die Schöpfung des Weibes dar: Adam — ebenso wie Eva verkleinert dargestellt — liegt schlafend am Boden vor dem Thronsessel, auf welchem eine bärtige, die rechte Hand wie befehlend ausstreckende Person sitzt; zwei andere bärtige Personen stehen dabei, und zwar die eine hinter dem Throne, die andere vor demselben, letztere legt die Hand segnend auf das Haupt der aufrecht stehenden Eva. Die herkömmliche Auslegung sieht in diesen drei Personen die Trinität dargestellt: Gott Vater auf dem Throne, der Logos als Schöpfer das Weib segnend, und die Figur hinter dem Throne muss dann den heiligen Geist darstellen. Wir können der Widerlegung Schultze's (Arch. Stud., S. 148 ff.), womit er diese Erklärung treffend als unhaltbar nachweist, nur rückhaltlos zustimmen, ohne dass wir freilich seine eigene Erklärung anzunehmen vermögen. Er erklärt die beiden neben dem Throne stehenden Personen für Engel. Aber es wären kuriose Engel, diese alten bärtigen Mannesgestalten. Die Schriftsteller bezeugen, dass man sich die Engel vielmehr als Gestalten voll ewiger Jugend und Schönheit gedacht habe. Und wie sollte ein Engel dazu kommen, das Weib zu segnen? Die Väter verwahren sich ja in den heftigsten Ausdrücken dagegen, dass Engel bei der Schöpfung zugegen gewesen seien. [1]) Die Gruppe erklärt sich vielmehr leicht aus antiken Reliefs. Jener bekannte Prometheussarkophag im kapitolinischen Museum hat so viel Anklänge an unsere Darstellung — die Haltung des

---

[1]) cf. Iren. adv. haer. IV, 37. Chrysost. homil. VIII, in Genes. Basil. homil. IX, in hexaëm.

Schöpfers, die verkürzte Darstellung der menschlichen Figuren, deren
es ebenfalls zwei sind, Athene dem geschaffenen Menschen die Hand
aufs Haupt legend —, dass nach dem Vorgange von Creuzer und
Böttiger, sogar nach Lübke (Gesch. der Plastik, S. 266) einen
Synkretismus heidnischer und christlicher Ideen darin erkennen wollte.
Diese Annahme ist ganz überflüssig, aber dass die Gruppe auf dem
christlichen Sarkophag in solchen antiken Darstellungen ihr Vorbild
hat, kann keine Frage sein.[1]) Die segnende Athene hat der Steinmetze,
jedenfalls in keiner anderen Absicht, als die Erinnerung an das Heidentum zu vermeiden, in eine männliche Figur umgebildet. Die Person
hinter dem Throne hat ebensowenig eine besondere Bedeutung, wie die
auf den entsprechenden antiken Darstellungen vorhandenen zuschauenden
Personen; solche wurden ja häufig lediglich zur Füllung des Raumes
angebracht.[2]) Auch diese Figur hinter dem Throne ist nicht anders
zu fassen, wie ja bei fast allen Szenen unseres Sarkophags solche zuschauenden oder zur Füllung des Raumes dienenden Figuren angedeutet,
aber nicht fertig ausgemeisselt sind.

Die nächste Gruppe zeigt zwei in einander gezogene Szenen: den
Sündenfall der ersten Menschen, angedeutet durch die um den Baum
gewundene Schlange mit dem Apfel im Maule, dabei Adam und
Eva, aber zwischen ihnen eine jugendliche Figur, welche jenem ein
Ährenbündel, dieser ein Lamm reicht. Chronologisch sollte die Schlange
vorausstehen, sie ist aber hinter jene Figuren gesetzt, offenbar mit Rücksicht auf die günstigen Raumverhältnisse neben dem Medaillon in der
Mitte des oberen Feldes. Die Darreichung jener Gaben kommt noch
einigemal auf altchristlichen Sarkophagen vor;[3]) sie bedeuten gewiss
nichts anderes, als den Hinweis auf Ackerbau und Viehzucht, so wie
altchristliche Reliefs auch Abel und Kain mit diesen Gegenständen
zeigen.[4]) Diese Erweiterung der auch in der Malerei schon vorhandenen

---

[1]) Besonders ist hier noch ein Relief in der Galleria delle statue des
vatikanischen Museums (es trägt die Nummer 352) erwähnenswert: wir sehen
hier Prometheus als Menschenbildner, sitzend; eine kleine nackte Figur liegt auf
dem Boden, eine eben solche steht daneben. In der Mitte führt Merkur eine
weibliche Gestalt, bezeichnet als anima, links sieht man die Parzen. — Gott
als Menschenbildner findet sich auch auf einem Sarkophag aus Campli. cf. Garr.
t. 399, 7.

[2]) Wie Pausanias ausdrücklich bemerkt (X, 15, 16). Aus der altchristlichen Kunst führt Le Blant eine ganze Reihe von Beispielen auf, wo solche
Figuren lediglich zur Ausfüllung des Raumes dienen (Sarcoph. d'Arles, S. IX, ff.)

[3]) cf. Bott. II, t. 84. 88. 89. Garr. 396, 3, 4.

[4]) Bott. t. 51. 137. Garr. t. 317, 3. 333, 2. 366, 3. 372, 3. 396, 6. 402, 3.

Szenen des Sündenfalls hat ihren Grund offenbar in antiken Vorbildern:[1]) hier sind es Horen und Genien, welche diese Attribute menschlicher Thätigkeit in Händen halten. Auch auf unserm Sarkophag hier wird die zwischen Adam und Eva stehende Figur nichts anderes sein, als ein von dem christlichen Steinmetzen in der Form seiner stereotypen Figuren mangelhaft gebildeter Genius, wie schon Abeken[2]) und Piper[3]) richtig erkannt haben. Die auch von Schultze festgehaltene Deutung der Figur auf den präexistenten Christus (!) ist im altchristlichen Bildercyklus so ungeheuerlich, dass sie durch die innere Unmöglichkeit selbst genügend widerlegt ist.

Die folgenden Szenen sind mit Ausnahme derjenigen des Hochzeits-wunders von Kana aus dem malerischen Schmuck der Gräber bekannt: neben dieser Wundergeschichte sehen wir in dem oberen Felde noch diejenigen der Brotvermehrung und der Auferweckung des Lazarus, im unteren Felde erscheint, links beginnend, die Huldigung der Magier, die Heilung des Blinden, Daniel in der Löwengrube, die Warnung Petri — mit dem Hahn — und die Revolte gegen Moses neben der das untere Feld rechts abschliessenden Szene des Quellwunders. Die vorletzte Szene wird freilich von den römischen Archäologen ganz anders ge-deutet. Man erklärt sie nämlich für eine Gefangennehmung des Petrus. „Als ein bemerkenswerter Umstand erscheint", sagt Kraus (R. s., S. 356), „dass sie — die Trabanten des Herodes — zwar Gewalt haben, den Apostel zu führen, wohin er nicht will, dass aber dieser seinen Stab nicht verliert, denn Gottes Wort ist nicht gebunden". Welche Künstelei! Sie scheitert schon daran, dass in einer ganzen Anzahl dieser Szenen der Stab überhaupt fehlt. Aber die Auffassung, dass der Mann, welcher angepackt wird, Petrus sei, ist völlig unhaltbar. Wenn man bedenkt, dass die ihn ergreifenden Personen jedenfalls Juden sind — denn sie tragen immer dieselbe Kopfbedeckung wie die aus dem Felsquell des Moses trinkenden Juden, eine Kopfbedeckung, welche bei anderen jüdischen Personen auf Sarkophagen niemals vorkommt und also jedenfalls ein altjüdisches Kostüm darstellen soll —; wenn man ferner bedenkt, dass die Szene der Gefangennehmung mit verschwinden-den Ausnahmen[4]) immer dicht neben derjenigen des Quellwunders an-gebracht ist; dass die letztere selbständig oft vorkommt, die erstere

---

[1]) Solche sind zusammengestellt von Stephani: compte rendu, 1869, S. 50. Anmerk. 1.
[2]) Tübinger Kunstblatt, 1838, S. 238.
[3]) Mythologie und Symbolik I, S. 353.
[4]) z. B. Garr. t. 313, 1. 364, 2. 378, 2.

Hasenclever, Der altchristliche Gräberschmuck.   17

allein höchst selten,[1]) dass endlich in mehreren Beispielen[2]) die beiden
Szenen derartig in einander gezogen sind, dass der den magischen Stab
zum Felsen emporführende Moses gleichzeitig von hinten gepackt wird,
so kann keine Frage sein, dass diese Figur niemand anders ist als
Moses, wie er laut der Erzählung in Ex. 17, 2 von dem unzufriedenen
und aufgeregten Volke misshandelt wird. Der Stab wird überhaupt nur
von Moses und Christus geführt, letzterer aber ist hier selbstverständlich
ausgeschlossen. Das erkennt auch Bottari an (II, 92), lässt sich aber
dadurch nicht abhalten, doch Petrum hier zu erkennen. Aber selbst ein
Martigny kann sich der Gewalt der Gründe nicht verschliessen und muss
die Beziehung dieser Szene auf Moses zugeben.[3])

Und nun führe man sich nochmals jene Erklärungen vor, welche
Garrucci von diesem Sarkophag und dem angeblichen Ideenkonnex seiner
Szenen giebt — wie willkürlich und unbegründet erscheint diese Er-
klärung jedem, der ohne dogmatische Voreingenommenheit an den
Sarkophag herantritt. Hier scheitert die römische dogmatische Exegese
an ihrer eigenen Überspannung.

Was aber von diesem eklatanten Beispiele gilt, das gilt von der
Auffassung der altchristlichen Sarkophagbildnerei, ja von derjenigen
des altchristlichen Gräberschmucks überhaupt. Wir haben gesehen, wenn
wir den letzteren auf seine Entstehung hin prüfen, was bleibt von all
der Symbolik, welche man hineingeheimnist hat, übrig? Mehr oder
weniger fest zu beweisen ist eine symbolische Auffassung nur bei einigen
Tierfiguren, nämlich der Taube, dem Lamm, dem Fisch, dem Hahn auf
der Säule, dem Hirsch an der Quelle, und alle diese Figuren haben
sich aus dem antiken Gräberschmuck entwickelt und wurden von den
Christen entsprechend umgedeutet. Dasselbe gilt von den Zeichen der
Palme und des Ankers. Aus dem Kreise der biblischen Figuren und
Szenen ist die beliebteste, der gute Hirte, ebenfalls nichts anderes als
eine aus dem Geist der christlichen Gemeinde heraus modifizierte und
nach ihrem Glauben gedeutete Figur und Szene der antiken Flächen-
und Wanddekoration. Wenn sodann die Christen die Wände ihrer Grabräume und der Sarkophage statt mit Szenen der antiken Mythologie und
Heroensage mit solchen aus biblischen Erzählungen schmückten, so
begreifen wir, dass ihnen Erzählungen mit sepulkraler Beziehung, mit

---

[1]) Garr. 359, 1. 360, 1. 376, 4. 377, 4. 378, 1.
[2]) Garr. 358, 8. 374, 3. 379, 4. 399, 7. 369, 3.
[3]) Dict. unter „Juifs“. Übrigens hat auch Kraus neuerdings, im Artikel
„Juden“ seiner Realencyklopädie, der richtigen Deutung auf Moses sich zugeneigt.

einem Ausdrucke der christlichen Hoffnung auf Auferstehung und ewiges Leben, wie die Geschichten von Jonas und Lazarus, zunächst liegen mussten, wir sehen aber auch, wie in vielen anderen sepulkrale Beziehungen nicht zu erkennen sind. Mag man solche als „historische" Bilder betrachten — wir haben nichts dagegen. Dass nicht paränetische Zwecke die Bilder geschaffen haben, als ob sie etwa als biblia pauperum das Volk hätten belehren sollen, ist gewiss richtig, denn diese Absicht der christlichen Kunst finden wir erst, als der christliche Gräberschmuck schon geschaffen war. Dass aber die Bilder in denen, welche jene Grüfte betraten und die Malereien und Skulpturen betrachteten, doch gewisse Erinnerungen an christliche Glaubenswahrheiten wachrufen konnten, ist gewiss ebenso richtig, nur muss man, wie wir wiederholt betont haben, sich hüten, von dem, was etwa durch diese Bildwerke in dem Beschauer wachgerufen werden konnte, einen Rückschluss zu machen auf das, was die Bilder ins Dasein gerufen hat. Das sind doch in der That zwei verschiedene Dinge. Für die Entstehung aber ist eine historische Betrachtung der Sachlage festzuhalten und nicht eine dogmatische. Wir haben kein Recht, den altchristlichen Gräberschmuck aus dem Zusammenhang mit dem gleichzeitigen antiken herauszureissen, so wenig wir die altchristliche Baukunst von der antiken lösen dürfen, so wenig wie die gesammte christliche Kunst, die ganze christliche Kultur, ja die Entstehung des Christentums selbst von dem Zusammenhang der geistigen Entwickelung des Menschengeschlechts isolirt werden kann. Ist aber dieser Zusammenhang des altchristlichen und des antiken Gräberschmucks entschieden festzuhalten, so folgt daraus notwendig, dass jener auch ebenso betrachtet und aufgefasst werden muss wie dieser. Die Christen der ersten Jahrhunderte waren, um diese Sätze unserer Einleitung nochmals zu konstatieren, nicht in der Lage, in dem Schmuck ihrer Gräber sofort ein neues Prinzip zu statuieren, nämlich das einer symbolischen Darstellung, wenn solche in dem Gräberschmuck, den sie vor Annahme des neuen Glaubens geübt, nicht vorhanden war. Ist der antike Gräberschmuck nicht symbolisch, dann auch nicht der christliche, ist jener wesentlich Ornamentik, dann auch dieser. Gibt man jene den antiken Gräberschmuck betreffende Prämisse zu — und man muss sie nach der neueren Forschung zugeben —, dann darf man auch den Schluss nicht zurückweisen. Nach dem Gesichtspunkt des historischen Zusammenhanges ist jedes einzelne Gebiet der geistigen Thätigkeit in der Kulturgeschichte zu beurteilen, auch die altchristliche Kunstthätigkeit, auch der Gräberschmuck der alten Christen. Deswegen müssen wir zu dem Resultat kommen: Der altchristliche

Gräberschmuck ist wesentlich Ornamentik, nicht Symbolik; was aber von Symbolik darin sich findet, ist erst aus einer Combination der vorhandenen Figuren mit christlichen Ideen entstanden. Die Figuren haben diese Symbolik geschaffen, nicht aber hat die Absicht, Symbole darzustellen, die Figuren geschaffen!

Berichtigungen.

Seite 23 Zeile 5 von unten lies Math. 23, 27 statt 27, 27.

„ 36 „ 12 „ oben „ das st. dass.

„ 58 „ 4 „ oben „ mystischen st. mythischen.

„ 103 „ 7 „ unten „ solcher st. solche.

„ 106 „ 9 „ unten „ antik st. anti.

„ 122 in Anmerk. 3 lies Augusti's st. Augustins.

„ 148 „ „ 1 „ Marinewesen st. Marienwesen.

„ 176 „ „ 1 nach „Jahrhundert" einzuschalten „vorhandenen".

„ 196 Zeile 8 von unten lies è st. e.

„ 202 „ 17 „ „ „ Ps. 42, 1 st. 41, 2.

„ 225 „ 3 „ „ „ Kana statt Kanaan.

Ausserdem sind einige unbedeutendere Druckfehler — bei einigen griechischen Wörtern in falschen Accenten bestehend — übersehen worden.

Inhaltsverzeichnis.

Druck von Wiegandt & Appelhans in Braunschweig.